PONS

Abi-Wissen
Garantiert kapiert!
DEUTSCH, ENGLISCH, MATHEMATIK

von
Claus Gigl

PONS GmbH
Stuttgart

PONS

Abi-Wissen
Garantiert kapiert!
DEUTSCH, ENGLISCH, MATHEMATIK

von
Claus Gigl

Claus Gigl ist Gymnasiallehrer für die Fächer Deutsch und Geschichte und Schulleiter eines bayerischen Gymnasiums. Er ist in der Lehrerausbildung und Lehrerfortbildung tätig. An der Ludwig-Maximilians-Universität München ist er Zweitprüfer für das Fach Deutsch.

1. Auflage 2018

© PONS GmbH, Stöckachstraße 11, 70190 Stuttgart, 2018
www.pons.de
E-Mail: info@pons.de
Alle Rechte vorbehalten.

Redaktion: Eva Eckinger
Logoentwurf: Erwin Poell, Heidelberg
Logoüberarbeitung: Sabine Redlin, Ludwigsburg
Titelfoto: Thomas Weccard, www.thomas-weccard.de
Einbandgestaltung: Sabine Kaufmann, Stuttgart
Zeichnungen: Dr. Martin Lay, S. 210 nach Friedemann Schulz von Thun
Satz: GreenTomato Süd GmbH, Stuttgart; DTP-studio Andrea Eckhardt, Göppingen
Druck: medienhaus Plump GmbH, Rheinbreitbach

ISBN: 978-3-12-562561-7

Vorwort

LIEBE ABITURIENTIN, LIEBER ABITURIENT,

in diesem Buch finden Sie alles, was Sie in der Oberstufe in den Fächern Deutsch, Mathematik und Englisch wissen müssen.

Sie können schnell, gezielt und kompakt das Wichtigste lernen und sich optimal auf den Unterricht vorbereiten.

So finden Sie die Themen:
- Deutsch (Prosa, Drama, Lyrik) ab Seite 5
- Mathematik (Analysis, analytische Geometrie und lineare Algebra) ab Seite 227
- Englisch (Landeskunde) ab Seite 447

Viel Erfolg im Abitur wünscht Ihnen

Ihre PONS Redaktion

Abi-Wissen
Garantiert kapiert!
DEUTSCH

Prosa, Drama, Lyrik, Erörterung,
Kreatives Schreiben, Sprache

INHALT

1 Prosa
Erzähler und Erzählerstandpunkt	8
Komposition epischer Texte	20
Figurendarstellung	26
Zeit und Zeitgestaltung	34
Raumgestaltung	43
Epische Gattungen und Formen	48
SPEZIALTHEMA: Der Bestseller	62

2 Drama
Dramatische Handlung	64
Figuren und Personal	74
Sprache und Stil	84
Raum- und Zeitgestaltung	94
Dramatische Gattungen und Formen	99
SPEZIALTHEMA: Richtiges Zitieren	110

3 Lyrik
Sprecher und Inhalt	112
Bauelemente lyrischer Texte	119
Lyrische Sprache	129
Lyrische Gattungen und Formen	139
SPEZIALTHEMA: Lyrik nach 1945	145

INHALT

4 Erörterung
Was bedeutet „erörtern"? 149
Erfassen des Themas 155
Stoffsammlung, Stoffordnung
und Argumentation 164
SPEZIALTHEMA: Eine Gliederung erstellen 171
Einleitung und Schluss 179
Sprachliche Gestaltung 183

5 Kreatives Schreiben
Produktive Interpretation literarischer Texte 189

6 Sprache und Kommunikation
Sprache als kommunikative Leistung 202
Sprachgeschichte und Sprachwandel 211
SPEZIALTHEMA: Sprachgeschichte im Überblick 216
Sprachvarianten 219

1 Prosa

Erzähler und Erzählerstandpunkt

QUICK-FINDER

Autor und Erzählerrolle
- Autor → S. 9
- Erzähler → S. 9
- Wandel der Erzählerposition → S. 10
- Veränderte Selbsteinschätzung der Autoren → S. 11

Erzählhaltung
- Autor entscheidet über die Erzählhaltung → S. 11
- Ich-Perspektive → S. 11
- Er/Sie-Perspektive → S. 12

Auktoriales, personales und neutrales Erzählverhalten
- Erzählverhalten → S. 13
- Erzählperspektive und Erzählverhalten → S. 15

Erzählperspektive
- Innenperspektive → S. 15
- Außenperspektive → S. 16

Erzählerrede und Figurenrede
- Sprechsituation → S. 16
- Erzählerrede → S. 16
- Figurenrede → S. 18

Autor und Erzählerrolle

AUTOR Epische Texte sind literarische Texte und stellen keine private Äußerung des **Autors** oder **Schriftstellers** (oder der Autorin oder Schriftstellerin) dar. Darin gleichen sie allen anderen literarischen Texten. Zur Darstellung des Geschehens wird eine **Erzählerfigur** vorgeschoben, die die Gedanken des Autors ausdrücken kann, was aber nicht der Fall sein muss.

ERZÄHLER ist ein Kunstprodukt des Autors, der einen Standpunkt vertritt, den ihm dieser zugewiesen hat. So äußert der Erzähler die ihm zugeschriebenen Wertvorstellungen, Vorlieben, Abneigungen und möglicherweise auch Gefühle, Zustimmung zu den Handlungen anderer oder Ablehnung. Dabei vertreten die Erzählerfiguren oft gegenteilige Standpunkte als der Autor oder solche, die davon abweichen. Manchmal sind die Erzähler anderen Geschlechts als ihre Schöpfer: Weibliche Autoren erfinden männliche Erzähler (z. B. **Judith Hermann** in der Erzählung *Sonja* aus *Sommerhaus, später*), männliche Autoren weibliche (z. B. **Christoph Hein** in *Der fremde Freund / Drachenblut* die Ärztin Claudia). Selbst ein Ich-Erzähler darf nicht mit dem Autor gleichgesetzt werden.

AUTOR	ERZÄHLER
• eine real existierende Person • identisch mit dem Verfasser, Schriftsteller	• eine vom Autor erfundene Figur, wird oft namentlich nicht genannt

• entscheidet sich für eine Geschichte, einen Stoff, den er (oder sie) erzählen will • setzt eine Erzählerfigur ein, aus deren Perspektive diese Geschichte verfasst ist • drückt möglicherweise seine Wertvorstellungen, Gefühle, Vorlieben und Abneigungen in seiner Geschichte aus • Beispiel: Max Frisch als Autor des Romans *Homo faber*	• kann männlichen oder weiblichen Geschlechts sein, jung oder alt: Der Autor hat hierbei viele Freiheiten. • Bestandteil des Textes, gibt die Geschichte aus seiner Perspektive wieder • vertritt eigene Wertvorstellungen, Gefühle, Vorlieben und Abneigungen, die nicht mit denen des Autors gleichgesetzt werden dürfen • Beispiel: Walter Faber, der Ich-Erzähler in Max Frischs Roman *Homo faber*

WANDEL DER ERZÄHLERPOSITION Im 17., 18. und noch im 19. Jahrhundert existierte ein allgemein gültiger Wertekanon, der gesellschaftlich verbindlich war. Die Erzähler wussten sich also im Einklang oder im Widerspruch mit den allgemein akzeptierten Wertvorstellungen.

Im 20. Jahrhundert ist ein Wandel in der Rolle des Erzählers feststellbar: Da ein gesellschaftlich verbindlicher Wertekanon mehr und mehr obsolet geworden ist, drücken die Erzählerfiguren meist nur noch ihre persönliche Meinung – ohne Anspruch auf Allgemeingültigkeit – aus.

VERÄNDERTE SELBSTEINSCHÄTZUNG DER AUTOREN Dieser Wandel der Erzählerposition ist bedingt durch eine veränderte Selbsteinschätzung der Autoren: Kaum ein Schriftsteller sieht sich in unserer komplexen Welt noch in der Lage, allgemein gültige Werturteile abzugeben. Die ausschließlich positiv gezeichnete Hauptfigur, der Held, ist in der Literatur des 20. und 21. Jahrhunderts selten geworden; er kommt fast ausschließlich in der Massenliteratur vor. An seine Stelle ist die gebrochene Hauptfigur getreten, ein Mensch mit Schwächen und Fehlern. Bildungs- und Entwicklungsromane, die Hauptgattungen epischer Dichtung im 18. und 19. Jahrhundert, kommen im 20. Jahrhundert allenfalls als „Anti-Bildungs-" und „Anti-Entwicklungsromane" vor. Ein Beispiel dafür ist der Roman *Die Blechtrommel* von **Günter Grass**, in dem die Hauptfigur Oskar Matzerath mit drei Jahren beschließt, sein Wachstum und damit seine körperliche Entwicklung einzustellen und fortan die Welt aus Kinderaugen zu betrachten.

Erzählhaltung

AUTOR ENTSCHEIDET ÜBER DIE ERZÄHLHALTUNG Jede Erzählung ist aus einer Erzählhaltung geschrieben, für die sich der Autor aus ganz bestimmten Gründen entscheidet. Entweder er setzt einen Erzähler ein, der aus einer Ich-Perspektive schreibt, oder er lässt eine Figur in der dritten Person Singular (er, sie) zu Wort kommen.

ICH-PERSPEKTIVE Wählt der Autor die **Ich-Perspektive**, lässt er den Leser ganz unmittelbar an den eigenen Erlebnissen des Ich-Erzählers teilhaben. Er schränkt damit aber den Gesichtskreis des Erzählers ein; dieser sieht andere Figuren nur aus einer Außenperspektive, er kann nicht in sie hineinsehen, z. B. ihre Gedanken kennen und wiedergeben. Der Ich-Erzähler ist in der erzählten Welt beheimatet. Er kennt die Ereignisse und die Figuren, über die er berichtet, aus eigenem Erleben. Damit wirkt seine Darstellung authentisch, sie ist aber subjektiv gefärbt, da der Ich-Erzähler seine eigene Sicht der Dinge wiedergibt.

ER / SIE-PERSPEKTIVE Möglicherweise setzt der Autor einen **Er/Sie-Erzähler** ein. Dieser ist nicht in die erzählte Welt integriert, er steht außerhalb und beschreibt die Erlebnisse anderer. Er kann oft in die anderen Figuren hineinsehen und auch über deren Gedanken berichten. Der Er/Sie-Erzähler verfügt deshalb über einen weiteren Horizont als der Ich-Erzähler. Seine Darstellung ist zwar weniger von eigenem Erleben geprägt, aber objektiver und für den Leser oft glaubwürdiger.

ICH-ERZÄHLER	ER / SIE-ERZÄHLER
• 1. Person Singular	• 3. Person Singular
• eigenständige Figur, die in der Welt der Erzählung greifbar ist	• Erzählfigur, die zum Personal des Erzähltextes gehören kann, aber nicht muss

- Blickwinkel des Erzählers ist auf den eigenen Gesichtskreis beschränkt
- andere Figuren werden aus einer Außenperspektive dargestellt (ihre Gefühle und Gedanken kann das Erzähler-Ich nur erahnen)

„Schon seit Tagen war ich schwach gewesen, so schwach wie noch nie in meinem Leben. Jeder Schritt kostete mich Kraft. Wenn ich zu Hause oder in der Schule Treppen stieg, trugen mich meine Beine kaum. Ich mochte auch nicht essen." (**Bernhard Schlink**, *Der Vorleser*)

- wenn der Erzähler außerhalb des Textes steht, kann er u. U. aus einer „allwissenden" Perspektive selbst nur Gedachtes berichten (Innenperspektive)

„Im achtzehnten Jahrhundert lebte in Frankreich ein Mann, der zu den genialsten und abscheulichsten Gestalten dieser an genialen und abscheulichen Gestalten nicht armen Epoche gehörte." (**Patrick Süskind**, *Das Parfum*)

Auktoriales, personales und neutrales Erzählverhalten

ERZÄHLVERHALTEN Bei der Beschreibung des Erzählverhaltens geht es nicht um die Beschreibung der Erzählperspektive. Egal, ob ein Ich- oder Er/Sie-Erzähler existiert, kann folgendes Erzählverhalten erkennbar sein:

ERZÄHLVERHALTEN	BESCHREIBUNG
auktorial	• ein vom Geschehen unabhängiger Erzähler, der kommentierend und wertend in die Handlung eingreift • „Damit haben wir unseren Mann glücklich nach Berlin gebracht. Er hat seinen Schwur getan, und es ist die Frage, ob wir nicht einfach aufhören sollen." (Alfred Döblin, *Berlin Alexanderplatz*)
personal	• der Erzähler steht scheinbar mitten im Geschehen, er nimmt die Sichtweise einer oder mehrerer Figuren ein • der Leser nimmt das Geschehen aus der Perspektive dieser Figur wahr • „An der Haltestelle Lothringer Straße sind eben eingestiegen in die 4 vier Leute, zwei ältliche Frauen, ein bekümmerter einfacher Mann und ein Junge mit Mütze und Ohrenklappe. Die beiden Frauen gehören zusammen, es ist Frau Plück und Frau Hoppe." (Alfred Döblin, *Berlin Alexanderplatz*)
neutral	• der Erzähler verzichtet auf jede individuelle Sichtweise, scheinbar objektive Wiedergabe der Geschehnisse • „Ein Herr in Hemdsärmeln kommt vom Billardtisch, tippt dem Jungen auf die Schulter: ‚Eine Partie?' Der Ältere für ihn: ‚Er hat einen Kinnhaken weg.'" (Alfred Döblin, *Berlin Alexanderplatz*)

ERZÄHLPERSPEKTIVE UND ERZÄHLVERHALTEN Der Autor schreibt den Text und steht somit außerhalb. Er setzt den Erzähler ein. Folgendes Schaubild veranschaulicht die Beziehungen zwischen Erzähler, Erzählperspektive und Erzählverhalten:

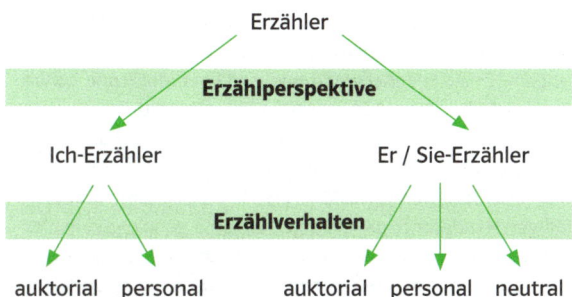

Erzählperspektive

INNENPERSPEKTIVE Wird eine Geschichte aus der **Innenperspektive** erzählt, sind Erzähler und Leser am Geschehen so nahe dran, dass möglicherweise jede Distanz zum dargebotenen Stoff fehlt. Gefühle und Empfindungen werden dadurch unmittelbar erfahrbar.

„Ah, da liegen ja die Zeitungen ... schon heutige Zeitungen? ... Ob schon was drinsteht? ... Was denn? – Mir scheint, ich will nachseh'n, ob drinsteht, dass ich mich umgebracht hab'! Haha! – Warum steh' ich denn noch immer? ... Setzen wir uns da zum Fenster ..."
(Arthur Schnitzler, *Leutnant Gustl*)

AUSSENPERSPEKTIVE Die **Außenperspektive** beschreibt einen Standort, von dem der Leser – gelenkt durch die Erzähler-Figur – auf das Geschehen blickt. Dadurch ergibt sich eine Distanz zum Erzählten, die so groß sein kann, dass von der Geschichte, die erzählt werden soll, kaum noch die Rede ist, sondern z. B. Betrachtungen über das Erzählen und die damit verbundenen Schwierigkeiten angestellt werden.

„Indem ich die Feder ergreife, um in völliger Muße und Zurückgezogenheit – gesund übrigens, wenn auch müde, sehr müde (so daß ich wohl nur in kleinen Etappen und unter häufigem Ausruhen werde vorwärtsschreiten können), indem ich mich also anschicke, meine Geständnisse in der sauberen und gefälligen Handschrift, die mir eigen ist, dem geduldigen Papier anzuvertrauen, beschleicht mich das flüchtige Bedenken, ob ich diesem geistigen Unternehmen nach Vorbildung und Schule denn auch gewachsen bin."

(**Thomas Mann**, *Bekenntnisse des Hochstaplers Felix Krull*)

Erzählerrede und Figurenrede

SPRECHSITUATION Beim Lesen eines Dramas ist ganz klar, wer gerade spricht: Die Sprecher sind am Zeilenanfang zu Beginn ihrer Rede genannt. In erzählenden Werken ist die **Sprechsituation** nicht so einfach zu durchschauen. Es lässt sich jedoch das, was der Erzähler äußert, unterscheiden von dem, was die Figuren sagen.

ERZÄHLERREDE (oder Erzählerbericht) umfasst alle Äußerungen des Erzählers, z. B.

Erzähler und Erzählerstandpunkt

- **Bericht** als straffe Handlungswiedergabe:
  „Siebzehn Tage mußte Cotta an Bord der Trivia überstehen. Als er den Schoner an einem Aprilmorgen endlich verließ und sich auf der von Brechern blank gespülten Mole den Mauern von Tomi zuwandte, moosbewachsenen Mauern am Fuß der Steilküste, schwankte er so sehr, daß zwei Seeleute ihn lachend stützten und dann vor der Hafenmeisterei auf einem Haufen zerschlissenen Tauwerks zurückließen."
  (**Christoph Ransmayr**, *Die letzte Welt*)

- **Beschreibung** einer Person, eines Ortes, einer Sache oder einer Situation, während die Handlung scheinbar stillsteht:
  „Allsonntäglich saß der Bahnwärter Thiel in der Kirche zu Neu-Zittau, ausgenommen die Tage, an denen er Dienst hatte oder krank war und zu Bette lag. Im Verlaufe von zehn Jahren war er zweimal krank gewesen; das eine Mal infolge eines vom Tender einer Maschine während des Vorbeifahrens herabgefallenen Stückes Kohle, welches ihn getroffen und mit zerschmettertem Bein in den Bahngraben geschleudert hatte…".
  (**Gerhart Hauptmann**, *Bahnwärter Thiel*)

- **Szenische Darstellung** zur zeitdeckenden Wiedergabe von Handlung:
  „Es war einfach nicht die Zeit dafür. Fünf Tage mit dem Bus: Venedig, Florenz, Assisi. Für mich klang das alles wie Honolulu. Ich fragte Martin und Pit, wie sie denn darauf gekommen seien und woher überhaupt das Geld stamme und wie sie sich das vorstellten, eine illegale Reise zum zwanzigsten Hochzeitstag."
  (**Ingo Schulze**, *Simple Storys*)

- **Kommentar** zu allgemeinen Fragen:
  „Man kann eine Geschichte in der Mitte beginnen und vorwärts wie rückwärts kühn ausschreitend Verwirrung anstiften. Man kann sich modern geben, alle Zeiten, Entfernungen wegstreichen und hinterher verkünden lassen, man habe endlich und in letzter Stunde das Raum-Zeit-Problem gelöst."
  (**Günter Grass**, *Die Blechtrommel*)

- **Reflexion** zu allgemeinen Themen, wirkt wie eine Unterbrechung der Erzählung:
  „Zwei junge Männer musterten mich; sie rührten sich nicht, als ich ihnen zunickte. Rückwege sind leichter. Auf einem Balkon krähte ein Hahn."
  (**Adolf Muschg**, *Baiyun*)

FIGURENREDE umfasst alle Äußerungen und Gedanken der vorkommenden Figuren, z. B.

- **direkte Rede**, die oft durch Redeankündigung, Doppelpunkt und Anführungszeichen angekündigt wird:
  „Eben hatte sich Effi wieder erhoben, um abwechselnd nach links und rechts ihre turnerischen Drehungen zu machen, als die von ihrer Stickerei gerade wieder aufblickende Mama ihr zurief: 'Effi, eigentlich hättest du doch wohl Kunstreiterin werden müssen. Immer am Trapez, immer Tochter der Luft.' "
  (**Theodor Fontane**, *Effi Briest*)

- **indirekte Rede**, bei der der Erzähler die Äußerungen einer Figur unter Verwendung des Konjunktivs referiert:
  „Dem gemäß beruhigte der Prinz den Kohlhaas über den Verdacht, den man ihm, durch die Umstände notgedrungen,

in diesem Verhör habe äußern müssen; versicherte ihm, daß
so lange er in Dresden wäre, die ihm erteilte Amnestie auf
keine Weise gebrochen werden sollte."
(Heinrich von Kleist, *Michael Kohlhaas*)

- **erlebte Rede** (3. Person Singular, Präteritum, Indikativ, Hauptsatzwortstellung; grammatikalisch nicht vom Erzählerbericht zu unterscheiden):
  „Sie setzte sich gegen die Kündigung nicht zur Wehr. Die einzigen, mit denen sie hätte sprechen können, waren ihre Genossen in der Redaktion. F. hatte sich nicht gemeldet. Sie wagte sich nicht schon wieder hin. Sie hatte ja begriffen, daß es eine 'geheime Sache' war."
  (Volker Braun, *Unvollendete Geschichte*)

- **innerer Monolog** (1. Person Singular, Präsens, Indikativ):
  „sie sagn, daß es nicht stimmt, daß MICK kommt und die Schdons rocho aber ICH weiß, daß es stimmt rochorepocho ICH hab MICK geschriebn und er kommt rochorepochopipoar"
  (Ulrich Plenzdorf, *kein runter kein fern*)

- **Bewusstseinsstrom** (die Gedanken, Gefühle und Sinneseindrücke werden so genau wie möglich wiedergegeben. Grammatikalische und syntaktische Fehler werden deshalb beibehalten):
  „Der Schweiß auf seiner Stirn! Die Angst, wieder! Und plötzlich rutscht ihm der Kopf weg. Bumm, Glockenzeichen, Aufstehn, 5 Uhr 30, 6 Uhr Aufschluß, bumm bumm, rasch noch die Jacke bürsten, wenn der Alte revidiert, heute kommt er nicht. Ich wer bald entlassen. Pst du, heut nacht ist eener ausgekniffen, Klose, das Seil hängt noch draußen über die Mauer, sie gehen mit Polizeihunde."
  (Alfred Döblin, *Berlin Alexanderplatz*)

Prosa

Komposition epischer Texte

QUICK-FINDER

Anordnung der Erzählphasen
- Erzählphasen → S. 21
- Chronologisches Erzählen → S. 21
- Diskontinuierliches Erzählen → S. 21
- Wirkung → S. 21

Handlungsstränge
- Haupt- und Nebenhandlungen → S. 22
- Verknüpfungstechniken → S. 23

Innere und äußere Handlung
- Äußere Handlung → S. 24
- Einfluss der Psychologie → S. 24
- Innere Handlung → S. 24

Komposition epischer Texte

Anordnung der Erzählphasen

ERZÄHLPHASEN Nicht alle Handlungsteile sind gleich wichtig. Die Autoren müssen genau abwägen, welche Episoden sie in den Vordergrund rücken und ausführlich darstellen und welche sie eher nebenbei behandeln.

CHRONOLOGISCHES ERZÄHLEN Die gleichgewichtige, **chronologische** Behandlung aller Erzählphasen führt zu einer linearen Struktur, bei der ein Ereignis (Episode) neben dem anderen steht. Folgendes Schema kann dies verdeutlichen:

Episode 1 ➔ Episode 2 ➔ Episode 3 ➔ Episode 4 ➔ usw.

Denkbar ist auch, dass ein Autor zum Zweck der Spannungssteigerung einzelne Episoden besonders hervorhebt, andere vernachlässigt, z. B.:

Episode 1 ➔ fehlt ➔ Episode 3 ➔ Episode 4 ➔ usw.

DISKONTINUIERLICHES ERZÄHLEN Auch ein diskontinuierliches Erzählen mit verdrehter Reihenfolge, also ein Abweichen von der Chronologie der Ereignisse, ist möglich:

Episode 1 ➔ Episode 5 ➔ Episode 3 ➔ Episode 4 ➔ usw.

WIRKUNG Durch die bewusste Anordnung der Erzählphasen kann ein Autor ganz besondere Wirkungen erzielen, z. B. Spannungssteigerung, Spannungsverzögerung, Vorwegnahme des Schlusses, Information des Lesers (im Gegensatz zur Information der Hauptfigur, etwa im Kriminalroman) usw. Mittel des diskontinuierlichen Erzählens sind Vorausdeutungen, Rückblenden, Einschübe oder Auslassungen.

Handlungsstränge

HAUPT- UND NEBENHANDLUNGEN In längeren Erzählungen und Romanen gibt es verschiedene Handlungsstränge. Diese können parallel nebeneinander herlaufen, sie können aber auch unterschiedliches Gewicht haben und deshalb vom Autor bevorzugt behandelt oder vorübergehend vernachlässigt werden. Wenn dies der Fall ist, spricht man von Haupt- und Nebenhandlungen.

Die Haupthandlung in **Max Frischs** Roman *Homo faber* ist die Liebesbeziehung von Walter Faber zu seiner (ihm unbekannten) Tochter Elisabeth, eine Nebenhandlung ist die Bekanntschaft mit Herbert Hencke. Dabei ist die Nebenhandlung nicht unwichtig, zeigt sie doch Fabers Desinteresse an seinen Mitmenschen, die er auf ihre Funktion (bei Herbert Hencke das Schachspielen) reduziert.

Kennzeichen von Haupt- und Nebenhandlungen:
- sie stehen meist in einem engen Verhältnis zueinander,
- erläutern die Nebenhandlungen die Haupthandlung,
- oft ermöglichen die Nebenhandlungen die Vorgänge der Haupthandlung,
- manchmal dienen Nebenhandlungen der Charakterisierung der Figuren,
- Nebenhandlungen können auch als **Kontrasthandlungen** gestaltet sein.

Zusammengehalten werden die einzelnen Handlungsstränge, Haupt- und Neben- oder Kontrasthandlungen oft durch eine Rahmenhandlung, besonders in Novellenzyklen (z. B. **Johann Wolfgang von Goethe**, *Die Unterhaltungen deutscher Ausgewanderten*).

Komposition epischer Texte

VERKNÜPFUNGSTECHNIKEN Um die einzelnen Episoden sinnvoll aneinanderzuknüpfen, benutzen die Autoren verschiedene Techniken.

Möglich sind Verknüpfungen über:

- **die Hauptfigur, den Helden**: spielen in allen Handlungssträngen eine zentrale Rolle. Dies ist eine sehr häufige Verknüpfungstechnik (auch im Trivialroman), die oft schon aus dem Titel ersichtlich ist.
  Beispiel: **Karl May**, *Winnetou 1, Winnetou 2, Winnetou 3*
- ein **Leitmotiv**: Dabei handelt es sich um ein Motiv oder einen Motivkomplex, der in allen Teilen des Erzähltextes eine wichtige Rolle spielt.
  Beispiel: Der Tod in der Novelle *Tod in Venedig* von **Thomas Mann**.
- ein **Dingsymbol**: Dabei handelt es sich um ein Lebewesen oder eine Sache, die eine symbolische Wirkung besitzt und im Erzähltext immer wieder an zentralen Stellen auftaucht.
  Beispiel: Das Pferd (das für Flucht, Flucht aus dem Alltag, einen neuen Lebensabschnitt usw. steht) in **Martin Walsers** Novelle *Ein fliehendes Pferd*.
- Auch die **Montage** und **Collage** von Elementen, die die Handlung bestimmen, können als Mittel der Verknüpfung verstanden werden. Besonders im modernen Roman finden sie Verwendung.
  Beispiel: Das Großstadt-Motiv wird durch die Montage von Elementen, die für Großstädte typisch sind, auf immer neue Weise hervorgehoben, z. B. durch Zitate von Zeitungsschlagzeilen, durch Reklametexte, durch Annoncen oder durch Nennung von Straßennamen (z. B. in **Alfred Döblins** Roman *Berlin Alexanderplatz*)

Innere und äußere Handlung

ÄUSSERE HANDLUNG Bis zum Beginn des 20. Jahrhunderts stand die Darstellung der äußeren Handlung im Vordergrund.

EINFLUSS DER PSYCHOLOGIE Erst unter dem Einfluss der **Psychologie** begannen die Autoren, sich für die Tiefenstruktur eines literarischen Textes, d. h. für die Bewusstseinslage der Figuren, zu interessieren und diese zu beschreiben.

INNERE HANDLUNG Im Roman der Gegenwart schildern die Autoren die Vorgänge in den Figuren (Gedanken, Gefühle, Motivation für ihr Tun usw.), also die innere Handlung. Doch auch die äußere Handlung, das Geschehen, das dem Text Spannung verleiht, ist wichtig.

ÄUSSERE HANDLUNG	INNERE HANDLUNG
• Darstellung sichtbarer Vorgänge • Darstellung der Handlung, des Plots	• Darstellung der geistigen, seelischen und moralischen Entwicklung einer Figur • Darstellung des Themas, des Problems

- die Höhepunkte der inneren und der äußeren Handlung müssen nicht zusammenfallen
- äußere und innere Handlung können sich ergänzen, gegenseitig erhellen oder im Kontrast zueinander stehen

Besonders ausgeprägt ist die Darstellung der inneren Handlung z. B. in **Arthur Schnitzlers** Novelle *Leutnant Gustl* (1900): Nach einem Konzert kommt es zwischen Leutnant Gustl und dem Bäckermeister Habetswallner zu einer kurzen, hitzigen Auseinandersetzung, bei der der Bäckermeister Gustl beleidigt. In seiner Ehre verletzt und ohne die Möglichkeit „Satisfaktion" durch ein Duell zu fordern, sieht der Leutnant seinen Selbstmord als einzige Möglichkeit, nicht in „Schande" leben zu müssen.

Als Gustl von dem plötzlichen Herztod des Bäckers erfährt, empfindet er dies als „Mordsglück", da er weiterleben kann und seine Ehre vor der Gesellschaft unangetastet bleibt.

Schnitzler verwendet zur Darstellung der gedanklich-seelischen Vorgänge des Leutnants – seiner Befürchtungen, seiner Verzweiflung, schließlich seines Glücksgefühls – erstmals in der deutschen Literatur den **inneren Monolog**. Dieser ermöglicht eine vertiefte Innenschau unter Vernachlässigung der äußeren Handlung.

Prosa

Figurendarstellung

QUICK-FINDER

Konzeption der Figuren
- Figuren als Geschöpfe des Autors → S. 27
- Statisch oder dynamisch? → S. 27
- Charaktere oder Typen? → S. 27
- Geschlossene oder offene Figuren? → S. 27

Charakterisierung
- Kennzeichen der Figuren → S. 27
- Direkte Charakterisierung → S. 28
- Indirekte Charakterisierung → S. 29

Figurenkonstellation
- Figuren im Beziehungsgeflecht → S. 31

Figurenkonfiguration
- Vorkommen im Text → S. 32
- Kommunikationssituation → S. 32
- Beispiel: **Alfred Anderschs** Roman *Sansibar oder der letzte Grund* → S. 32

Konzeption der Figuren

FIGUREN ALS GESCHÖPFE DES AUTORS Die Figuren eines Prosatextes werden vom Autor geschaffen bzw. mit einer Vielzahl von Eigenschaften ausgestattet. Bei der Untersuchung der Figuren muss der Frage nachgegangen werden: Wie sind diese Figuren angelegt, wie sind sie konzeptioniert? Folgende Unterscheidungen lassen sich treffen:

STATISCH ODER DYNAMISCH? Sind sie als Individuen angelegt, die sich im Verlauf der Handlung verändern? Sind die Figuren lern- und wandlungsfähig? Handelt es sich also um **statische** oder um **dynamische Persönlichkeiten**?

CHARAKTERE ODER TYPEN? Sind die Figuren mit vielen individuellen Eigenschaften ausgestattet oder sind sie auf wenige Merkmale reduziert? Handelt es sich um **komplexe Figuren** (Charaktere) oder um **Typen**?

GESCHLOSSENE ODER OFFENE FIGUREN? Sind die Verhaltensweisen der Figuren nachvollziehbar oder sind sie für den Leser überraschend? Handelt es sich also um **geschlossene** oder **offene Figuren**?

Charakterisierung

KENNZEICHEN DER FIGUREN Nicht alle Personen, die in einer Erzählung oder in einem Roman auftreten, wirken auf den Leser gleichermaßen sympathisch. Das liegt an den persönlichen Vorlieben des Lesers für bestimmte

Verhaltensweisen, eine bestimmte Lebenseinstellung oder das Aussehen von anderen. Es liegt auch daran, wie uns eine Figur nahegebracht, wie sie beschrieben, mit welchen Attributen sie ausgestattet, kurz, wie sie charakterisiert wird.

Die Charakterisierung einer Figur kann auf verschiedene Arten erfolgen:

DIREKTE CHARAKTERISIERUNG

- durch den Erzähler, der sie vorstellt, beschreibt, ihr Verhalten bewertet, ihre Beziehung zu anderen Figuren erläutert, ihre intellektuellen Fähigkeiten und ihre emotionalen Kräfte einschätzt usw.
  Beispiel:
  „Die Dauer der Vernehmungen ließ sich daraus erklären, dass Katharina Blum mit erstaunlicher Pedanterie jede einzelne Formulierung kontrollierte, sich jeden Satz, so wie er ins Protokoll aufgenommen wurde, vorlesen ließ. Z. B. die im letzten Abschnitt erwähnten Zudringlichkeiten waren erst als Zärtlichkeiten ins Protokoll eingegangen bzw. zunächst in der Fassung ‚dass die Herren zärtlich wurden'; wogegen sich Katharina Blum empörte und energisch wehrte."
  (**Heinrich Böll**, *Die verlorene Ehre der Katharina Blum*)

- durch die Darstellung des Äußeren (Aussehen, Körperbau, Kleidung, Frisur, Gesamteindruck)
  Beispiel:
  „Denke dir einen großen breitschultrigen Mann mit einem unförmlich dicken Kopf, erdgelbem Gesicht, buschigen Augenbrauen, unter denen ein Paar grünliche Katzenaugen stechend hervorfunkeln, großer, starker über die Oberlippe gezogener Nase. Das schiefe Maul verzieht sich oft zum hämischen Lachen; dann werden auf den Backen ein paar

dunkelrote Flecke sichtbar und ein seltsam zischender Ton fährt durch die zusammengekniffenen Zähne."
(**E. T. A. Hoffmann**, *Der Sandmann*)

- durch andere Figuren, die über sie sprechen, sie loben, kritisieren, mit anderen vergleichen, bewerten, ihre Verhaltensweisen nachahmen, ihre Gefühle respektieren bzw. ignorieren usw.
Beispiel:
„So erschrak ich, als ich Merope sah. Dass sie wortlos neben König Kreon saß, dass sie ihn zu hassen, er sie zu fürchten schien, das konnte jeder sehen, der Augen im Kopf hatte."
(**Christa Wolf**, *Medea. Stimmen*)

- durch Selbstäußerungen – entweder in Worten oder durch Gedankenwiedergabe (z. B. durch inneren Monolog oder Bewusstseinsstrom)
Beispiel:
„Ich habe mich schon oft gefragt, was die Leute eigentlich meinen, wenn sie von Erlebnis reden. Ich bin Techniker und gewohnt, die Dinge zu sehen, wie sie sind. Ich sehe alles, wovon sie reden, sehr genau; ich bin ja nicht blind. Ich sehe den Mond über der Wüste von Tamaulipas – klarer als je, mag sein, aber eine errechenbare Masse, die um unseren Planeten kreist, eine Sache der Gravitation, interessant, aber wieso ein Erlebnis?" (**Max Frisch**, *Homo faber*)

INDIREKTE CHARAKTERISIERUNG

- durch die Beschreibung ihres Verhaltens
Beispiel:
„Der Wanderer nahm schnell seine Mütze vom Kopf und machte ehrfurchtsvolle, ja furchtsame Verbeugungen, von Rot übergossen. Denn eine neue Wendung war eingetreten,

ein Fräulein beschritt den Schauplatz der Ereignisse. Doch schadete ihm seine Blödigkeit und übergroße Ehrerbietung nichts bei der Dame; im Gegenteil, die Schüchternheit, Demut und Ehrerbietung eines so vornehmen und interessierten Edelmannes erschien ihr wahrhaft rührend, ja hinreißend." (**Gottfried Keller**, *Kleider machen Leute*)

- durch die Beschreibung besonderer Eigenheiten
Beispiel:
„Allsonntäglich saß der Bahnwärter Thiel in der Kirche zu Neu-Zittau, ausgenommen die Tage, an denen er Dienst hatte oder krank war und zu Bette lag. Im Verlaufe von zehn Jahren war er zweimal krank gewesen: das eine Mal infolge eines vom Tender einer Maschine während des Vorbeifahrens herabgefallenen Stückes Kohle, welches ihn getroffen und mit zerschmettertem Bein in den Bahngraben geschleudert hatte; das andere Mal einer Weinflasche wegen, die aus dem vorüberrasenden Schnellzuge mitten auf seine Brust geflogen war. Außer diesen beiden Unglücksfällen hatte nichts vermocht, ihn, sobald er frei war, von der Kirche fern zu halten." (**Gerhart Hauptmann**, *Bahnwärter Thiel*)

- durch die Charakterisierung durch andere Figuren
Beispiel:
„Das Rad an meines Vaters Mühle brauste und rauschte schon wieder recht lustig, der Schnee tröpfelte emsig vom Dache, die Sperlinge zwitscherten und tummelten sich dazwischen; ich saß auf der Türschwelle und wischte mir den Schlaf aus den Augen, mir war so recht wohl in dem warmen Sonnenscheine. Da trat der Vater aus dem Hause; er hatte schon seit Tagesanbruch in der Mühle rumort und die Schlafmütze schief auf dem Kopfe, der sagte zu mir: ‚Du Taugenichts! da sonnst du dich schon wieder und dehnst und

reckst dir die Knochen müde, und läßt mich alle Arbeit allein tun. Ich kann dich hier nicht länger füttern. Der Frühling ist vor der Türe, geh auch einmal hinaus in die Welt und erwirb dir selber dein Brot.' – ‚Nun', sagte ich, ‚wenn ich ein Taugenichts bin, so ist's gut, so will ich in die Welt gehen und mein Glück machen'."

(**Joseph von Eichendorff**, *Aus dem Leben eines Taugenichts*)

Figurenkonstellation

FIGUREN IM BEZIEHUNGSGEFLECHT Die Figuren in literarischen Texten stehen nicht isoliert da. Ähnlich wie Menschen im wirklichen Leben befinden sie sich in einem Geflecht von Beziehungen und Abhängigkeiten. Doch welche Beziehungen sind das? Das Schaubild kann dies verdeutlichen:

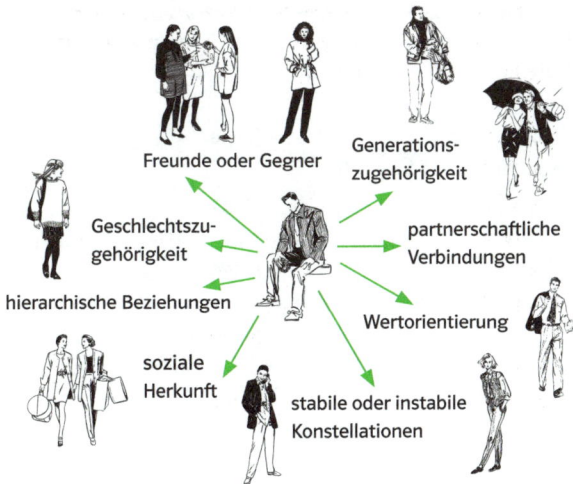

Figurenkonfiguration

VORKOMMEN IM TEXT Betrachtet man die Figuren unter dem Gesichtspunkt des gemeinsamen Vorkommens im Text, spricht man von Personenkonfiguration. Ändert sich die Konfiguration, hat man es meist mit einem neuen Sinnabschnitt oder einem neuen Kapitel zu tun.

KOMMUNIKATIONSSITUATION Die Konfiguration sagt viel über die Kommunikation in einem Prosatext aus. Figuren, die nie aufeinandertreffen, haben sich entweder nichts zu sagen (z. B. weil es sich um Nebenfiguren handelt, die untereinander gar nicht in Kommunikation treten sollen) oder sie werden vom Autor bewusst auseinandergehalten.

BEISPIEL:
Alfred Anderschs Roman *Sansibar oder der letzte Grund*
Die Kapitelübersicht zu Anderschs Roman zeigt die zentrale Funktion des Jungen:

Kapitel 1			Junge			
Kapitel 2		Gr				
Kapitel 3			Junge			
Kapitel 4					He	
Kapitel 5			Junge			
Kapitel 6	Kn					
Kapitel 7			Junge			
Kapitel 8						Ju
Kapitel 9			Junge			
Kapitel 10		Gr				

Kapitel 11			Junge		
Kapitel 12	Kn			He	
Kapitel 13			Junge		
Kapitel 14					Ju
Kapitel 15			Junge		
Kapitel 16		Gr			
Kapitel 17			Junge		
Kapitel 18	Kn	Gr			
Kapitel 19			Junge		
Kapitel 20	Kn	Gr		He	
Kapitel 21			Junge		
Kapitel 22	Kn	Gr			Ju
Kapitel 23			Junge		
Kapitel 24					Ju
Kapitel 25			Junge		
Kapitel 26	Kn	Gr			
Kapitel 27			Junge		
Kapitel 28				He	
Kapitel 29			Junge		
Kapitel 30		Gr		He	Ju
Kapitel 31			Junge		
Kapitel 32		Gr			Ju
Kapitel 33			Junge		
Kapitel 34	Kn	Gr			Ju
Kapitel 35			Junge		
Kapitel 36				He	
Kapitel 37			Junge		

Kn = Knudsen, Gr = Gregor, Junge = der Junge,
He = Pfarrer Helander, Ju = Judith

Zeit und Zeitgestaltung

QUICK-FINDER

Anfang und Schluss
- Erzählanfang → S. 35
- Schluss der Erzählung → S. 36

Erzählzeit und erzählte Zeit
- Definition → S. 38
- Zeitdeckendes Erzählen → S. 38
- Zeitraffung → S. 39
- Zeitdehnung → S. 39
- Untersuchung der Zeitstruktur → S. 40

Rückblick und Vorausdeutung
- Steuerung der Lesererwartung → S. 40
- Vorausdeutungen → S. 40
- Rückblenden → S. 41

Sprachliche Gestaltung von Zeit
- Definition → S. 41
- Sprachliche Mittel der Zeitgestaltung → S. 42

Zeit und Zeitgestaltung 35

Anfang und Schluss

ERZÄHLANFANG Jeder Text zeigt einen Ausschnitt aus der Wirklichkeit, die entweder real oder zumindest möglich ist. Doch dieser Ausschnitt kann nicht willkürlich gewählt werden, deshalb muss der Autor seine Geschichte konzipieren. Er muss einen passenden Anfang finden, der seinen Intentionen gerecht wird: Soll der Leser gefesselt oder überrascht, mit scheinbar Bekanntem oder mit völlig Neuem konfrontiert werden? Soll er erst langsam an die Handlung herangeführt werden oder soll der Text mitten im Geschehen einsetzen?

TYPISCHE ANFANGSSITUATIONEN	
Vorwort	„Dies ist ein aufrichtiges Buch, Leser, es warnt dich schon beim Eintritt, dass ich mir darin kein anderes Ende vorgesetzt habe als ein häusliches und privates …" (**Max Frisch**, *Montauk*)
Chronologische Entfaltung des Geschehens von seinem Anfang an	„John Franklin war schon zehn Jahre alt und noch immer so langsam, daß er keinen Ball fangen konnte. Er hielt für die anderen die Schnur." (**Sten Nadolny**, *Die Entdeckung der Langsamkeit*)

Einstieg mitten im Geschehen	„Wir kommen aus der Großen Stadt. Wir sind die ganze Nacht gereist. Unsere Mutter hat rote Augen. Sie trägt einen großen Karton und jeder von uns beiden einen kleinen Koffer mit seinen Kleidern, außerdem das große Wörterbuch unseres Vaters, das wir uns weitergeben, wenn unsere Arme müde sind." (**Agota Kristof**, *Das große Heft*)
Vom Ende der Geschichte her	„Zugegeben: ich bin Insasse einer Heil- und Pflegeanstalt, mein Pfleger beobachtet mich, läßt mich kaum aus dem Auge; denn in der Tür ist ein Guckloch, und meines Pflegers Auge ist von jenem Braun, welches mich, den Blauäugigen, nicht durchschauen kann." (**Günter Grass**, *Die Blechtrommel*)

SCHLUSS DER ERZÄHLUNG Ebenso sorgfältig wie der Anfang muss der Schluss eines Erzähltextes geplant werden; auf ihn fiebern viele Leser hin, er bleibt oft am längsten in Erinnerung.

TYPISCHE SCHLUSSSITUATIONEN

Geschlossenes Ende	„Sie lächelte still und sah mich recht vergnügt und freundlich an, und von fern schallte immerfort die Musik herüber, und Leuchtkugeln flogen vom Schloß durch die stille Nacht über die Gärten, und die Donau rauschte dazwischen herauf – und es war alles, alles gut!" **(Joseph von Eichendorff**, *Aus dem Leben eines Taugenichts*)
Erwartetes Ende	„Hanna hat schon immer gewußt, daß ihr Kind sie einmal verlassen wird; aber auch Hanna hat nicht ahnen können, daß Sabeth auf dieser Reise gerade ihrem Vater begegnet, der alles zerstört – 08.05 Uhr Sie kommen." **(Max Frisch**, *Homo faber*)
Überraschendes Ende	„‚Wir können nicht mehr miteinander sprechen', sagte Herr K. zu einem Mann. ‚Warum?' fragte der erschrocken. ‚Ich bringe in Ihrer Gegenwart nichts Vernünftiges hervor!', beklagte sich Herr K. ‚Aber das macht mir doch nichts', tröstete ihn der andere. – ‚Das glaube ich', sagte Herr K. erbittert, ‚aber mir macht es etwas.'" **(Bertolt Brecht**, *Gespräche*)

Offenes Ende	„Es geht mir gut. Heute rief Mutter an, und ich versprach, bald vorbeizukommen. Mir geht es glänzend, sagte ich ihr … Ich habe einen hervorragenden Frauenarzt, schließlich bin ich Kollegin. Und ich würde, gegebenenfalls, in eine ausgezeichnete Klinik, in die beste aller möglichen Heilanstalten eingeliefert werden, ich wäre schließlich auch dann noch Kollegin … Alles was ich erreichen konnte, habe ich erreicht. Ich wüsste nichts, was mir fehlt. Ich habe es geschafft. Mir geht es gut." (**Christoph Hein**, *Der fremde Freund / Drachenblut*)

Erzählzeit und erzählte Zeit

DEFINITION Die **Erzählzeit** ist die Zeitspanne, die benötigt wird, um ein episches Werk zu lesen. Die **erzählte Zeit** umfasst die Dauer des Erzählten.

ZEITDECKENDES ERZÄHLEN Nur in Ausnahmefällen sind Erzählzeit und erzählte Zeit identisch; man spricht dann von zeitdeckendem Erzählen:

„Aus dem Haus tritt ein Mann. Er sagt, wer brüllt, kommt rein. Er geht in das Haus zurück. Die Tür fällt hinter ihm zu. Das kleinere Kind schreit. Der Mann erscheint wieder in der Haustür. Er sagt, komm rein. Na wirds bald. Du kommst rein. Nix. Wer brüllt, kommt rein. Komm rein."
(**Helga M. Novak**, *Schlittenfahren*)

Wie das Beispiel zeigt, ist zeitdeckendes Erzählen im Prinzip nur bei wörtlicher Rede möglich und daher in Prosatexten seltener als in dramatischen.

ZEITRAFFUNG Oft gibt es erhebliche Unterschiede zwischen der Erzählzeit und der erzählten Zeit. Häufig braucht der Rezipient nur wenige Minuten zum Lesen einer Handlung, die mehrere Stunden, Tage, Wochen oder Jahre umfasst:

„Effi konnte nicht weiterlesen; ihre Augen füllten sich mit Tränen, und nachdem sie vergeblich dagegen angekämpft hatte, brach sie zuletzt in heftiges Schluchzen und Weinen aus, darin sich ihr Herz erleichterte.
Nach einer halben Stunde klopfte es, und auf Effis 'Herein' erschien die Geheimrätin." (**Theodor Fontane**, *Effi Briest*)

Dieser Textausschnitt kann in ca. 30 Sekunden gelesen werden; er umfasst die Zeitspanne von über 30 Minuten. Fontane bedient sich dazu des Mittels der **Zeitraffung**, konkret des **Zeitsprungs**.

ZEITDEHNUNG Anders verhält es sich bei der Beschreibung von Personen, Gegenständen oder Örtlichkeiten. Was optisch auf einen Blick erfasst wird, muss in Texten so beschrieben werden, dass es für die Leser vorstellbar wird. In diesen Fällen spricht man von **Zeitdehnung**, die Erzählzeit ist größer als die erzählte Zeit:

„Beide hatten die Schulmappen über die Schultern gehängt, und beide waren sie gut und warm gekleidet; Hans in eine kurze Seemanns-Überjacke, über welcher auf Schultern und Rücken der breite, blaue Kragen seines Marineanzuges lag, und Tonio in einen grauen Gurtpaletot."
(**Thomas Mann**, *Tonio Kröger*)

DIE UNTERSUCHUNG DER ZEITSTRUKTUR eines Textes ist hilfreich, um zu erkennen, welche Elemente der Handlung dem Autor wichtig waren, welche er nur nebenbei behandelt und welche er ganz ausgelassen hat. Aber Vorsicht: Auslassungen deuten nicht unbedingt auf Unwichtiges hin – sie können ganz im Gegenteil ein Mittel der Spannungserzeugung sein. Dies ist oft in Kriminalromanen so, wenn der Leser nicht allzu schnell erkennen soll, wer der Täter ist.

Rückblick und Vorausdeutung

STEUERUNG DER LESERERWARTUNG Die Autoren steuern die Lesererwartung auch, indem sie von der chronologischen Erzählstruktur abweichen, etwa wenn sie Rückblenden und Vorausdeutungen als Stilmittel einsetzen.

VORAUSDEUTUNGEN können
- einen Ausblick auf den weiteren Handlungsverlauf geben,
- die Spannung des Lesers erhöhen oder
- den Blick des Lesers auf eine bestimmte Handlung lenken.

Beispiel für eine Vorausdeutung:
„Am Fuße der Alpen, bei Locarno im oberen Italien, befand sich ein altes, einem Marchese gehöriges Schloss, das man jetzt, wenn man vom St. Gotthard kommt, in Schutt und Trümmern liegen sieht …" (**Heinrich von Kleist**, *Das Bettelweib von Locarno*)

Aus dem ersten Satz von Kleists Erzählung geht schon hervor, dass das genannte Schloss inzwischen abge-

brannt ist. Der Leser wird neugierig und fragt sich:
- Warum ist das Schloss abgebrannt?
- Wodurch ist es abgebrannt?
- Wann ist es abgebrannt? Während der Erzählhandlung oder nachher?

RÜCKBLENDEN können
- ein früheres Geschehen nachtragen,
- durch Fokussierung die Handlung erläutern oder
- für das Verständnis des Textes bzw. die Textanalyse hilfreich sein.

Beispiel für eine Rückblende:
„Vergebens schickte sie Leute hinein, den Unglücklichen zu retten; er war auf die elendiglichste Weise bereits umgekommen, und noch jetzt liegen, von den Landleuten zusammengetragen, seine weißen Gebeine in dem Winkel des Zimmers, von welchem er das Bettelweib von Locarno hatte aufstehen heißen." **(Heinrich von Kleist**, *Das Bettelweib von Locarno*)

Diese Rückblende hilft die Erzählung zu verstehen: Sie stellt explizit den Zusammenhang zwischen dem Tod des Marchese und seiner Grobheit gegenüber der Alten dar, die er zwang, ihr Nachtlager zu verlassen.

Sprachliche Gestaltung von Zeit

DEFINITION Die **Gestaltung der Zeit** erfolgt nicht nur mit Hilfe der Organisation des Stoffes oder durch Techniken des Erzählens. Auch die sprachliche Gestaltung eines Textes kann für die Zeitgestaltung nutzbar gemacht werden.

SPRACHLICHE MITTEL DER ZEITGESTALTUNG	
adverbiale Bestimmungen	Antworten auf die Fragen wann? bis wann? seit wann? wie lange? wie oft? z. B. nachts, einen Monat, sommers, seit Monaten
(temporale) Konjunktionen	als, bevor, bis, da, dann, darauf, danach, ehe, eher, indes, nachdem, seit, seitdem, sobald, solange, sooft, unterdessen, vorher, während, (jedesmal) wenn, wie (als Ersatz für „als" beim Präsens), zuvor
die Tempora des Verbs	• Gleichzeitigkeit (z. B. Als er kam, grüßte ich ihn.) • Vorzeitigkeit (z. B. Sobald die Uhr geschlagen hatte, kam er aus dem Haus.) • Nachzeitigkeit (z. B. Bevor du mir das nicht bewiesen hast, glaube ich es nicht.)

Raumgestaltung

QUICK-FINDER

Bedeutung des Raumes
- Äußere Räume und innere Räume → S. 44
- Funktion von Räumen → S. 44

Raumfunktionen
- Definition → S. 44
- Handlungsraum → S. 45
- Lebensraum → S. 45
- Gedankenraum → S. 45
- Stimmungsraum → S. 45
- Kontrastraum → S. 46
- Symbolraum → S. 46

Raummotive
- Motivik → S. 46
- Literarische Tradition → S. 46

Bedeutung des Raumes

ÄUSSERE RÄUME UND INNERE RÄUME Die Handlung eines epischen Textes ist immer in einem bestimmten Raum angesiedelt. Damit ist nicht nur der geografische Raum gemeint, der oft in der Realität verortet werden kann (z. B. Berlin als Raum der Handlung in **Döblins** Roman *Berlin Alexanderplatz*). „Raum" ist hier in einem umfassenderen Sinn gemeint. Auch das gesellschaftliche Umfeld einer Figur, der soziale Raum, das Milieu sind gemeint, ebenso ihr Lebensraum, also Wohnung, Haus, Straße, Stadtviertel. Daneben gibt es auch innere Räume, Stimmungs- und Gedankenräume, in denen eine Person zu Hause ist oder die ihr verschlossen bleiben.

FUNKTION VON RÄUMEN Räumen kommt eine ganz spezifische Funktion zu: Sie charakterisieren eine Person, oft sind sie der Spiegel ihrer Existenz, oft der Auslöser für eine die Figur betreffende Handlung. Manchmal besitzen sie auch symbolische Bedeutung (z. B. das Esszimmer in **Birgit Vanderbekes** Erzählung *Das Muschelessen*, das die Abgeschlossenheit der Familie nach außen hin verdeutlicht).

Raumfunktionen

DEFINITION Räume sind in der Literatur nie Selbstzweck und nur selten von den Autoren ohne tiefere Bedeutung gewählt. Bei der Untersuchung von epischen Texten sollte man immer bedenken, dass es verschiedene Funktionen gibt, die die Örtlichkeiten erfüllen können.

Raumgestaltung

Man unterscheidet:

HANDLUNGSRAUM Der Raum, der den Bedingungsrahmen für die Handlungen der Personen bildet.
Beispiel: Der Handlungsraum in **Alfred Anderschs** *Sansibar oder der letzte Grund* ist die Hafenstadt Rerik; das Geschehen, das in diesem Roman dargestellt wird, ist unmittelbar an diese Stadt und ihre Lage an der Ostsee gebunden.

LEBENSRAUM Der Raum, in dem sich die Figuren bewegen. Von ihrem Lebensraum sind die Figuren positiv oder negativ geprägt, möglicherweise sind sie dort aufgewachsen, haben dort Familie, Freunde und ihren Arbeitsplatz. Die Darstellung des Lebensraumes dient oft der Charakterisierung von Figuren.
Beispiel: Der Lebensraum der Ärztin Claudia in **Christoph Heins** Novelle *Der fremde Freund / Drachenblut* ist eine typische, nicht näher benannte mittelgroße Stadt in der DDR, die den Charakter der Hauptperson und ihre Verhaltensweisen prägt.

GEDANKENRAUM Der Raum, den der Autor oder seine Figuren durch ihre Wünsche, Träume oder Illusionen entstehen lassen. Gedankenräume haben oft irreale, fantastische oder märchenhafte Züge.
Beispiel: Die Stadt Tomi und ihr Umland in den Fantasien Nasos (**Christoph Ransmayr**, *Die letzte Welt*).

STIMMUNGSRAUM Der Raum, an den eine bestimmte die Handlung tragende Stimmung geknüpft ist.
Beispiel: Die Nordseeküste in **Theodor Storms** Novelle *Der Schimmelreiter*.

KONTRASTRAUM Ein Raum, der in inhaltlichem und assoziativem Gegensatz zu einem anderen steht.
Beispiel: Palenque und New York als Orte der Natur bzw. Zivilisation in **Max Frischs** Roman *Homo faber*.

SYMBOLRAUM Ein Raum mit einer symbolischen Bedeutung, die nicht mit seiner wirklichen Bedeutung identisch sein muss.
Beispiel: Das Venedig in **Thomas Manns** Novelle *Tod in Venedig* steht für Krankheit, Verfall und Tod.

Raummotive

MOTIVIK Räume können als Motive einzelner Texte verwendet werden, die durch ihr mehrmaliges Vorkommen bei den Lesern ganz bestimmte Assoziationen auslösen und ihnen das Verständnis eines Textes erleichtern (Beispiel: **Zoë Jenny**, *Das Blütenstaubzimmer*).

LITERARISCHE TRADITION Andere Raummotive gehören zum Motivvorrat der Literatur und sind in vielen Texten auffindbar. Ihre symbolische Bedeutung ist mehrdeutig und oft widersprüchlich. Häufige Beispiele sind:

RAUMMOTIV	SYMBOLISCHE BEDEUTUNG
Feld	Ort außerhalb der nahen Zivilisation, Rückzugsraum, Ort von Entscheidungen
Fenster	Begrenzung zwischen drinnen und draußen, Beengung und Freiheit, Sehnsucht nach Ferne und Unabhängigkeit

Raumgestaltung

Garten	kultivierter Naturraum, natürlicher Ort in der von den Menschen veränderten Welt
Gebirge	Gewalt der vom Menschen unberührten Natur, Assoziationsraum für Freiheit und Entgrenzung
Haus, Wohnung	Geborgenheit, Enge
Meer	Gewalt der vom Menschen unberührten Natur, Assoziationsraum für Sehnsucht, Freiheit und Ungebundenheit
Schlachtfeld	Ort des Grauens, der Gewalt, der Entscheidung
(Groß-) Stadt	Zivilisation, Naturferne, Einsamkeit in der Menschenmenge, anonyme Bedrohung, Ort des Verbrechens, pulsierendes Leben
Wald	Zivilisationsferne, Einsamkeit, Ort der Bewährung und des Zu-sich-selbst-Findens

Prosa

Epische Gattungen und Formen

QUICK-FINDER

Kleinere Formen
- Anekdote → S. 49
- Fabel → S. 49
- Kalendergeschichte → S. 50
- Kurzgeschichte → S. 50
- Schwank → S. 52
- Märchen → S. 53
- Parabel → S. 53
- Legende → S. 54

Mittlere Formen
- Erzählung → S. 54
- Novelle → S. 56
- Sage → S. 57

Großformen
- Epos → S. 58
- Roman → S. 60

SPEZIALTHEMA: Der Bestseller → S. 62

Epische Gattungen und Formen

Kleinere Formen

ANEKDOTE Die Anekdote ist eine kurze Erzählung, in deren Mittelpunkt ein besonderes Ereignis oder eine hervorstechende Eigenschaft einer bekannten Persönlichkeit steht. Die Anekdote nimmt oft eine überraschende, meist witzige Wendung, die man als Pointe bezeichnet. Anekdoten wollen informieren und zugleich unterhalten; sie wurden in geselligen Runden mündlich erzählt. Im Mittelpunkt stand eine allen bekannte Persönlichkeit, deren Charakter in prägnanter oder witziger Weise beleuchtet wurde und so die Neugier der Zuhörer befriedigte. Im 18. und 19. Jahrhundert wurde die Anekdote dann aufgeschrieben und so zu einer literarischen Gattung.
Bekannte Anekdotendichter sind **Johann Peter Hebel** und **Heinrich von Kleist**, die eigene Anekdotensammlungen veröffentlichten.

FABEL Die Fabel ist eine Form der Literatur, die es schon in der Antike gab. **Äsop** (um 550 v. Chr.) ist der älteste, noch heute bekannte Fabeldichter. Die Überlieferung besagt, dass er als griechischer Sklave seine Kritik nur in verdeckter Form äußern konnte. Äsop schrieb deshalb Tieren menschliche Eigenschaften zu: Die Tiere in seinen Fabeln verhalten sich wie Menschen, zeigen menschliche Gefühlsregungen und Verhaltensweisen und sie sprechen auch wie Menschen. Äsops Fabeln sind zweigeteilt. Im ersten Teil wird eine Begebenheit wiedergegeben, im zweiten Teil findet sich eine Lehre, die zusammenfasst, worauf es ankommt. Diese Lehre sollte die Leser dazu bringen, ihr eigenes Verhalten zu überdenken.
Die meisten Fabeln sind in erzählender Sprache geschrieben, es gibt aber auch Versfabeln.

An Äsops Fabeln orientierten sich alle Fabeldichter nach ihm bis in die heutige Zeit: **Phädrus, Jean de La Fontaine, Gotthold Ephraim Lessing, Bertolt Brecht, Reiner Kunze und Heinz Erhardt.**

KALENDERGESCHICHTE Kalendergeschichten sind ursprünglich in Hauskalendern für das ganze Jahr zu finden – im 15., 16. und 17. Jahrhundert meist der einzige Lesestoff für viele Menschen. Diese Jahreskalender informierten über kirchliche Festtage und Namenstage von Heiligen und gaben oft praktische Tipps: für den Landwirt, die Hausfrau und für das Verhalten im Alltag. Zur Unterhaltung und Belehrung der Leser waren kurze Geschichten eingefügt. Im Zeitalter der Aufklärung nutzten viele Autoren den Kalender als Medium, ihre Gedanken populär zu machen und die einfacheren Bevölkerungsschichten an ihren Ideen teilhaben zu lassen. Die Kalendergeschichte sollte nun die Leser zu moralisch anständigem Verhalten erziehen. Kalendergeschichten, die auch heute noch gelesen werden, stammen von **Johann Peter Hebel**. Sie wurden in seinem Werk „Schatzkästlein des Rheinischen Hausfreundes" (1811) veröffentlicht. Im 20. Jahrhundert hat **Bertolt Brecht** eine Vielzahl von Kalendergeschichten veröffentlicht, die den Menschen ihre Schwächen deutlich machen sollen.

KURZGESCHICHTE Die Kurzgeschichte ist eine relativ kurze Prosaerzählung. Erst nach dem Zweiten Weltkrieg kam diese Gattung aus den USA nach Deutschland, wo sie sogleich von vielen Autoren der Kriegsgeneration aufgegriffen wurde.
In den USA gab es schon seit dem Ende des 19. Jahrhunderts die Form der kurzen Geschichten, sog. **short storys**.

Nach dem Ende des Zweiten Weltkriegs kam amerikanisches Gedankengut nach Deutschland, darunter auch die short story. Vorbildhaft wirkten die short storys von **Ernest Hemingway**. Deutsche Autoren der unmittelbaren Nachkriegszeit wie **Heinrich Böll, Wolfgang Borchert, Wolfdietrich Schnurre** und **Ilse Aichinger** griffen diese Form auf und schufen eine neue Literaturgattung: Die moderne deutsche Kurzgeschichte.

Die Kurzgeschichte entsprach den Bedürfnissen der Zeit nach 1945. Papier war knapp und wurde von den alliierten Besatzern rationiert; es war also sehr viel leichter, in Zeitungen kurze Geschichten zu publizieren, als umfangreiche Romane zu veröffentlichen. Dazu kommt die Stimmungslage in der Bevölkerung: Die Autoren waren vom Kriegsgeschehen ausgebrannt und nur selten in der Lage, umfassende Romane zu schreiben. Auch die lesende Bevölkerung, die mit dem Wiederaufbau Deutschlands beschäftigt war, las lieber kurze Texte als lange. So war der Zeitpunkt ideal für die Entstehung der neuen Gattung.

Die Kurzgeschichte hat einen geringen Umfang – oft nur eine oder zwei Druckseiten. Sie zeigt nur einen entscheidenden Ausschnitt (Schicksalsbruch) aus dem Leben des Protagonisten; Einleitung und Schluss fehlen meist. Die Handlung ist auf das Wesentliche beschränkt, der Leser bleibt oft verunsichert und ratlos zurück.
Kurzgeschichten der unmittelbaren Nachkriegszeit zeigen das Leben der Menschen im zerstörten Deutschland, ihre Situation als Kriegsheimkehrer oder – in der Rückblende – ihre Verhaltensweisen oder Erlebnisse im Krieg. Die Aufarbeitung der unmittelbaren Vergangenheit stand bei den frühen Kurzgeschichten im Vordergrund.

Neuere Kurzgeschichten thematisieren das Leben in der Bundesrepublik Deutschland und in der DDR und regen so eine individuelle Stellungnahme der Leser an.
Wichtig ist dabei, dass die Autoren der Kurzgeschichte keine Lösungen anbieten wollen (oder können). Ihr Ziel ist es, Probleme und Krisensituationen aufzuzeigen und literarisch zu gestalten.

Meist kommen in Kurzgeschichten nur wenige Personen vor. Diese sind keine herausragenden Charaktere, sondern als Durchschnittsmenschen, die sich an einem Wendepunkt ihres Lebens befinden, typisiert dargestellt. Die Hauptpersonen sind oft einfache Menschen, die der kleinbürgerlichen Welt entstammen und als passive Helden ihrem Schicksal ausgeliefert sind.
Die Autoren verwenden eine einfache, betont sachliche und ungekünstelte Alltagssprache, die dem Inhalt der Geschichte entspricht. Oft prägt Umgangssprache die Figurenrede, die erlebte Rede und den inneren Monolog und führt so zu einer kritischen Identifikation der Leser mit den Figuren und dem Inhalt der Kurzgeschichte.

SCHWANK Der Schwank ist eine kurze heitere dramatische oder erzählte Szene. Die Themen entstammen der Volksdichtung, häufig werden Normen des bürgerlichen Alltags karikiert. Schwänke sind einfach strukturiert und auf eine Pointe hin komponiert, die Mittel der Darstellung sind Gegensätze, Übertreibungen und Typisierung der Figuren.
Die Verfasser von Schwänken sind oft unbekannt.
Beispiele: *Till Eulenspiegel*, *Die Schildbürger*; Stücke von **Hans Sachs** und **Johann Nepomuk Nestroy**; *Erzählungen des Barons von Münchhausen*

Epische Gattungen und Formen

MÄRCHEN Das Märchen ist eine der ältesten literarischen Formen, die ihre Wurzeln in der schriftlosen Zeit hat und ursprünglich mündlich überliefert wurde (Volksmärchen). Es zeigt Menschen in abenteuerlichen Bewährungssituationen, wobei positive und negative Figuren eindeutig festgelegt sind. Aus dem Gegensatz der handelnden Figuren erwachsen Konflikte. Seit der Romantik werden Kunstmärchen verfasst, die die Volksmärchen in der klar strukturierten Thematik und der volksnahen Sprache nachahmen

- Beispiele für Volksmärchen: *Rotkäppchen, Dornröschen, Aschenputtel* von den **Brüdern Grimm**
- Beispiele für Kunstmärchen: **Ludwig Tieck**, *Der gestiefelte Kater;* **Wilhelm Hauff**, *Kalif Storch;* **Hans Christian Andersen**, *Des Kaisers neue Kleider*
- Beispiele für moderne märchenhafte Erzählungen: **Michael Ende**, *Momo*; **Otfried Preußler**, *Krabat*

PARABEL Die Parabel ist eine kurze lehrhafte Erzählung, die eine allgemeine Erkenntnis oder Lebensweisheit verschlüsselt wiedergibt. Durch Übertragung des dargestellten Ereignisses auf einen anderen Sachverhalt kann dieser erschlossen werden. Parabeln wollen zugleich unterhalten und belehren. Die Parabel gehört wie das Gleichnis, das Beispiel und die Fabel zu den epischen Kurzformen. Sie will jedoch nicht – wie die Fabel – eine Handlungsanleitung formulieren, sie gibt vielmehr einen Sachverhalt verschlüsselt wieder und will so den Leser zum Nachdenken bewegen. Dazu muss der Leser das Gesagte (die Bildebene) und das Gemeinte (die Sachebene) miteinander vergleichen und den Vergleichspunkt (das tertium comparationis) finden. Meist ergeben sich daraus verschiedene Deutungsmöglichkeiten. Bekannte

Parabeldichter des 20. Jahrhunderts sind **Bertolt Brecht** *(Geschichten vom Herrn Keuner)* und **Franz Kafka**.

LEGENDE Legenden sind anonyme christliche Erzählungen vom Leben und Sterben von Heiligen, von ihren guten Taten und ihrer Frömmigkeit. Im Mittelalter wurden Legenden an den Namenstagen der Heiligen vorgelesen oder erzählt, um an diese zu erinnern. Die Menschen sollten angehalten werden, sich ebenso gottesfürchtig wie diese Heiligen zu verhalten. Auf die geschichtliche Wahrheit wurde dabei wenig Wert gelegt, jedoch haben die beschriebenen Personen in der Regel gelebt.
Die Legenden waren im Mittelalter die Gegenstücke zu den Heldensagen. Steht in den Heldensagen, die meist aus der Zeit vor dem Christentum stammen, ein Held und seine Tapferkeit gegenüber Feinden im Mittelpunkt, beschreiben Legenden die religiös geprägten Taten von Menschen, die dann zu Heiligen erklärt wurden.

Mittlere Formen

ERZÄHLUNG Die Erzählung ist eine literarische Gattung, die kürzer ist als Novelle und Roman, aber länger als die Kurzgeschichte.
Literarische Erzählungen sind meist in drei Teile gegliedert, in Einleitung, Hauptteil und Schluss. Im Hauptteil findet sich der Höhepunkt. Sie gleichen dem Roman, sie sind aber viel kürzer. Außerdem bestehen sie nur aus einem Handlungsstrang, es gibt also nur eine Haupthandlung, keine Nebenhandlungen. Sie kommen auch mit weniger Personen aus als der Roman und ereignen sich in einem kürzeren Zeitraum. Anders als Fabel, Parabel

und Legende wollen sie keine Lehre vermitteln, anders als der Novelle fehlen ihnen das Leitmotiv und die „unerhörte Begebenheit".

Die wenigen Personen, die in einer Erzählung vorkommen, stehen meist in einem sehr engen Verhältnis zueinander, was durch die einsträngige Handlung bedingt ist. Sie sind zwar in der Regel als Charaktere angelegt (nicht als Typen mit funktionaler Bedeutung), der Leser lernt sie aber nur in bestimmten Situationen kennen. Ein umfassendes Charakterbild wie im Roman entsteht dadurch nur selten.
In der Erzählerrede verwenden die Autoren die Sprachform, die für die jeweilige Entstehungszeit kennzeichnend ist: eine stilisierte, gehobene Sprache im 18. und 19. Jahrhundert, eine betont sachliche und ungekünstelte Alltagssprache in der zweiten Hälfte des 20. und im 21. Jahrhundert. Eine Häufung von sprachlich-stilistischen Mitteln wie im Drama oder in der Lyrik ist nicht feststellbar. Die Figuren sprechen so, wie es ihrer sozialen Stellung und ihrem Bildungsstand entspricht.

Bekannte Erzählungen und ihre Autoren:
- **Friedrich Schiller** (1759–1805), *Der Verbrecher aus verlorener Ehre* (1786)
- **Heinrich von Kleist** (1777–1811), *Michael Kohlhaas* (1808)
- **Joseph von Eichendorff** (1788–1857), *Aus dem Leben eines Taugenichts* (1826)
- **Adalbert Stifter** (1805–1868), *Brigitta* (1844/1847)
- **Heinrich Böll** (1917–1985), *Die verlorene Ehre der Katharina Blum* (1974)
- **Birgit Vanderbeke** (geb. 1956), *Das Muschelessen* (1990)

NOVELLE Ihren Ursprung hat die Novelle im Italien der Renaissance (ca.1350–1600). **Giovanni Boccaccio** (1313–1375) veröffentlichte 1348 die Novellensammlung *Decamerone* (dt. *Zehntagewerk*), woraufhin Novellenzyklen in ganz Europa populär wurden. In Deutschland war **Johann Wolfgang von Goethe** der erste Dichter eines beachteten Novellenzyklus, der *Unterhaltungen deutscher Ausgewanderten* (1795).

Die Novelle ist eine Prosaerzählung von mittlerem Umfang. Ihr Inhalt ist auf das Wesentliche verdichtet und zeigt einen zentralen Konflikt, einen Zusammenstoß von Mensch und Schicksal, Realem und Außergewöhnlichem, der durch Leitmotive verdeutlicht wird. Nach Goethes Definition steht eine „sich ereignete unerhörte Begebenheit" im Mittelpunkt der Novelle. **Theodor Storm** nannte die Novelle wegen ihres typischen Aufbaus (geraffte Exposition, Steigerung, konzentriert herausgearbeiteter Höhe- und Wendepunkt, Abfall und Abklingen der Handlung als ahnungsvolle Andeutung des Schicksals) „die Schwester des Dramas".

Ein wichtiges Kennzeichen der Novelle ist die Existenz des **Dingsymbols**. Dieses steht symbolisch für den Umschwung der Handlung und stammt aus **Boccaccios** *Decamerone*. In der 9. Geschichte des 5. Tages wird erzählt, wie ein Ritter aus Liebe zu einer adeligen Dame, für die er sein ganzes Vermögen verschwendet hat, ihr als seinen letzten Besitz einen Falken als Speise vorsetzt. Dadurch ist sie so gerührt, dass sie in eine Heirat einwilligt und den verarmten Ritter zum Herren ihres gesamten Vermögens macht. Seitdem wird das Vorhandensein eines „Falken", also eines Dingsymbols, als ein wichtiges Kennzeichen einer Novelle angesehen. Bei der Novelle steht die Handlung im Vordergrund. Personen, Dinge und Charaktere sind nur soweit berücksichtigt, als sie Träger oder Mittel des Hauptereignisses sind. Damit befindet sich die Novelle in deutlichem Gegensatz zum Roman, der eine (oder mehrere Personen) in den Mittelpunkt stellt.

Bekannte Autoren und ihre Novellen

- **Conrad Ferdinand Meyer** (1825 – 1898), *Das Amulett* (1873), *Der Schuss von der Kanzel* (1878)
- **Eduard Mörike** (1804 – 1875), *Mozart auf der Reise nach Prag* (1856)
- **Theodor Storm** (1817 – 1888), *Immensee* (1849), *Aquis Submersus* (1876), *Der Schimmelreiter* (1888)
- **Gottfried Keller** (1819 – 1890), *Die Leute von Seldwyla* (Novellenzyklus 1855/56)
- **Annette von Droste-Hülshoff** (1797 – 1848), *Die Judenbuche* (1842)
- **Paul Heyse** (1830 – 1914), *L'Arrabiata* (1853), Nobelpreis für Literatur 1910
- **Thomas Mann** (1875 – 1955), *Gladius Dei* (1902), *Tonio Kröger* (1903), *Tod in Venedig* (1912)
- **Stefan Zweig** (1881 – 1942), *Sternstunden der Menschheit* (1927), *Schachnovelle* (1941)
- **Martin Walser** (geb. 1927), *Ein fliehendes Pferd* (1978)

SAGE Sagen sind ursprünglich mündlich überlieferte Erzählungen aus alter Zeit, zu der immer wieder neue Handlungen oder Personen hinzuerfunden wurden. Erst viel später wurden sie aufgeschrieben. Im Mittelpunkt der Sage steht oft ein übernatürlich-fantastisches Ereignis, eine ungewöhnliche Person oder ein besonderer

Gegenstand oder Ort. Sagen können einer bestimmten Zeit und einem bestimmten Ort zugeordnet werden. Die handelnden Personen werden namentlich genannt. Sagen erheben Anspruch auf Glaubwürdigkeit. In Sagen werden rätselhafte Vorgänge erklärt und möglichst glaubhaft gemacht.

Man unterscheidet:
- Volkssagen, die meist an bestimmte Orte und Gegebenheiten gebunden sind (z. B. *Barbarossa im Kyffhäuser*, *Die Weiber von Weinsberg*)
- Heimatsagen, die sich um unerklärliche Vorgänge in der Region ranken (z. B. *Die Teufelsmauer*, *Burg Auersberg*)
- Götter- und Heldensagen, in deren Mittelpunkt Götter und Menschen mit außergewöhnlichen Fähigkeiten stehen (z. B. die *Herakles-Sage*, die *Siegfried-Sage* und die *Artus-Sage*)
- Wandersagen, also Sagen, die an verschiedenen Orten spielen und in denen verschiedene Personen auftreten, die aber im Kern die gleiche Geschichte erzählen.

Großformen

EPOS In der Antike war das Epos eine verbreitete Gattung, die aus verschiedenen Kulturkreisen bekannt ist. Für die europäische Dichtung wurden die Epen **Homers** wichtig. Homer ist ein sagenhafter griechischer Dichter um 750 v. Chr., von dem man bis heute nicht weiß, ob er wirklich gelebt hat oder ob andere Autoren den Namen als Pseudonym verwendet haben. Unter Homers Namen sind zwei Epen veröffentlicht: In der *Ilias* wird der Kampf der Griechen gegen die Trojaner geschildert. In der *Odys-*

see geht es um die Rückkehr des griechischen Helden Odysseus nach Ithaka, die auf vielen Umwegen verläuft und zehn Jahre dauert.

In der römischen Antike nahm der Dichter **Vergil** (70–19 v. Chr.) Inhalte und Motive der Epen Homers auf und schuf sein Epos, die *Aeneis*. In diesem Werk beschreibt Vergil die Irrfahrten des trojanischen Königssohns Aeneas, der nach dem Brand Trojas seine Heimatstadt verlassen und auf Umwegen die Landschaft Latium erreicht hatte, wo von seinen sagenhaften Nachfahren Romulus und Remus die Stadt Rom gegründet worden sein soll. Vergil gestaltete mit seinem Epos den Gründungsmythos Roms und des Römischen Weltreichs.

Um 1200 werden im deutschsprachigen Raum erste Epen in der Volkssprache aufgeschrieben. Diese kann man nach Inhalt, Gestaltung der Personen und vorherrschender Wertewelt unterscheiden:

Das **Heldenepos** ist oft von unbekannten Verfassern aufgeschrieben. Es bedient sich in Stoff und Motivik bei den alten germanischen Heldensagen. Das Heldenepos berichtet von einer archaischen Welt, in der rohe Gewalt herrscht und deren Figuren sich einer psychologischen Deutung entziehen. Das Nibelungenlied kann als Beispiel für das Heldenepos gelten.

Das **höfische Epos** stellt einen Ritter in den Mittelpunkt, der sich in seiner Lebensführung und in seinem Rittertum bewähren muss, um als würdiges Mitglied der Hofgesellschaft zu gelten. Thematisiert werden ritterliche Lebensführung, Werte und Tugenden, v. a. die Treue zu Gott und den Lehnsherrn. Zusätzlich muss ein Ritter im Kampf Tapferkeit, gegenüber den Frauen gesittetes Benehmen und im Umgang mit Schwächeren und Hilfsbedürftigen

Mitleid und Erbarmen zeigen. Das Ideal des höfischen Epos ist der „miles christianus", der an den christlichen Werten orientierte Streiter im Namen Gottes.

Wichtige höfische Epen stammen von **Hartmann von Aue** *(Erec, Iwein)*, **Wolfram von Eschenbach** *(Parzival)* und **Gottfried von Straßburg** *(Tristan und Isolde)*.

ROMAN Romane thematisieren nicht nur einzelne Ereignisse, sondern verfolgen einen Helden auf seinem Lebensweg. Sie beziehen auch seine Umwelt, die historische Realität und die allgemeine Stimmungslage in die Darstellung mit ein. Romane verfügen meist über eine mehrsträngige Handlung und umfassen eine längere Zeitspanne. Im Unterschied zu anderen, kürzeren Prosatexten wird im Roman eine eigene Welt entworfen.

Erste Romane gab es schon im Mittelalter, z. B. das Heldenepos *(Nibelungenlied)*. Doch bis ins 18. Jahrhundert war der Roman als minderwertige literarische Gattung verpönt. Nur einfache Leute lasen die damaligen Romane, die als Volksbücher antike oder mittelalterliche Stoffe (z. B. die Lebensgeschichte des Dr. Faust) überlieferten. Selbst der bedeutendste deutsche Roman des 17. Jahrhunderts, *Der abenteuerliche Simplicissimus Teutsch* von **Grimmelshausen**, der zwar viel gelesen und oft nachgedruckt wurde, fand in der literarischen Welt kaum Beachtung. Zu einem Bestseller wurde der 1774 erschienene Briefroman *Die Leiden des jungen Werthers* von **Johann Wolfgang von Goethe**. Durch dieses Werk wurde der Roman gesellschaftsfähig und zu dem, was er heute ist – zur wichtigsten literarischen Gattung.

Im Laufe der Jahrhunderte haben sich verschiedene Romantypen herausgebildet, die nach Wirkabsicht und

Inhalt unterschieden werden können. Folgende Typen sind besonders wichtig:

- **Bildungs- und Entwicklungsroman**: Der Weg eines jungen Mannes zum Erwachsenen wird beschrieben. Beispiele: **Johann Wolfgang von Goethe:** *Wilhelm Meisters Lehrjahre* (1795), **Karl Philipp Moritz:** *Anton Reiser* (1785 ff.), **Gustav Freytag:** *Soll und Haben* (1855), **Gottfried Keller:** *Der grüne Heinrich* (1854 ff.), **Adalbert Stifter:** *Der Nachsommer* (1857), **Hermann Hesse:** *Demian* (1919)
- **Gesellschaftsroman**: Der Schwerpunkt der Darstellung liegt auf den gesellschaftlichen Verhältnissen. Beispiele: **Theodor Fontane:** *Irrungen Wirrungen* (1887), *Frau Jenny Treibel* (1892), *Effi Briest* (1894), **Thomas Mann:** *Der Zauberberg* (1924)
- **Historischer Roman**: Ein geschichtlicher Stoff wird im Roman verarbeitet. Beispiele: **Felix Dahn:** *Ein Kampf um Rom* (1876), **Franz Werfel:** *Die vierzig Tage des Musa Dagh* (1933)
- **Kriminalroman**: Ein Verbrechen und seine Aufklärung werden dargestellt. Beispiele: **Friedrich Dürrenmatt:** *Der Richter und sein Henker* (1950), **Bernhard Schlink:** *Selbs Justiz* (1987)
- **Künstlerroman**: Der Lebensweg eines Künstlers bzw. sein Konflikt mit der bürgerlichen Welt wird thematisiert. Beispiele: **Eduard Mörike:** *Maler Nolten* (1832), **Thomas Mann:** *Der Tod in Venedig* (1912), *Doktor Faustus* (1947), **Hermann Hesse:** *Klingsors letzter Sommer* (1920)
- **Utopischer Roman**: Der Roman spielt in der Zukunft oder in fernen, unerforschten Gegenden. Beispiele: **Thomas Morus:** *Utopia* (1516), **Aldous Huxley:** *Schöne neue Welt* (1932), **George Orwell:** *1984* (1948), **Christa Wolf:** *Kein Ort. Nirgends* (1979)

SPEZIALTHEMA

Der Bestseller

Bestseller sind – nach der englischen Übersetzung – die am besten verkauften Bücher, also Verkaufsschlager, deren Verkaufszahlen deutlich über denen anderer Bücher liegen.

Bestseller werden in Bestsellerlisten in Zeitungen und Zeitschriften veröffentlicht, was deren Absatz oft noch weiter anheizt. Das zeigt, dass Bücher im 20. und 21. Jahrhundert für viele Beteiligte des literarischen Lebens nur noch Warencharakter haben – wenn ein Buch zum Bestseller avanciert, ist das oft das Verdienst von Werbung und public relation, es sagt nichts über die literarische Qualität des Buchs aus. Bestsellerlisten erfassen sowohl literarische Werke als auch Sachbücher.

Inzwischen stellt man nicht nur fest, welche Bücher zu Bestsellern geworden sind – auch Longseller (Bücher, die über einen langen Zeitraum hinweg mit guten Absätzen verkauft werden, wie die Bibel, manche Kinderbücher, Klassiker und Nachschlagewerke) und der Worstseller (das am schlechtesten verkaufte Buch), kommen in die Medien und werden dadurch für die potenziellen Leser (wieder) interessant.

Erste Bestseller

Früher wurden Bücher zu einem Verkaufsschlager, weil sie eine Vielzahl von Lesern angesprochen haben, die auf das Buch durch Mundpropaganda oder Empfehlung eines Buchhändlers darauf aufmerksam geworden sind. Solche frühen Bestseller sind z. B. Goethes „Die Leiden des jungen Werthers" (1774), Gustav Freytags „Soll und Haben" (1855) und Waldemar Bonsels „Die Biene Maja" (1912).

Bestseller im 20. und 21. Jahrhundert
In Zeiten massenhafter Verbreitung von Büchern werden aber andere Wege beschritten, Bücher an den Mann zu bringen. In den letzten Jahrzehnten des 20. Jahrhunderts setzte sich eine Entwicklung fort, die das literarische Leben schon seit Ende des Zweiten Weltkriegs bestimmt: Das Buch ist eine Ware, der Buchmarkt ein Markt, der nach wirtschaftlichen Gesetzen funktioniert. Deshalb wird die Neuerscheinung eines Buches, das einen hohen Absatz verspricht, in den Medien bekannt gemacht; für Bücher wird – wie für andere Waren auch – geworben. Das geschieht durch Anzeigen des Verlags, durch Dichterlesungen, aber auch durch Kritiken, sie können gut oder schlecht sein – richtig platziert, erreichen sie die Aufmerksamkeit der potenziellen Leser.

Bestenlisten
Auch Bestsellerlisten tragen dazu bei, auf Bücher aufmerksam zu machen. Bestsellerlisten führen Bücher auf, die sich besonders gut verkaufen – über ihre Qualität ist dadurch noch nichts ausgesagt. Die ersten Bestsellerlisten gab es um 1910 in amerikanischen Wochenzeitschriften. Seit 1972 veröffentlicht das Wochenmagazin „Der Spiegel" eine wöchentlich aktualisierte Bestenliste, die Unterhaltungsliteratur (Belletristik) und Sachbücher unterscheidet. Die Liste entsteht auf der Grundlage einer repräsentativen Umfrage bezüglich der Verkaufszahlen. Eine solche Bestsellerliste regt wiederum viele Menschen zum Kauf eines Buchs an und dient damit nicht nur der Information, sondern auch der Werbung. In unseren Tagen werden Bestseller auch häufig verfilmt und sind Grundlage eines ausgeklügelten Merchandising-Systems, das ihrer Vermarktung dient.

: h## 2 Drama

Dramatische Handlung

QUICK-FINDER

Darbietung des Stoffes im traditionellen Drama
- Einteilung der Handlung ➤ S. 65
- Die Freytags-Pyramide ➤ S. 65
- Aufbau des klassischen Dramas ➤ S. 65

Darbietung des Stoffes im modernen Drama
- Offenes Drama ➤ S. 66
- Bauform ➤ S. 67
- Kennzeichen des geschlossenen und offenen Dramas ➤ S. 67

Das epische Theater
- Der Begriff episches Theater ➤ S. 69
- Ziel des Brecht'schen Dramas ➤ S. 69
- Dramaturgische Mittel ➤ S. 69
- Beispiele ➤ S. 69

Anordnung des Stoffes ➤ S. 70

Handlung, Handlungsschritte, Handlungstempo
- Handlung ➤ S. 70
- Handlungsschritte ➤ S. 71
- Handlungstempo ➤ S. 72

Zieldrama und analytisches Drama ➤ S. 73

Darbietung des Stoffes im traditionellen Drama

EINTEILUNG DER HANDLUNG Das traditionelle Drama ist in Akte und Szenen (Auftritte) gegliedert. **Akte** (Aufzüge) sind größere Handlungsabschnitte, die in sich abgeschlossen sind. Klassische Dramen oder solche, die sich daran orientieren, sind meist in fünf, manchmal auch in drei Akte eingeteilt. Man nennt sie nach ihrer Bauform **geschlossene Dramen**. Die streng symmetrische Bauform, die als Ausdruck eines geschlossenen Weltbildes gilt, geht auf die antike Poetik des Aristoteles zurück.

DIE FREYTAGS-PYRAMIDE Ausgehend von **Schillers** *Maria Stuart* entwickelte der Literaturwissenschaftler und Dichter **Gustav Freytag** am Ende des 19. Jahrhunderts folgendes Modell, das für viele Dramen des 17. bis 19. Jahrhunderts Gültigkeit besitzt:

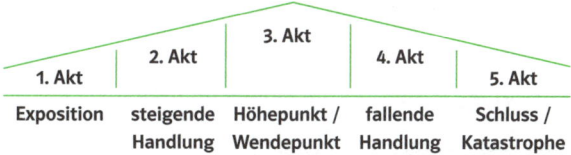

1. Akt	2. Akt	3. Akt	4. Akt	5. Akt
Exposition	steigende Handlung	Höhepunkt / Wendepunkt	fallende Handlung	Schluss / Katastrophe

AUFBAU DES KLASSISCHEN DRAMAS Den einzelnen Akten des aristotelischen Dramas ist eine jeweils spezifische Funktion zugeordnet:

- Die **Exposition** gibt eine Einführung in die Verhältnisse und Zustände, aus denen der dramatische Konflikt entspringt, und thematisiert damit die Vorgeschichte der Bühnenhandlung. Außerdem macht sie die Zuschauer mit den Hauptfiguren bekannt.

- In der **steigenden Handlung** entwickelt sich der Konflikt bzw. die Auseinandersetzung zwischen dem Protagonisten und dem Antagonisten bis zum

- **Höhepunkt**. Hier kommt es zur vollen Entfaltung des Konflikts. Oft ist der Höhepunkt zugleich der **Wendepunkt** (auch Peripetie genannt), an dem das Geschehen eine ganz unvorhergesehene Richtung nimmt.

- Die fallende Handlung führt scheinbar unmittelbar zum Schluss hin. Meist wird das schnelle Ende aber durch das so genannte **retardierende Moment** verzögert, was noch einmal Spannung in die Dramenhandlung bringt.

- Der Schluss bringt die Lösung der dramatischen Handlung. In der Komödie handelt es sich dabei um ein glückliches Ende, in der Tragödie um die **Katastrophe**.

Darbietung des Stoffes im modernen Drama

OFFENES DRAMA Jedes Drama, das nicht zu dem Typus des geschlossenen Dramas passt, wird dem **offenen Drama** zugerechnet. Das deutlichste Kennzeichen des offenen Dramas ist die lockere, episodische Anordnung von Einzelszenen, es gibt keinen übergreifenden, durch Akte markierten Handlungsbogen. Im Mittelpunkt der Handlung steht die Hauptfigur und ihre Auseinandersetzung mit der Umwelt, nicht der Konflikt zwischen zwei Figuren (Protagonist und Antagonist). Die drei Einheiten, die gesellschaftliche Situierung der Hauptfigur und die Fallhöhe spielen keine Rolle, Zeitsprünge und häufige

Schauplatzwechsel sind deshalb typisch für das Drama der offenen Form. Meist fehlt auch ein Ende, das eine Lösung aufzeigt; die Folge der Handlungen könnte fortgesetzt werden.

BAUFORM Folgende Darstellung der aneinandergereihten Einzelszenen oder Bilder verdeutlicht die Bauform des offenen Dramas:

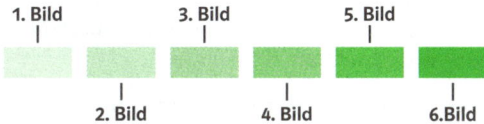

KENNZEICHEN DES GESCHLOSSENEN UND OFFENEN DRAMAS	
Geschlossenes Drama	**Offenes Drama**
durchgängige **Haupthandlung**, wobei alle Ereignisse miteinander verknüpft sind und auf ein Ziel hinführen	Mehrsträngigkeit **gleichgewichtiger Handlungen**, lockere Struktur der Einzelszenen, Zusammenhalt über Leitmotive oder Figuren
klarer Anfang durch Eintreten einer Konfliktsituation, eindeutige **Lösung am Schluss**	**plötzlicher Beginn**, meist **offener Schluss**
geringe Zeiterstreckung der Handlung	die Handlung umspannt **große Zeiträume**

Geschlossenes Drama	Offenes Drama
wenige Schauplätze	**Vielzahl von Handlungsorten**
wenig Figuren hohen Standes, die in einem klaren Verhältnis zueinander stehen, scheinbar unabhängig von Physis und Milieu, bestimmen den Verlauf der Handlung	**Vielzahl von Figuren**, die die Gesellschaft als Ganzes repräsentieren, abhängig von Milieu und psychischer Befindlichkeit, fehlende Autonomie
autonomer, **mündiger Held**, der das Geschehen durch sein Handeln lenkt	**passiver Held**, Antiheld, der von seinem sozialen Umfeld bestimmt wird
Kunstsprache, oft Verssprache, einheitliche Sprachebene, oft Hypotaxen, Sentenzen, Bilder, Metaphern, Mitteilungsfunktion der Sprache, Dialoge und Rededuelle treiben die Handlung voran	individuelle, **realistische Sprache**, häufig Parataxen, Anakoluth und Ellipse als Stilmittel, Expressionsfunktion der Sprache, Sprachlosigkeit als Ausdruck der Hilflosigkeit der Figuren
klar strukturiertes Weltbild, dessen Idee in seiner ganzen Totalität vermittelt wird	**Komplexität** der Realität ist nicht darstellbar, deshalb: Offenheit, Fragmentcharakter

Das epische Theater

DER BEGRIFF EPISCHES THEATER steht für eine besondere Form des modernen Dramas, die **Bertolt Brecht** im Gegensatz zum klassisch-aristotelischen Drama theoretisch begründet und auf der Bühne erprobt hat.

ZIEL DES BRECHT'SCHEN DRAMAS ist die Veränderung der Gesellschaft im marxistischen Sinn, wozu Brecht das Mitfühlen und Mitleiden des Zuschauers mit den Bühnenfiguren und ihrem Schicksal durch eine kritische Distanz zur Bühnenhandlung ersetzen will.

DRAMATURGISCHE MITTEL, die Brecht zur Erreichung seiner Ziele im epischen Theater einsetzt, sind:
- **Verfremdungseffekt (V-Effekt):** Dem Zuschauer wird Alltägliches wie Fremdes, Unbekanntes präsentiert, wodurch er zu den Figuren und zum Geschehen auf der Bühne eine kritische Distanz einnehmen soll, die ihn die Notwendigkeit zur Veränderung erkennen lassen;
- **Montagetechnik**, also kritisch-kommentierende Einschübe eines Erzählers, Prolog, Epilog, Einfügung von Songs, Kinderliedern und Bibelzitaten, Verwendung von Spruchbändern, Projektionen und Lichteffekten.

BEISPIELE für das epische Theater:
- Stücke von **Bertolt Brecht**: z. B. *Dreigroschenoper, Die heilige Johanna der Schlachthöfe, Furcht und Elend des Dritten Reiches, Leben des Galilei, Mutter Courage und ihre Kinder, Der gute Mensch von Sezuan, Der kaukasische Kreidekreis*
- Dramen von **Heiner Müller**: z. B. *Der Lohndrücker, Germania Tod in Berlin;* **Peter Weiss:** *Die Verfolgung und Ermordung des Jean Paul Marat ...*

Anordnung des Stoffes

Da Dramen eine vielschichtige Handlung zeigen, muss diese untergliedert sein. Üblicherweise teilen die Autoren ihre Stoffe deshalb in Akte, Szenen oder Bilder ein.

BEGRIFF	BEDEUTUNG	VORKOMMEN
Akt (Aufzug)	ein in sich abgeschlossener, größerer Handlungsabschnitt, der seit dem 17. Jahrhundert durch das Auf- und Zuziehen des Vorhangs markiert wird	im traditionellen Drama
Szene (Auftritt)	1. im mehraktigen, traditionellen Drama Untereinheit des Aktes, die durch das Auf- bzw. Abtreten von Figuren markiert wird; 2. im modernen Drama oft gleichbedeutend mit „Bild" verwendet	im traditionellen und im modernen Drama
Bild	Handlungseinheit	im modernen Drama

Handlung, Handlungsschritte, Handlungstempo

HANDLUNG Mehr als jedes andere literarische Werk lebt das Drama von der Handlung. Dabei muss zwischen verschiedenen Arten von Handlung unterschieden werden.

HANDLUNG

äußere Handlung	Aktion, Geschehen auf der Bühne oder auf anderen Handlungsschauplätzen
innere Handlung	Vorgänge in den Figuren, ihre geistige und seelische Entwicklung
offene Handlung	Handlung, die auf der Bühne sichtbar ist. Die Handlung eines Dramas ist meist offene Handlung.
verdeckte Handlung	Handlung, die auf der Bühne nicht sichtbar ist, die dem Zuschauer z. B. durch den Botenbericht oder die Teichoskopie (Mauerschau) vermittelt werden muss. Auch die Exposition informiert über die verdeckte, nämlich zeitlich zurückliegende Handlung.

HANDLUNGSSCHRITTE Ähnlich wie eine Erzählung aus verschiedenen Erzählschritten besteht, lassen sich bei Schauspielen einzelne **Handlungsschritte** feststellen. Sie ergeben sich, indem die Figuren die Ausgangssituation verändern und durch ihr Handeln eine neue Situation herbeiführen, die dann wieder durch das Handeln einer Figur verändert wird usw. Im traditionellen Drama fallen Handlungsschritte und Szenen oft zusammen.

Beispiel: **Johann Wolfgang von Goethe,** *Iphigenie auf Tauris:*
Nach der Selbstreflexion Iphigenies im ersten Auftritt des ersten Aufzugs (I, 1) rät Arkas, der Vertraute des Königs Thoas, Iphigenie in I, 2 dringend, das Werben des Königs anzunehmen und in eine Heirat einzuwilligen.

Am Ende dieser Szene reflektiert Iphigenie ihre Lage und beschließt, Thoas nicht zu heiraten. Damit ist ein Handlungsschritt abgeschlossen und für die Bühnenhandlung in I, 3 gibt es eine neue Ausgangssituation: Iphigenie ist sich ihrer Situation bewusst und tritt dem König sehr selbstsicher entgegen.

HANDLUNGSTEMPO Nicht in allen Dramen verlaufen die Geschehnisse im selben Tempo; manchmal handeln die Figuren sehr zielgerichtet und führen eine schnelle Änderung der Ausgangssituation herbei, manchmal scheint die Handlung nicht von der Stelle zu kommen (z. B. in **Samuel Beckett**, *Warten auf Godot*, wo der Erwartete bis zum Ende des Stückes nicht erscheint). Diese Unterschiede beschreibt man mit dem Begriff **Handlungstempo**.

Zieldrama und analytisches Drama

Bei Dramen der traditionellen Form ist die Unterscheidung in **Zieldrama** und **analytisches Drama** üblich. Die beiden Dramenformen unterscheiden sich grundlegend durch die Darstellungsabsicht und die Darstellungsweise.

ZIELDRAMA UND ANALYTISCHES DRAMA

Zieldrama (bzw. Konflikt- oder Entscheidungsdrama)	Die dramatische Handlung richtet sich auf ein Geschehen oder ein Ereignis aus, das vom Zeitpunkt des Beginns der Bühnenhandlung her gesehen in der Zukunft liegt. Die Bühnenhandlung läuft geradlinig auf die Katastrophe am Ende zu (z. B. **Friedrich Schiller**, *Maria Stuart*).
analytisches Drama (bzw. Entdeckungsdrama)	Das entscheidende Ereignis für das dramatische Geschehen auf der Bühne liegt in der Vorgeschichte. Auf der Bühne werden nur die letzten Auswirkungen, die Zuspitzung und womöglich die Aufklärung einer Handlung gezeigt, die sich vor dem Einsetzen des Bühnengeschehens ereignet haben und die erst im Lauf des Spiels vollständig enthüllt werden (z. B. **Heinrich von Kleist**, *Der zerbrochne Krug*).

Drama

Figuren und Personal

QUICK-FINDER

Charakter und Typ
- Wichtigkeit der Figuren → S. 75
- Charaktere → S. 75
- Beispiele für Charaktere → S. 75
- Typen → S. 76
- Beispiele für Typen → S. 76

Charakterisierung der Figuren
- Merkmale → S. 77
- Direkte und indirekte Charakterisierung → S. 77

Figurenkonzeption → S. 78

Figurenkonstellation
- Verhältnis zu anderen Figuren → S. 79
- Quantitative Analyse → S. 79
- Qualitative Analyse → S. 80

Figurenkonfiguration
- Auftreten der Figuren → S. 80
- Aussage der Figurenkonfiguration → S. 80
- Beispiel für eine Figurenkonfiguration → S. 81

Dramatis personae
- Auftretende Figuren → S. 82
- Typisches Personenverzeichnis eines modernen Dramas → S. 82
- Typisches Personenverzeichnis eines klassischen Dramas → S. 83

Charakter und Typ

WICHTIGKEIT DER FIGUREN Für den Handlungsverlauf in einem Drama sind nicht alle Figuren gleich wichtig. Manche Figuren tragen die Handlung, andere kommen nur am Rande, in bestimmten Situationen vor. Nach dem Grad ihrer Wichtigkeit nennt man sie Haupt- oder Nebenfiguren bzw. Charaktere und Typen.

CHARAKTERE Hauptfiguren treten in vielen Szenen auf und müssen deshalb dem Zuschauer vertraut sein. Dazu sind sie vom Autor mit charakteristischen, individuellen Merkmalen ausgestattet; man nennt sie deshalb **Charaktere**.

Charaktere
- tragen unverwechselbare Namen,
- stehen zur Handlung des Dramas in einer besonderen Beziehung,
- haben eine unverwechselbare Lebensgeschichte, ein individuelles Schicksal,
- sprechen oft eine individuelle Sprache,
- zeigen individuelle Eigenschaften und Eigenheiten,
- sind oft auch äußerlich charakterisiert (Alter, Größe, Haarfarbe, soziale Stellung, Beruf, Auftreten usw.).

BEISPIELE FÜR CHARAKTERE Iphigenie (aus **Goethes** Schauspiel *Iphigenie auf Tauris*), Wilhelm Tell (aus **Schillers** gleichnamigem Drama), **Brechts** Galileo Galilei. Wie die Beispiele zeigen, treten Charaktere oft als Titelfiguren von Dramen auf. Hauptfiguren können die Helden eines Dramas (**Protagonisten**) sein, aber auch ihre Gegenspieler (**Antagonisten**). Beide sind für den Fortgang der Handlung von entscheidender Wichtigkeit.

TYPEN Nebenfiguren erfüllen nur eine bestimmte Funktion im Stück. Sie sind nicht wegen ihres Charakters wichtig, sondern weil sie in bestimmten Situationen die Handlung vorantreiben, hemmen oder in eine andere Richtung lenken. Sie sind auf diese Funktion reduziert, man nennt sie deshalb funktionale Figuren oder **Typen**. Besonders in Komödien bedienen sich die Autoren der Typen, die oft menschliche Schwächen verkörpern.

Typen
- tragen oft keine, jedenfalls keine aussagekräftigen Namen,
- stehen nicht im Zentrum der Handlung, erfüllen nur eine Funktion,
- haben keine erwähnenswerte Lebensgeschichte, kein individuelles Schicksal,
- sprechen keine individuelle Sprache,
- zeigen keine individuellen Eigenschaften und Eigenheiten,
- sind äußerlich nur insoweit charakterisiert, wie es ihrem Typus entspricht (die böse Alte ist alt, der eingebildete Kranke ist unfähig das Haus zu verlassen usw.).

BEISPIELE FÜR TYPEN Der Wirt, eine Dame in Trauer, ein Feldjäger (aus **Gotthold Ephraim Lessings** Komödie *Minna von Barnhelm*), der Doktor, der Hauptmann, der Tambourmajor (aus **Georg Büchners** *Woyzeck*) und der Soldat, der Wirt, der Doktor (aus **Max Frischs** Schauspiel *Andorra*).

Charakterisierung der Figuren

MERKMALE Damit die Figuren auf der Bühne (oder im Lesetext) an Leben gewinnen, müssen sie möglichst unverwechselbar, möglichst authentisch dargestellt werden. Die Autoren statten die Figuren deshalb mit einer Reihe von für sie typischen Eigenheiten aus, die den Bereichen
- **äußere Merkmale** (z. B. Geschlecht, Alter, Größe, Körperbau, Haarfarbe, Kleidung),
- **innere Merkmale** (z. B. Denkweise, Einstellung, Werthaltung, Eigenschaften) und
- **soziale Merkmale** (z. B. Zugehörigkeit zu einer Gesellschaftsschicht, einem Stand, einer sozialen Gruppe)

zugeordnet werden können.

DIREKTE UND INDIREKTE CHARAKTERISIERUNG Figuren werden nicht nur durch den Autor charakterisiert. Auch andere Figuren eines Schauspiels und die betreffenden Figuren selbst tragen zur Charakterisierung bei. Man kann dabei unterscheiden zwischen direkter und indirekter Charakterisierung:

direkte Charakterisierung	<ul><li>Der Autor äußert sich zu einer Figur, z. B. in Regieanweisungen.</li><li>Andere Figuren äußern sich beschreibend und urteilend.</li><li>Die Figur gibt eine Beschreibung von sich selbst.</li></ul>

| indirekte Charakterisierung | - Eine Figur charakterisiert sich durch ihre Sprache und gibt damit Hinweise auf ihre soziale Herkunft, auf ihren Bildungsgrad, auf ihre Einstellung zu bestimmten Themen.
- Eine Figur charakterisiert sich durch ihre Handlungsweise und gibt damit Hinweise auf ihr soziales Verhalten, auf ihre politische Gesinnung, auf ihre materielle Einstellung usw.
- Der Autor charakterisiert eine Figur, indem er Kontrastfiguren auftreten lässt.
- Der Autor gibt der Figur einen Namen, der auf eine Charaktereigenschaft oder auf eine bestimmte Eigenart schließen lässt (ein so genannter sprechender Name). |
|---|---|

Figurenkonzeption

Der Autor eines Schauspiels kann die Figuren des Stücks unterschiedlich konzeptionieren. Bei der Untersuchung der Figurenkonzeption geht es darum, wie diese angelegt sind, wie der Autor sie ausgeformt hat, wie klar sie strukturiert sind und welche Entwicklung sie nehmen.

Dabei stellen sich folgende Fragen:
- Ist die Figur **statisch** oder **dynamisch** angelegt? Verändert sie sich oder bleibt sie in ihrem Charakter bzw. in ihrem Verhalten gleich?
- Handelt es sich um eine **komplex** konzipierte Figur oder ist sie eher **eindimensional** angelegt? Ist die Figur mit zahlreichen Merkmalen ausgestattet (gilt sie also als Charakter) oder zeigt sie nur wenig Merkmale (handelt es sich um einen Typus)?
- Handelt es sich um eine **offen** oder um eine **geschlossen** angelegte Figur? Ist ihr Charakter also mehrdeutig und rätselhaft oder ist das Wesen der Figur verständlich und nachvollziehbar?

Figurenkonstellation

VERHÄLTNIS ZU ANDEREN FIGUREN Da die Figuren eines Dramas selten allein auf der Bühne stehen (das ist allenfalls in einem Ein-Personen-Stück wie **Patrick Süskinds** *Der Kontrabaß* der Fall), sollte man untersuchen, in welchem Verhältnis sie zu den anderen Figuren stehen. Die vielfältigen Beziehungen, die sich dabei ergeben, nennt man Personenkonstellation. Diese lässt sich quantitativ oder qualitativ bestimmen:

QUANTITATIVE ANALYSE der Personenkonstellation:
- Wie viele Figuren kommen im Drama vor?
- Wie bemisst sich der Gesprächsanteil der einzelnen Figuren im Drama?

QUALITATIVE ANALYSE der Personenkonstellation:
- Nach welchen Merkmalen sind die Figuren einander zugeordnet? Z. B. Geschlechtszugehörigkeit, Generationszugehörigkeit, Zugehörigkeit zu einer bestimmten Gesellschaftsschicht, Wertorientierungen.
- In welcher Beziehung stehen die Figuren zueinander? Z. B. Familienbeziehung, Eltern-Kind-Beziehung, Liebesbeziehung, Geschäftsbeziehung, gemeinsame Interessen.

Figurenkonfiguration

AUFTRETEN DER FIGUREN Betrachtet man die Figuren unter dem Gesichtspunkt des gemeinsamen Auftretens auf der Bühne, spricht man von **Personenkonfiguration**. Ändert sich die Konfiguration, hat man es meist mit einer neuen Szene bzw. im modernen Drama mit einem neuen Bild zu tun.

AUSSAGE DER FIGURENKONFIGURATION Die Konfiguration sagt viel über die Kommunikation im Drama aus. Figuren, die nie auf der Bühne aufeinandertreffen, haben sich entweder nichts zu sagen (z. B. weil es sich um Nebenfiguren handelt, die untereinander nicht in Kommunikation treten sollen) oder sie werden vom Autor bewusst auseinandergehalten. **Schiller** gelingt es, den Höhepunkt seines Dramas *Maria Stuart* spannend zu gestalten, indem er erst im dritten Akt die erste Begegnung zwischen Maria und Elisabeth arrangiert.

BEISPIEL FÜR EINE FIGURENKONFIGURATION

Johann Wolfgang von Goethe, *Iphigenie auf Tauris*:

1. Akt	1. Szene			I		
	2. Szene	A		I		
	3. Szene		Th	I		
	4. Szene			I		
2. Akt	1. Szene				O	Py
	2. Szene			I		Py
3. Akt	1. Szene			I	O	
	2. Szene				O	
	3. Szene			I	O	Py
4. Akt	1. Szene			I		
	2. Szene	A		I		
	3. Szene			I		
	4. Szene			I		Py
	5. Szene			I		
5. Akt	1. Szene	A	Th			
	2. Szene		Th			
	3. Szene		Th	I		
	4. Szene		Th	I	O	
	5. Szene	A	Th	I	O	Py
	6. Szene		Th	I	O	

A = Arkas, Th = Thoas, I = Iphigenie, O = Orest, Py = Pylades

Dramatis personae

AUFTRETENDE FIGUREN Als *dramatis personae* (lat. für: die Personen des Dramas) bezeichnet man die **Gesamtheit der auftretenden Figuren**, wie sie im Personenverzeichnis zu finden sind, das in Buchausgaben häufig vor dem eigentlichen Dramentext abgedruckt ist.

Das Personenverzeichnis sagt viel über die Figuren und die Bauform des Dramas aus. So sind im traditionellen Drama die Figuren durch ihre Standeszugehörigkeit charakterisiert; im modernen Drama treten die Figuren oft nur als Rollenträger (z. B. Wirt, Tischler) auf und nur die Hauptpersonen sind namentlich genannte Individuen (z. B. Andri, Barblin).

TYPISCHES PERSONENVERZEICHNIS EINES MODERNEN DRAMAS aus **Max Frisch**, *Andorra*

Personen
Andri
Barblin
Der Lehrer
Die Mutter
Die Senora
Der Pater
Der Soldat
Der Wirt
Der Tischler
Der Doktor
Der Geselle
Der Jemand

Stumm
Ein Idiot
Die Soldaten in schwarzer Uniform
Der Judenschauer
Das andorranische Volk

TYPISCHES PERSONENVERZEICHNIS EINES KLASSISCHEN DRAMAS aus **Friedrich Schiller**, *Maria Stuart*

Elisabeth, Königin von England
Maria Stuart, Königin von Schottland, Gefangene in England
Robert Dudley, Graf von Leicester
Georg Talbot, Graf von Shrewsbury
Wilhelm Cecil, Baron von Burleigh, Großschatzmeister
Graf von Kent
Wilhelm Davison, Staatssekretär
Amias Paulet, Ritter, Hüter der Maria
Mortimer, sein Neffe
Graf Aubespine, französischer Gesandter
Graf Bellievre, außerordentlicher Botschafter von Frankreich
Okelly, Mortimers Freund
Drugeon Drury, zweiter Hüter der Maria
Melvil, ihr Haushofmeister
Burgoyn, ihr Arzt
Hannah Kennedy, ihre Amme
Margareta Kurl, ihre Kammerfrau
Sheriff der Grafschaft
Offizier der Leibwache

Französische und englische Herren, Trabanten, Hofdiener der Königin von England, Diener und Dienerinnen der Königin von Schottland

Drama

Sprache und Stil

QUICK-FINDER

Funktionen der Figurenrede
- Sprache vermittelt Handlung → S. 85
- Funktionen der Sprache im Drama → S. 85

Haupttext und Nebentext
- Sprechtext → S. 88
- Regieanweisungen → S. 88

Stilebenen → S. 89

Dialog und Monolog
- Figurenrede → S. 90
- Funktionen des Monologs → S. 91
- Monologarten → S. 91
- Funktionen des Dialogs → S. 91
- Dialogarten → S. 92
- Mischformen → S. 92

Sprechen zum Publikum → S. 93

Funktionen der Figurenrede

SPRACHE VERMITTELT HANDLUNG Im Drama entwickelt sich die Handlung nur über die Gespräche zwischen den Figuren oder im Selbstgespräch; anders als in epischen Texten fehlen Erzählerfiguren oder Autorenkommentare. Doch die Figurenrede hat auch noch andere Funktionen:

FUNKTIONEN DER SPRACHE IM DRAMA	
Selbstcharakterisierung	Die Figur charakterisiert sich selbst, gibt bewusst oder unbewusst Auskunft über ihre emotionale Befindlichkeit, über ihre momentane Situation: LICHT: Ei, was zum Henker, sagt, Gevatter Adam! / Was ist mit Euch geschehen? Wie seht ihr aus? ADAM: Ja seht. Zum Straucheln brauchts doch nichts, als Füße. / Auf diesem glatten Boden, ist ein Strauch hier? / Gestrauchelt bin ich hier; denn jeder trägt / Den leidgen Stein zum Anstoß in sich selbst. **(Heinrich von Kleist,** *Der zerbrochne Krug***)**
Charakterisierung anderer	Eine Figur charakterisiert oder beschreibt eine andere, erläutert dem Zuschauer deren emotionale Befindlichkeit bzw. ihre momentane Situation:

	MARIE: Der Mann! So vergeistert. Er hat sein Kind nicht angesehen. Er schnappt noch über mit den Gedanken ... (**Georg Büchner**, *Woyzeck*)
Darstellung des Verhältnisses der Figuren zueinander	Im Gespräch wird deutlich, wie die Figuren zueinander stehen. Das kann explizit ausgedrückt oder unterschwellig deutlich werden: NATHAN: Hm!hm! – wunderlich! – Wie ist / mir denn? – Was will der Sultan? was? – Ich bin / Auf Geld gefaßt; und er will – Wahrheit! (**Gotthold Ephraim Lessing**, *Nathan der Weise*)
Darstellung des Konflikts	FRAU SCHEIT (nachdem sie sie lang verächtlich betrachtet hat): Das ist also die Frau Zwillich, wo immer so freundlich ist, Hugo? Auf die alle fliegen und neben der unsereine nur ein altes Monstrum ist, so ein alter Dreckhaufen am Marktplatz, um den man herumgeht! Eine ganz gewöhnliche Hur ist sie. FRAU ZWILLICH: Das ist zuviel! FRAU SCHEIT (höhnisch lachend): So, da ist ihr wahres Gesicht! Jetzt ist ihr die hübsche Larv heruntergerutscht. (**Bertolt Brecht**, *Der Streit der Fischweiber*)

Sprache und Stil

Expositions-funktion	Das Gespräch informiert über Voraussetzungen der Handlung: PYLADES: Am Tage seiner Ankunft, da der König / Vom Bad erquickt und ruhig, sein Gewand / Aus der Gemahlin Hand verlangend, stieg, / Warf die Verderbliche ein faltenreich / Und künstlich sich verwirrendes Gewebe / Ihm auf die Schultern, um das edle Haupt; / Und da er wie von einem Netze sich / Vergebens zu entwickeln strebte, schlug / Ägisth ihn, der Verräter, und verhüllt / Ging zu den Toten dieser große Fürst. (Johann Wolfgang von Goethe, *Iphigenie auf Tauris*)
Informations-funktion	Im Gespräch oder Selbstgespräch wird deutlich, wo und wann sich das Geschehen abspielt: IPHIGENIE: Heraus in eure Schatten, rege Wipfel / Des alten, heil'gen, dicht belaubten Haines, / Wie in der Göttin stilles Heiligtum, / Tret ich noch jetzt mit schauderndem Gefühl, /Als wenn ich sie zum erstenmal beträte (Johann Wolfgang von Goethe, *Iphigenie auf Tauris*)

Haupttext und Nebentext

SPRECHTEXT Bisher war in diesem Kapitel davon die Rede, wie die Figuren eines Dramas miteinander, zu sich oder zum Publikum sprechen. Es hat sich dabei gezeigt, dass der **gesprochene** Text besonders wichtig ist. Man nennt ihn deshalb **Haupttext**.

REGIEANWEISUNGEN In der Druckfassung eines Dramas findet sich immer auch Text, der nicht auf der Bühne gesprochen werden soll: Dieser **Nebentext**, auch **Regieanweisungen** genannt, soll Regisseuren und Schauspielern jedoch Hinweise dazu geben, wie der Text gesprochen werden soll, welche Mimik oder Gestik der Autor für bestimmte Spielsituationen vorgesehen oder welche Angaben zur Ausstattung der Bühne und zur Anordnung der Requisiten er gemacht hat:

Das Zimmer ist niedrig; der Fußboden mit guten Teppichen belegt. Moderner Luxus auf bäuerische Dürftigkeit gepfropft. An der Wand hinter dem Eßtisch ein Gemälde, darstellend einen vierspännigen Frachtwagen, von einem Fuhrknecht in blauer Bluse geleitet.
Miele, die robuste Bauernmagd mit rotem, etwas stumpfsinnigem Gesicht; sie öffnet die Mitteltür und läßt Alfred Loth eintreten.
(Gerhart Hauptmann, *Vor Sonnenaufgang***)**

Auch der Nebentext kann Auskünfte geben zu den Fragen:
- Wie ist eine Figur charakterisiert?
- Was erfahren wir über das Äußere der Figur, was über ihre innere Befindlichkeit?
- Wie haben wir uns den Spielort vorzustellen?

Beim Lesen eines Dramas liest man den Nebentext mit. Sieht man ein Schauspiel auf der Bühne, ist der Nebentext oft nur optisch erschließbar:
(Es klingelt. Einen Augenblick lang horchen beide. Frau Selicke ist zusammengefahren, Walter starrt, die Stulle in der Hand, mit offenem Munde über die Lampe weg nach der Tür, die ins Entree führt.) FRAU SELICKE *(endlich).* Na? Machste nu auf, oder nich? *(Walter hat die Stulle liegen lassen und läuft auf die Tür zu. Er klinkt diese auf und verschwindet im Entree.)*
(**Arno Holz** / **Johannes Schlaf**, *Die Familie Selicke*)

Stilebenen

Im Drama sprechen die Figuren nicht wie im täglichen Leben; ihre Sprache ist stilisiert. Das ist jedoch nicht Selbstzweck, sondern erfüllt eine jeweils ganz genau bestimmte Aufgabe.

Hoher Stil	• im Drama des 18. und 19. Jahrhunderts häufig verwendet • unterscheidet sich von der Alltagssprache durch Verwendung von Versen, rhetorischen Figuren, pathetischer Sprechweise • dient der Darstellung von hochgestellten Figuren in der Tragödie • betont den Kunstcharakter von Dichtung • Beispiel: Dramen der Klassik wie **Schillers** *Maria Stuart* oder **Goethes** *Iphigenie auf Tauris*
Realistischer Stil	• im Drama des 18., 19. und 20. Jahrhunderts verwendet • Verwendung von Alltagssprache

	• dient der realistischen Darstellung von Figuren aus dem täglichen Umfeld • betont die realistische Darstellung der Verhältnisse • Beispiel: Dramen des Realismus wie **Hebbels** *Maria Magdalena* oder des 20. Jahrhunderts wie **Frischs** *Biedermann und die Brandstifter*
Niederer Stil	• im Drama des 19. und 20. Jahrhunderts häufig verwendet • unterscheidet sich von der Alltagssprache durch Verwendung von Umgangssprache, Dialekt und Soziolekt • Verwendung von Ellipsen, Inversionen, Synkopen und Apokopen, Fäkal- und Slangwörtern • einfache Syntax und beschränkter Wortschatz • dient der Darstellung von sozialen Randexistenzen • betont die sozialen Ungerechtigkeiten, sozialkritischer Ansatz • Beispiel: Dramen des Realismus wie **Büchners** *Woyzeck* oder des 20. Jahrhunderts wie **Franz Xaver Kroetz'** *Oberösterreich*

Dialog und Monolog

FIGURENREDE Spricht eine Figur mit einer oder mehreren anderen, nennt man das Dialog; spricht sie zu sich selbst, nennt man es Monolog. Monolog und Dialog haben identische, aber auch andersartige Funktionen. Gemeinsam ist ihnen, dass sie die für das Verständnis der Handlung wichtigen Informationen transportieren.

FUNKTIONEN DES MONOLOGS
- Mitteilung von Gefühlen und persönlichen Einstellungen
- Erläuterung von Beziehungen zu anderen Figuren
- Aussagen über das weitere eigene Verhalten und Handeln

MONOLOGARTEN

lyrischer Monolog	ausdrucksstarkes Selbstgespräch, in dem die Figur ihre Gefühle darstellt oder ihre Situation reflektiert
epischer Monolog	ausführliche Schilderung der Vorgeschichte oder anderer Handlungen, die nicht auf der Bühne dargestellt werden
Reflexionsmonolog	Nachdenken über die allgemeine Situation, über ein konkretes Ereignis oder über zukünftige Entscheidungen
Konfliktmonolog	dramatische Steigerung der Reflexion bzw. Erörterung des Für und Wider einer Entscheidung oder einer Handlung

FUNKTIONEN DES DIALOGS
- Vorantreiben der Handlung
- Charakterisierung der Figuren
- Darstellung von Beziehungen
- Information über Beweggründe der Figuren

- Veranschaulichung der Figuren, ihrer Sprech- und Denkweise

Dialoge finden zwischen zwei oder mehreren Figuren statt. Die Aussage einer Figur ist deshalb gleichzusetzen mit einer sprachlichen Handlung (auch „Sprechakt" genannt), die die Reaktion einer anderen Figur nach sich zieht.

DIALOGARTEN	
Entscheidungsdialog	sachliches Gespräch über einen Sachverhalt, der entschieden werden soll
Erkundungsdialog	sachliches Gespräch zum Zweck des Meinungsaustausches
Enthüllungsdialog	Gespräch zwischen Figuren, die etwas aufdecken bzw. vertuschen wollen
Expositionsdialog	Gespräch, das die Handlungsvoraussetzungen deutlich macht
Auseinandersetzung	Gespräch, in dem ein Konflikt ausgetragen wird
Aneinandervorbeireden	unechtes Gespräch, da die Gesprächspartner einander nicht verstehen können

MISCHFORMEN Ein dialoghafter Monolog liegt vor, wenn eine Figur sich an eine andere wendet, die nicht anwesend ist (z. B. eine Gottheit, die angerufen wird) oder wenn sie mögliche Einwände eines Kontrahenten argumentativ vorwegnimmt. Um einen monologhaften Dialog handelt es sich, wenn in einem Gespräch eine Figur der anderen nicht zuhört oder eine Figur, ohne die andere zu beachten, ihre Argumente vorbringt.

Sprechen zum Publikum

Besonders im 20. Jahrhundert ist es üblich geworden, dass die Figuren ihren Text nicht nur zu ihren Partnern oder Widersachern auf der Bühne sprechen, sondern dass sie sich direkt an das Publikum wenden bzw. ihr Sprechtext nur für dieses bestimmt ist.

Monolog	In älteren Dramen häufig zur Information des Publikums über die Befindlichkeit einer Figur, ihrer Gedanken oder Absichten
Beiseitesprechen	Dem Monolog ähnlich, aber im Hinblick auf das Publikum formuliert
Chor(gesang)	Kommentierung des Geschehens oder Erläuterung von Zusammenhängen bzw. Preisgabe von Hintergrundinformation
Botenbericht	Dialogisches Sprechen; dient der Information einer Person bzw. des Zuschauers über ein Ereignis, das nicht auf der Bühne gezeigt werden kann, sondern im Hintergrund stattgefunden hat
Mauerschau	Dialogisches Sprechen; dient der Information über ein Ereignis, das zeitgleich auf einem fiktiven Nebenschauplatz stattfindet

Drama

Raum- und Zeitgestaltung

QUICK-FINDER

Raumkonzeption und Raumgestaltung
- Bühne als Kunstraum → S. 95
- Bühne als Imaginationsraum → S. 95
- Raumkonzepte → S. 95

Zeit und Zeitgestaltung
- Konzeption der Zeit → S. 96
- Untersuchungsaspekte → S. 97

„Drei Einheiten" des Aristoteles
- Antike Poetologie → S. 98
- Moderne Entwicklung → S. 98

Raumkonzeption und Raumgestaltung

BÜHNE ALS KUNSTRAUM Der Zuschauer im Theater weiß, dass die Situation, die er auf der Bühne vorfindet, künstlich ist: Weder die Zeit noch der Ort stimmen mit der Realität überein. So ist jedem Theaterbesucher, der **Goethes** Drama *Faust I* sieht, bei der Szene Osterspaziergang genau bewusst, dass es weder Ostersonntag noch Morgen ist, und dass die Figuren nicht wirklich im Freien spazieren gehen, sondern auf der Bühne agieren.

BÜHNE ALS IMAGINATIONSRAUM Die Bühne dient als Raum für Imagination, der entweder durch gestalterische Mittel, also **Ausstattung**, **Dekoration**, oder durch die **Figurenrede** der Bühnenkonzeption des Autors angepasst wird.

RAUMKONZEPTE	
Handlungs-raum	Der Raum, in dem die Dramenhandlung abläuft. Beispiel: Dachboden in Herrn Biedermanns Haus (in **Max Frisch**, *Biedermann und die Brandstifter*)
Stimmungs-raum	Der Raum, der die Stimmung der Figuren veranschaulicht. Beispiel: Das hohe, gotische Zimmer in der Szene Nacht aus **Goethes** Drama *Faust I*

Lebensraum	Der Raum, der die Lebensumstände der Figuren veranschaulicht und diese charakterisiert. Beispiel: Das Zimmer der Selickes in **Arno Holz'** und **Johannes Schlafs** Schauspiel *Die Familie Selicke*
Symbolraum	Der Raum, der die Kräfte, die in der Handlung aufeinandertreffen, verdeutlicht. Beispiel: Das Wohnzimmer der Familie Krause aus **Gerhart Hauptmanns** Drama *Vor Sonnenaufgang*, in dem, wie in der Regieanweisung vermerkt, moderner Luxus auf bäuerische Dürftigkeit „gepfropft" ist

Zeit und Zeitgestaltung

KONZEPTION DER ZEIT Das Drama zeigt einen Ausschnitt aus der Wirklichkeit, dessen zeitliche Gestaltung genau konzipiert sein muss.

Der Autor legt dabei folgende Einzelheiten fest:
- das Verhältnis von **Spielzeit** (Dauer der Aufführung) und **gespielter Zeit** (Dauer der Handlung),
- Beibehaltung der **Chronologie** der Handlung bzw. Abweichen davon durch **Unterbrechungen** oder **Zeitsprünge** bzw. **Zeitraffungen**,
- **Simultaneität** (gleichzeitige Darstellung von verschiedenen Handlungselementen).

UNTERSUCHUNGSASPEKTE

Zeitliche Situierung der Handlung:
- Wann spielt die Handlung?
- Welche historische Epoche bildet den Rahmen für das Bühnengeschehen?
- Ist diese Epoche realistisch oder stilisiert dargestellt?

Zeit der Dramenhandlung:
- Zeit der Aufführung
- In welchem zeitlichen Verhältnis steht das Bühnengeschehen zur Aufführung?
- Entstammt die auf der Bühne dargestellte Situation dem Erfahrungsbereich der Zuschauer oder gibt es Verständnisschwierigkeiten?
- Kann sich der Zuschauer mit der dargestellten Situation identifizieren oder ist sie ihm fremd?

Bedeutung des Handlungszeitpunkts für die Figuren:
- Welche Bedeutung hat der Handlungszeitpunkt für die Figuren?
- Befinden sie sich in einer persönlichen Krisensituation?
- Stehen sie an einem Wendepunkt ihres Lebens?

Symbolische Bedeutung der Zeit:
- Kommt der Zeit der Dramenhandlung symbolische Bedeutung zu?
- Spielt das Geschehen an weltlichen oder kirchlichen Festtagen, in mystischen Momenten (z. B. Mitternacht), an Wendepunkten des politischen Lebens oder der Menschheitsgeschichte?

„Drei Einheiten" des Aristoteles

ANTIKE POETOLOGIE Jahrhundertelang hatte die auf die Poetik des Aristoteles zurückgehende Idee der so genannten „drei Einheiten" die Konzeption von Dramen beeinflusst. Demnach sollten in jedem Drama
- die **Einheit der Zeit**,
- die **Einheit des Ortes** und
- die **Einheit der Handlung** gewahrt sein.

Diese Regelung ist auf die dramaturgischen Verhältnisse in der Antike zurückzuführen und meint, dass ein Drama eine spielbare Länge haben und dass es an einem Ort, nämlich der Bühne, aufführbar sein müsse. Zudem dürfe es in der Handlungsführung nicht ausschweifend sein, um das Verständnis der Zuschauer nicht zu überfordern.

MODERNE ENTWICKLUNG Von einzelnen Vorläufern abgesehen (z. B. **Georg Büchner**, *Woyzeck*) begannen die Autoren erst im 20. Jahrhundert, sich von diesen Vorgaben abzuwenden. Als bedeutende Neuerung gilt das epische Theater **Bertolt Brechts**.

Dramatische Gattungen und Formen

QUICK-FINDER

Tragödie
- Tragödie in der Antike → S. 100
- Der Tragische Konflikt → S. 100
- Der Tragische Held → S. 101
- Form des klassischen Dramas → S. 101

Komödie
- Ursprung der Komödie → S. 101
- Komödie im Barock ... → S. 101
- ... in der Aufklärung → S. 102
- ... und im 20. Jahrhundert → S. 102

Tragikomödie
- Definition → S. 103
- Leistung der Tragikomödie → S. 103

Formen des Dramas
- Absurdes Theater → S. 103
- Bürgerliches Trauerspiel → S. 104
- Dokumentartheater → S. 106
- Geschichtsdrama → S. 107
- Ideendrama → S. 107
- Kritisches Volksstück → S. 108
- Parabelstück → S. 109
- Sprechstück → S. 109

SPEZIALTHEMA: Richtiges Zitieren → S. 110

Tragödie

TRAGÖDIE IN DER ANTIKE Der griechische Philosoph Aristoteles verlangt von der Tragödie, dass sie den Menschen moralisch bessern solle. Das geschieht seiner Theorie zufolge, indem der Zuschauer die tragischen Affekte phobos (Schauder) und eleos (Jammer) mitlebt. Durch das heftige Durchleben dieser Gefühlsregungen wird der Zuschauer von diesen gereinigt, woraus eine seelische Stabilisierung resultiert (Katharsis).

DER TRAGISCHE KONFLIKT Die Tragödie zeigt einen Menschen in einer Entscheidungssituation. Aus der Frage: Wie wird sich der Mensch entscheiden, wie wird er sein Schicksal beeinflussen? ergibt sich eine Spannung, auf der die Tragödienhandlung aufbaut. Die Tragödie lebt von dieser Spannung, die menschlichem Handeln zugrunde liegt. Denn wer etwas unternimmt, wählt immer aus einer kleineren oder größeren Anzahl von Möglichkeiten aus. Ein tragischer Held steht vor einer Entscheidung, die er treffen muss, in der Hoffnung, damit den Konflikt zu lösen. Die Grenzsituation, in der er sich befindet, lässt jedoch keine Entscheidung zu, die alles zum Positiven wendet. Hin- und hergerissen zwischen mindestens zwei einander ausschließenden Lösungsmöglichkeiten, muss der tragische Held immer scheitern, auch wenn er sich nach Kräften bemüht, der schicksalhaften Wendung des Geschehens zu entgehen. In der antiken Tragödie scheitert er an der göttlichen Übermacht, im Drama des 17. bis 19. Jahrhunderts meist an den gesellschaftlichen Rahmenbedingungen oder an seinem eigenen Charakter.

Dramatische Gattungen und Formen 101

DER TRAGISCHE HELD Aristoteles legte fest, dass in der Tragödie nur hohe Standespersonen vorkommen dürfen (Ständeklausel). Davon rückte Lessing im 18. Jahrhundert unter dem Einfluss Shakespeares ab – nun galten auch Bürger und „einfache Leute" als tragödienfähig; das „bürgerliche Trauerspiel" war entstanden.

FORM DES KLASSISCHEN DRAMAS Die Dichter des 17.–19. Jahrhunderts wählten zur Darstellung ihrer Tragödienstoffe (oft auch der Komödien) die geschlossene Form des fünfaktigen Dramas, das auf Aristoteles zurückgeht. Dieser forderte die sog. „drei Einheiten": die Einheit der Handlung (es sollte keine Nebenhandlungen geben), die Einheit des Ortes (das Geschehen sollte an einem Ort spielen) und die Einheit der Zeit (die Handlung sollte sich innerhalb von 24 Stunden ereignen).
In der klassischen Zeit schrieben die Dichter vorwiegend im Blankvers (fünfhebiger Jambus ohne Reim), später verwendeten sie auch im geschlossenen Drama Prosa.

Komödie

URSPRUNG DER KOMÖDIE Auch die Komödie hat ihren Ursprung im antiken Athen und war Teil des Dionysos-Kultes. Doch anders als die Tragödie wurden in der Komödie aktuelle politische Probleme überzeichnet dargestellt, Politiker und Gelehrte verspottet. Auch Götter, die menschliche Züge trugen, wurden auf der Bühne dargestellt.

KOMÖDIE IM BAROCK ... In den deutschen Komödien stand das Verlachen der Mitmenschen im Vordergrund.

Andreas Gryphius hielt sich mit seinem „Schimpfspiel" *Herr Peter Squentz* (1657) an die so genannte Ständeklausel, die **Martin Opitz** und **Johann Christoph Gottsched** in ihren Poetiken noch aufrechterhielten. Sie besagt, dass in der Komödie einfache Bürger und ihre Verhaltensweisen zum Gespött gemacht werden sollten.

... IN DER AUFKLÄRUNG Erst in der Aufklärung erfuhr die Komödie eine Aufwertung. Die Sächsische Komödie hatte ihre Blütezeit in der ersten Hälfte des 18. Jahrhunderts und wurde vor allem von Vertretern der Gottsched-Schule gepflegt. Ziel dieses Komödientypus war es, die Gattung aufzuwerten und für eine Erziehung des Bürgertums zu tugendhaftem Verhalten nutzbar zu machen. Das rührende Lustspiel **Christian Fürchtegott Gellerts** wollte die Zuschauer nicht durch das Verlachen des Protagonisten, sondern durch die Darstellung einer nachahmenswerten Handlung bessern.

Den Höhepunkt der Aufklärungskomödie bildet **Lessings** Lustspiel *Minna von Barnhelm* (1767). Lessing stellt darin mit Wortwitz und Situationskomik einen Geschlechterkonflikt zwischen Minna und dem preußischen Offizier von Tellheim dar. Am Ende der Komödie erkennt Tellheim, dass er seine zukünftige Gattin in seine privaten Entscheidungen hätte einbeziehen müssen – die Komödie trägt also (ganz im Sinn der Aufklärung) emanzipatorische Züge.

... UND IM 20. JAHRHUNDERT Eine Neubewertung der Komödie erfolgte im 20. Jahrhundert durch **Friedrich Dürrenmatt**. In seinem Vortrag *Theaterprobleme* (1954) begründet Dürrenmatt seine Vorliebe für die Komödie so: „Die Tragödie setzt Schuld, Not, Maß, Übersicht, Verantwortung voraus. In der Wurstelei unseres Jahrhunderts, in diesem Kehraus der weißen Rasse, gibt es keine Schuldigen und auch keine Verantwortlichen mehr. Alle können nichts dafür und haben es nicht gewollt... Uns kommt nur noch die Komödie bei...".

Tragikomödie

DEFINITION Die Tragikomödie ist ein Schauspiel, das tragische und komische Elemente miteinander verbindet. Komische Motive und Situationen verstärken dabei die Tragik der Gesamthandlung.

LEISTUNG DER TRAGIKOMÖDIE Das Nebeneinander von tragischen und komischen Elementen verstärkt den Realitätsgehalt, da dies menschlichen Erfahrungen entspricht. Neben den typischen Tragikomödien (z. B. **Gerhart Hauptmann**, *Die Ratten*) gibt es im 20. Jahrhundert viele Stücke, die zwar die Gattungsbezeichnung nicht tragen, bei denen aber die tragikomische Struktur vorhanden ist (z. B. **Friedrich Dürrenmatt**, *Der Besuch der alten Dame*, *Die Physiker*, **Max Frisch**, *Biedermann und die Brandstifter*).

Formen des Dramas

ABSURDES THEATER Absurdes Theater (von lat. *absurdus*: misstönend) ist ein Theater des Unheimlichen. Es zeigt unsere Alltagswelt in erschreckenden Formen verzerrt. Da nicht die Stücke selbst absurd sind, sondern sie die Welt als absurd zeigen, spricht man besser vom „Theater des Absurden". Im Theater des Absurden nehmen die Personen die Außenwelt nur noch durch die Brille ihrer Ängste, Zwangsvorstellungen und Wahnbilder wahr. Sie selbst sind nur Marionetten; eine äußere Handlung, die auf dem freien Willen der Figuren basiert, gibt es nicht, eine echte Kommunikation ist nicht möglich. Die Figuren sind in vorgefertigten Sprachmustern gefangen, die sie reproduzieren, sie verlieren sich in einer Häufung von Gemeinplätzen, Halbwahrheiten, Klischees und Stereotypen. Ihre Sprache ist Ausdruck ihrer Entfremdung in einer sinnentleerten Welt, die von Kälte, Endzeit- und Untergangsstimmung beherrscht ist.

Beispiele: **Samuel Beckett**, *Warten auf Godot*; **Eugène Ionesco**, *Die Nashörner*; **Wolfgang Hildesheimer**, *Die Uhren*

BÜRGERLICHES TRAUERSPIEL In ihrem Erziehungsoptimismus setzten die Autoren der Aufklärung vorwiegend auf das Theater. Die Bühne hielten sie für den geeigneten Ort, ihre Ideen einem breiteren Publikum nahezubringen. Mit dem bürgerlichen Trauerspiel setzten sie sich von den Haupt- und Staatsaktionen des Barock ab, verwarfen die Ständeklausel und brachten ernstzunehmende Personen auf die Bühne, die aufklärerisches Gedankengut vertraten. Die Theaterbesucher, die vorwiegend dem Bürgertum entstammten, erkannten sich und ihre Lebenswirklichkeit wieder und wurden zu verlässlichen Besuchern der Aufführungen.

Die Entwicklung des bürgerlichen Trauerspiels beginnt in der Epoche der Aufklärung – das 18. Jahrhundert war zugleich der Höhepunkt dieser Gattung. Das Theater war äußerst publikumswirksam, viele Menschen, die nicht lesen konnten oder kaum Zeit für private Lektüre fanden, gingen ins Theater. Bühnenstücke eigneten sich deshalb besonders für die erzieherischen Absichten der Dichter der Aufklärung.

Die Tragik der Handlung entfaltet sich in der Welt des Bürgertums und resultiert oft aus einem Konflikt mit dem Adel. Kennzeichen des bürgerlichen Trauerspiels:

- Bürger und bürgerlich denkende Menschen, die prinzipiell allen Schichten angehören können, stehen im Mittelpunkt.
- Die Ständeklausel (ernsthafte Darstellung der höfischen Welt in der Tragödie, lächerliche Darstellung der nichtadeligen Welt in der Komödie) ist aufgehoben.
- Bürgerliches Denken und Handeln ist an einen ausgeprägten Moralkodex gebunden, der dem höfischen Verhalten entgegengesetzt ist: Liebe und Treue zwischen den Eheleuten vs. höfischer Mätressenwirtschaft, Zusammenhalt in der Familie vs. Dualismus privates/öffentliches Leben, Ehrlichkeit vs. Intrigantentum, Menschlichkeit und Mitleid vs. rücksichtslose Durchsetzung eigener Interessen, Tugend und Empfindsamkeit als allgemeinmenschliche Werte vs. Machtkalkül.
- Die Handlung des bürgerlichen Trauerspiels ist in der privaten Sphäre der Protagonisten angesiedelt; öffentlich-politische Aspekte werden nicht thematisiert.

Das bürgerliche Trauerspiel konnte die Ideen von der Emanzipation des Bürgertums vermitteln und wurde deshalb von den Autoren besonders gepflegt. Die heute noch bekanntesten bürgerlichen Trauerspiele stammen aus der Aufklärung und der sich anschließenden Sturm und Drang-Zeit, die noch in den Gedanken der Aufklärung verwurzelt war.

Wichtige Autoren und Werke des bürgerlichen Trauerspiels:

- **Gotthold Ephraim Lessing:** *Miss Sara Sampson* (1755), *Emilia Galotti* (1772)
- **Friedrich Schiller:** *Kabale und Liebe* (1783)
- **Heinrich Leopold Wagner:** *Die Kindermörderin* (1776)

Das bürgerliche Trauerspiel ist eine Gattung des 18. Jahrhunderts. Schon im 19. Jahrhundert, als das Bürgertum die führende gesellschaftliche Rolle erlangt hatte, kommt dem bürgerlichen Trauerspiel keine nennenswerte Bedeutung mehr zu. Lediglich **Friedrich Hebbel** nahm diese Gattung wieder auf, er gab dem bürgerlichen Trauerspiel aber eine neue Wendung: Die Konflikte spielten sich in seinen Dramen (z. B. *Maria Magdalena*, 1844) innerhalb des Bürgertums ab.

DOKUMENTARTHEATER Das dokumentarische Theater kam in den 60er-Jahren des 20. Jahrhunderts als Gegenbewegung zu Brechts epischem Theater, das man für wirkungslos hielt, auf. Es entstanden Stücke, die auf historischen oder juristischen Quellen basieren, die vom Autor arrangiert wurden. So thematisiert **Rolf Hochhuth** in seinem Stück *Der Stellvertreter* (1963) das Schweigen Papst Pius XII. zur Judenvernichtung durch die Nationalsozialisten; **Heinar Kipphardt** brachte die Vernehmung des Atomphysikers Oppenheimer auf die Bühne (*In der Sache J. Robert Oppenheimer*, 1964), die auf Verhandlungsprotokollen des amerikanischen Sicherheitsausschusses basiert.

Das dokumentarische Drama ist ein politisches Theater; es ist scheinbar realitätsnah, da es auf authentischen Quellen basiert. Die künstlerische Leistung der Autoren besteht in der Auswahl und Anordnung des Materials, das dadurch ein eigenes Gewicht bekommt und Situationen zugespitzt darstellt.

GESCHICHTSDRAMA Das Geschichtsdrama ist ein Dramentyp, in dessen Zentrum die tatsachengetreue oder in künstlerischer Freiheit bearbeitete Darstellung von geschichtlichen Ereignissen, Stoffen oder Situationen steht. Thematisch geht es im Geschichtsdrama um das Verhältnis des Einzelnen zur Geschichte, um die gestalterischen Möglichkeiten des Individuums, die Autonomie des Helden sowie eine konkrete historische Situation als Möglichkeit für existenzielle Grenzerfahrungen. Geschichtsdramen gibt es seit der Antike (**Aischylos**, *Die Perser*), eine Blütezeit erfuhr die Gattung unter **Shakespeare** im elisabethanischen England.

Weitere Beispiele: **Johann Wolfgang von Goethe**, *Götz von Berlichingen*; **Heinrich von Kleist**, *Prinz Friedrich von Homburg*; **Friedrich Schiller**, *Wallenstein*, *Maria Stuart*; **Georg Büchner**, *Dantons Tod*; **Gerhart Hauptmann**, *Die Weber*; Dramen von **Peter Hacks** und **Heiner Müller**

IDEENDRAMA Das Ideendrama ist ein Dramentyp, bei dem nicht die Handlung oder ein bestimmter Charakter, sondern eine Idee oder Weltanschauung im Mittelpunkt steht. Wichtige Dramen dieses Typus wurden vor allem im 18. Jahrhundert geschrieben, z. B. **Lessings** *Nathan der Weise* (Idee der Toleranz) und **Goethes** *Iphigenie auf Tauris* (Idee der Humanität).

Das Ideendrama ist ein geschlossenes Drama, dem ein geschlossenes Weltbild zugrunde liegt. Das bedeutet Fol-

gendes:
- Existenzielle philosophische Themen werden auf der Bühne dargestellt. Dabei endet die Handlung mit einer Lösung des Problems.
- Die äußere Handlung sowie Zeit, Ort und Personen entstammen meist der griechischen Mythologie oder der Geschichte.
- Der Schwerpunkt liegt auf der inneren Handlung, d. h. in den Gedanken und Empfindungen der Personen, und wird durch Personenrede (Monolog und Dialog) ausgedrückt.
- Hoher Stil (z. B. Verssprache, Stichomythie, Antilabe) unterstützt durch eine Vielzahl sprachlich-stilistischer Mittel und ein einheitliches Vermaß prägt die Figurenrede.
- Das klassische Ideendrama ist in Akte und Szenen gegliedert. Meist bestehen die Dramen aus drei oder fünf Akten.

KRITISCHES VOLKSSTÜCK Das kritische Volksstück ist im 20. Jahrhundert entstanden. Es ist geprägt durch eine realistische Darstellung von Figuren aus dem Volk, thematisiert werden Probleme und Missstände, mit denen der Durchschnittsbürger konfrontiert ist. Einfacher Aufbau, klare Handlungsführung, desillusionierte Weltsicht, Verwendung von verfremdeten Elementen des traditionellen Volksstücks und der Dialekt als Ausdruck eingeschränkter Wirklichkeitswahrnehmung kennzeichnen die Form.
Beispiele: **Ludwig Thoma**, *Magdalena*; **Ödön von Horváth**, *Geschichten aus dem Wienerwald*; **Marieluise Fleißer**, *Pioniere in Ingolstadt*; **Martin Sperr**, *Jagdszenen aus Niederbayern*; **Franz Xaver Kroetz**, *Stallerhof*

Dramatische Gattungen und Formen

PARABELSTÜCK Die Form geht zurück auf den literarischen Parabelbegriff, der besagt, dass durch Analogieschluss eine zu enträtselnde allgemeine Wahrheit des menschlichen Lebens durch einen Vergleich des Dargestellten mit dem Gemeinten vom Rezipienten gewonnen werden muss. Das Parabelstück im 20. Jahrhundert will unterhalten und belehren, indem es existierende gesellschaftliche Phänomene (z. B. Geist und Macht, Macht und Moral, Verantwortung des Einzelnen in der Massengesellschaft) vereinfacht darstellt.

Beispiele: **Bertolt Brecht,** *Der gute Mensch von Sezuan, Der aufhaltsame Aufstieg des Arturo Ui,* **Max Frisch,** *Andorra,* **Friedrich Dürrenmatt,** *Die Physiker*

SPRECHSTÜCKE zählen zum experimentellen Theater und sind eine moderne dramatische Form. Ihre Hauptvertreter im deutschsprachigen Raum sind **Ernst Jandl** und **Peter Handke.** Handke versteht das Sprechtheater als Gegenentwurf zum bestehenden Theater, insofern es nicht nur den Illusionscharakter auflösen will, sondern diesen ganz verweigert. Nach Handkes eigener Definition gibt das Sprechtheater kein Bild von der Welt wieder. Dies stimmt in Bezug auf die fehlende äußere Handlung der Stücke; nichtsdestotrotz schafft das Sprechtheater ein Abbild der Welt, wie es sich aus der Sprache ergibt. Monologe und Dialoge werden parodistisch verwendet und analysieren die üblichen Kommunikationsmuster; damit zeigt sich der scheinkommunikative Charakter, der nach Ansicht der Autoren jeder Kommunikation innewohnt. Dem Sprechtheater liegt damit eine sprach- und gesellschaftskritische Intention zugrunde.

Beispiele: **Peter Handke:** *Kaspar, Publikumsbeschimpfung,* **Ernst Jandl:** *In der Fremde*

SPEZIALTHEMA

Richtiges Zitieren

Bei manchen Aufsatzformen ist es nötig, Passagen aus dem Originaltext wiederzugeben, um durch diese Textbelege eine Behauptung oder die eigene Meinung zu stützen. Werden besondere Gedanken, Begriffe, Wendungen oder ganze Sätze aus einem anderen Text übernommen, spricht man von einem Zitat.

Beim Zitieren darf man nicht einfach abschreiben; man muss sich an die allgemeinen Regeln des Zitierens halten und fremde Texte und Textstellen kenntlich machen. Grundlegende Zitierregeln sind:
- Wörtliche Übernahme aus fremden Texten ist durch Anführungszeichen kenntlich zu machen und mit einer Quellenangabe zu versehen.
- Die sinngemäße Übernahme aus fremden Texten bedarf ebenfalls eines Herkunftsnachweises.

Folgende Möglichkeiten der Textübernahme aus einem anderen Text, des Zitierens, gibt es (alle Textbeispiele beziehen sich auf das Schauspiel *Andorra* von **Max Frisch**):

Nachgestelltes Zitat (in Klammern)
Barblin weist den Soldaten, der sie begafft, ab („Wenn du nicht die ganze Zeit auf meine Waden gaffst, dann kannst du ja sehen, was ich mache.", S. 7).
Hinweis: Beim Herkunftsnachweis eines Zitats, der immer in einer Klammer steht, verwendet man die Abkürzungen S. (für Seite); wenn im Text auch die Zeilen oder Verse nummeriert sind, gibt man auch diese an: Z. (für Zeile) oder V. (für Vers). Im Drama orientiert man sich oft auch an Akten (I, II, III usw.) und Szenen (1, 2, 3 usw.).

Findet sich der Originaltext in einer einzigen Zeile, schreibt man z. B. Z. 13, reicht er auf die nächste Zeile hinüber, schreibt man Z. 13 f. (f. steht für folgende). Reicht der Text über mehrere Zeilen, schreibt man entweder Z. 13 – 16 oder Z. 13 ff. (ff. für fortfolgende).

Nachgestelltes Zitat (nach Doppelpunkt)
Barblin weist den Soldaten, der sie begafft, ab: „Wenn du nicht die ganze Zeit auf meine Waden gaffst, dann kannst du ja sehen, was ich mache." (S. 7).

In den Satz einbezogenes Zitat
Barblin weist den Soldaten mit der Aufforderung, er solle „nicht die ganze Zeit auf [ihre] Waden gaff[en]", ab (S. 7). Hinweis: Wenn man in einem Zitat Wörter oder Teile davon verändert, muss man dies durch eine eckige Klammer kenntlich machen.

Zitierung einzelner Wörter
Barblin weist den Soldaten mit den Worten, er solle sie nicht „angaffen" (S. 7), ab.

Sinngemäße Übernahme (Paraphrase)
Barblin weist den Soldaten, dem sie vorwirft, er würde ihr nachstellen (nach S. 7), ab.

Der Verweis
Barblin weist den Soldaten ab. Es ist ihr lästig, dass er sie begafft und ihr nachstellt (vgl. S. 7).
Hinweis: Bei der sinngemäßen Übernahme und beim Verweis wird keine Textstelle wörtlich zitiert, was durch die Kürzel vgl. (für vergleiche), nach oder s. (für siehe) verdeutlicht wird.

Lyrik

3 Lyrik

Sprecher und Inhalt

> **QUICK-FINDER**
>
> **Kommunikationssituation im Gedicht**
> - Sprecher und Adressat → S. 113
> - Rollengedicht → S. 113
> - Neutraler Sprecher → S. 114
>
> **Das lyrische Ich**
> - Ein fiktives Ich als Sprecher → S. 114
> - Äußerungsformen des lyrischen Ichs → S. 115
> - Charakterisierung → S. 115
>
> **Thema und Motiv**
> - Thematik → S. 116
> - Formen der Lyrik → S. 116
> - Motivik → S. 117
>
> **Der gedankliche Aufbau eines Gedichts**
> - Struktur → S. 118

Kommunikationssituation im Gedicht

SPRECHER UND ADRESSAT Wer spricht in einem lyrischen Text zu wem über welchen Inhalt? Das sind die grundlegenden Fragen, wenn es um die Kommunikationssituation in einem Gedicht geht.

Nur in ganz seltenen Fällen spricht der Autor von sich selbst. Dies wird deutlich, wenn er im Gedicht seinen eigenen Namen nennt.

- Beispiel: **Bertolt Brecht**, *Vom armen B. B.*
  Die erste Strophe lautet:
  Ich, Bertolt Brecht, bin aus den schwarzen Wäldern.
  Meine Mutter trug mich in die Städte hinein
  Als ich in ihrem Leibe lag. Und die Kälte der Wälder
  Wird in mir bis zu meinem Absterben sein.

ROLLENGEDICHT Auch wenn das Gedicht in der 1. Person Singular verfasst ist, meint der Autor meist nicht sich selbst.

- Beispiel: **Eduard Mörikes** Gedicht *Das verlassene Mägdlein*.
  Es beginnt mit den Versen:
  Früh, wann die Hähne krähn,
  Eh' die Sternlein verschwinden,
  Muß ich am Herde stehn,
  Muß Feuer zünden.

Diese Schilderung trifft nicht für den Autor Mörike zu, sie wird vielmehr von einer Figur geäußert, der Mörike diese Worte in den Mund legt. Da diese Figur im Gedicht genau benannt wird, also eine Rolle angegeben ist, spricht man von einem **Rollengedicht**.

Lyrik

NEUTRALER SPRECHER Oft wird der Gedichtinhalt von einer anonymen Stimme wiedergegeben:

Conrad Ferdinand Meyer
Zwei Segel

Zwei Segel erhellend
Die tiefblaue Bucht!
Zwei Segel sich schwellend
Zu ruhiger Flucht!

Wie eins in den Winden
Sich wölbt und bewegt,
Wird auch das Empfinden
Des andern erregt.

Begehrt eins zu hasten,
Das andre geht schnell,
Verlangt eins zu rasten,
Ruht auch sein Gesell.

Dieses Gedicht kann sich auf die Situation Meyers (ein Erlebnis oder eine Erkenntnis) beziehen, muss es aber nicht; im Text gibt es keinen Hinweis auf einen solchen Bezug. Man spricht deshalb von einem **neutralen Sprecher (oder einem verdeckten Sprecher)**.

Das lyrische Ich

EIN FIKTIVES ICH ALS SPRECHER Das lyrische Ich ist nicht identisch mit dem Autor. Es ist ein von diesem erfundener Sprecher, der sich in der Ich-Form oder einer anderen persönlichen Form äußert.

ÄUSSERUNGSFORMEN DES LYRISCHEN ICHS	
im Singular	im Plural
als Personalpronomen: als Sprecher-Ich	wir, uns
als Possessivpronomen: mein, meiner, mir, dein, dich	unser, unsere, unseren
versteckt in der Anrede: du, dich, dir	ihr, euer

CHARAKTERISIERUNG Oft ist eine genauere Bestimmung des lyrischen Ichs möglich:

- Spricht das Ich von sich selbst und seinen Erlebnissen oder spricht es über die Welt (Gesellschaft, Natur, Religion)?
- Äußert das lyrische Ich Gefühle, Hoffnungen, Ängste, Zweifel?
- Spricht es als Einzelner oder in Übereinstimmung oder stellvertretend für eine Gruppe?
- Will sich das lyrische Ich nur äußern oder will es andere beeinflussen oder zum Handeln aufrufen?
- Äußert sich das lyrische Ich ironisch oder meint es seine Aussage ernst?

Lyrik

Thema und Motiv

THEMATIK Die zentrale Frage bei einem Gedicht lautet: Worum geht es? Damit ist nicht nur der Inhalt des Gedichts gemeint, sondern vor allem die **Thematik**:
- Wird eine Begebenheit dargestellt?
- Werden Menschen oder Dinge beschrieben?
- Drückt ein Ich seine Gedanken und Empfindungen aus?
- Werden philosophische Themen abstrakt behandelt?

FORMEN DER LYRIK

1. Bildhafte Lyrik
In der bildhaften Lyrik werden die Inhalte anschaulich gestaltet.

Erlebnislyrik	Lyrik, in der persönliche Erlebnisse des Dichters verarbeitet werden
Liebeslyrik	Lyrik, in der der gefühlsträchtige, geistig-seelische Bereich einer Liebesbeziehung thematisiert wird
Naturlyrik	Lyrik, in der es um Naturerscheinungen und Naturerleben geht
Alltagslyrik	Lyrik, die Themen und Probleme des Alltags behandelt
Politische Lyrik	Lyrik, die anschaulich und am konkreten Beispiel politische Zustände benennt oder kritisiert
Dinggedicht	Ein sinnlich-fassbarer Gegenstand wird sachlich-distanziert dargestellt

2. Gedankenlyrik
In der Gedankenlyrik werden philosophische Themen und theoretische Fragen abstrakt behandelt.

Philosophische Gedichte	In ihnen spiegeln sich die grundsätzlichen Fragen der Menschheit wider, z. B. „Was ist der Mensch?", „Was ist Glück?", „Was bedeutet der Tod?".
Politische Gedichte	Sie behandeln grundsätzliche politische Fragen oder Probleme.
Lehrgedichte	Sie dienen der Wissensvermittlung; meist werden grundsätzliche Fragen an einem konkreten Beispiel gezeigt.

MOTIVIK Oft hilft auch der Titel, ein Gedicht zu verstehen, etwa wenn er einen genauen Hinweis auf Inhalt oder Thematik gibt (z. B. **Joseph von Eichendorff**, *Weihnachten*). Manchmal ist der Titel nichtssagend (z. B. **Goethe**, *Ein Gleiches*), manchmal sogar irreführend (z. B. **Günter Eich**, *Inventur*). Unter einem **Motiv** versteht man typische Grundsituationen, auf denen ein Text aufbaut. Motive werden erkennbar, wenn man die Schlüsselwörter herausarbeitet und nach Themen ordnet.

Wichtige Motivgruppen sind:
- **Situationsmotive** (Bewährung, Ehebruch, Einsamkeit, Krieg, Liebe, Tod, Verlassenwerden)
- **Typenmotive** (einsamer Mann, Liebende, verlassenes Mädchen, Wanderer)
- **Zeitmotive** (Abend, Abschied, Alter, Frühling, Jugend, Herbst, Morgen, Nacht, Weihnachten, Winter)
- **Raummotive** (Garten, Meer, Natur, Stadt, Wald)

Lyrik

Der gedankliche Aufbau eines Gedichts

STRUKTUR Die Verse eines Gedichts folgen immer einer gedanklichen Struktur. Diese kann sein:

- Die **lineare Darlegung** einer Handlung oder eines Gedankens. Dabei sind die Teile (Verse, Strophen, Sinnabschnitte) aneinandergereiht und zeigen eine zeitliche Abfolge oder eine gedankliche Steigerung.
- Eine **argumentative Reihung**: Die einzelnen Teile führen zu Teilergebnissen, am Ende des Gedichts steht oft ein Gesamturteil.
- Eine **antithetische Struktur**: Die Teile des Gedichts drücken Gegensätze aus (z. B. innerhalb eines Verses, wie im barocken Alexandriner).
- Eine **scheinbar sinnlose** oder sinnwidrige **Anordnung** von Buchstaben, Silben oder Wörtern (in der konkreten Poesie).

Bauelemente lyrischer Texte

QUICK-FINDER

Versfuß, Versmaß, Versform, Kadenz
- Bauelemente des Gedichts ➤ S. 120
- Versmaß und Versformen ➤ S. 120
- Jambische Versformen ➤ S. 121
- Trochäische bzw. daktylische Versformen ➤ S. 122
- Kadenz ➤ S. 123

Rhythmus
- Sprachmelodie ➤ S. 124
- Enjambement und Zeilenstil ➤ S. 125

Strophe und Strophenform
- Strophen ➤ S. 125
- Versgruppen ➤ S. 125
- Häufige Strophenformen ➤ S. 126

Versfuß, Versmaß, Versform, Kadenz

BAUELEMENTE DES GEDICHTS Der Vers stellt ein zentrales Bauelement einer Strophe dar. Er ist ein kunstvoll gestaltetes Gebilde, das durch Metrik und Rhythmus bestimmt ist. Das Versmaß (das Metrum) ergibt sich durch den regelmäßigen Wechsel von Hebungen und Senkungen, also durch den Wechsel von betonten und unbetonten Silben. Die kleinste Einheit ist der Versfuß, auch Takt genannt.

Folgende **Versfüße** (oder Takte) kommen in der deutschen Lyrik häufig vor:

VERSFUSS, TAKT	SCHEMA	BETONUNG	BEISPIEL
Jambus	x x́	unbetont betont	wa rúm
Trochäus	x́ x	betont unbetont	Lié be
Daktylus	x́ x x	betont unbetont unbetont	Dák ty lus
Anapäst	x x x́	unbetont unbetont betont	A na päst

VERSMASS UND VERSFORMEN Jambus und Trochäus sind zweisilbige, Daktylus und Anapäst sind dreisilbige Versfüße. Beim Jambus und Anapäst steigt die Betonung an, sie werden zu den steigenden Versfüßen gerechnet; beim Trochäus und Daktylus fällt die Betonung, sie gehören zu den fallenden Versfüßen.

Je nach Art und Anzahl der Versfüße ergeben sich verschiedene **Versmaße**:

- ein zweihebiger (oder zweifüßiger) Jambus hat das Schema x x́ | x x́

- ein dreihebiger Trochäus hat das Schema
x́ x | x́ x | x́ x

- ein vierhebiger Anapäst zeigt folgende Verteilung von betonten und unbetonten Silben:
x x x́ | x x x́ | x x x́ | x x x́

- ein fünfhebiger Daktylus wird so dargestellt:
x́ x x | x́ x x | x́ x x | x́ x x | x́ x x

Manche häufig vorkommenden Versformen tragen eigene Namensbezeichnungen.

JAMBISCHE VERSFORMEN	
Knittelvers	• 4-hebiger Jambus mit Endreim (dabei wird das Versmaß nicht immer streng eingehalten; zwei aufeinanderfolgende unbetonte Silben sind möglich) • x x́ | x x́ | x x́ | x x́ | x Ich grüße die Getreuen, Lieben (**Goethe**, *Faust. Der Tragödie zweiter Teil*)

Lyrik

	• Im 15. und 16. Jahrhundert weit verbreitet, wichtig aber erst seit Goethes „Faust"-Drama.
Blankvers	• 5-hebiger Jambus ohne Endreim • x x́ | x x́ | x x́ | x x́ | x x́ | x Das Land der Griechen mit der Seele suchend (**Goethe**, *Iphigenie auf Tauris*) • Seit **Lessings** *Nathan der Weise* (1779) der gebräuchlichste Vers des klassischen deutschen Dramas.
Alexandriner	• 6-hebiger Jambus mit Mittelzäsur • x x́ | x x́ | x x́ | | x x́ | x x́ | x x́ | x Du siehst, wohin du siehst, nur Eitelkeit auf Erden (**Gryphius**, *Es ist alles eitel*) • Wurde im Barock häufig verwendet.

TROCHÄISCHE BZW. DAKTYLISCHE VERSFORMEN

Hexameter	• 6-hebiger Daktylus • x́ x x x́ x x | x x x́ x x x́ x Im Hexameter steigt des Springquells flüssige Säule. (**Schiller**, *Das Distichon*) • Antiker Vers, der seit der Klassik wieder Verwendung findet. Wird meist zusammen mit dem Pentameter in der Form des Distichons verwendet.

Pentameter	• 5-hebiger Daktylus mit Zäsur
• x́ x x́ x x́ | x́ x x x́ x x
Im Pentameter drauf fällt sie melodisch herab.
(**Schiller**, *Das Distichon*)
• Antiker Vers, der seit der Klassik wieder Verwendung findet. Zusammen mit dem vorausgehenden Hexameter bildet er ein Distichon.
Distichon	• Verspaar bestehend aus Hexameter und Pentameter
• x́ x x́ x x́ | x x́ x x́ x x́ x
x́ x x́ x x́ | x́ x x x́ x x́
Im Hexameter steigt des Springquells flüssige Säule. Im Pentameter drauf fällt sie melodisch herab.
(**Schiller**, *Das Distichon*)
• Wurde vor allem in der Klassik von **Schiller** und **Goethe** (*Römische Elegien*) verwendet.

KADENZ Das Ende einer Verszeile wird als **Kadenz** bezeichnet:

- Endet der Vers mit einer unbetonten Silbe, spricht man von einer **weiblichen** oder **klingenden Kadenz**.
  Beispiel: Es war, als hätt der Himmel. (**Joseph von Eichendorff**, *Mondnacht*, Vers 1)
  Schema: x x́ x x x́ x x́ x

- Endet der Vers mit einer betonten Silbe, spricht man von einer **männlichen** oder **stumpfen Kadenz**.
  Beispiel: Die Erde still geküßt. **(Joseph von Eichendorff,** *Mondnacht,* Vers 2)
  Schema: x x́ x x́ x x́
- Ist die drittletzte Silbe betont, spricht man von der **dreisilbig klingenden Kadenz**.
  Beispiel: Sterblichen
  Schema: x́ x x

Jambische Verse enden in der Regel männlich, trochäische weiblich.

Rhythmus

SPRACHMELODIE Ist vom Rhythmus eines Gedichts die Rede, so meint man damit den Klang des gesamten Gedichts, seine **Sprachmelodie**, die nicht objektiv beschreibbar ist. Der Rhythmus entzieht sich einer exakten wissenschaftlichen Beschreibung, er ergibt sich beim Lesen und ist von verschiedenen Faktoren abhängig.

Der Rhythmus wird beeinflusst durch
- das Versmaß,
- das Zusammenfallen von Satzgrenzen und Versgrenzen,
- die vom Dichter vorgesehene oder vom Leser vorgenommene Betonung,
- nötige oder sinnvolle Pausen,
- das Sprechtempo des Vortragenden und
- den Inhalt des Gedichts.

Allgemein gültige Begriffe und Kriterien existieren nicht. Man behilft sich mit beschreibenden Adjektiven wie
- **regelmäßig – unregelmäßig**
- **fließend – stockend**
- **gestaut – drängend**

ENJAMBEMENT UND ZEILENSTIL Der Rhythmus eines Gedichts wird entscheidend durch die Versgestaltung beeinflusst: Fallen Satzende und Versende zusammen, spricht man von **Zeilenstil**. Reicht der Satz über das Versende hinaus, „springt" er sozusagen in die nächste Verszeile, liegt ein Zeilensprung, **Enjambement** genannt, vor. Enjambements lassen Gedichte geschmeidiger, flüssiger und weniger abgehackt klingen.

Strophe und Strophenform

STROPHEN sind regelmäßige Abschnittsgliederungen von Versen oder Verspaaren gleichen Metrums. Dabei können die Strophenenden mit den Sinneinheiten eines Gedichtes zusammenfallen, müssen aber nicht. Eine Strophengliederung ist sowohl in traditionellen wie in modernen Gedichten anzutreffen.

VERSGRUPPEN Im 20. Jahrhundert hat die strophische Gliederung eines Gedichts an Bedeutung verloren. Moderne Gedichte sind oft nur in ungleichmäßige Abschnitte oder Versgruppen eingeteilt. Für ihre Zusammenstellung gibt es aber keine formalen Regeln oder Zwänge; man kann deshalb davon ausgehen, dass sie die inhaltliche Gliederung eines Gedichts wiedergeben.

Lyrik

HÄUFIGE STROPHENFORMEN:

2-zeilige Strophen

- **Verspaarkette:**
  jeweils zwei aufeinander folgende Verse reimen sich, Schema: aabb, eine der ältesten und einfachsten Strophenformen
  Fliegt der erste Morgenstrahl
  Durch das stille Nebeltal,
  Rauscht erwachend Wald und Hügel:
  Wer da fliegen kann, nimmt Flügel!
  (Eichendorff)

- **Distichon:**
  bestehend aus einem Hexameter und einem Pentameter:
  Im Hexameter steigt des Springquells flüssige Säule.
  Im Pentameter drauf fällt sie melodisch herab.
  (Schiller)

3-zeilige Strophen

- **Terzett:**
  Strophe bestehend aus drei Versen, kein festes Reimschema, u. a. im Sonett verwendet
  Doch schweig ich noch von dem, was ärger als der Tod,
  Was grimmer denn die Pest und Glut und Hungersnot
  Dass auch der Seelen Schatz so vielen abgezwungen.
  (Gryphius)

- **Terzine:**
  bestehend aus einem fünffüßigen Jambus,
  Reimschema aba / bcb / cdc:

Wie mich geheimnisvoll die Form entzückte!
Die gottgedachte Spur, die sich erhalten!
Ein Blick, der mich an jenes Meer entrückte, …
(Goethe)

4-zeilige Strophen

- **Quartett:**
  Strophe bestehend aus vier Versen, kein festes Reimschema, u. a. im Sonett verwendet:
  Wann, o lächelndes Bild, welches wie Morgenrot
  Durch die Seele mir strahlt, find ich auf Erden dich?
  Und die einsame Träne
  Bebt mir heißer die Wang herab!
  (Hölty)

- **Volksliedstrophe:**
  einfach gebaut, gleichmäßig, meist vierzeilig (bis zu neun Zeilen), oft regelmäßiger Wechsel von betonten und unbetonten Silben, gereimt:
  Am Brunnen vor dem Tore
  Da stand ein Lindenbaum.
  Ich träumt in seinem Schatten
  So manchen süßen Traum.

Mehrzeilige Strophen

- **Sestine:**
  sechszeilige Strophe, ohne festes Reimschema, kein bestimmtes Metrum:
  Ich lebte ganz: der ew'gen Kräfte Strom
  Zog hin durch mich, durchs Engste, durchs Atom
  Ich wurde aus dem Ring, der mich umengt,

Ins Unermessliche hinausgedrängt.
Ich fühlte, was ich sein kann, was ich bin,
Und gab, wie gern, für jenes dies dahin.
(Hebbel)

- **Stanze:**
  achtzeilige Strophe, fünffüßiger Jambus, Reimschema: ababab cc
  Der Morgen kam; es scheuchten seine Tritte
  Den leisen Schlaf, der mich gelind umfing,
  Daß ich, erwacht, aus meiner stillen Hütte
  Den Berg hinauf mit frischer Seele ging;
  Ich freute mich bei einem jeden Schritte
  Der neuen Blume, die voll Tropfen hing;
  Der junge Tag erhob sich mit Entzücken,
  Und alles war erquickt, mich zu erquicken.
  (Goethe, *Zueignung, Faust. Der Tragödie erster Teil*)

- **Freie Rhythmen:**
  metrisch ungebundene, reimlose Verse ohne feste Strophengliederung:
  Bedecke deinen Himmel, Zeus,
  Mit Wolkendunst!
  Und übe, Knaben gleich,
  Der Disteln köpft,
  An Eichen dich und Bergeshöhn! …
  (Goethe, *Prometheus*)

Lyrische Sprache

QUICK-FINDER

Klang
- Klanggestalt → S. 130
- Klangfiguren → S. 130

Reim
- Reim als Klangelement → S. 131
- Reimarten → S. 131
- Reimfolgen → S. 132

Bildlichkeit
- Bildhafte Sprache als Kennzeichen des Gedichts → S. 134
- Formen bildhaften Sprechens → S. 134

Wortwahl
- Sprachliche Kunstwerke → S. 136
- Auffälligkeiten im Wortschatz → S. 136

Satzbau
- Der Satzbau in Gedichten → S. 137
- Syntaktische Besonderheiten → S. 138

Klang

KLANGGESTALT Der Klang ist ein wichtiges Stilmittel des Gedichts. Er kann die Aussage unterstreichen oder im Widerspruch zu ihr stehen. Bei der Untersuchung des Klangs sollte man sich zuerst von seinen subjektiven Empfindungen leiten lassen: Klingt ein Gedicht dumpf, dunkel und hart, entsteht meist eine gedämpfte Stimmung bzw. ein unangenehmer Eindruck. Klingt es hell, freundlich, weich und melodisch, entsteht ein angenehmer Eindruck.

Die Klanggestalt eines Gedichts ist besonders durch die betonten Vokale bestimmt. Helle Vokale (e – i – ei – ü) vermitteln eine fröhliche, dunkle Vokale (a – o – ö – u – au) eine gedämpfte Stimmung.

KLANGFIGUREN helfen, das Gedicht zu deuten:

- **Alliteration** (Stabreim) (gleicher Anlaut der betonten Silben bei mehreren Wörtern):
  Er hat sich gewiegt,
  Wo Weinen war
  (**Hugo von Hofmannsthal**, *Vorfrühling*)
  Wirkung: Steigerung der Eindringlichkeit

- **Anapher** (ein Wort oder eine Wortgruppe werden am Anfang aufeinander folgender Verse, Strophen oder Sätze wiederholt):
  Die alte Frau hat mich behext,
  Ich denke immer an die alte,
  Die alte Frau, die Gott erhalte!
  Die alte Frau hat mich so lieb
  (**Heinrich Heine**, *Nachtgedanken*)
  Wirkung: Verdeutlichung der Zusammengehörigkeit

- **Assonanz** (Kombination von Wörtern mit gleichen Vokalen bei verschiedenen Konsonanten):
  Töne – Flöhe
  Wirkung: Gleichklang, Harmonie

- **Lautmalerei** (Klangmalerei, Onomatopoesie) (Versuch, mit akustischen Reizen Wirkung zu erzielen):
  Und es wallet und siedet und brauset und zischt,
  Wie wenn Wasser mit Feuer sich mengt,
  Bis zum Himmel spritzet der dampfende Gischt
  (**Friedrich Schiller**, *Der Taucher*)
  Wirkung: Nachahmung natürlicher Laute, soll die Echtheit unterstreichen.

Reim

REIM ALS KLANGELEMENT Reime zählen zu den Klangelementen; wenn ein Gedicht reimt, klingt es. Von einem Reim spricht man, wenn zwei oder mehr Wörter vom letzten betonten Vokal an gleich klingen.

REIMARTEN, die in Gedichten gebräuchlich sind:
Anfangsreim (Anapher): Die ersten Wörter aufeinanderfolgender Verse reimen sich:
Ein Laub, das grünt und falbt geschwind.
Ein Staub, den leicht vertreibt der Wind.
(**Georg Friedrich Harsdörffer**, *Das Leben ist*)

Binnenreim: Ein Reim innerhalb eines Verses:
Eine starke, schwarze Barke
segelt trauervoll dahin.
(**Heinrich Heine**)

Endreime:

- **Reiner Reim:** Gleichklang von Wörtern ab dem letzten betonten Vokal:
  O sähst du, voller Mondenschein,
  Zum letzten Mal auf meine Pein
  (**Goethe**, *Faust. Der Tragödie erster Teil*)

- **Unreiner Reim:** Unreiner Gleichklang von Wörtern ab dem letzten betonten Vokal:
  Uralte Wasser <u>steigen</u>
  Verjüngt um deine Hüften, Kind!
  Vor deiner Gottheit <u>beugen</u>
  Sich Könige, die deine Wärter sind.
  (**Eduard Mörike**, *Gesang Weylas*)

- **Rührender Reim:** Gleichklang von Wörtern mit verschiedener Bedeutung:
  Wirt – wird, heute – Häute

- **Epipher:** Wiederholung des Wortes am Versende:
  Graut Liebchen auch vor <u>Toten</u>?
  O weh! Laß ruhn die <u>Toten</u>!
  (**Gottfried August Bürger**, *Lenore*)

REIMFOLGEN Bei den Endreimen unterscheidet man folgende **Reimfolgen:**

Paarreim: Zwei aufeinander folgende Verse reimen miteinander. Reimschema aabb:

Im Apfelbaume pfeift der Fink	a
Sein: pinkepink!	a
Ein Laubfrosch klettert mühsam nach	b
Bis auf des Baumes Blätterdach	b

(Wilhelm Busch, *Fink und Frosch*)

Kreuzreim: Jede zweite Verszeile reimt miteinander. Reimschema abab:

Aufsteigt der Strahl und fallend gießt	a
Er voll der Marmorschale Rund,	b
Die, sich verschleiernd, überfließt	a
In einer zweiten Schale Grund;	b

(Conrad Ferdinand Meyer, *Der römische Brunnen*)

Umarmender (umgreifender, umschließender) Reim: Die erste und vierte Verszeile reimen miteinander. Reimschema abba:

Palmström, etwas schon an Jahren,	a
wird an einer Straßenbeuge	b
und von einem Kraftfahrzeuge	b
überfahren.	a

(Christian Morgenstern, *Die unmögliche Tatsache*)

Schweifreim: Eignet sich besonders, um sechsversige Strophen zu bilden oder um die Terzette eines barocken Sonetts miteinander zu verbinden. Reimschema aabccb:

Der hohen Taten Ruhm muß wie ein Traum vergehn.	a
Soll denn das Spiel der Zeit, der leichte Mensch, bestehn?	a
Ach, was ist alles dies, was wir für köstlich achten.	b
Als schlechte Nichtigkeit, als Schatten, Staub und Wind,	c
Als eine Wiesenblum, die man nicht wieder findt!	c
Noch will, was ewig ist, kein einig Mensch betrachten.	b

(Andreas Gryphius, *Es ist alles eitel*)

Waise: Ein Vers, der mit keinem anderen reimt und dadurch besonders hervorgehoben ist:

Frühling läßt sein blaues Band	a
Wieder flattern durch die Lüfte;	b
Süße, wohlbekannte Düfte	b
Streifen ahnungsvoll das Land.	a
Veilchen träumen schon,	c
Wollen balde kommen.	d
Horch, von fern ein leiser Harfenton!	c
Frühling, ja du <u>bist's</u>!	x
Dich hab ich vernommen!	d

(**Eduard Mörike,** *Er ist's*)

Bildlichkeit

BILDHAFTE SPRACHE ALS KENNZEICHEN DES GEDICHTS

Häufiger als in anderen Literaturgattungen drücken sich die Autoren im Gedicht bildhaft aus. Manche Sprachbilder sind leicht zu erkennen und zu deuten, bei anderen muss man genauer hinsehen, um sie zu bemerken und zu entschlüsseln. In jedem Fall ist es aber so, dass Bilder nicht eindeutig sind, dass sie dem Leser die Möglichkeit zu eigenen Assoziationen eröffnen.

FORMEN BILDHAFTEN SPRECHENS

- Die einfachste Form bildhaften Sprechens ist der **Vergleich**. Mithilfe von Vergleichswörtern werden unterschiedliche Sinnbereiche zusammengebracht, z. B. Ein Mann wie ein Baum. Zwei getrennte Bedeutungszusammenhänge werden durch das Vergleichswort „wie" miteinander verknüpft. Dies ruft beim Leser Assoziationen wie „stark", „mächtig", „verwurzelt", „nicht

leicht umzuhauen" usw. hervor. Diese Assoziationen sind viel umfassender, als es eine Beschreibung des Mannes durch den Autor an dieser Stelle sein könnte. Da Dichter gezwungen sind, sich in Gedichten äußerst knapp auszudrücken, verwenden sie oft Bilder. Beispiele für Vergleiche:
*Schwarz wie die Nacht, stark wie ein Löwe,
schlank wie eine Gerte.*

- Die **Metapher** ist ein verkürzter Vergleich, sie verbindet zwei unterschiedliche Sinnbereiche, die aber im entscheidenden Punkt vergleichbar sind, ohne Vergleichswort; z. B. Das Licht der Wahrheit. Dabei ist gemeint, dass die Wahrheit so hell leuchtet wie Licht. Beispiele für Metaphern:
Am Fuß des Berges, Flug der Gedanken, Flut der Ereignisse, Kälte des Herzens.

- Schwierig zu entschlüsseln ist die **Chiffre** (absolute Metapher), bei der die Autoren einfache, meist bildhafte Wörter unabhängig von ihrer eigentlichen Bedeutung in einem neuen Sinnzusammenhang, der bei der Deutung berücksichtigt werden muss, verwenden. Beispiel:
Schwarze Milch der Frühe (**Paul Celan**, *Todesfuge*).
Die Chiffre ist in der modernen Literatur zu finden.

- Von **Allegorie** spricht man, wenn ein abstrakter Begriff bildlich dargestellt wird. Dazu wird häufig die Personifikation verwendet.
Beispiel: Die Figur der Justitia steht für die Gerechtigkeit; sie wird meist als Frau mit verbundenen Augen (Rechtsprechung ohne Ansehen der Person), Waage

(Abwägen des Urteils) und Schwert (richterliche Gewalt) dargestellt.

- Das **Symbol** ist ein sichtbares Zeichen, das als Sinnbild für einen abstrakten Sachverhalt verwendet wird.
Beispiel: Das Kreuz gilt als Symbol für das Christentum. Es ist verbunden mit Leiden, Tod, aber auch mit christlicher Hoffnung.

Wortwahl

SPRACHLICHE KUNSTWERKE Gedichte sind besonders komprimierte Äußerungen von Autoren; man kann davon ausgehen, dass kein Wort zufällig verwendet wird. Es ist deshalb besonders wichtig, auf Auffälligkeiten bei der Wortwahl zu achten.

AUFFÄLLIGKEITEN IM WORTSCHATZ Oft werden in Gedichten Wörter verwendet, die nicht zum allgemeinen schriftsprachlichen Wortschatz gehören:

- **umgangssprachliche Wendungen:**
z. B. Der ausgeflippte Have / Hier war ein dreister Sklave (**Wolf Biermann,** *Enfant perdu*)

- **Begriffe aus Fachsprachen:**
z. B. Das Tympanum schlag ich mit großem Schall. / Ich hüte die Leichen im Wasserfall.
(**Hugo Ball,** *Intermezzo*)

- **Dialektwörter:**
z. B. Jänner, Feber, März, April … (**Gerhard Rühm,** *Jänner*)

- **Archaismen (veraltete Begriffe):**
  z. B. Und als er die <u>güldenen</u> Sporen ihm gab
  (**Ludwig Uhland,** *Die Rache*)

- **auffällig gehobene Ausdrücke:**
  z. B. Ob Rosen, ob Schnee, ob Meere, / was alles erblühte, <u>verblich</u> (**Gottfried Benn,** *Nur zwei Dinge*)

- **Neologismen (Wortneuschöpfungen):**
  z. B. <u>Ameisenemsig</u>, wie Eidechsen flink
  (**Paul Boldt,** *Auf der Terrasse des Café Josty*)

- **Diminutivformen (Verkleinerungsformen):**
  z. B. Und bis die <u>Sternlein</u> blinken, / Und bis zum Mondenschein … (**Clemens Brentano,** *Auf dem Rhein*)

- Auffällige **Häufung von bestimmten Wortarten**, z. B. Verben, Adjektive, Substantive, Artikel, Personalpronomina.

- Auffallender Gebrauch von **Interjektionen:**
  <u>Ach</u>, ich merk es! <u>Wehe! wehe!</u> / Hab ich doch das Wort vergessen! / <u>Ach</u>, das Wort, worauf am Ende / Er das wird, was er gewesen. (**Johann Wolfgang von Goethe,** *Der Zauberlehrling*)

Satzbau

DER SATZBAU IN GEDICHTEN unterscheidet sich oft von dem, was man aus dramatischen oder epischen Texten kennt. Das kann das unmittelbare Verständnis erschweren, eröffnet aber auch manche Einsichten in andere Lesarten und Bedeutungsebenen.

Lyrik

SYNTAKTISCHE BESONDERHEITEN, die häufig verwendet werden, sind:

- Die **Inversion**, die veränderte Wortfolge, die den Blick auf das Wesentliche richtet. Üblicherweise wird im deutschen Aussagesatz das Satzbauschema
Subjekt – finite Verbform – Objekt(e) / Adverbialen
verwendet. Bei der Inversion wird das Satzglied vorgezogen, auf dem die Hauptbedeutung liegt.
- Der **Anakoluth**, der in Gedichten oft nicht auffällt, da Abweichungen von der Alltagssprache häufig vorkommen. Im folgenden Beispiel entsteht durch den Satzbruch ein eigenständiger Fragesatz: Ich weiß nicht, was soll es bedeuten / dass ich so traurig bin **(Heinrich Heine)**, statt grammatikalisch richtig: Ich weiß nicht, was es bedeuten soll, dass ich so traurig bin.
- Die **Ellipse**, die Auslassung eines Satzglieds, das für dessen Vollständigkeit notwendig ist. Ein vollständiger Aussagesatz besteht aus Subjekt und Prädikat; fehlt eines dieser Satzglieder, liegt eine Ellipse vor. Beispiel: Statt Rauchen ist verboten heißt es: Rauchen verboten – das Prädikat fehlt.
- Der **Parallelismus** (gleiche Reihenfolge der Satzglieder in aufeinander folgenden Sätzen), z. B. Heiß ist die Liebe, kalt ist der Schnee.
- Der **Chiasmus** (Überkreuzstellung der Satzglieder in zwei aufeinander folgenden Sätzen), z. B. Die Mühen der Gebirge liegen hinter uns, Vor uns liegen die Mühen der Ebenen. **(Bertolt Brecht)**

Lyrische Gattungen und Formen

QUICK-FINDER

Ballade
- Definition → S. 140
- Volksballaden und Kunstballaden → S. 140
- Balladentypen → S. 141

Elegie
- Definition → S. 141
- Bekannte Elegien → S. 141

Epigramm
- Definition → S. 141
- Lessings Umdeutung → S. 142

Hymne
- Definition → S. 142

Lied
- Definition → S. 142
- Volkslied und Kunstlied → S. 143

Ode
- Definition → S. 143

Sonett
- Definition → S. 144
- Bauform → S. 144
- Dichter von Sonetten → S. 144

SPEZIALTHEMA: Lyrik nach 1945 → S. 145

Lyrik

Ballade

DEFINITION Die Ballade ist ein Erzählgedicht, das die Grundgattungen der Dichtung in sich vereint: epische Erzählweise, dramatische Gestaltung, lyrische Stimmung. Das Wort „Ballade" stammt aus Südfrankreich und bezeichnete ursprünglich ein Lied, das beim Tanzen gesungen wurde. Der Begriff wurde später auch im deutschen Sprachraum heimisch, stand nun aber für ein meist dämonisch-spukhaftes, häufig tragisches Geschehen aus Geschichte, Mythologie oder Sage.

VOLKSBALLADEN UND KUNSTBALLADEN Balladen wurden ursprünglich durch Vorträge oder Gesang mündlich überliefert. Sie haben einige Ähnlichkeiten mit der Moritat der Bänkelsänger, also berufsmäßiger Sänger, die ihre Lieder auf den Jahrmärkten vortrugen. Die ursprünglichen Verfasser dieser Volksballaden sind unbekannt.

Im 18. Jahrhundert begannen Dichter Balladen zu schaffen, die den Volksballaden recht ähnlich waren. Sie entnahmen ihre Stoffe der Geschichte oder gestalteten alte Sagen und Schwänke neu. Der Dichter **Gottfried August Bürger** schuf mit *Lenore* 1773 die erste Kunstballade, bald folgten ihm zahlreiche andere Dichter wie **Johann Wolfgang von Goethe** und **Friedrich Schiller**. Während Goethe sich Mythen und Natursagen als Vorbilder wählte, entnahm Schiller seine Stoffe der Geschichte. Im 19. Jahrhundert galt es als modern, Balladen zu schreiben. Noch heute kennt man viele Balladen von damals, z.B. die Balladen von **Gottfried Keller** und **Conrad Ferdinand Meyer**, *Die Loreley* und *Belsazar* von **Heinrich Heine**, *Die Brücke am Tay* und *Archibald Douglas* von **Theodor Fontane**.

BALLADENTYPEN Zu verschiedenen Themen entstanden im Laufe von Jahrhunderten verschiedene Balladentypen, z. B.
- die naturmagische (numinose) Ballade (besonders im 18. und 19. Jahrhundert, **Goethe**: *Der Erlkönig*),
- die Ideenballade (**Schiller**: *Die Bürgschaft*, *Der Handschuh*, *Die Glocke*),
- die soziale Ballade (**Heinrich Heine**: *Die schlesischen Weber*),
- die Technikballade (**Theodor Fontane**: *Archibald Douglas*),
- die gesellschaftspolitische Ballade (**Bertolt Brecht**: *Von des Cortez Leuten*, **Günter Grass**: *Die Ballade von der schwarzen Wolke*, **Wolf Biermann**: *Ballade vom preußischen Ikarus*).

Elegie

DEFINITION Die Elegie ist ein aus der Antike stammendes Klagelied in Distichen. Im 18. Jahrhundert erlebte die Elegie eine neue Blütezeit, besonders in der Empfindsamkeit wurde die Form zur Darstellung intensiver Gefühle genutzt. Im 20. Jahrhundert sind die Elegien **Rilkes** und **Brechts** von Bedeutung.

BEKANNTE ELEGIEN der Neuzeit stammen von **Friedrich Gottlieb Klopstock**, **Johann Wolfgang von Goethe** (*Römische Elegien*), **Friedrich Schiller**, **Friedrich Hölderlin**, **Rainer Maria Rilke** (*Duineser Elegien*) und **Bertolt Brecht** (*Buckower Elegien*).

Epigramm

DEFINITION Beim Epigramm handelt es sich ursprünglich um eine in Stein gemeißelte Grabinschrift. Im

18. Jahrhundert ist es zu einer zweizeiligen Gedichtform geworden (oft in Distichen verfasst), die man der Gedankenlyrik zurechnet.

LESSINGS UMDEUTUNG 1771 hat **Lessing** in seinen *Zerstreuten Anmerkungen über das Epigramm* dieses als „Sinngedicht" bezeichnet und es nach der Antike neu belebt. Kennzeichen des Epigramms sind nach Lessing die Erwartung (über die Klärung eines Sachverhaltes) und der Aufschluss (über die wahre Natur dieses Sachverhalts). In diesem Sinn dichteten dann auch **Goethe** und **Schiller** ihre *Xenien*, wobei sie kritisch zu politischen Fragen Stellung nahmen.

Hymne

DEFINITION Hymnen sind ohne Endreim und ohne festes Versmaß und damit der Ode verwandt. Die Hymne hat ihre Wurzeln ebenfalls in der Antike und diente als Lobgesang für die Götter. Später wurde sie Bestandteil der christlichen Liturgie, im 18. Jahrhundert war sie Ausdruck pantheistischer Naturverehrung (z. B. **Johann Wolfgang von Goethe**: *Prometheus, Ganymed, Mahomets Gesang*). Bekannte Hymnen stammen auch von **Novalis** (*Hymnen an die Nacht*) und **Hölderlin** *(Der Frieden)*.

Lied

DEFINITION Das Lied ist für den Gesang bestimmt und besteht aus mehreren gleichgebauten Strophen.

VOLKSLIED UND KUNSTLIED Das Volkslied ist Volksgut, die Dichter sind nicht bekannt. Die Beschäftigung mit dem Volkslied begann, als **Johann Gottfried Herder** um 1770 begann, Volkslieder zu sammeln, um damit die Eigenständigkeit der deutschen Kultur (im Gegensatz zu den damals üblichen ausländischen Einflüssen) nachzuweisen. Seine Volksliedsammlung *Stimmen der Völker in Liedern*, an der auch **Goethe** und **Lessing** mitgearbeitet hatten, erschien 1778.

Zu Beginn des 19. Jahrhunderts machten sich dann die Romantiker **Clemens Brentano** und **Achim von Arnim** – angeregt vom Nachdenken über die politische Situation in den deutschen Staaten zur Zeit Napoleons – auf, Volkslieder als Dokumente deutschen Nationalgeistes zu sammeln. Sie veröffentlichten diese zusammen mit eigenen, im volksliedhaften Ton gehaltenen Liedern in ihrer Sammlung **Des Knaben Wunderhorn** (1806). Die Lieder Brentanos und Arnims waren der Beginn des Kunstlieds, das in der Romantik gepflegt und oft vertont wurde.

Ode

DEFINITION Die Ode war eine verbreitete Form in der Antike (**Pindar, Horaz**); sie ist gekennzeichnet durch eine strenge, kunstvoll gebaute Strophenform (Alkäische Ode, Sapphische Ode, Asklepiadeische Ode), die eine feierlich-erhabene Stimmung erzeugt. In der deutschen Dichtung sind vor allem die Oden **Klopstocks** und **Hölderlins** von Bedeutung.

Lyrik

Sonett

DEFINITION Das Sonett ist eine Gedichtform, die in Bauform und inhaltlicher Gestaltung strengen Gesetzmäßigkeiten unterliegt. Zwar werden auch heute noch Sonette geschrieben, seine Blütezeit hatte diese Form aber im Barock (um 1600–1720), weil damit die barocke Antithetik zwischen Vergänglichkeit des Lebens (Memento mori: bedenke, dass du sterben musst) und Weltbejahung (Carpe diem: pflücke den Tag, koste den Tag voll aus) anschaulich ausgedrückt werden konnte.

BAUFORM Das Sonett ist im Alexandriner verfasst und besteht aus 14 Versen, die in zwei vierzeilige Strophen (Quartette) und zwei dreizeilige Strophen (Terzette) untergliedert sind. Gedankliche Gegensätze werden durch die Zäsur in den Versen und den Wechsel von den Quartetten zu den Terzetten besonders deutlich: So können z.B. Frage und Antwort, Problem und Lösung einander gegenübergestellt werden.
Die Reimstruktur unterstützt diese Zweiteilung. Viele Sonette kommen mit vier verschiedenen Reimen aus: abba in den Quartetten, meist ccd und eed in den beiden Terzetten. Doch auch andere Reimfolgen sind möglich.

DICHTER VON SONETTEN Noch heute bekannte barocke Sonette stammen von **Martin Opitz, Christian Hofmann von Hofmannswaldau** und **Andreas Gryphius**.

Lyrik nach 1945

Viele Dichter litten darunter, dass die Nationalsozialisten die deutsche Sprache für ihr verbrecherisches Regime in Dienst genommen, sie missbraucht und deformiert hatten. Der Philosoph **Theodor W. Adorno** formulierte den später oft zitierten Satz: „Nach Auschwitz noch ein Gedicht zu schreiben, ist barbarisch." So ist das Anliegen vieler Lyriker verständlich, die Sprache als Ausdrucksmittel neu zu erfinden und mit ihrer Hilfe den Dingen auf den Grund zu gehen.

Die Lyrik entwickelte sich nach 1945 in mehreren großen Linien, die durch gegensätzliche weltanschauliche Tendenzen geprägt sind:

- Hermetische Dichtung: Vielen Dichtern ging es nach dem Untergang des NS-Regimes darum, ein neues Verständnis für Sprache zu entwickeln. Hermetische Gedichte sind in sich abgeschlossen und meist von der Wirklichkeit losgelöst; ihre Ausdeutung bleibt deshalb spekulativ und stellt für jede Generation eine neue Herausforderung dar. Bahnbrechend wirkte **Gottfried Benns** *Marburger Rede über Lyrik* (1951), in der er das „absolute Gedicht" fordert, das „ohne Glauben", „ohne Hoffnung" und „an niemanden gerichtet" sein solle.
Beispiele für hermetische Gedichte sind *Todesfuge* (1952) von **Paul Celan**, *Anrufung des Großen Bären* (1957) von **Ingeborg Bachmann**, *Welt, frage nicht ...* (1961) von **Nelly Sachs** und *Vermächtnis* (1967) von **Rose Ausländer**.

- Politische Gedichte: Andere Autoren orientierten sich am Vorbild **Brechts** und thematisierten die gesellschaftliche Realität in ihren Gedichten. Themen waren z. B.

der Zweite Weltkrieg und seine Folgen für das Individuum, die Notstandsgesetze, die außerparlamentarische Opposition und der Vietnam-Krieg. Noch heute bekannte politische Gedichte aus den Jahren nach 1945 sind z. B. *Ins Lesebuch für die Oberstufe* (1957) von **Hans Magnus Enzensberger** und *und Vietnam und* (1966) von **Erich Fried**.

- Naturlyrik: Die Natur war politisch unbelastet; Autoren, die Kritik und Selbstkritik scheuten, wandten sich ihr ebenso zu wie viele Leser, die von Politik nichts mehr hören wollten und sich lieber dem Wiederaufbau und der Verdrängung der Vergangenheit hingaben. Wichtige Vertreter der Naturlyrik fanden sich in der sog. „naturmagischen Schule" zusammen, z. B. **Peter Huchel** (*Der Garten des Theophrast*, 1962), **Johannes Bobrowski** (*Schattenland*, 1962), **Wilhelm Lehmann** (*Auf sommerlichem Friedhof*, 1946), **Oskar Loerke** (*Leitspruch*, 1958), **Werner Bergengruen** (*Die heile Welt*, 1950) und **Elisabeth Langgässer** (*Frühling 1946*, 1951).

- Konkrete Poesie: Die Vertreter dieser Form, z. B. **Eugen Gomringer** (*schweigen*, 1960), **H.C. Artmann** (*landschaft 18*, 1969), **Helmut Heißenbüttel** (*das Sagbare sagen*, 1960) und **Ernst Jandl** (*laut und luise*, 1971), wandten sich Sprachexperimenten zu. Dabei nahmen sie das Sprachmaterial ernst und stellten einzelne Worte und Laute in einen neuen Zusammenhang. Sie verstanden Dichtung als Politikum, nahmen sich auch selbst als Dichter in ihrer Verantwortung ernst. Oft sind die Sprachspiele der Konkreten Poesie visuelle Bilder, oft beziehen sie ihren Wert aus ihrer akustischen Qualität.

Lyrik nach 1968

Die Lyrik der 1970er- und 1980er-Jahre greift auf verschiedene Themenbereiche zurück:

- Liebeslyrik: Sie wurde vorwiegend von Frauen verfasst. Auffallend ist das gebrochene Verhältnis bzw. die kritische Sicht auf die Liebe, die mit der neuen Subjektivität einhergeht. Oft in gewollt einfacher Sprache, aber mit den Mitteln der modernen Lyrik (Reimlosigkeit, kein festes Metrum, starke Rhythmik, symmetrischer Aufbau, sinntragende Verben oder Nomen) beschreibt **Ulla Hahn** die Geschlechterproblematik (z. B. im Gedichtband *Herz über Kopf*, 1981). Auch **Karin Kiwus** bediente in den Jahren nach 1968 dieses Genre.

- Die politische Lyrik setzte sich im Werk von **Hilde Domin** und **Rose Ausländer** mit den Folgen des Nazi-Regimes auseinander. Beide Autorinnen nehmen in der Literatur des 20. Jahrhunderts eine Sonderstellung ein.
  Hilde Domin verstand ihr Schreiben stets als Flucht vor den Schrecken des Zeitgeschehens, obwohl gerade diese ihre Gedichte prägten. **Rose Ausländer** thematisierte in ihren Gedichten (z. B. *Mutterland*, 1977, *Daheim*, 1980 und *Heimatlos*, 1985) häufig ihre Heimatlosigkeit. Zur Tagespolitik äußerte sich **Alfred Andersch** in seinem Gedicht *Artikel 3 (3)* (1976), in dem er die Berufsverbote, die im Zeichen der Studentenunruhen in Westdeutschland für Anhänger linker Gruppierungen verhängt wurden, mit den Repressionen des NS-Staates verglich.

- Umweltlyrik: Die Autoren, z. B. **Christoph Meckel** (geb. 1935), versuchen eine Synthese von Naturlyrik und gesellschaftspolitischem Engagement. Themen sind: Zerstörung der Natur, Natur und Technik, Weltuntergang.

- Poetologische Lyrik: Sie hat das Dichten selbst zum Inhalt. Wurde von **Karl Krolow, Günter Kunert, Ingeborg Bachmann** und **Rose Ausländer** vertreten.

Lyrik nach 1990

In den Jahren nach 1990 gibt es verschiedene Facetten der Lyrik:

- Etablierte Autoren wie **Ulla Hahn, Günter Grass** und **Peter Rühmkorf** schreiben ihr Werk fort und erreichen damit öffentliches Interesse und gute Verkaufszahlen.

- Politische Gedichte stammen ebenfalls von Autoren, die man schon kennt (**Jürgen Becker, Sarah Kirsch, Rolf Haufs**). Ihre Themen sind: Natur als Spiegel menschlicher Beziehungen und gesellschaftliche Zustände. Meist tragen die Gedichte resignative Züge. Autoren wie **Wulf Kirsten** und **Thomas Rosenlöcher** versuchen in ihren Gedichten die Erfahrungen der DDR-Bürger auch nach der Wiedervereinigung zu bewahren.

- Einzelgänger:
Robert Gernhardt (1937–2006) wird wegen seiner humoristischen Gedichte geschätzt, zunehmend wird aber die ihnen innewohnende Kunstfertigkeit und gedankliche Ernsthaftigkeit wahrgenommen. In seinen letzten Gedichtbänden *Die K-Gedichte* (2004) und *Später Spagat* (2006) setzte sich Gernhardt mit seiner Krebserkrankung auseinander.
Albert Ostermeier (geb. 1967). Er wurde für seine kunstvolle Lyrik, die der Tradition Brechts folgt, Elemente der Popliteratur aufnimmt und in ihrer Rhythmik dem Rap ähnelt, mit vielen Preisen ausgezeichnet.

4 Erörterung

Was bedeutet „erörtern"?

QUICK-FINDER

Was versteht man unter „erörtern"?
- Eigenen Standpunkt begründet vertreten → S. 150
- Begriffsbestimmung → S. 150
- „Erörtern" im schulischen Sinn → S. 150

Erörterungsaufsatz
- Argumentative Auseinandersetzung mit einem Problem → S. 151
- Aufgabenstellung ohne Textgrundlage → S. 151
- Aufgabenstellung mit Textgrundlage → S. 151

Was wird beim Erörtern verlangt?
- Problemerkennung → S. 152
- Durchdenken des Problems → S. 152
- Aufzeigen der verschiedenen Gesichtspunkte → S. 152
- Begründetes abschließendes Urteil → S. 153

Besonderheiten der Erörterung
- Einbringen von Hintergrundwissen → S. 153
- Äußere Form durch klare Gliederung → S. 153

Übersicht über die verschiedenen Formen der Erörterung → S. 154

Erörterung

Was versteht man unter „erörtern"?

EIGENEN STANDPUNKT BEGRÜNDET VERTRETEN Die Erörterung ist eine Aufsatzform, in der Sie einen eigenen Standpunkt begründet vertreten, möglicherweise sogar den Leser der Arbeit von einer anderen Meinung überzeugen.

BEGRIFFSBESTIMMUNG Um dies zu erreichen, müssen Sie argumentieren, also Gesichtspunkte zum Thema darlegen, die Ihre Meinung schlüssig erscheinen lassen. Doch damit ist es nicht getan: Sie müssen auch Gegenargumente – bereits genannte oder solche, die sich aufdrängen – entkräften. Dies ergibt sich schon aus der früheren Bedeutung des Wortes *erörtern*: „durchsprechen, darlegen". Das seit dem 16. Jh. bezeugte Verb ist eine Lehnübertragung von lat. *determinare* „abgrenzen, festlegen, bestimmen" und wurde zunächst in der Rechtssprache im Sinne von „verhandeln" gebraucht.

„ERÖRTERN" IM SCHULISCHEN SINN bedeutet heute:
- sich mit anderen Meinungen auseinanderzusetzen,
- das Für und Wider zweier Gedanken abzuwägen,
- Argumente auf ihre Stichhaltigkeit zu prüfen,
- eine eigene Meinung begründet zu vertreten,
- ein fundiertes Urteil zu fällen.

Erörtern ist eine Technik, die Sie im Aufsatz anwenden können. Sie können aber auch mündlich erörtern, um sich selbst Gewissheit zu verschaffen, den eigenen Standpunkt zu klären usw. Auch Diskussionen dienen dem Austausch von Meinungen; auch dabei müssen Sie Ihre Ansichten, wollen Sie überzeugen, stichhaltig begründen. Sie sehen also: Die Technik des Argumentierens ist nicht nur für den Erörterungsaufsatz von Bedeutung. Auch bei der Textinterpretation setzen Sie sich mit der Form und dem Inhalt bzw. den zentralen Gedanken eines literarischen oder nichtliterarischen Textes argumentierend auseinander. Dabei wird nach Ihrer Urteilsfähigkeit gefragt und Ihre Stellungnahme eingefordert.

Erörterungsaufsatz

ARGUMENTATIVE AUSEINANDERSETZUNG MIT EINEM PROBLEM Im Erörterungsaufsatz geht es darum, sich mit einem Problem schriftlich argumentativ auseinanderzusetzen. Dabei kann das Problem in verschiedener Weise vorgestellt werden.

AUFGABENSTELLUNG OHNE TEXTGRUNDLAGE
- Der Erörterung liegt eine Frage zugrunde.
  Beispiel: *Muss sich das Gymnasium verändern, um zukunftstauglich zu sein?*
- Der Erörterung liegt eine Aussage zugrunde.
  Beispiel: *Das Gymnasium muss sich verändern, um zukunftstauglich zu sein.*
  Dieser Aussage ist in der Regel ein Arbeitsauftrag hinzugefügt, z. B.: *Erörtern Sie diese Aussage.*

AUFGABENSTELLUNG MIT TEXTGRUNDLAGE
- Das kann ein kurzer Text sein, z. B. ein Aphorismus oder ein Zitat.
  Beispiel: *Schulentwicklung braucht große Gedanken, kleine Schritte und einen langen Atem!* **(Hartmut v. Hentig)**
- Die Aufgabenstellung kann im Anschluss an einen längeren Text erfolgen, z. B. eine Fabel, eine Anekdote oder eine Kurzgeschichte. Bei den Texten kann es sich

um literarische oder um nichtliterarische Texte (Sachtexte) handeln, z. B. Zeitungsartikel, Reden und Essays. Die genannten Themenbeispiele müssten durch einen konkreten Arbeitsauftrag ergänzt werden. Dieser könnte lauten: Erörtern Sie diese These.
Diskutieren Sie die Kernthese dieses Textes.
Setzen Sie sich mit der Aussage dieses Textes kritisch auseinander.

Das zu behandelnde Problem ist auf der Oberstufe anspruchsvoller als in den vergangenen Schuljahren. Ging es bisher noch oft um Themen, die sich am konkreten Alltag orientierten, werden nun auch philosophische, politische, ästhetische, literaturgeschichtliche Fragestellungen vorgelegt.

Was wird beim Erörtern verlangt?

PROBLEMERKENNUNG Dem geht eine genaue Analyse der Fragestellung voraus, bei der Sie anhand von Schlüsselbegriffen herausfinden sollen, was genau von Ihrem Erörterungsaufsatz erwartet wird. Bei der textgebundenen Erörterung müssen Sie sich zuerst mit dem Standpunkt des Verfassers vertraut machen, dann den Erörterungsauftrag erschließen.

DURCHDENKEN DES PROBLEMS Überlegen Sie, welche Aspekte das Thema beinhaltet. Oft steckt mehr dahinter, als man auf den ersten Blick vermutet.

AUFZEIGEN DER VERSCHIEDENEN GESICHTSPUNKTE Welche verschiedenen Aspekte zu Ihrem Thema gibt es? Welche sprechen für eine These, welche dagegen (bei der dialektischen Erörterung)? Welche Aspekte können die These stützen (bei der steigernden Erörterung)?

BEGRÜNDETES ABSCHLIESSENDES URTEIL Zu welchem Ergebnis kommen Sie selbst (bei allen Formen der Erörterung)? Stimmen Sie dem Urteil des Verfassers zu (bei der textgebundenen Erörterung)? Wie lassen sich Ihre Überlegungen zusammenfassen und auf einen Nenner bringen (bei der literarischen Erörterung)?

Besonderheiten der Erörterung

EINBRINGEN VON HINTERGRUNDWISSEN Die Schwierigkeit einer Erörterung besteht darin, dass Hintergrundwissen eingebracht werden muss, das sich nicht aus der Frage selbst bzw. dem vorgelegten Text ergibt. Dieses Hintergrundwissen sollte selbstständig (z. B. mit Hilfe von eigener Lektüre) erworben werden bzw. aus dem Unterricht (auch anderer Fächer), den Medien, eigenen Überlegungen usw. stammen. In jedem Fall müssen Fakten sachlich richtig und präzis formuliert dargelegt werden.

ÄUSSERE FORM DURCH KLARE GLIEDERUNG Der Aufsatz muss in einer klaren äußeren Form, einem sinnvollen Aufbau, mit nachvollziehbaren Argumenten und in sachlicher Sprache abgefasst sein. Jeder Erörterungsaufsatz basiert auf einer Gliederung. Diese sollte nach Abschluss der Vorüberlegungen formuliert, danach erst der Aufsatz geschrieben werden. Die Abgabe dieser Gliederung ist meist zwingend, sie muss deshalb zum Aufsatz passen. Wenn beim Schreiben davon abgewichen wird, muss die

Erörterung

Gliederung nach Abschluss des Schreibprozesses dem Aufsatz angepasst werden. Die Gliederung ist nach einem ganz bestimmten Schema aufgebaut. Dieses muss eingeübt, beherrscht und sicher angewandt werden.

Übersicht über die verschiedenen Formen der Erörterung

Das folgende Schaubild zeigt die Formen der Erörterung, die Sie unterscheiden können, und nennt deren wichtigste Kennzeichen:

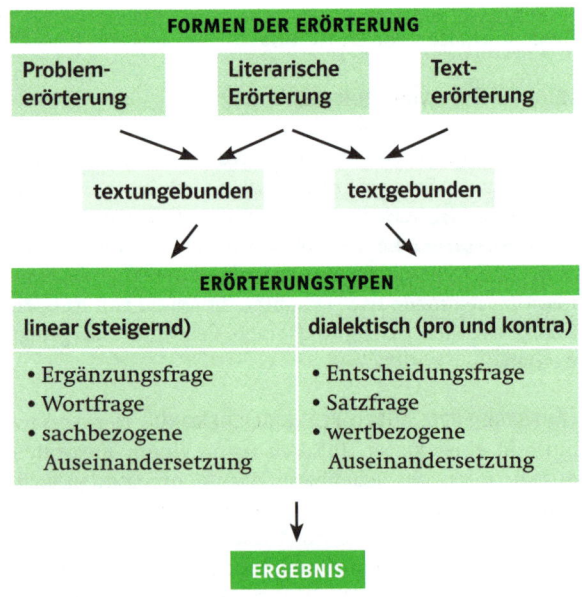

Erfassen des Themas

QUICK-FINDER

Aufgabenstellung verstehen
- Fragestellung ➤ S. 156
- Erörterungsthema in Frageform ➤ S. 157
- Schlüsselbegriffe ➤ S. 157
- Erörterungsthema in Form einer Aussage ➤ S. 159
- Hilfsfragen ➤ S. 159
- Ein Zitat als Erörterungsthema ➤ S. 160
- Schwierigkeitsgrad der Themen ➤ S. 161

Unklare Begriffe klären
- Thema durchdringen ➤ S. 161
- Wörterbuchmethode ➤ S. 162
- Begriffserschließung ➤ S. 163

Erörterung

Aufgabenstellung verstehen

FRAGESTELLUNG Eine erste Hürde erwartet Sie in der Fragestellung, denn die Arbeitsaufträge sind oft von einem ganz unterschiedlichen Schwierigkeitsgrad. Trotzdem müssen Sie genau erfassen, worum es geht und worauf ihre Argumentation gerichtet sein muss. Aufgabenstellungen zum Themenbereich „Schule und Unterricht" können z. B. folgendermaßen formuliert sein:

Thema 1:
Ist das Gymnasium in seiner derzeitigen Form tauglich für das 21. Jahrhundert?

Thema 2:
Die Lehrpläne des Gymnasiums müssen verändert werden, um die Schülerinnen und Schüler für Studium und Arbeitswelt fit zu machen.

Thema 3:
„Die höhere Schule hat die menschlichen und geistigen Qualitäten zu entwickeln ohne Rücksicht auf die unmittelbare Brauchbarkeit des Vermittelten." **(Albert Einstein)**
Erscheint Ihnen diese Definition der Ziele und Aufgaben des Gymnasiums angemessen angesichts der Anforderungen und Gegebenheiten der heutigen Zeit?

Auf den ersten Blick scheint es bei allen Aufgaben um das gleiche Problem zu gehen. Bei näherem Hinsehen zeigen sich aber die Unterschiede, die Sie bei der Analyse der Aufgabenstellung erkennen müssen, damit Ihre Erörterung nicht am Thema vorbeigeht.

Erfassen des Themas

ERÖRTERUNGSTHEMA IN FRAGEFORM
Ist das Gymnasium in seiner derzeitigen Form tauglich für das 21. Jahrhundert?

Dieses Erörterungsthema ist in Frageform formuliert; dies macht es Ihnen leicht, die Zielrichtung Ihrer Argumentation zu erkennen. Außerdem ist die Frage offen gestellt, was bedeutet, dass Sie nicht darauf festgelegt sind, mit „ja" oder „nein" zu antworten. Sie müssen also für beide Antwortmöglichkeiten Argumente finden und am Ende abwägen, welche schwerer wiegen. Somit entspricht diese Aufgabenstellung dem Typus der „Pro-und-Kontra-Erörterung". Andererseits ist das Thema recht weit gefasst, was bedeutet, dass Sie sich selbst über die Einzelaspekte, die es beinhaltet, Gedanken machen müssen.

SCHLÜSSELBEGRIFFE Diese Einzelaspekte können Sie herausfinden, wenn Sie die Schlüsselwörter, die der Aufgabenstellung zugrunde liegen, herausfiltern und auf ihren Inhalt abklopfen. Die Schlüsselbegriffe in dieser Aufgabe lauten: Gymnasium, im 21. Jahrhundert, tauglich sein. Schlüsselbegriffe können wie folgt untersucht werden:

- Was umfasst der Begriff „Gymnasium"? Gemeint ist sicher nicht das Gebäude, sondern der Schultyp. Weiter könnten die am Gymnasium vermittelten Bildungsinhalte gemeint sein. Möglicherweise werden auch Arbeitsformen wie Stillarbeit, Exzerpieren und Recherchieren, Urteile fällen, Begründungen finden und Schwerpunkte setzen gemeint sein. Auch die verschiedenen Sozialformen wie Partnerarbeit und Teamarbeit gehören dazu.

Erörterung

- Was ist gemeint mit der Zeitangabe „im 21. Jahrhundert"? Es geht nicht nur um eine Zeitangabe, sondern um das, was damit gedanklich verbunden wird. Eine weitere Hilfsfrage kann deshalb sein: Was hat sich im 21. Jahrhundert verändert? Mögliche Antworten: Die Arbeitswelt ist von mehr Leistungsdruck geprägt, die Menschen müssen effektiver arbeiten, schneller zu fundierten Ergebnissen kommen, dazu teamfähig und kritikfähig sein, aber auch an selbstständiges Arbeiten gewöhnt sein, Freiräume für ihre Tätigkeit sinnvoll nützen, ihr Handeln reflektieren und ihre Entscheidungen vertreten, selbstsicher vor anderen auftreten und Ergebnisse präsentieren. Hinzu kommt als weiterer Aspekt die Globalisierung. Sie erfordert die Kenntnis anderer Kulturen, das Verstehen, Respektieren und sich Einfügen in andere Mentalitäten, das Beherrschen von Fremdsprachen, sowie die Fähigkeit mit anderen in schnellen Kontakt zu treten, etwa über das Internet.
- Was bedeutet die Wendung „tauglich sein"? Gemeint ist: Leistet das Gymnasium dies? Bereitet es die Schülerinnen und Schüler angemessen auf die oben genannten Herausforderungen des Studiums und der Berufswelt vor? Werden diese Anforderungen nicht nur theoretisch behandelt, sondern auch erprobt? Bekommen die Lernenden das nötige Rüstzeug und die erforderliche Sicherheit für die Zeit nach der Schule?

Die Klärung der Schlüsselbegriffe hilft Ihnen, Ihren Erörterungsaufsatz genau der Fragestellung gemäß zu entwickeln und bewahrt Sie womöglich vor einer Themaverfehlung. Möglicherweise hilft Ihnen diese Vorarbeit auch, Unterpunkte für Ihre Gliederung zu finden.

Erfassen des Themas

ERÖRTERUNGSTHEMA IN FORM EINER AUSSAGE
Die Lehrpläne des Gymnasiums müssen verändert werden, um die Schülerinnen und Schüler für Studium und Arbeitswelt fit zu machen.

Dieses Thema ist als Aussage formuliert. Es wird kein Zweifel daran gelassen, dass sich das Gymnasium verändern muss. Bei der Bearbeitung müssen Sie also die Form der steigernden Erörterung wählen. Schlüsselwörter sind „Lehrpläne des Gymnasiums", „Studium und Arbeitswelt", „fit machen".

HILFSFRAGEN Um das Thema und seine inhaltliche Dimension zu erfassen, müssen Sie aber klären, was sich hinter diesen Schlüsselbegriffen verbirgt. Zu diesem Zweck sollten Sie Hilfsfragen stellen, die Ihnen veranschaulichen, worum es geht. Die Hilfsfragen, mit denen Sie das Thema erschließen können, könnten lauten:

- Welche Fähigkeiten, Kenntnisse und Qualifikationen brauchen die Schülerinnen und Schüler, um ein Studium zu meistern bzw. um im Berufsleben zu bestehen?
  Mögliche Stichpunkte zur Beantwortung der Frage: Gute Grundlagenkenntnisse in allen wissenschaftlichen Disziplinen, Fähigkeit zu lebenslangem Lernen, Problembewusstsein, Selbstkritik, Teamfähigkeit, Durchhaltevermögen, Fähigkeit zur Selbstmotivation, Zeitmanagement.

- Wie sind die Lehrpläne derzeit beschaffen? Welche fachlichen Inhalte und welche Methoden, welche Fertigkeiten und Werthaltungen erlernen die Schülerinnen und Schüler am Gymnasium?
  Ihre Antwort lautet möglicherweise: Der Schwerpunkt der schulischen Ausbildung liegt auf fachlichen Inhalten, die

Schülerinnen und Schüler werden mit der speziellen Methodik der Unterrichtsfächer vertraut gemacht. Die anderen oben genannten Fähigkeiten wie lebenslanges Lernen, Problembewusstsein usw. werden nicht nachhaltig gefördert, Schülerinnen und Schüler kommen damit, wenn überhaupt, eher zufällig in Berührung.

- Worüber erfahren die Schülerinnen und Schüler am Gymnasium zu wenig, welche Qualifikationen fehlen ihnen, welche Fähigkeiten werden zu wenig trainiert? Die Antwort auf diese Frage ergibt sich aus den Hilfsfragen oben. Möglicherweise stellen Sie aber auch fachliche Defizite fest: z. B. ein fehlendes Lernangebot im Bereich der modernen Fremdsprachen (Russisch, Chinesisch), fehlende Anwendungsmöglichkeiten von theoretisch Gelerntem (naturwissenschaftliche Übungen), unzureichende Nutzung außerschulischer Bildungsangebote (fehlendes Betriebspraktikum) usw.

Die Hilfsfragen ermöglichen Ihnen einen umfassenden Einblick in das, was das Thema beinhaltet, und sie geben Ihnen schon Aspekte für eine erste Arbeitsgliederung vor, die dann noch aufgrund der gefundenen Inhalte ausdifferenziert werden muss.

EIN ZITAT ALS ERÖRTERUNGSTHEMA
„Die höhere Schule hat die menschlichen und geistigen Qualitäten zu entwickeln ohne Rücksicht auf die unmittelbare Brauchbarkeit des Vermittelten." **(Albert Einstein)**
Erscheint Ihnen diese Definition der Ziele und Aufgaben des Gymnasiums angemessen angesichts der Anforderungen und Gegebenheiten der heutigen Zeit?

Diesem Thema liegt ein Zitat von Albert Einstein zugrunde. Dieses müssen Sie zuerst mithilfe der oben gezeigten Methoden (Schlüsselbegriffe finden, Hilfsfragen stellen) analysieren. Anschließend sollen Sie die Frage erörternd behandeln. Die dialektische Erörterung ist hierfür die passende Aufsatzform.

SCHWIERIGKEITSGRAD DER THEMEN Die oben angeführten Themen sind von unterschiedlichem Schwierigkeitsgrad. Auch dies sollten Sie bedenken, da Ihr Aufsatz den Schwierigkeitsgrad der Themenstellung widerspiegeln soll. Bei Thema 1 müssen Sie selbst eine Struktur finden und Ideen für die Argumentation entwickeln. Thema 2 gibt Ihnen die Struktur des Erörterungsaufsatzes vor; es wird dabei jedoch erwartet, dass Sie die festgestellte Problematik gedanklich durchdringen und inhaltlich detailliert und umfassend diskutieren. Bei Thema 3 bekommen Sie eine inhaltliche Vorgabe, die Sie unter genauer Orientierung an der Fragestellung differenziert erörtern sollen.

Unklare Begriffe klären

THEMA DURCHDRINGEN Nicht immer wird beim ersten Lesen der Aufgabenstellung sofort klar, um was es eigentlich geht. Das liegt manchmal daran, dass Begriffe vorkommen, die man nicht gleich versteht. Um bei der Bearbeitung einer solchen Aufgabe nicht in die Irre zu laufen, ist es wichtig, sich über solche Begriffe – meist sind es Schlüsselbegriffe – umfassend Klarheit zu verschaffen. Wie man dabei vorgehen kann, wird an einem Beispiel verdeutlicht; die Aufgabenstellung lautet:

Erörterung

Erläutern Sie, warum es trotz der weiten Verbreitung des Internets unabdingbar ist, die Lesefähigkeit der Bevölkerung zu fördern.

Schwierigkeiten können bei dieser Aufgabenstellung durch die Begriffe „unabdingbar" und „Lesefähigkeit" entstehen, die nicht jedermann geläufig sind.

WÖRTERBUCHMETHODE Wie können Sie vorgehen, um die Probleme zu lösen? Sicher haben Sie anhand der Endungen -bar und -keit erkannt, dass es sich bei „unabdingbar" um ein Adjektiv, bei „Lesefähigkeit" um ein Substantiv handelt. Oft sind solche Begriffe durch einen Blick in ein Wörterbuch leicht zu klären. In *PONS Das große Schulwörterbuch Deutsch* finden Sie für „unabdingbar" folgenden Eintrag:

unabdingbar, Adj. *notwendig* Latein ist für dieses Studium eine unabdingbare Voraussetzung.

Das Wörterbuch bietet Ihnen hier ein Synonym (notwendig) an, zugleich bekommen Sie ein Beispiel für die Verwendung des Wortes im Satz (Latein ist für dieses Studium eine unabdingbare Voraussetzung).

Sie können nun mit Hilfe der Ersatzprobe überprüfen, ob Ihnen diese Erläuterung im Verständnis der Aufgabenstellung weiterhilft:

Erläutern Sie, warum es trotz der weiten Verbreitung des Internets notwendig ist, die Lesefähigkeit der Bevölkerung zu fördern.

Nun dürfte die Aufgabenstellung schon etwas klarer geworden sein. Die Ersatzprobe können Sie auch dann anwenden, wenn Sie eine ungefähre Ahnung von der Bedeutung eines Wortes haben, sich aber nicht ganz sicher sind.

BEGRIFFSERSCHLIESSUNG Wenn Sie sich nun mit der Wörterbuchmethode Klarheit über den Begriff „Lesefähigkeit" verschaffen wollen, merken Sie bald, dass Sie das Wörterbuch im Stich lässt. „Lesefähigkeit" ist ein zusammengesetztes Substantiv, das so nicht im Wörterbuch zu finden ist. Zerlegen Sie das Wort in seine Bestandteile „Lese-" und „Fähigkeit". Sie werden zweifellos fündig – doch die Bedeutung dieser beiden Wortbestandteile kennen Sie selbst. Ihr Problem liegt also auf einer anderen Ebene.

Wenn Sie selbst versuchen, den Begriff „Lesefähigkeit" zu erklären, liest sich das womöglich so: Jemand kann lesen, lesen können. Und hier beginnt nun die Schwierigkeit: Was heißt „lesen können"? Sind die Analphabeten gemeint, die nicht lesen können? Wohl kaum, denn dann müsste man – die Aufgabenstellung betrachtend – vermuten, dass die gesamte Bevölkerung nicht lesen kann, was erwiesenermaßen anders ist. Sie werden es schon erkannt haben: Es geht in der Aufgabenstellung um den Grad des Lesenkönnens, um die Schnelligkeit, Inhalte zu erfassen, um die Fähigkeit, selektiv zu lesen, also gezielt das zu lesen, was einen betrifft, interessiert, für jemanden wichtig ist usw.

Das Wörterbuch hilft Ihnen hier nicht weiter, Sie müssen selbst über die inhaltliche Füllung des Begriffs nachdenken – und damit sind Sie wieder im Bereich der Erörterung.

Erörterung

Stoffsammlung, Stoffordnung und Argumentation

QUICK-FINDER

Stoffsammlung
- Argumente sammeln → S. 165
- Brainstorming → S. 165
- Stichwortliste → S. 166
- Clustertechnik → S. 168

Stoffordnung
- Ordnen der Argumente → S. 168
- Geordnete Stichwortliste → S. 169
- Mindmapping → S. 170
- Bewertung der Methoden → S. 170

SPEZIALTHEMA: Eine Gliederung erstellen → S. 171

Argumentationsschema
- Definition → S. 173
- Vierteilung des Argumentationsschemas → S. 173

Argumentationsschritte
- Behauptung (These) → S. 175
- Begründung (Der Beweis) → S. 175
- Rückführung zur These (Schlussfolgerung) → S. 178

Stoffsammlung

ARGUMENTE SAMMELN Wenn Sie sich für ein Thema entschieden haben, das Sie bearbeiten möchten, haben Sie bestimmt schon die Zielrichtung der Argumentation im Kopf: Sie wissen, ob Sie der These zustimmen oder sie ablehnen. In einem nächsten Arbeitsschritt müssen Sie nun Argumente sammeln, die Ihre These stützen. Beim Nachdenken über das Thema werden Sie womöglich auch Argumente finden, die Ihrer Meinung entgegenstehen. Unter Umständen werden diese Ihnen so gewichtig erscheinen, dass Sie Ihre spontane erste Meinung revidieren und zu einem ganz anderen Ergebnis kommen. So einen Gesinnungswandel sollten Sie zulassen, wenn er argumentativ begründet ist.
Die Frage ist nun: In welcher Form können Sie Gedanken zu einem Thema sammeln? Es gibt mehrere Methoden: z. B. Brainstorming, Stichwortliste und Clustertechnik. Alle drei haben Vor- und Nachteile. Letztlich müssen Sie selbst entscheiden, mit welcher Methode Sie besser arbeiten können.

BRAINSTORMING Das Brainstorming, auf deutsch „Der Sturm der Gedanken", ist ein völlig unsystematisches Nachdenken über ein Problem. Dabei schreiben Sie Ihre Einfälle einfach auf. Ein Beispiel kann dies verdeutlichen: Das Nachdenken in der Form des Brainstorming zur Frage *Welche Fähigkeiten, Kenntnisse und Qualifikationen brauchen die Schülerinnen und Schüler, um ein Studium sinnvoll zu meistern?* kann folgendes Ergebnis liefern:
Grundlagenkenntnisse in allen wissenschaftlichen Disziplinen, gute Englischkenntnisse, Fähigkeit zu lebenslangem Lernen, die Fähigkeit, sich selbst zu motivieren, Selbstbewusstsein,

Erörterung

Selbstvertrauen, gute Sprachkenntnisse, Problembewusstsein, Selbstkritik, Teamfähigkeit, Fähigkeit, sich fehlerfrei in deutscher Schrift und Sprache auszudrücken, die Beherrschung einer zweiten lebenden Fremdsprache, Selbstorganisation, Fähigkeit zu sicherem Urteil, Durchhaltevermögen, Fähigkeit zur Selbstmotivation, Zeitmanagement, Fähigkeit zur Zusammenarbeit mit anderen, politische Entscheidungsprozesse verstehen, das Funktionieren der Wirtschaft und der Finanzmärkte durchschauen können, selbstständig arbeiten können, gute Grundlagenkenntnisse im eigenen Fachgebiet, Gesprächsführung, Computerkenntnisse, Kenntnisse in Textverarbeitung, 10-Finger-Schreibsystem?, Kurzschrift?, Bereitschaft, sich fortzubilden.

Durch die Brainstorming-Methode haben Sie eine Vielzahl von Begriffen gefunden, die Ihnen helfen, die Frage zu beantworten. Dieses Verfahren ist jedoch recht unstrukturiert – eben ein erster Zugang zu einer Fragestellung. Wenn Sie auf dieser Ebene Ihrer Arbeit schon strukturierter vorgehen wollen, können Sie auf eine der im Folgenden beschriebenen Methoden zurückgreifen.

STICHWORTLISTE Eine Stichwortliste zur oben genannten Fragestellung kann so aussehen:

- Grundlagenkenntnisse in allen wissenschaftlichen Disziplinen
- gute Englischkenntnisse
- Fähigkeit zu lebenslangem Lernen
- die Fähigkeit, sich selbst zu motivieren
- Selbstbewusstsein
- Selbstvertrauen

Stoffsammlung, Stoffordnung und Argumentation

- gute Sprachkenntnisse
- Problembewusstsein
- Selbstkritik
- Teamfähigkeit
- Fähigkeit, sich fehlerfrei in deutscher Schrift und Sprache auszudrücken
- die Beherrschung einer zweiten lebenden Fremdsprache
- Selbstorganisation
- Fähigkeit zu sicherem Urteil
- Durchhaltevermögen
- Fähigkeit zur Selbstmotivation
- Zeitmanagement
- Fähigkeit zur Zusammenarbeit mit anderen
- politische Entscheidungsprozesse verstehen
- das Funktionieren der Wirtschaft und der Finanzmärkte durchschauen können
- selbstständig arbeiten können
- gute Grundlagenkenntnisse im eigenen Fachgebiet
- Gesprächsführung
- Computerkenntnisse
- Kenntnisse in Textverarbeitung
- 10-Finger-Schreibsystem?
- Kurzschrift?
- Bereitschaft, sich fortzubilden

Wie Sie erkannt haben, sind die Begriffe dieselben wie beim Brainstorming, nur die Art der Darstellung unterscheidet sich. Die Stichwortliste hat jedoch den Vorteil, dass sie übersichtlicher ist und Sie leichter Beispiele oder andere Ergänzungen anbringen können.

CLUSTERTECHNIK Diese Technik berücksichtigt die Möglichkeit, durch grafische Darstellung zur Veranschaulichung beizutragen.

Außerdem ermöglicht Ihnen die gestalterische Offenheit des Clusters, problemlos neue Aspekte einzufügen oder Unteraspekte zum Thema zu notieren. Damit sind Sie der Stoffordnung schon ein Stück nähergekommen.

Stoffordnung

ORDNEN DER ARGUMENTE Die Stoffsammlung ist die Voraussetzung für jeden Erörterungsaufsatz. Doch dürfen Sie die gefundenen Argumente nicht in der Reihen-

Stoffsammlung, Stoffordnung und Argumentation

folge stehen lassen, in der sie Ihnen eingefallen sind. Um zielgerichtet argumentieren zu können, müssen Sie die Argumente ordnen: Zusammengehöriges muss zusammengefügt werden.

Auch bei diesem Arbeitsschritt können Sie auf bewährte Methoden zurückgreifen; Sie können Ihre Gedanken in Form der geordneten Stichwortliste zusammenschreiben oder eine Mindmap anfertigen.

GEORDNETE STICHWORTLISTE Versehen Sie die geordnete Stichwortliste mit Zwischenüberschriften, die Sie wenigstens zum Teil der Aufgabenstellung entnehmen können. Diese helfen Ihnen, die verschiedenen Aspekte richtig zuzuordnen:

Fähigkeiten (Charaktereigenschaften, Persönlichkeitsmerkmale):
- Fähigkeit zu lebenslangem Lernen = Bereitschaft, sich fortzubilden
- die Fähigkeit, sich selbst zu motivieren = Durchhaltevermögen
- Selbstbewusstsein, Selbstvertrauen
- Problembewusstsein = Fähigkeit zu sicherem Urteil
- Selbstkritik
- Teamfähigkeit = Fähigkeit zur Zusammenarbeit mit anderen
- Selbstorganisation = selbstständig arbeiten können

Kenntnisse (Wissen):
- gute Grundlagenkenntnisse im eigenen Fachgebiet
- Grundlagenkenntnisse in allen wissenschaftlichen Disziplinen
- gute Sprachkenntnisse, z. B. gute Englischkenntnisse, die Beherrschung einer zweiten lebenden Fremdsprache
- Fähigkeit, sich fehlerfrei in deutscher Schrift und Sprache auszudrücken

> **Qualifikationen:**
> - Zeitmanagement
> - Computerkenntnisse, auch: Kenntnisse in Textverarbeitung (10-Finger-Schreibsystem)
> - Kurzschrift
> - Gesprächsführung

MINDMAPPING Die Mindmap ist eine strukturierte Stoffsammlung, die aus Haupt- und Nebenaspekten verschiedener Unterordnung besteht. Es ist üblich, die Hauptaspekte (= Hauptäste) so anzulegen, dass sie von oben im Uhrzeigersinn gelesen werden können.

Beispiel für eine Mindmap:

- Studienvoraussetzungen
  - Fähigkeiten (Charaktereigenschaften, Persönlichkeitsmerkmale)
    - Teamfähigkeit
    - Selbstorganisation
    - Fähigkeit zu lebenslangem Lernen
    - Selbstmotivation
    - Selbstbewusstsein, Selbstvertrauen
    - Problembewusstsein
    - Selbstkritik
  - Qualifikationen
  - Kenntnisse (Wissen)

BEWERTUNG DER METHODEN In die Mindmap können Sie leichter neue Gedanken an der passenden Stelle einfügen als in die geordnete Stichwortliste. Auch das Erstellen einer Gliederung fällt Ihnen damit womöglich leichter. Prinzipiell können Sie aber mit beiden Methoden zum Ziel kommen.

Eine Gliederung erstellen

Kennzeichen der Gliederung

Die Gliederung dient dem Verfasser als Schreibplan für den Erörterungsaufsatz, zugleich gibt sie dem Leser eine Orientierungshilfe und zeigt ihm, wie die Arbeit aufgebaut ist. Die lineare Erörterung verlangt eine steigernde Gliederung, die dialektische Erörterung verlangt eine Gliederung, die nach dem Pro und Kontra-Schema aufgebaut ist. Die einzelnen Gliederungspunkte sind in der Regel im Nominalstil abgefasst.

GLIEDERUNGSSCHEMATA FÜR DIE LINEARE (STEIGERNDE) ERÖRTERUNG

Alphanumerisches Gliederungsschema:	Numerisches Gliederungsschema:
A Einleitung	1 Einleitung
B Hauptteil	2 Hauptteil
I. Erstes Hauptargument	2.1 Erstes Hauptargument
1. Unterpunkt	2.1.1 Unterpunkt 1
a. Einzelaspekt 1	2.1.1.1 Einzelaspekt 1
b. Einzelaspekt 2	2.1.1.2 Einzelaspekt 2
c. Einzelaspekt 3	2.1.1.3 Einzelaspekt 3
2. Unterpunkt	2.1.2 Unterpunkt 2
a. Einzelaspekt 1	2.1.2.1 Einzelaspekt 1
b. Einzelaspekt 2	2.1.2.2 Einzelaspekt 2
c. Einzelaspekt 3	2.1.2.3 Einzelaspekt 3
II. Zweites Hauptargument	2.2 Zweites Hauptargument
1. Unterpunkt	2.2.1 Unterpunkt 1
a. Einzelaspekt 1	2.2.1.1 Einzelaspekt 1
b. Einzelaspekt 2	2.2.1.2 Einzelaspekt 2
c. Einzelaspekt 3	2.2.1.3 Einzelaspekt 3
2. Unterpunkt	2.2.2 Unterpunkt 2
a. Einzelaspekt 1	2.2.2.1 Einzelaspekt 1
b. Einzelaspekt 2	2.2.2.2 Einzelaspekt 2
c. Einzelaspekt 3	2.2.2.3 Einzelaspekt 3
C Schluss	3 Schluss

Unterschiedliche Gliederungsschemata

Man kann das numerische oder das alphanumerische Gliederungsschema verwenden, muss aber bei der einmal gewählten Variante bleiben.

Die Gliederungsschemata der linearen und der dialektischen Erörterung unterscheiden sich in ihrem Aufbau.

Diese idealtypischen Gliederungsschemata sind nur als Muster zu verstehen. In der konkreten Schreibsituation müssen sie inhaltlich gefüllt werden.

GLIEDERUNGSSCHEMATA FÜR DIE DIALEKTISCHE (PRO UND KONTRA-) ERÖRTERUNG

Alphanumerisches Gliederungsschema:	Numerisches Gliederungsschema:
A Einleitung	1 Einleitung
B Hauptteil	2 Hauptteil
I. These	2.1 These
1. Argument 1	2.1.1 Argument 1
a. Einzelaspekt 1	2.1.1.1 Einzelaspekt 1
b. Einzelaspekt 2	2.1.1.2 Einzelaspekt 2
c. Einzelaspekt 3	2.1.1.3 Einzelaspekt 3
2. Argument 2	2.1.2 Argument 2
a. Einzelaspekt 1	2.1.2.1 Einzelaspekt 1
b. Einzelaspekt 2	2.1.2.2 Einzelaspekt 2
c. Einzelaspekt 3	2.1.2.3 Einzelaspekt 3
II. Antithese	2.2 Antithese
1. Argument 1	2.2.1 Argument 1
a. Einzelaspekt 1	2.2.1.1 Einzelaspekt 1
b. Einzelaspekt 2	2.2.1.2 Einzelaspekt 2
c. Einzelaspekt 3	2.2.1.3 Einzelaspekt 3
2. Argument 2	2.2.2 Argument 2
a. Einzelaspekt 1	2.2.2.1 Einzelaspekt 1
b. Einzelaspekt 2	2.2.2.2 Einzelaspekt 2
c. Einzelaspekt 3	2.2.2.3 Einzelaspekt 3
III. Synthese	2.3 Synthese
1. Aspekt 1	2.3.1 Aspekt 1
2. Aspekt 2	2.3.2 Aspekt 2
3. Aspekt 3	2.3.3 Aspekt 3
C Schluss	3 Schluss

Stoffsammlung, Stoffordnung und Argumentation

Argumentationsschema

DEFINITION Das Ziel eines Erörterungsaufsatzes besteht immer darin, sich selbst Klarheit über eine Problematik zu verschaffen und das Ergebnis des schriftlichen Nachdenkens so darzulegen, dass Sie andere davon überzeugen können.

Deshalb wäre es falsch, nur Behauptungen aufzustellen – diese sind immer angreifbar. Im Erörterungsaufsatz müssen Sie schlüssig argumentieren.

VIERTEILUNG DES ARGUMENTATIONSSCHEMAS Es ist deshalb sinnvoll, dass Sie sich an das übliche Argumentationsschema halten, das besagt, dass die Argumentation aus folgenden vier Teilen besteht:

Anhand des folgenden Beispiels können Sie die Unterschiede, die zwischen Behauptung, Begründung, Beispiel und Rückführung bestehen, erkennen. Das Argument, das als Beispiel dienen soll, lautet:

Fähigkeit zu lebenslangem Lernen

Erörterung

Das Argument kann wie folgt ausgeführt werden:

Behauptung (These)
Die Schülerinnen und Schüler müssen zu lebenslangem Lernen befähigt werden.
Die Behauptung sollte in Thesenform, also als Aussage formuliert sein. Das ermöglicht Ihnen eine konsequente Begründung.

Begründung
Die Arbeitswelt wird immer komplexer und die Halbwertszeit des Wissens geht immer rascher zurück. Das heute erworbene Wissen ist in vielen Berufszweigen schon in wenigen Jahren völlig veraltet.
Die Begründung muss stichhaltig sein. Das erreichen Sie, indem Sie Fachwissen einbringen.

Beispiel
Am ausgeprägtesten ist dies wohl in der Computerbranche, aber auch in den modernen Naturwissenschaften sind die Erkenntnisse von heute morgen schon wieder überholt. Wer hätte gedacht, dass die Entschlüsselung der menschlichen DNS so rasch und umfassend möglich ist, dass heute schon über einen Ersatz einzelner DNS-Moleküle nachgedacht wird, z. B. um Erbkrankheiten zu verhindern?
Das Beispiel muss allgemein nachvollziehbar sein und inhaltlich an die Begründung angelehnt sein.

Rückführung zur Behauptung
Um sich beruflich nicht ins Abseits zu manövrieren und um bei möglicherweise eintretender Arbeitslosigkeit eine reelle Chance auf einen adäquaten Arbeitsplatz zu haben, ist es notwendig, sowohl ein Bewusstsein dafür zu schaffen, dass das Lernen

nie aufhören darf, als auch dafür zu sorgen, dass die heutigen Schülerinnen und Schüler in der Lage sind, sich permanent selbstständig fortzubilden.

Damit das Argument verständlich ist, muss der Bezug zur These am Ende hergestellt werden.

Argumentationsschritte

BEHAUPTUNG (THESE) Sie stellen eine Behauptung auf, weil Sie von der Richtigkeit des benannten Sachverhalts überzeugt sind. Die These ist ein Hauptbestandteil Ihres Erörterungsaufsatzes und muss deshalb für die leitende Fragestellung ein besonderes Gewicht haben. Aus der Summe der Thesen ergibt sich schließlich Ihre Ansicht zum Thema, die in der Synthese oder im Schluss zusammengefasst wird. Keine These darf aber für sich allein stehen. Jede These muss für den Leser nachvollziehbar gemacht werden; dazu dienen die Begründung, der Beweis und das Beispiel.

BEGRÜNDUNG (BEWEIS) Begründungen müssen überzeugen und stichhaltig sein. Es reicht nicht, nur auf allgemeines Wissen zu rekurrieren, es ist notwendig, Expertenwissen heranzuziehen, z. B. Aussagen von Fachleuten oder Daten, die man Statistiken entnehmen kann. Sie können sich auf normative Beweise stützen, sich auf Gesetze und die geltende Rechtslage bzw. anerkannte gesellschaftliche Werte beziehen. Auch Evidenz- und Analogiebeweise helfen, die Aussage der These zu festigen.

Folgende **Typen von Begründungen** (Beweise) sind geeignet, Thesen zu stützen:

Erörterung

ART DES BEWEISES	KENNZEICHEN	TEXTBEISPIEL
Praxisbeweis	Bezug auf allgemein überprüfbare Beobachtungen oder Tatsachen	Für Schüler, die den Umgang mit dem Computer im Unterricht eingeübt haben, ist es im Studium und im Berufsleben eine Selbstverständlichkeit, damit zu arbeiten.
Autoritätsbeweis	Berufung auf Aussagen von Fachleuten, Statistiken, wissenschaftliche Werke usw.	Nach Aussagen von vielen Professoren ist es für viele Studenten inzwischen eine Selbstverständlichkeit, Informationen aus dem Internet abzurufen.
Normativer Beweis	Berufung auf Gesetze oder anerkannte Werte	Die private Nutzung des Internets, z. B. Chat und E-Mail, ist in vielen Firmen verboten. Hier Zurückhaltung zu üben, muss auch schon in der Schule eingeübt werden.

Evidenzbeweis	Anführung einleuchtender Beobachtungen und Erfahrungen	Die allgemeine Erfahrung zeigt, dass junge Menschen weniger Scheu haben, am Computer zu arbeiten als ältere.
Analogiebeweis	Rückschlüsse aus allgemein bekannten Tatsachen oder Ereignissen	Wer selten telefoniert, hat meist eine Scheu davor. Ebenso ist es im Umgang mit dem Computer.

Bleibt die Argumentation bei der These und der Begründung oft im allgemeinen, theoretischen Bereich, ist besonders das Beispiel geeignet, Sachverhalte zu veranschaulichen. Sie sollten deshalb immer darauf achten, dass die von Ihnen angeführten Beispiele nachvollziehbar und für jedermann verständlich sind. Hüten Sie sich aber vor trivialen Beispielen, z. B. vor Beispielen aus dem Bereich Ihrer Familie oder Ihres Freundeskreises. Solche Beispiele stehen oft für singuläre Ereignisse oder Erfahrungen und sind für Außenstehende meist nicht nachvollziehbar. Unpassende, triviale Beispiele beginnen meistens so:

- Meine Tante hat auch schon erlebt, wie …
- Auch meinem Freund Fritz ist es so ergangen, dass …
- Ich habe letzte Woche selbst die Erfahrung gemacht, dass …

Wenn Sie den Beweis nicht schon zur Begründung Ihrer These eingesetzt haben, ist das Beispiel vielleicht der richtige Ort dafür.

RÜCKFÜHRUNG ZUR THESE (SCHLUSSFOLGERUNG) Die Rückführung rundet das Argument ab und stellt den Bezug zur These abschließend noch einmal her. Fehlt die Rückführung, hängt die Argumentation in der Luft, der Leser fragt sich: Was sollen mir die Begründung und das Beispiel sagen? Diese Frage wird in der Rückführung geklärt. Der Leser weiß, wohin das Argument zielt, und ist bereit, ein weiteres Argument zu durchdenken. Achten Sie aber darauf, dass Sie nicht nur die These wiederholen, sondern machen Sie deren Allgemeingültigkeit deutlich.

Einleitung und Schluss

QUICK-FINDER

Funktion von Einleitung und Schluss
- Definition → S. 180

Einleitung
- Kennzeichen → S. 180
- Funktion → S. 180
- Mögliche Aspekte → S. 180

Schluss
- Funktion → S. 181
- Mögliche Aspekte → S. 181
- Zusammenhang von Einleitung und Schluss → S. 182

Erörterung

Funktion von Einleitung und Schluss

DEFINITION Jeder Aufsatz braucht eine Einleitung und einen Schluss. Die Einleitung soll zum Thema hinführen, der Schluss den Leser aus dem Aufsatz entlassen. Häufig besteht aber die Gefahr, dass die Einleitung schon wichtige Argumente vorwegnimmt, die eigentlich im Hauptteil ausführlich behandelt werden müssten. Andererseits ist der Schluss oft nicht mehr als eine Wiederholung des Hauptteils in Kürze. Beides schadet Ihrem Erörterungsaufsatz – deshalb sollten Sie es vermeiden.

Einleitung

KENNZEICHEN Was macht eine gute Einleitung aus? Orientieren Sie sich an folgenden Aspekten. Eine gelungene Einleitung
- umreißt die Hintergründe der Thematik,
- macht deutlich, was in dem Thema steckt und
- führt zum Thema und der Problematik der Erörterung hin.

FUNKTION Damit Ihre Einleitung das leisten kann, sollten Sie keine persönlichen Erlebnisse oder Erfahrungen an den Anfang des Aufsatzes stellen.

MÖGLICHE ASPEKTE Um das Thema zu umreißen, sind folgende Aspekte besser geeignet:

- ein aktuelles Beispiel von allgemeinem Interesse,
- die Beschreibung eines allgemeinen Zustandes,

- der Bezug auf eine Statistik oder anderes Zahlenmaterial,
- Bezug auf die geschichtlichen Hintergründe,
- ein Sprichwort, ein Zitat oder eine Begriffserklärung (Definition),
- bei der literarischen Erörterung: der Hinweis auf die Bedeutung des Motivs, Ausführungen zur Person oder zum Werk des Dichters, der Bezug auf die literarische Gattung.

Der Einleitung sollte eine knappe Überleitung zum Hauptteil folgen, in der der konkrete Arbeitsauftrag formuliert ist.

Schluss

FUNKTION Der Schluss rundet Ihre Arbeit ab, er ist also ganz wichtig, denn er prägt den Eindruck, den der Leser von Ihrem Erörterungsaufsatz gewinnt, entscheidend mit.

MÖGLICHE ASPEKTE Welche Aspekte können Sie im Schlussteil Ihrer Arbeit behandeln?
Sie können:
- an den Einleitungsgedanken anknüpfen,
- wichtige Ergebnisse der Erörterung pointiert zusammenfassen,
- eine begründete persönliche Stellungnahme abgeben,
- einen Ausblick auf die Zukunft geben,
- auf weitere Aspekte des Themas verweisen, die sich im Anschluss an Ihre Erörterung aufdrängen.

Erörterung

ZUSAMMENHANG VON EINLEITUNG UND SCHLUSS In jedem Fall sollten Sie darauf achten, dass der Schluss den Einleitungsgedanken noch einmal aufnimmt und unter Einbeziehung der Aspekte, die sich durch die Erörterung ergeben haben, zu einem sinnvollen Abschluss bringt.

Folgendes Schaubild veranschaulicht den Rahmen, den Einleitung und Schluss um Ihren Erörterungsaufsatz bilden sollten:

Achten Sie darauf, dass Einleitung und Schluss nicht ausufern. Es gilt die Faustregel, dass beide Teile zusammen nicht mehr als ungefähr ein Viertel des Hauptteils ausmachen sollten.

Sprachliche Gestaltung

QUICK-FINDER

Sachlich-argumentative Sprache
- Sachstil → S. 184
- Standardsprache → S. 184
- Präziser Ausdruck → S. 184
- Vermeidung von Füllwörtern und Floskeln → S. 185
- Verwendung von Fachbegriffen → S. 185
- Verwendung von Nominalstil → S. 185

Gestaltung komplexer Sätze
- Satzgestaltung → S. 186
- Darstellung logischer Verknüpfungen → S. 187
- Überleitungen → S. 187

Sachlich-argumentative Sprache

SACHSTIL Die Erörterung ist eine sachliche Form, das sollten Sie auch bei der sprachlichen Gestaltung berücksichtigen. Satzgestaltung, Stilebene und Begrifflichkeit müssen klar von der sonst verwendeten Umgangssprache unterschieden sein.

STANDARDSPRACHE Die Sprachebene muss zum Thema der Ausführungen passen. Es wäre nicht angemessen, auf philosophische, literarische, politische oder gesellschaftliche Fragestellungen, mit denen Sie es ja im Erörterungsaufsatz in aller Regel zu tun haben, mit umgangssprachlichen Wendungen oder Dialektvokabular zu antworten. Doch Sie sollten auch nicht auf antiquierte Begriffe zurückgreifen oder zu hochtrabend schreiben. Als Faustregel sollte gelten: Schreiben Sie so, wie man gepflegt spricht.

PRÄZISER AUSDRUCK Bemühen Sie sich um eine präzise Ausdrucksweise. Vermeiden Sie banale Wendungen und schreiben Sie nicht zu pauschalisierend.
Folgende Gegenüberstellung zeigt Ihnen, wie die gröbsten Ausrutscher zu vermeiden sind:

UNPASSENDE FORMULIERUNGEN	GELUNGENER AUSDRUCK
Ein anderer **Punkt** ist, dass ...	Ein anderer **Aspekt** ist, dass ...
Die Sache ist die, dass ...	**Es geht darum**, zu erkennen ...

Die Menschen denken, dass …	**Viele Menschen** denken, dass …
Deshalb glaubt **jeder**, dass …	Deshalb glauben **viele Menschen**, dass …
Weltweit wurde der Roman **von allen Kritikern** sehr gelobt.	Weltweit wurde der Roman **von vielen Kritikern** gelobt.

VERMEIDUNG VON FÜLLWÖRTERN UND FLOSKELN Füllwörter und Floskeln besitzen keinen Aussagewert. Sie haben in einem sachlich-argumentativen Text nichts zu suchen, denn sie verschleiern die Zusammenhänge eher, als dass sie sie erhellen. Nichtssagende Wendungen wie natürlich – sowieso – selbstverständlich – es ist klar, dass … – auch – wie jeder weiß – das ist wissenschaftlich erwiesen müssen in jedem Fall vermieden werden.

VERWENDUNG VON FACHBEGRIFFEN Gehen Sie davon aus, dass ein kundiger Leser Ihre Arbeit liest; verwenden Sie also Fachsprache. Erklären Sie dabei nur die Begriffe, von denen Sie annehmen müssen, dass sie vom Leser nicht verstanden werden.

So ist es z. B. bei einem Erörterungsaufsatz zum Thema „Moderne Technologien", in dem Sie sich auch zu PCs äußern, nicht nötig, Begriffe wie Maus, Desktop, Server, Hardware oder CD zu erläutern. Sinnvoll kann aber eine Abgrenzung der Begriffe Internet und Intranet sein.

VERWENDUNG VON NOMINALSTIL Der argumentative Stil verlangt Nominalisierungen. Folgendes Beispiel kann dies verdeutlichen:

VERBALSTIL	NOMINALSTIL
Dass die Schülerinnen und Schüler zu lebenslangem Lernen befähigt werden, ist eine der Kernaufgaben der weiterführenden Schule im 21. Jahrhundert.	Eine der Kernaufgaben der weiterführenden Schule im 21. Jahrhundert ist die Befähigung der Schülerinnen und Schüler zu lebenslangem Lernen.

Wie das Beispiel zeigt, wirkt der im Nominalstil verfasste Satz wesentlich exakter und professioneller. Verbalstil ist für Erzählungen gut geeignet – er wirkt anschaulich und kann Spannung erzeugen. Doch gerade das soll bei der Argumentation vermieden werden.

Gestaltung komplexer Sätze

SATZGESTALTUNG Für die Satzgestaltung beim Argumentieren gilt: Vermeiden Sie alle Schreibhaltungen, die Spannung erzeugen könnten, also kurze Sätze, Ausrufesätze, offene Sätze. Legen Sie Ihre Gedanken begründet, ausführlich, aber nicht umständlich dar. Verwenden Sie dazu Satzgefüge, also Haupt- und Nebensätze – nur damit können Sie begründet argumentieren.

Für die Satzgestaltung bedeutet dies:
- Legen Sie Ihre Ausführungen in ganzen Sätzen dar.
- Äußern Sie sich in Aussagesätzen.
- Nur in Ausnahmefällen sollten Sie rhetorische Fragen verwenden.
- Verwenden Sie Satzgefüge, nicht Satzreihen.

Sprachliche Gestaltung

DARSTELLUNG LOGISCHER VERKNÜPFUNGEN Satzgefüge bestehen aus Haupt- und Nebensätzen. Diese müssen passend verbunden werden, damit sie auf den Leser wie beabsichtigt wirken können. Verwenden Sie dazu z. B. folgende Nebensatzkonjunktionen:

da – weil – wenn – falls – obwohl – damit – nachdem – dadurch, dass – während – wohingegen – um … zu – indem – als

ÜBERLEITUNGEN Zwischen den Argumenten bzw. zwischen Argument und Beispiel sollten Sie so überleiten, dass kein gedanklicher Bruch entsteht oder die einzelnen Teile unverbunden nebeneinanderstehen. Sie sollten durch die Überleitung schon andeuten, ob nun eine weitere Aussage folgt, die dieselbe Zielrichtung hat, ob die nächste Aussage eine Steigerung bedeutet oder ob sich die Argumentation dreht und Sie zu gegenteiligen Argumenten übergehen.

Überleitungen, die eine **Reihung** kennzeichnen, sind z. B.:

Ebenso wichtig wie … ist …
Nicht vergessen werden darf …
Ein weiterer Gesichtspunkt gehört hierher: …
Nicht zuletzt deshalb, weil …
Dazu kommt noch, dass …
Darüber hinaus ist von Bedeutung, dass …
Nicht anders ist es mit …
… auch daran sei erinnert …
Schließlich muss darauf hingewiesen werden, dass …

Erörterung

Folgende Überleitungen können bei einer **Steigerung** der Argumentation eingesetzt werden:
Noch wichtiger als … ist …
Am wichtigsten erscheint mir allerdings …
Schwerer wiegt jedoch …
Überzeugender ist wohl noch der Gesichtspunkt, dass …
Gewichtiger ist da schon …
Ganz entscheidend ist jedoch …

Einen **Gegensatz** markieren folgende Überleitungen:
Einschränkend muss man sagen, dass …
Jedoch muss man auch feststellen, dass …
Im Gegensatz dazu kann man feststellen, dass …
Dagegen spricht jedoch …
Allerdings muss man bedenken, dass …
Trotz all dieser Gründe darf nicht vergessen werden, dass …
Es darf aber nicht übersehen werden, dass …

Produktive Interpretation literarischer Texte | 189

5 Kreatives Schreiben

Produktive Interpretation literarischer Texte

QUICK-FINDER

Ziel der produktiven Interpretation
- Verfassen eines eigenen Textes → S. 190
- Treffendes Verständnis des Ausgangstextes → S. 190
- Sensibilisierung für die Textgestaltung → S. 190

Mögliche Aufgabenstellungen
- Perspektive wechseln → S. 191
- Weiterschreiben → S. 191
- Umschreiben → S. 191
- Textsorte verändern → S. 191
- Brief, Tagebuch, rückblickende Erinnerung → S. 191
- Parodie verfassen → S. 191

Produktive Interpretation eines Gedichts
- Vorarbeiten → S. 191
- Untersuchung des Gedichts → S. 193
- Bearbeiten des Gedichts → S. 194
- Schreiben des Parallelgedichts → S. 194

Produktive Interpretation eines Prosatextes
- Vorarbeiten → S. 195
- Untersuchung des Textes → S. 197
- Bearbeiten des Textes → S. 199
- Umschreiben des Textes → S. 200

Kreatives Schreiben

Ziel der produktiven Interpretation

VERFASSEN EINES EIGENEN TEXTES Ziel der produktiven Interpretation ist die Abfassung eines eigenen Textes, der auf den ursprünglichen literarischen Text angemessen reagiert.

TREFFENDES VERSTÄNDNIS DES AUSGANGSTEXTES Um einen eigenen Text zu verfassen, ist es nötig, den zugrunde liegenden Text genau zu lesen, ihn zu verstehen und ihn für sich zu deuten. Die Arbeitsschritte, die von der Textanalyse bzw. der Textinterpretation her gewohnt sind, müssen also auch hier geleistet werden. Sie werden aber meist nicht versprachlicht und niedergeschrieben, sondern bilden die Grundlage für die eigene Arbeit.
Darin liegt auch ein Qualitätsmerkmal der produktiven Interpretation: Je gründlicher ein Text untersucht, je genauer er verstanden wird, desto differenzierter wird der darauf reagierende Text ausfallen.

SENSIBILISIERUNG FÜR DIE TEXTGESTALTUNG Der produktive Umgang mit literarischen Texten sensibilisiert für die Machart eines Textes. Es wird bei der genauen Untersuchung, die die Voraussetzung für die eigene Produktion ist, deutlich, wie ein Autor seinen Text gestaltet hat und dass dabei nichts dem Zufall überlassen ist.

Mögliche Aufgabenstellungen

Wie auf einen literarischen Text geantwortet werden soll, ist in der Regel durch die Aufgabenstellung vorgegeben. Folgende Möglichkeiten sollten Sie kennen:

PERSPEKTIVE WECHSELN Wird z. B. ein Prosatext, der in auktorialer Perspektive abgefasst ist, in die Ich-Perspektive umgeschrieben, können Empfindungen und Gedanken des Erzählers noch viel genauer und unmittelbarer wiedergegeben werden.

WEITERSCHREIBEN Der literarische Text bricht vor einer entscheidenden Stelle ab und muss dann im ursprünglichen Stil, unter genauer Bezugnahme auf die Handlung und unter Einbeziehung der Figuren fortgesetzt werden.

UMSCHREIBEN z. B. der Handlung eine andere Zielrichtung geben.

TEXTSORTE VERÄNDERN z. B. ein Gedicht in einen Prosatext umschreiben.

BRIEF, TAGEBUCH, RÜCKBLICKENDE ERINNERUNG z. B. zu einer Kernstelle eines Romans die Gedanken der Hauptfigur in einem anderen Kontext wiedergeben.

PARODIE VERFASSEN z. B. bei einem Gedicht unter weitgehender Beibehaltung von Form und Sprache den Inhalt ins Gegenteil verkehren.

Produktive Interpretation eines Gedichts

VORARBEITEN Folgendes Beispiel zeigt Ihnen, wie es Ihnen gelingen kann, zu einem vorgegebenen Gedicht ein Parallelgedicht zu schreiben. Die Aufgabenstellung lautet:

Kreatives Schreiben

Schreiben Sie zu dem vorliegenden Gedicht von **C. F. Meyer** ein Parallelgedicht.

Conrad Ferdinand Meyer: *Schwüle* (1882)

Trüb verglomm der schwüle Sommertag,
Dumpf und traurig tönt mein Ruderschlag –
Sterne, Sterne – Abend ist es ja –
Sterne, warum seid ihr noch nicht da?

5 Bleich das Leben! Bleich der Felsenhang!
Schilf, was flüsterst du so frech und bang?
Fern der Himmel und die Tiefe nah –
Sterne, warum seid ihr noch nicht da?

Eine liebe, liebe Stimme ruft
10 Mich beständig aus der Wassergruft –
Weg, Gespenst, das oft ich winken sah!
Sterne, Sterne, seid ihr nicht mehr da?

Endlich, endlich durch das Dunkel bricht –
Es war Zeit! – ein schwaches Flimmerlicht –
15 Denn ich wusste nicht wie mir geschah.
Sterne, Sterne, bleibt mir immer nah!

Folgendermaßen sollten Sie vorgehen:
Lesen Sie zuerst das Gedicht genau, möglichst mehrmals, und finden Sie heraus, um was es geht.
- Untersuchen Sie dann den Aufbau des Gedichts: Anzahl der Verse und Strophen, Versmaß, Endreimschema und Kadenzen.
- Untersuchen Sie nun die sprachlichen Gestaltungsmittel des Gedichts: Wiederholungen, Ausrufe, variierter

Refrain, Verwendung von Substantiven und Adjektiven.
- Überlegen Sie sich dann ein Thema für Ihr Parallelgedicht.

UNTERSUCHUNG DES GEDICHTS Die folgende Untersuchung des Gedichts fertigen Sie im Regelfall nur für sich als Verständnishilfe an. Sie ist dann nicht Teil Ihrer abzugebenen Arbeit.

UNTERSUCHUNG ZUM AUFBAU DES GEDICHTS

BAUFORM	C. F. Meyer Schwüle	END-REIM
4 Strophen mit je 4 Versen	Trüb verglomm der schwüle Sommertag,	a
	Dumpf und traurig tönt mein Ruderschlag –	a
	Sterne, Sterne – Abend ist es ja –	b
	Sterne, warum seid ihr noch nicht da?	b
Versmaß: vierhebiger Trochäus	Bleich das Leben! Bleich der Felsenhang!	c
	Schilf, was flüsterst du so frech und bang?	c
	Fern der Himmel und die Tiefe nah –	b
Endreim: Paarreim	Sterne, warum seid ihr noch nicht da?	b
	Eine liebe, liebe Stimme ruft	d
	Mich beständig aus der Wassergruft –	d
	Weg, Gespenst, das oft ich winken sah!	b
	Sterne, Sterne, seid ihr nicht mehr da?	b
	Endlich, endlich durch das Dunkel bricht –	e
	Es war Zeit! – ein schwaches Flimmerlicht –	e
	Denn ich wusste nicht wie mir geschah.	b
	Sterne, Sterne, bleibt mir immer nah!	b

BEARBEITEN DES GEDICHTS Das Gedicht von Conrad Ferdinand Meyer zeigt das lyrische Ich in einer belastenden Situation. Die Adjektive „trüb", „dumpf" und „traurig" weisen darauf schon in der ersten Strophe hin. Diese Grundstimmung des Gedichts steigert sich bis zur dritten Strophe, wo sogar der Gedanke an Selbstmord anklingt („ruft ... Wassergruft"). In der vierten Strophe beruhigt sich das lyrische Ich unter dem Eindruck der erscheinenden Sterne.

Die negative Grundstimmung des Gedichts legt es nahe, eine heitere Parallelfassung zu schreiben. Das betrifft sowohl die Thematik, die ebenfalls aus dem eigenen Erfahrungshorizont stammen sollte, als auch die Wortwahl; fröhlich klingende Adjektive könnten diese Wirkung unterstützen.

SCHREIBEN DES PARALLELGEDICHTS Nach der geleisteten Untersuchung des Gedichts von C. F. Meyer können Sie mit der eigenen Textproduktion beginnen. Folgendermaßen sollten Sie dabei vorgehen:

- Schreiben Sie Ihr Gedicht, halten Sie sich dabei aber möglichst genau an Bauform und Gestaltungsmittel des vorliegenden Gedichts. Verwenden Sie an wichtigen Textstellen eigene Worte.
- Übernehmen Sie die Strophen- und Versgliederung der Vorlage.
- Ersetzen sie die Wörter oder Verse durch neu gewählte, mit deren Hilfe Sie Ihr Parallelgedicht gestalten wollen.
- Schreiben Sie nun Ihr Parallelgedicht auf, ahmen Sie dabei die Vorlage in der Form nach.
- Finden Sie für Ihr Gedicht eine passende Überschrift und setzen Sie sie über das Gedicht.

Produktive Interpretation literarischer Texte

Das Parallelgedicht kann dann so lauten:

Ferien
Trüb verging der lange Schulalltag,
Der Lehrer keift, den ich nicht mag,
Ferien, Ferien – Sommer ist es ja –
Ferien, warum seid ihr noch nicht da?

5 Hart das Leben, hart die Schulbank,
Lehrer was schreist du, es macht mich krank,
Fern die Freiheit und die Pflicht ist nah,
Ferien, warum seid ihr noch nicht da?

Eine böse, böse Stimme lockt,
10 Ich erwach total geschockt,
Weg, die Schule, in die ich täglich muss,
Ferien, Ferien, ich erwarte euch mit Genuss.

Noch ein paar Tage, dann ist's Zeit,
Denn ich bin schon lang für die Ferien bereit,
15 Der letzte Schulgong tönt ganz klar,
Ferien, Ferien, jetzt seid ihr endlich da.

Produktive Interpretation eines Prosatextes

VORARBEITEN Im folgenden Beispiel werden Sie angeleitet, einen Prosatext umzuschreiben.

Die Aufgabenstellung lautet:
Gestalten Sie eine Fortsetzung des Prosatextes im Stil Kafkas. Greifen Sie das Gedankenexperiment des Erzäh-

ler-Ichs auf: „Wie wäre es…?" (Z. 24). Gehen Sie dabei von der Annahme aus, der Vater würde die Tür öffnen.

Franz Kafka: *Heimkehr*
Ich bin zurückgekehrt, ich habe den Flur durchschritten und blicke mich um. Es ist meines Vaters alter Hof. Die Pfütze in der Mitte. Altes, unbrauchbares Gerät, ineinander verfahren, verstellt den Weg zur Bodentreppe. Die Katze lauert auf
5 dem Geländer. Ein zerrissenes Tuch, einmal im Spiel um eine Stange gewunden, hebt sich im Wind.
Ich bin angekommen. Wer wird mich empfangen? Wer wartet hinter der Tür der Küche? Rauch kommt aus dem Schornstein, der Kaffee zum Abendessen wird gekocht.
10 Ist dir heimlich, fühlst du dich zu Hause? Ich weiß es nicht, ich bin sehr unsicher. Meines Vaters Haus ist es, aber kalt steht Stück neben Stück, als wäre jedes mit seinen eigenen Angelegenheiten beschäftigt, die ich teils vergessen habe, teils niemals kannte. Was kann ich ihnen nützen, was bin ich
15 ihnen und sei ich auch des Vaters, des alten Landwirts Sohn. Und ich wage nicht an die Küchentür zu klopfen, nur von der Ferne horche ich, nur von der Ferne horche ich stehend, nicht so, dass ich als Horcher überrascht werden könnte. Und weil ich von der Ferne horche, erhorche ich nichts,
20 nur einen leichten Uhrenschlag höre ich oder glaube ihn vielleicht nur zu hören, herüber aus den Kindertagen. Was sonst in der Küche geschieht, ist das Geheimnis der dort Sitzenden, das sie vor mir wahren. Je länger man vor der Tür zögert, desto fremder wird man. Wie wäre es, wenn jetzt je-
25 mand die Tür öffnete und mich etwas fragte. Wäre ich dann nicht selbst wie einer, der sein Geheimnis wahren will.

Produktive Interpretation literarischer Texte

Folgendermaßen sollten Sie vorgehen:
- Lesen Sie zuerst Kafkas Parabel genau, mindestens zweimal. Bedenken Sie, dass dieser Text die Grundlage für Ihre weitere Arbeit ist. Markieren Sie den Text schon ab dem ersten Lesen, streichen Sie die Textstellen an, die Ihnen auffallen, die Ihnen wichtig erscheinen oder die Ihnen unklar sind.
- Analysieren Sie den Text genau im Hinblick auf die Untersuchungskriterien für Prosatexte. Überdenken Sie dann Ihre Analyseergebnisse und wagen Sie für sich selbst eine Interpretation.
- Setzen Sie nun den Text Kafkas unter den genannten Bedingungen fort. Orientieren Sie sich dabei am Stil und am Inhalt der Vorlage.

UNTERSUCHUNG DES TEXTES Die folgende Untersuchung des Prosatextes fertigen Sie im Regelfall nur für sich als Verständnishilfe an, evtl. auch in Stichpunkten. Sie ist dann nicht Teil Ihrer abzugebenden Arbeit.

Kafkas Parabel „Heimkehr" handelt von einem Sohn, der vermutlich nach längerer Abwesenheit wieder zu seinem Elternhaus kommt, jedoch seiner Gefühle unsicher ist und nicht einzutreten wagt. Die Parabel gibt aus der Sicht des Sohnes in Form eines inneren Monologs dessen Gedanken und Gefühle wieder.

Der erste Absatz beschreibt die Grundsituation: Der Sohn ist zu seinem Elternhaus zurückgekehrt und nähert sich diesem durch den Hof, der genauer beschrieben wird: „Die Pfütze in der Mitte, unbrauchbares Gerät, ineinander verfahren, verstellt den Weg zur Bodentreppe." (Z. 2 ff). Diese Beschreibung zeigt, dass der Ich-Erzähler den elterlichen Hof wiedererkennt und dass dieser, vielleicht erst neuerdings, einen verwahrlosten Eindruck macht. Auch die Katze erkennt er wieder, was der bestimmte Artikel nahelegt (Z. 4).

Der zweite Abschnitt beginnt mit der Feststellung: „Ich bin angekommen." (Z. 7). Der parallele Satzbau des ersten und zweiten Satzes verdeutlicht den Versuch des Ich-Erzählers, Sicherheit zu gewinnen. Dies gelingt aber nicht, sogleich überkommen ihn erste Zweifel (Z. 7), die in Fragesätze gekleidet sind. Seine Gedanken kreisen um die Personen, die er antreffen wird, und um seine Gefühle. Zwar nimmt er den Rauch wahr, der aus dem Schornstein kommt, und vermutet (oder riecht?), dass Kaffee gekocht wird. Doch er ist sich seiner Gefühle unsicher und empfindet keine Vertrautheit, worauf die redundante Antwort auf die Frage „Ist dir heimlich, fühlst du dich zu Hause?"(Z. 10) hinweist. Er versichert sich zwar selbst, dass es „[s]eines Vaters Haus" (Z. 11) sei, vor dem er sich befindet, aber er empfindet die Atmosphäre als kalt. Die häufig verwendeten Possessivpronomina in diesem Teil des Textes dienen nicht der Darstellung eines Besitzes, sondern sind vielmehr der Versuch, die Zugehörigkeit des Ich-Erzählers zu bestimmen. Dabei wird die Entfremdung von dem einst Vertrauten erkennbar, wenn er feststellt: „kalt steht Stück neben Stück" (Z. 11 f.). Die Entfremdung, die hier sichtbar wird, bezieht sich auf den Vater, der als der Besitzer dieses Hauses genannt wird. Die Unsicherheit des Ich-Erzählers wird durch den verwendeten Konjunktiv („und sei ich auch des Vaters, des alten Landwirts Sohn", Z. 15) verdeutlicht, sie bezieht sich aber ebenso auf die übrigen Familienmitglieder, wie die folgenden Fragen des inneren Monologs zeigen: „Was kann ich ihnen nützen, was bin ich ihnen" (Z. 14 f.). Der Ich-Erzähler wagt deshalb nicht den Schritt über die Türschwelle, er klopft nicht an. Wohl empfindet er aber

Interesse für das, was im Haus vor sich geht und verlegt sich deshalb aufs Horchen; das Verb „horchen" kommt in den Zeilen 17 ff. fünfmal in Variation vor.

Inzwischen hat der Ich-Erzähler längst beschlossen, das Elternhaus nicht zu betreten und sich nicht zu erkennen zu geben. Deshalb will er auch beim Horchen nicht überrascht werden. In einem Anflug von Sentimentalität glaubt er, der sonst keine Geräusche aus dem Haus wahrnimmt, den Uhrenschlag zu hören, räumt aber sofort ein, dass dies auch nur eine Erinnerung aus „Kindertagen" (Z. 21) sein könne.

Doch nicht nur der Ich-Erzähler ist allein mit seinen Gedanken und Erinnerungen, auch die in der Küche Versammelten sind von der Außenwelt abgeschlossen und nehmen den vor der Tür ausharrenden Sohn nicht wahr. Das „Geheimnis der dort Sitzenden" (Z. 22 f.), ihre Gefühle, ihre Gedanken, ihr Tun, bleibt dem Ich-Erzähler verschlossen. Dieses Wissen führt ihn zu der sentenzhaft formulierten Erkenntnis: „Je länger man vor der Tür zögert, desto fremder wird man." (Z. 23 f.). Die Vorstellung, jemand würde die Tür öffnen und ihn etwas fragen, macht ihm bewusst, dass er tatsächlich ein Fremder mit einem eigenen „Geheimnis" (Z. 26) geworden ist, dem die Kontaktaufnahme nicht leichtfallen würde.

BEARBEITEN DES TEXTES Die Texte Kafkas werden oft unter biografischem Aspekt interpretiert. Die schwierige Beziehung zwischen Vater und Sohn, die im „Brief an den Vater" thematisiert wird, ist dafür ebenso die Grundlage wie die Darstellung der Vaterfiguren in den literarischen Texten Kafkas. In dieser Fortsetzung wird der biografische Deutungsansatz bewusst ausgeblendet. Eine textimmanente Interpretation weist nicht zwingend auf eine problematische Vater-Sohn-Beziehung hin. Es besteht sehr wohl die Möglichkeit, den Text gegen den Strich der gängigen Interpretationen zu lesen und den Vater in der Fortsetzung positiv zu zeichnen. Der Sohn wird dabei als unsicher, als nervlich überreizt dargestellt, als jemand, der sich lediglich einbildet, zu Hause nicht mehr willkommen zu sein.

Die sprachliche Gestaltung muss sich eng an der literarischen Vorlage orientieren: Verwendung von kurzen Sätzen, parataktische Reihung gepaart mit parallelem Satzbau und inhaltlicher Wiederholung. Die Personen werden nicht namentlich genannt; bei der Erwähnung des Vaters wird der bestimmte Artikel „der", nicht wie sonst üblich das Possessivpronomen „mein" verwendet.

Inhaltlich kann die Fortsetzung an die Erwähnung des abendlichen Kaffees anknüpfen. Auch der Standort des Sohnes – nicht direkt vor der Tür, sondern im Schatten der Abendsonne vor dem Schuppen auf dem Hof – will umgesetzt werden. Auf die von Kafka gesetzte Leerstelle des Textes, das „Geheimnis" der Figuren, muss Bezug genommen werden. Zudem muss der Stil Kafkas nachgeahmt werden, z. B. durch eine neue Leerstelle im Text.

UMSCHREIBEN DES TEXTES Nach der geleisteten Untersuchung des Prosatextes von Franz Kafka können Sie mit der eigenen Textproduktion beginnen.

Folgendermaßen sollten Sie dabei vorgehen:
- Schreiben Sie Ihre Fortsetzung, halten Sie sich dabei aber möglichst genau an Stil und Gestaltungsmittel des vorliegenden Prosatextes.
- Übernehmen Sie die Atmosphäre des Textes und die Figuren.

Produktive Interpretation literarischer Texte

- Ändern Sie den Schluss in Ihrem Sinn ab und schreiben Sie ihre Version auf.

So könnte die Fortsetzung gestaltet sein:

Wie wäre es … hänge ich gerade meinen Gedanken nach, als sich plötzlich unter lautem Knarzen die Tür öffnet. Der Vater steht im Türrahmen, den Blick direkt auf mich gerichtet. Ich stehe reglos im Schatten des Schuppens. Sieht er mich, erkennt er mich? Plötzlich ein Schrei, aus der Tiefe der Vergangenheit: Mein Sohn, mein Sohn. Endlich. Du bist da. Er läuft auf mich zu, er umarmt mich. Wir warten auf dich. Die Mutter und die Schwester warten auf dich. Schon lange. Komm herein, dein Kaffee steht am Tisch, an deinem Platz, wie jeden Abend.
In der Küche gibt es ein herzliches Wiedersehen. Die Nacht wird lang. Viel gibt es zu erzählen. Von einem Geheimnis keine Spur. Wie unsicher man doch wird, wenn man lange von zu Hause weg war.

Sprache und Kommunikation

6 Sprache und Kommunikation

Sprache als kommunikative Leistung

QUICK-FINDER

Sprache als Zeichensystem
- Theorie von de Saussure → S. 203
- Semiotisches Dreieck → S. 204

Sprache und Denken
- Verhältnis von Sprache und Denken → S. 204
- Sapir-Whorf-Hypothese → S. 205

Sprache und Kommunikation
- Kommunikation zwischen Menschen → S. 205
- Einfaches Kommunikationsmodell → S. 206

Bühler'sches Organonmodell
- Sprache als Werkzeug → S. 207

Kommunikationsregeln nach Watzlawick
- Man kann nicht nicht kommunizieren → S. 208
- Inhalts- und Beziehungsaspekt von Kommunikation → S. 209

Vier Seiten einer Nachricht (Schulz von Thun)
- Kommunikationsquadrat → S. 209

Sprache als Zeichensystem

THEORIE VON DE SAUSSURE Der Schweizer Sprachwissenschaftler **Ferdinand de Saussure** (1857–1913) entwickelte zu Beginn des 20. Jahrhunderts eine Theorie von den sprachlichen Zeichen. Diese besagt, dass das sprachliche Zeichen aus zwei Komponenten besteht: aus dem Lautbild und der Vorstellung, die sich mit dem Gegenstand verbindet.

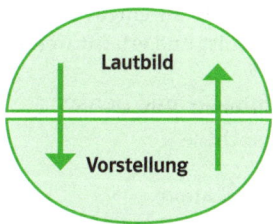

Der Grundgedanke dabei ist, dass es keine im Lautbild selbst liegende Qualität gibt, die eine bestimmte Bedeutung rechtfertigen könnte. Dieses Prinzip der willkürlichen Zuordnung, das auf Konventionen basiert und von Einzelnen nicht verändert werden kann, nennt man Arbitrarität. Das Arbitraritätsprinzip lässt sich sowohl an dem Umstand ablesen, dass verschiedene Sprachen verschiedene Zeichen für gleiche Bedeutungen verwenden, als auch daran, dass sich die Bedeutung von Zeichen mit der Zeit verändert.

  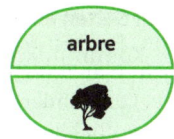

Sprache und Kommunikation

SEMIOTISCHES DREIECK Die Sprachwissenschaftler **Charles Kay Ogden (1889–1957)** und **Ivor Armstrong Richards** (1893–1979) haben das zweiseitige Modell von de Saussure aufgenommen und um eine dritte Komponente erweitert: das konkrete Objekt. Dabei gibt es keine notwendige Verbindung zwischen Lautbild und Objekt. Ihr Beispielsatz „Der Gostak bestimmt die Doschen" ist grammatikalisch richtig, aber unverständlich, weil man die semantische Füllung von Gostak und Doschen nicht kennt. Es fehlt der Bezug zu einem konkreten Objekt, das willkürlich gesetzt ist und erlernt werden muss.

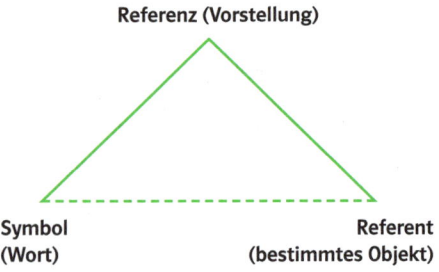

Sprache und Denken

VERHÄLTNIS VON SPRACHE UND DENKEN Sind Sprache und Denken abhängig voneinander oder sind sie voneinander völlig unabhängig? Diese Frage wird seit der Antike erörtert. Dachte der griechische Philosoph Platon, Denken sei nichts anderes als lautloses Sprechen, geht man unter dem Einfluss der Psychoanalyse seit dem 20. Jahrhundert davon aus, dass das Denken vom Sprechen unabhängig ist.

SAPIR-WHORF-HYPOTHESE Die amerikanischen Sprachforscher **Benjamin Lee Whorf** (1897–1941) und **Edward Sapir** (1884-1939) untersuchten das Hopi, eine Eingeborenensprache nordamerikanischer Indianer, die sich über einige tausend Jahre unabhängig von allen anderen Sprachen entwickeln konnte. Dabei kamen sie zu folgendem Ergebnis: Die Denkmuster und Verhaltensweisen einer Kultur schlagen sich in der Sprache nieder und bestimmen von daher das Denken der Menschen (linguistischer Determinismus). In verschiedenen Kulturen werden die gleichen Dinge anders erfasst, je nach Grammatik und Wortschatz (sprachliches Relativitätsprinzip).

Sprache und Kommunikation

KOMMUNIKATION ZWISCHEN MENSCHEN Die moderne Sprachwissenschaft, die Linguistik, beschreibt mit Hilfe verschiedener Kommunikationsmodelle, wie die Kommunikation zwischen Menschen funktioniert, welche Faktoren daran beteiligt sind und in welchem Verhältnis sie zueinander stehen.

Die grundlegende Frage lautet:

> Wer sagt
>
> was
>
> mit welchen Mitteln
>
> zu wem
>
> mit welcher Wirkung?

Sprache und Kommunikation

- Die Frage nach dem „wer" bezieht sich auf den Sprecher, von dem der Kommunikationsprozess ausgeht. Im Kommunikationsmodell wird er auch als „Sender" bezeichnet.
- Bei „was" geht es um den Inhalt des Gesagten. Im Kommunikationsmodell nennt man das die „Nachricht".
- „mit welchen Mitteln" meint den Kode, also die Sprachzeichen und ihre Verknüpfung, die der Sender wählt.
- „zu wem": Damit ist der Adressat (im Fachjargon „der Empfänger") gemeint.
- Damit die Kommunikation funktioniert, müssen sowohl der Sender als auch der Empfänger über einen gemeinsamen Bezugsrahmen verfügen; der Empfänger muss also den Kode des Senders dekodieren können. Nur dann ist gewährleistet, dass die Frage „mit welcher Wirkung" angemessen beantwortet werden kann.

EINFACHES KOMMUNIKATIONSMODELL Die Beziehungen zwischen Sender und Empfänger können durch ein einfaches Kommunikationsmodell so dargestellt werden:

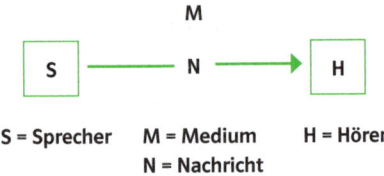

S = Sprecher   M = Medium   H = Hörer
               N = Nachricht

Bühler'sches Organonmodell

SPRACHE ALS WERKZEUG Der Sprachpsychologe **Karl Bühler** (1879–1963) entwickelte 1934 das so genannte „Organonmodell", das beschreibt, was Sprache leisten kann. Der Begriff „Organon" kommt aus dem Griechischen und bedeutet „Werkzeug". Die Sprache ist demnach das Werkzeug, dessen sich ein Sprecher (in schriftlicher Form auch ein Autor) bedient.

Folgende Gewichtungen sind möglich:
- Steht der Sachverhalt im Mittelpunkt, will der Sprecher informieren, einen Sachverhalt klären, Zusammenhänge aufzeigen usw. Man spricht dabei von der Darstellungsfunktion von Sprache.
- Steht der Sprecher im Mittelpunkt, möchte er seine Gefühle, seine Befindlichkeit, seine Ängste, Sorgen und Nöte ausdrücken. Man spricht dabei von der Ausdrucksfunktion von Sprache.
- Steht der Empfänger im Mittelpunkt, will der Sprecher diesem etwas mitteilen. Man spricht dabei von der Appellfunktion von Sprache.

Sprache und Kommunikation

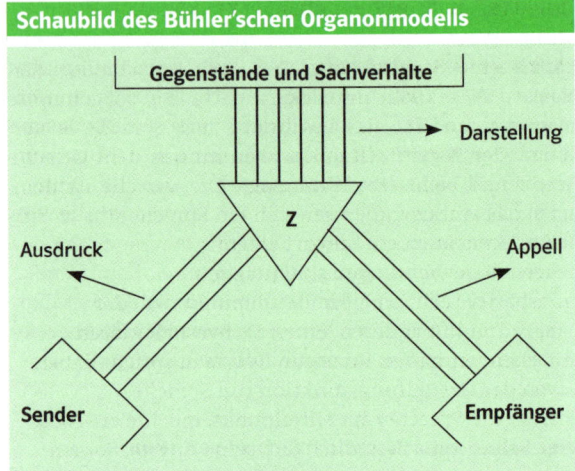

Kommunikationsregeln nach Watzlawick

MAN KANN NICHT NICHT KOMMUNIZIEREN Der Kommunikationswissenschaftler, Psychoanalytiker und Soziologe **Paul Watzlawick** (1921–2007) befasste sich vor allem mit gestörter Kommunikation. Dabei ging er davon aus, dass zwei Personen miteinander kommunizieren, sobald sie sich gegenseitig wahrnehmen können. Die Grundannahme dabei ist, dass jedes Verhalten kommunikativen Charakter hat. Da man sich also nicht nicht verhalten kann, ist es auch unmöglich, nicht zu kommunizieren. Das bedeutet, dass wir auch nonverbal und unbewusst kommunizieren.

INHALTS- UND BEZIEHUNGSASPEKT VON KOMMUNIKATION Watzlawick geht davon aus, dass jede Kommunikation eine Sachinformation („was") enthält (Inhaltsaspekt). Zusätzlich nimmt er innerhalb der Sachinformation einen Hinweis an, wie der Sender seine Botschaft verstanden haben will und wie er seine Beziehung zum Empfänger sieht (Beziehungsaspekt). Der Beziehungsaspekt beeinflusst die Art, wie der Empfänger die Botschaft interpretiert. Die Art der Beziehung prägt das gegenseitige Verständnis zwischen zwei Kommunikationspartnern. Wenn der Inhalts- und der Beziehungsaspekt innerhalb einer Kommunikation nicht übereinstimmen, entstehen Kommunikationsstörungen.

Vier Seiten einer Nachricht (Schulz von Thun)

KOMMUNIKATIONSQUADRAT Der Psychologe und Kommunikationsforscher **Friedemann Schulz von Thun** (geb. 1944) entwickelte das Modell des Kommunikationsquadrats. Dieses veranschaulicht die vier Seiten (= Aspekte) einer Nachricht und ist ein wichtiger Erklärungsansatz für das Funktionieren von menschlicher Kommunikation. Schulz von Thun geht davon aus, dass mit einer Nachricht verschiedene Botschaften ausgesendet werden. Sie betreffen:
- den Sachinhalt (das, worüber informiert wird),
- die Selbstoffenbarung (das, was vom Sprecher über sich selbst ausgedrückt wird),
- die Beziehung (das, was der Sprecher vom anderen hält bzw. wie sie zueinander stehen),
- den Appell (das, wozu der Sender den Empfänger veranlassen möchte).

Sprache und Kommunikation

Um sein Kommunikationsmodell zu veranschaulichen, gibt Schulz von Thun folgendes Beispiel:

Folgendes Schaubild zeigt, wie die Nachricht „Du, da vorne ist grün!" im Sinne des Kommunikationsquadrats verstanden werden kann:

Sprachgeschichte und Sprachwandel

QUICK-FINDER

Sprachgeschichte
- Entwicklung der Sprache → S. 212
- Entwicklung zur Gegenwartssprache → S. 212
- Germanische Lautverschiebung → S. 212
- Althochdeutsch (ca. 750–1050) → S. 213
- Mittelhochdeutsch (ca. 1050–1350) → S. 213
- Vom Mittelhochdeutschen zum Neuhochdeutschen (nach 1350) → S. 214

Sprachwandel
- Veränderungen des Neuhochdeutschen → S. 214
- Erbwort → S. 215
- Lehnwort → S. 215
- Fremdwort → S. 215

SPEZIALTHEMA:
Sprachgeschichte im Überblick → S. 216

- Tendenzen der deutschen Gegenwartssprache → S. 218

Sprache und Kommunikation

Sprachgeschichte

ENTWICKLUNG DER SPRACHE Beim Sprechen und Schreiben verwendet man die Sprache ganz selbstverständlich, meist ohne über sie nachzudenken. Dabei ist es keineswegs selbstverständlich, dass die deutsche Sprache so ist, wie wir sie heute gebrauchen. Unsere Sprache hat sich aus Vorformen des heutigen Deutsch entwickelt und ist auch heute nicht ganz einheitlich – man denke nur an die verschiedenen Dialekte. Unsere Sprache entwickelt sich noch immer weiter, z. B. weil neue Wörter – derzeit meist aus dem Englischen – hinzukommen.

ENTWICKLUNG ZUR GEGENWARTSSPRACHE Die Form der deutschen Sprache, die heute in Deutschland und dem benachbarten deutschsprachigen Ausland, Österreich, Schweiz und Luxemburg, sowie in manchen Gegenden Frankreichs, Dänemarks, Italiens usw. gesprochen wird, nennt man Neuhochdeutsch. Diese Sprachform hat Vorläufer: das Indoeuropäische, das Germanische, das Althochdeutsche und das Mittelhochdeutsche.

GERMANISCHE LAUTVERSCHIEBUNG Die deutsche Sprache gehört zu den indoeuropäischen (indogermanischen) Sprachen, die schon vor etwa 6000 Jahren in weiten Teilen Europas, Vorderasiens und Vorderindiens verbreitet waren. Durch die erste (germanische) Lautverschiebung trennte sich das Germanische vor 700 v. Chr. von den anderen indoeuropäischen Sprachen, wie dem Slawischen oder dem Romanischen ab.
Kennzeichen der ersten Lautverschiebung ist die Veränderung im Lautsystem von Konsonanten: So wurde p zu f, t zu th, k zu ch. Aus b, d, g wurden p, t, k. Über Ein-

zelheiten dieser Lautverschiebung weiß man wenig, da schriftliche Quellen weitgehend fehlen.

ALTHOCHDEUTSCH (CA. 750–1050) Beim Althochdeutschen handelt es sich nicht um eine einheitliche Sprache, sondern um eine Vielzahl ähnlicher Dialekte. Das Althochdeutsche entstand durch die zweite (hochdeutsche) Lautverschiebung aus dem Germanischen.
Kennzeichen der zweiten Lautverschiebung ist ebenfalls eine Veränderung im Lautsystem von Konsonanten: So wurden p – t – k zu den Doppellauten pf – tz – ch. Man nimmt einen Wandel von Süden nach Norden an, der ungefähr bis Köln reicht (so genannte „Benrather Linie") und das Althochdeutsche (im Süden) vom Altniederdeutschen (im Norden) trennt.

MITTELHOCHDEUTSCH (CA. 1050–1350) Das Mittelhochdeutsche ist aus einer Vielzahl von Texten, auch literarischer Art (höfische Romane wie *Erec* und *Iwein* von **Hartmann von Aue** und *Tristan und Isolde* von **Gottfried von Straßburg** sowie der Minnelyrik z. B. von **Walther von der Vogelweide**) überliefert.
Kennzeichen des Mittelhochdeutschen sind:
- Abschwächung der Endsilben (ahd. taga – mdh. tage)
- Abschwächung der volltönenden Vokale in Nebensilben (ahd. geban – mhd. geben)
- Zunehmende Verwendung von Artikeln
- Auslautverhärtung bei Verschlusslauten
- Verwendung von Diphthongen (liebe guote grueze)
- Verwendung von Monophthongen (min hus)

Sprache und Kommunikation

VOM MITTELHOCHDEUTSCHEN ZUM NEUHOCHDEUTSCHEN (NACH 1350) Lautveränderungen kennzeichnen auch den allmählichen Übergang vom Mittelhochdeutschen über das Frühneuhochdeutsche zum Neuhochdeutschen (ab 1650).

Folgende Veränderungen betreffen die Vokale:
- Dehnung in offenen Tonsilben (mhd. ligen – nhd. liegen)
- Schwinden des Vokals (mhd. arebeit – nhd. Arbeit)
- Verlust von Endungsvokalen (mhd. frouwe – nhd. Frau)
- Diphthongierung (langer Vokal wird zu einem Doppellaut: mhd. zit – nhd. Zeit)
- Monophthongierung (Doppellaut wird zu einem Einfachlaut: mhd. muot – nhd. Mut)

Folgende Veränderungen betreffen die Konsonanten:
- s wird zu r (mhd. was – nhd. war)
- z wird nach kurzem Vokal, neben Konsonanten und im Auslaut zum stimmlosen s (mhd. daz – nhd. das/dass)

Das Neuhochdeutsche geht fließend in die Gegenwartssprache über, wobei der Sprachwandel hier eine entscheidende Rolle spielt.

Sprachwandel

VERÄNDERUNGEN DES NEUHOCHDEUTSCHEN Das Neuhochdeutsche existiert seit etwa 1650. Seitdem kann man zunehmende Veränderungen feststellen, die z. T. regelhaften Charakter haben. So bildeten sich seit dem 16. Jh. zunehmend Satzzeichenregeln und Regeln zur Groß- und Kleinschreibung heraus. Diese wurden erstmals 1880 durch Konrad Duden in seinem „Orthogra-

phischen Wörterbuch" zusammengefasst.
Auch wurden schon immer Wörter aus anderen Sprachen in den deutschen Wortschatz aufgenommen.

ERBWORT Als Erbwörter bezeichnet man die Wörter, die sozusagen „schon immer" zur deutschen Sprache gehören, die also meist auf germanische, alt- oder mittelhochdeutsche Begriffe zurückgehen, z. B. *König, Wagen, Pferd, Bruder, Vater, Frau.*

LEHNWORT Lehnwörter wurden aus anderen Sprachen entlehnt, also übernommen. In Schreibweise, Aussprache und Grammatik sind sie dem Deutschen angepasst. Viele Lehnwörter der deutschen Sprache stammen aus dem Lateinischen, z. B. *lat. fenestra – nhd. Fenster, lat. cella – nhd. Keller, lat. camera – nhd. Kammer* usw.

FREMDWORT Zwischen dem 17. und dem 19. Jahrhundert kamen viele Wörter aus dem Französischen zu uns, da die französische Kultur für Deutschland lange Zeit Vorbildcharakter hatte bzw. durch die Herrschaft Napoleons über Europa ein enger Kontakt zu Frankreich entstand. Viele Wörter, die wir noch heute ganz selbstverständlich benützen, stammen aus dem Französischen: z. B. *Blamage, Café, Niveau, Garage, Toilette, Service.*

In jüngerer Vergangenheit werden viele Wörter aus dem Englischen in der deutschen Sprache verwendet. Manche davon sind bereits nach Lautstand, Betonung und Schreibung eingedeutscht (z. B. *Ketchup* bzw. *Ketschup*), andere werden teilweise immer noch als fremd empfunden *(download, E-Mail, handout, mountainbike)*. Die Grenzen sind dabei fließend.

SPEZIALTHEMA

Sprachgeschichte im Überblick

Das Schaubild zeigt die Entstehung des Germanischen aus dem Indoeuropäischen und die weitere Entwicklung der germanischen Sprachen.

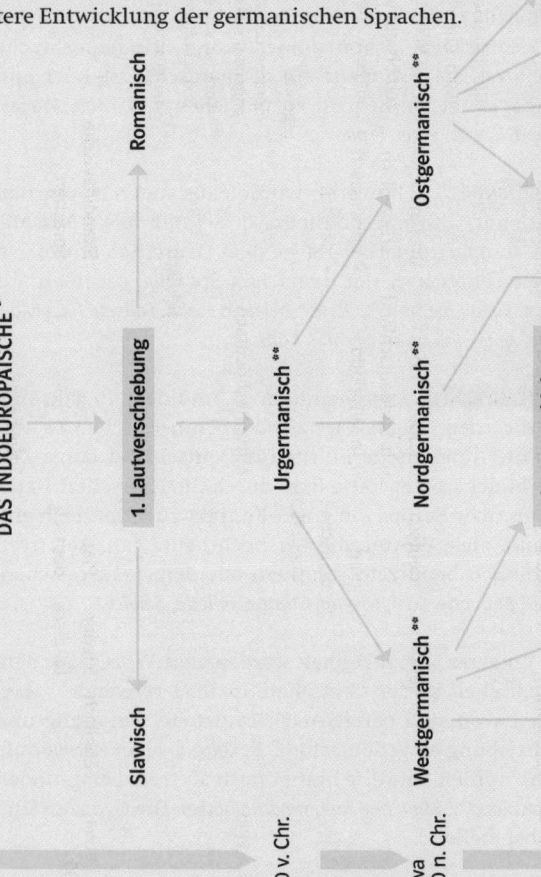

SPEZIALTHEMA

	Altenglisch	Altnieder-	Althochdeutsch	Altnordisch	Gotisch***	Burgundisch***
etwa 700		-ländisch / -deutsch	(in Ober- = Hochd. Süddeutschland u. in Mitteldtld.)		(Bibelübersetzung um 350 n. Chr.) in der Völkerwanderungszeit bis auf wenige Reste ausgestorben	
		norddeutsche Mundarten		Altisländisch • schwedisch • norwegisch • dänisch		
etwa 1100			Mittelhochdeutsch			
			Jiddisch			
seit etwa 1500	Englisch	Niederländisch	Plattdeutsch			
seit etwa 1650		Africaans	Neuhochdeutsch	Skandinavische Sprachen		

Legende:
* Sprache, deren Existenz nur angenommen wird
** Sprache, von der kein längerer Text schriftlich überliefert ist
*** ausgestorbene Sprache

Sprache und Kommunikation

TENDENZEN DER DEUTSCHEN GEGENWARTSSPRACHE Die deutsche Gegenwartssprache ist ständigen Veränderungen unterworfen. Dies liegt an den gesellschaftlichen, politischen und wirtschaftlichen Veränderungen, an der Globalisierung auch der Sprache (man denke nur an den Wortschatz aus dem IT-Bereich), aber auch an der explosionsartigen Zunahme der Massenkommunikationsmittel wie dem Internet.

Wichtige Trends des derzeitigen Sprachwandels:
- Ablösung des Genitivs durch den Dativ („Der Dativ ist dem Genitiv sein Tod")
- Schwache Flexion von starken Verben („backte" statt „buk")
- Ersetzung des Konjunktivs durch den Indikativ oder Umschreibung mit „würde" („Er sagte, er geht/würde gehen" statt „er ginge")
- Pluralbildung mit „s" bei Abkürzungen („PKWs")
- Zunahme von Abkürzungen und Kurzwortbildung bei gebräuchlichen Begriffen oder häufigen Wendungen im Internet bzw. bei SMS (ISDN, Demo, Perso = Personalausweis, hdl = hab dich lieb)
- Zunahme von Nominalisierungen (sog. Amtsdeutsch)
- Wortneuschöpfungen durch die Werbung („Frühbucherrabatt")

Sprachvarianten

QUICK-FINDER

Hochsprache / Standardsprache
- Definition → S. 220
- Herausbildung der Hochsprache → S. 220

Umgangssprache
- Definition → S. 221
- Regionale Umgangssprache → S. 221

Dialekt
- Definition → S. 222
- Kennzeichen → S. 222
- Leistungen → S. 222

Soziolekt / Sondersprachen
- Leistung → S. 222
- Geheimsprachen → S. 223
- Gruppensprachen → S. 223

Fachsprache
- Bedeutung → S. 223
- Verwendung → S. 223
- Beispiele → S. 223

Hochsprache / Standardsprache

DEFINITION Hochsprache ist die Schriftsprache, deren Norm standardisiert ist. Deshalb verwendet man heutzutage gleichbedeutend den Begriff Standardsprache. Diese Sprachform verwendet man, wenn man öffentlich auftritt oder Briefe an Ämter schreibt. Auch sachliche Texte, z. B. in der Zeitung, sind meist in Hoch- bzw. Standardsprache abgefasst.

HERAUSBILDUNG DER HOCHSPRACHE Die ersten Anfänge einer deutschen Hochsprache gehen auf Martin Luther zurück. Um eine für alle verständliche Bibelübersetzung zu leisten, bediente er sich der Sächsischen Kanzleisprache und prägte damit vorübergehend die deutsche Sprache.

Durch die Wirren des Dreißigjährigen Kriegs und die ausländischen Einflüsse geriet dieser Ansatz wieder in den Hintergrund, sodass es im 17. Jh. wieder verschiedene regionale Ausprägungen der deutschen Schriftsprache gab. Neue Normierungsversuche gab es im Barock durch die entstehenden Sprachgesellschaften. Sie setzten sich vor allem für eine „Reinigung" der Sprache von fremdsprachlichen Elementen ein (Sprachpurismus). Folgende Änderungen schlugen sie u. a. vor: Anschrift (für Adresse), Mundart (für Dialekt), Wahlspruch (für Devise), Verfasser (für Autor). Ihr noch heute bekanntester Vertreter Philipp von Zesen schoss aber über das Ziel hinaus, indem er Fieber durch Zitterweh und Nase durch Gesichtserker ersetzen wollte.

Eine wichtige Rolle für die Herausbildung einer deutschen Standardsprache spielte die Literatur des 18. Jh. Die Dichter des Sturm und Drang und der Klassik wurden normbildend in Bezug auf Wortwahl und Stil. Als Ende des 18. Jh. die deutsche Literatur europäische Bedeutung erlangt hatte, war auch die Sprache Goethes, Schillers und Lessings als Standardsprache weitgehend akzeptiert, was sich auch auf andere Publikationen, z. B. auf die wissenschaftliche Literatur und Zeitungen, die immer weiter verbreitet wurden, auswirkte.

Im 19. Jh. wurde die Standardsprache über den Schulunterricht einer breiten Bevölkerung zugänglich. Der 1885 gegründete Allgemeine Deutsche Sprachverein kümmerte sich gleichermaßen um Sprachpflege, Sprachreinigung und Nationalbewusstsein und beeinflusste, da viele Mitglieder Lehrer und Beamte waren, die Sprache der Behörden und der Verwaltung. Da die orthographische Einheitlichkeit immer dringlicher schien, griff zum ersten Mal der Staat regelnd ein. Konferenzen wurden abgehalten, das Ergebnis war das „Orthographische Wörterbuch" Konrad Dudens (1880). Dieses galt – in immer neuen Auflagen – bis ins 21. Jh. als letzte Instanz in Zweifelsfällen der deutschen Sprache.

Umgangssprache

DEFINITION Umgangssprache ist eine vorwiegend gesprochene Sprachform, die zwischen Dialekt und Standardsprache angesiedelt ist. Sie wird auch als Alltagssprache bezeichnet. Die Umgangssprache weicht insbesondere im Wortschatz und in den Grammatikregeln von der Standardsprache ab.

REGIONALE UMGANGSSPRACHE Jede Umgangssprache zeigt regionale Färbungen. Diese betreffen die Intonation, die regionale Färbung der Aussprache sowie geografisch bedingte Begriffsunterschiede (z. B. *Metzger/Fleischer, Kartoffelpuffer/Reiberdatschi*).

Dialekt

DEFINITION Unter Dialekt oder Mundart versteht man die gemeinsame Sprachform in einem geografischen Gebiet, die von der Standard- bzw. Hochsprache in Satzbau, Wortwahl, Grammatik und Aussprache abweicht.

KENNZEICHEN Der Dialekt ist von Region zu Region unterschiedlich. Sagt man in Süddeutschland „Bub" oder „Bua", spricht man im Norden vom „Jungen". Das Bayerische kennt weder das Präteritum noch das stimmhafte s im Anlaut, im Berlinerischen wird nicht zwischen dem Dativ und dem Akkusativ unterschieden.

LEISTUNGEN Der Dialekt ist oft vielfältiger als die vereinheitlichte Hochsprache. Er ermöglicht dem Dialektsprecher häufig ausgeprägter als die Standardsprache die Äußerung von Gefühlsregungen und wirkt deshalb in manchen Situationen authentischer.

Soziolekt / Sondersprachen

LEISTUNG Sondersprachen dienen dazu, die Zusammengehörigkeit einer bestimmten Gruppe der Gesellschaft zu demonstrieren und diese damit von anderen abzugrenzen. Zu den Sondersprachen gehören:

GEHEIMSPRACHEN, die kaum ein Außenstehender versteht, z. B. das Rotwelsch, die Sprache der Landfahrer, sowie verschiedene Gaunersprachen,

GRUPPENSPRACHEN, die die Zugehörigkeit zu einer besonderen Bevölkerungsgruppe anzeigen, z. B. die Jugendsprache, die Jugendliche verwenden, wenn sie unter ihresgleichen sind. Dabei herrscht in den verschiedenen Gruppierungen und Milieus ein jeweils unterschiedlicher Wortschatz vor, der häufig den jeweiligen Moden der Zeit Rechnung trägt und derzeit häufig aus dem Englischen entlehnt ist (z. B. *chillen, raven*). Jugendsprache wird gesprochen, selten geschrieben; sie ist nur bedingt literaturfähig und veraltet schnell.

Fachsprache

BEDEUTUNG Die Fachsprache zeigt an, dass es in den verschiedenen Bereichen unserer Gesellschaft einen hohen Grad an Spezialisierung gibt. Fachleute der verschiedenen Berufe oder Disziplinen verständigen sich in ihrer jeweiligen Fachsprache, da sie sich damit besonders präzis ausdrücken können. Fachsprache unterscheidet sich besonders durch ihren Wortschatz von der Hochsprache.

VERWENDUNG Fachsprache wird auch in Sachtexten verwendet, um möglichst genaue Informationen geben zu können.

BEISPIELE Juristensprache, medizinische Fachsprache, Computersprache, Sprache des Sports oder der Popmusik, Jägersprache.

Notizen

Notizen

Abi-Wissen
Garantiert kapiert!
MATHEMATIK

Analytische Geometrie, Lineare Algebra
und Analysis

Analysis – Funktionen

INHALT

1 Analysis – Funktionen

Funktionen – Grundlagen	230
Lineare Funktionen	234
Grundlegende Eigenschaften von Funktionen	240
Umkehrfunktion	250
Polynomfunktionen	257

2 Analysis – Differenzialrechnung

Grenzwerte	261
Gebrochen rationale Funktionen	268
Stetigkeit	277
Ableitung – Differenzierbarkeit	281
Kurvendiskussion	294
SPEZIALTHEMA: Typische Aufgabenstellungen zur Differenzialrechnung	305
Sätze über differenzierbare Funktionen	310

3 Analysis – Integralrechnung

Stammfunktion und Integralfunktionen	317
Flächeninhaltsberechnung	329
Logarithmusfunktionen	334

INHALT

SPEZIALTHEMA:
Beispiel einer Kurvendiskussionsaufgabe I — 339
Exponentialfunktionen — 342
SPEZIALTHEMA:
Beispiel einer Kurvendiskussionsaufgabe II — 345
Uneigentliche Integrale, Integrationsverfahren — 347

4 Analytische Geometrie und Lineare Algebra

Grundlagen — 354
Geraden und Ebenen — 381
SPEZIALTHEMA: Lineare Gleichungssysteme — 399
Skalarprodukt — 403
Projektionen und Spiegelungen — 427
Flächen- und Volumenberechnung — 436

Analysis – Funktionen

Funktionen – Grundlagen

QUICK-FINDER

Funktionsbegriff
- Definitions- und Wertemenge → S. 231
- Funktionsterm und Funktionsgleichung → S. 231

Gleichheit von Funktionen
- Gleichheit, Einschränkung und Fortsetzung → S. 232

Beschränktheit von Funktionen
- Beschränktheit → S. 232
- Supremum und Infimum → S. 232

Verknüpfung von Funktionen
- Summe, Differenz, Produkt, Quotient und Verkettung → S. 233

Funktionsbegriff

DEFINITIONS- UND WERTEMENGE Eine Funktion ist eine eindeutige Zuordnung: Jedem Element der Definitionsmenge D wird **genau ein** Element der Bildmenge B zugeordnet. Funktionen werden meist mit f, g oder h bezeichnet, daneben gibt es für spezielle Funktionen besondere Abkürzungen, z.B. sin für die Sinusfunktion. Ordnet eine Funktion f dem Argument $x_0 \in D$ das Bild $y_0 = f(x_0)$ zu, so bezeichnet man dieses auch als Funktionswert von f an der Stelle x_0. Die Menge $\{f(x_0) | x_0 \in D\}$ heißt Wertemenge W der Funktion f; als Menge aller tatsächlich vorkommenden Funktionswerte ist W eine Teilmenge von B: $W \subseteq B$.

Beispiel 1: Definitions- und Wertemenge und Graph einer Funktion

$f: [-4; \infty[\to \mathbb{R}, x \mapsto y = \sqrt{x+4}$

$[-4; \infty[$ ist hier die maximale Definitionsmenge; die Wertemenge von f ist $\mathbb{R}_0^+$

Wertetabelle:

x	−4	−3	−2	−1	0	1	...
y	0	1	$\sqrt{2}$	$\sqrt{3}$	2	$\sqrt{5}$	...

Graph:

FUNKTIONSTERM UND FUNKTIONSGLEICHUNG Eine Funktion heißt eine reelle Funktion, wenn ihre De-

finitions- und ihre Bildmenge Teilmengen der Menge der reellen Zahlen sind: $D \subseteq \mathbb{R}$, $B \subseteq \mathbb{R}$.
Die ausführliche Schreibweise für eine Funktion ist die folgende: $f: D \to B$, $x \mapsto y = f(x)$; dabei heißt $f(x)$ der Funktionsterm der Funktion f und $y = f(x)$ heißt ihre Funktionsgleichung. Der Graph G_f einer Funktion f ist in der Koordinaten-Ebene die Menge aller Punkte $P(x|y)$ mit $x \in D$ und $y = f(x)$.

Gleichheit von Funktionen

GLEICHHEIT, EINSCHRÄNKUNG UND FORTSETZUNG Zwei Funktionen f und g heißen gleich, wenn gilt:
$D_f = D_g$ und $f(x) = g(x)$ für alle $x \in D_f$
Eine Funktion g heißt Einschränkung einer Funktion f, wenn $g(x) = f(x)$ für alle $x \in D_f$ gilt und wenn $D_g \subseteq D_f$; f heißt dann umgekehrt eine Fortsetzung von g.

Beschränktheit von Funktionen

BESCHRÄNKTHEIT Eine Funktion f heißt nach oben beschränkt bzw. nach unten beschränkt, wenn es eine reelle Zahl S bzw. s gibt, sodass für alle $x \in D_f$ gilt: $f(x) \leq S$ bzw. $f(x) \geq s$.

SUPREMUM UND INFIMUM S bzw. s heißt dann obere Schranke bzw. untere Schranke von f. Als Supremum bzw. Infimum von f bezeichnet man die kleinste obere bzw. die größte untere Schranke von f. f heißt beschränkt schlechthin, wenn es eine positive reelle Zahl σ gibt, sodass für alle $x \in D_f$ gilt: $|f(x)| \leq \sigma$

Die Funktion f aus Beispiel 1 ist nach unten beschränkt, ihr Infimum ist 0. Dagegen ist sie nach oben unbeschränkt und somit nicht beschränkt schlechthin.
Ein Beispiel für eine beschränkte Funktion wäre etwa:

$\quad$ h: $x \mapsto y = 1 + 2 \cdot \cos x \quad$ mit $\sigma_{min} = 3$

Verknüpfungen von Funktionen

SUMME, DIFFERENZ, PRODUKT, QUOTIENT UND VERKETTUNG

Sind f und g zwei auf D_f bzw. auf D_g definierte Funktionen und ist $D := D_f \cap D_g$ nicht leer, so lassen sich die folgenden Verknüpfungen bilden:

Summe $\quad$ f + g: $\;x \mapsto y = f(x) + g(x); \quad x \in D$
Differenz $\;$ f − g: $\;x \mapsto y = f(x) − g(x); \quad x \in D$
Produkt $\;\;$ f · g: $\;x \mapsto y = f(x) \cdot g(x); \quad\;\; x \in D$
Quotient $\;\;\dfrac{f}{g}$: $\;x \mapsto y = \dfrac{f(x)}{g(x)}; \quad\quad\quad x \in D \setminus \{x \,|\, g(x) = 0\}$

Sind f und g zwei Funktionen mit $W_f \subseteq D_g$, dann heißt
$\quad$ g∘f: $\;x \mapsto y = g(f(x)); \quad x \in D_f$
die Verkettung von f mit g.

Verknüpfungen zweier Funktionen

Mit f: $\mathbb{R} \to \mathbb{R}$, $x \mapsto y = 3x^2 − 2$; $W_f = [−2, \infty[$

und g: $\mathbb{R} \to \mathbb{R}$, $x \mapsto y = \sin x$; $W_g = [−1, +1]$

ist g∘f: $\mathbb{R} \to \mathbb{R}$, $x \mapsto y = \sin(3x^2 − 2)$;

aber: f∘g: $\mathbb{R} \to \mathbb{R}$, $x \mapsto y = 3 \cdot \sin^2 x − 2$;

weiter ist f · g: $\mathbb{R} \to \mathbb{R}$, $x \mapsto y = (3x^2 − 2) \cdot \sin x$

sowie $\dfrac{f}{g}$: $\mathbb{R} \setminus \{k \cdot \pi \,|\, k \in \mathbb{Z}\} \to \mathbb{R}$, $x \mapsto y = \dfrac{3x^2 − 2}{\sin x}$

Analysis – Funktionen

Lineare Funktionen

QUICK-FINDER

Geradengleichung
- Steigung als Differenzenquotient ➤ S. 235
- Ursprungsgeraden bei direkter Proportionaliät ➤ S. 236

Schnittpunkte und Schnittwinkel der Graphen linearer Funktionen
- Parallele und nichtparallele Geraden ➤ S. 236
- Berechnung des Schnittwinkels ➤ S. 237

Abschnittsweise lineare Funktionen
- Betragsfunktion und Signumsfunktion ➤ S. 238

Geradengleichung

STEIGUNG ALS DIFFERENZENQUOTIENT

$$f: \mathbb{R} \to \mathbb{R}, \quad x \mapsto y = mx + t \quad (m, t \in \mathbb{R})$$

ist die **allgemeine lineare Funktion**. Ihr Graph ist eine Gerade mit der Steigung m; für m > 0 steigt die Gerade, für m < 0 fällt sie, für m = 0 ist sie parallel zur x-Achse. Der Graph schneidet die y-Achse im Punkt (0|t); daher spricht man vom **y-Achsen-Abschnitt t**.

Beispiel 1: Graph einer linearen Funktion mit Steigungsdreiecken

$f: \mathbb{R} \to \mathbb{R}, x \mapsto y = \frac{3}{4}x + 2$

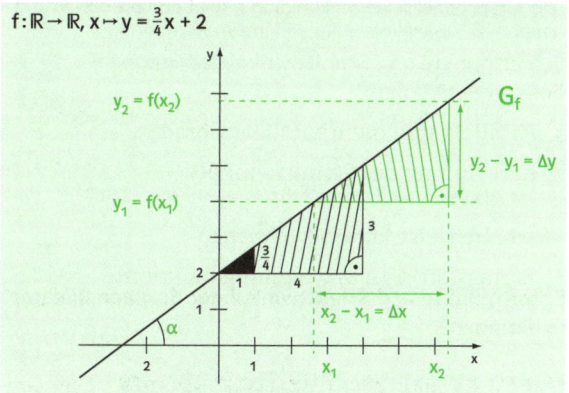

In jedem der rechtwinkligen Steigungsdreiecke tritt der Neigungswinkel α gegenüber der Horizontalen auf, und wegen der Ähnlichkeit dieser Dreiecke gilt:

$$m = \tan \alpha = \frac{\Delta y}{\Delta x} = \frac{y_2 - y_1}{x_2 - x_1} = \frac{f(x_2) - f(x_1)}{x_2 - x_1}$$

Dieser Quotient heißt auch **Differenzenquotient**.

Analysis – Funktionen

> **URSPRUNGSGERADEN BEI DIREKTER PROPORTIONALIÄT**

Für $t = 0$ ergeben sich als Sonderfall Funktionen der Form $f: x \mapsto y = mx$: Die Graphen sind **Ursprungsgeraden**.

Dann sind x und y direkt proportional zueinander ($x \sim y$), und m heißt auch **Proportionalitätsfaktor**. Es liegt nun Quotientengleichheit vor:

$$\frac{y_1}{x_1} = \frac{y_2}{x_2} = \ldots = m = \text{const.}$$

> **Beispiel 2: Bestimmung des Funktionsterms einer linearen Funktion**
>
> Der Graph einer linearen Funktion g geht durch $P(-2|8)$ und $Q(6|4)$; die Werte von m und t sind zu bestimmen.
>
> $$m = \frac{\Delta y}{\Delta x} = \frac{4-8}{6-(-2)} = -\frac{4}{8} = -\frac{1}{2}$$
>
> $$g(x) = -\frac{1}{2}x + t$$
>
> $$g(6) = -\frac{1}{2} \cdot 6 + t = 4 \implies t = 7$$
>
> $$g(x) = -\frac{1}{2}x + 7; \quad m = \tan\alpha = -\frac{1}{2} \implies \alpha \approx -26{,}6°$$

Schnittpunkte und Schnittwinkel der Graphen linearer Funktionen

> **PARALLELE UND NICHTPARALLELE GERADEN** Die Graphen zweier linearer Funktionen

- sind parallel zueinander, wenn sie in der Steigung m übereinstimmen
- schneiden sich in einem Punkt, wenn sie in m nicht übereinstimmen:

Beispiel 3: Schnittpunkt der Graphen zweier linearer Funktionen

$f: x \mapsto y = \frac{3}{4}x + 2$ (vgl. Beispiel 1)

$g: x \mapsto y = -\frac{1}{2}x + 7$ (vgl. Beispiel 2)

Für den Schnittpunkt $S(x_s | y_s)$ von G_f und G_g gilt:

$$y_s = \frac{3}{4}x_s + 2 \wedge y_s = -\frac{1}{2}x_s + 7, \text{ also:}$$

$$\frac{3}{4}x_s + 2 = -\frac{1}{2}x_s + 7 \Rightarrow x_s = 4$$

$$y_s = \frac{3}{4} \cdot 4 + 2 = -\frac{1}{2} \cdot 4 + 7 = 5; \text{ also } S(4|5)$$

BERECHNUNG DES SCHNITTWINKELS Bei der Bestimmung des Schnittwinkels sind zwei Fälle zu unterscheiden.

Beispiel 4: Geraden schneiden sich rechtwinklig

Die eine Steigung ist der negative Kehrwert der anderen:

$$m_f = -\frac{1}{m_g}$$

oder

$$m_f \cdot m_g = -1$$

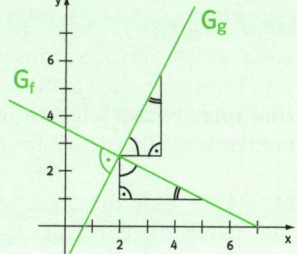

Beispiel 5: Geraden schneiden sich nicht rechtwinklig

Unter dem Schnittwinkel φ versteht man den spitzen Winkel zwischen G_f und G_g. Eine Fallunterscheidung lässt sich vermeiden, wenn man φ wie folgt berechnet:

$$\tan \varphi = \left| \frac{m_f - m_g}{1 + m_f \cdot m_g} \right|$$

für $m_f \cdot m_g \neq -1$

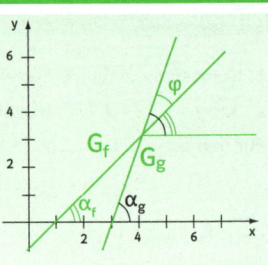

In Bsp. 3 ergibt sich:

$$\tan \varphi = \left| \frac{\frac{3}{4} - \left(-\frac{1}{2}\right)}{1 + \frac{3}{4} \cdot \left(-\frac{1}{2}\right)} \right| = \left| \frac{\frac{5}{4}}{\frac{5}{8}} \right| = 2 \;\Rightarrow\; \varphi \approx 63{,}4°$$

Abschnittsweise lineare Funktionen

BETRAGSFUNKTION UND SIGNUMSFUNKTION Ist der Graph einer Funktion nur aus Geradenstücken zusammengesetzt, so heißt die zugehörige Funktion abschnittsweise linear. Die wichtigsten Beispiele solcher Funktionen sind die Betrags- und die Vorzeichenfunktion.

Beispiel 6: Die Betragsfunktion: abs

$$x \mapsto \operatorname{abs}(x) = |x| = \begin{cases} x & \text{für } x \geq 0 \\ -x & \text{für } x < 0 \end{cases}$$

Beispiel 7: Die Vorzeichenfunktion: sgn

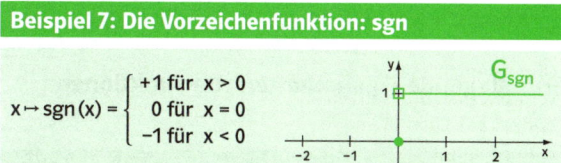

$$x \mapsto \operatorname{sgn}(x) = \begin{cases} +1 \text{ für } x > 0 \\ 0 \text{ für } x = 0 \\ -1 \text{ für } x < 0 \end{cases}$$

Diese beiden Funktionen hängen eng miteinander zusammen; es gilt: $|x| = x \cdot \operatorname{sgn}(x)$, aber auch $x = |x| \cdot \operatorname{sgn}(x)$. Wird eine Funktion f mit der Betragsfunktion verknüpft, bildet man also die Funktion
g: $x \mapsto y = \operatorname{abs}(f(x)) = |f(x)|$, so hat dies lediglich die folgende Wirkung: Der Graph von g stimmt mit dem Graphen von g überein bis auf diejenigen Teile von G_f, die unterhalb der x-Achse liegen: diese werden an der x-Achse gespiegelt.

Beispiel 8: $f(x) = x - 3$, $g(x) = |x - 3|$

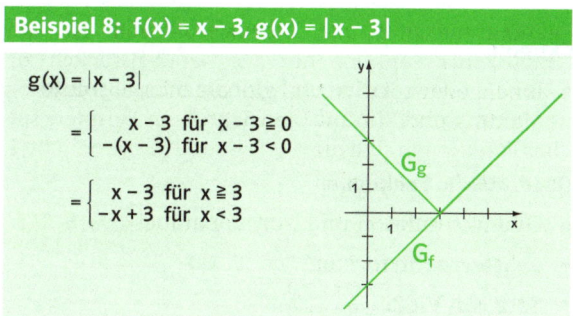

$g(x) = |x - 3|$

$ = \begin{cases} x - 3 \text{ für } x - 3 \geq 0 \\ -(x - 3) \text{ für } x - 3 < 0 \end{cases}$

$ = \begin{cases} x - 3 \text{ für } x \geq 3 \\ -x + 3 \text{ für } x < 3 \end{cases}$

Analysis – Funktionen

Grundlegende Eigenschaften von Funktionen

QUICK-FINDER

Schnittpunkte des Graphen mit den Koordinatenachsen
- Nullstelle → S. 241

Symmetrie des Graphen
- Achsensymmetrie und Punktsymmetrie
  → S. 241

Monotonie
- (streng) monotones Fallen und Steigen → S. 244

Extrema
- lokale oder relative und globale oder absolute Maxima und Minima → S. 245

Quadratische Funktionen
- Quadratfunktion und Normalparabel → S. 246
- „Mitternachtsformel" → S. 247
- Satz von Vieta → S. 248
- Normalform, faktorisierte Form und Scheitelform der Funktionsgleichung → S. 248

Grundlegende Eigenschaften von Funktionen

Schnittpunkte des Graphen mit den Koordinatenachsen

NULLSTELLE Schneidet der Graph einer Funktion f die y-Achse im Punkt $S(0|y_s)$, so ist $y_s = f(0)$. Hat G_f mit der x-Achse einen Punkt $N(x_s|0)$ gemeinsam, so ist x_s eine Lösung der Gleichung $f(x) = 0$, und x_s heißt eine **Nullstelle** der Funktion f.

Beispiel 1: Schnittpunkte einer Parabel mit den Koordinatenachsen

$f: x \mapsto y = x^2 - 2x - 3$

$f(0) = -3$;
G_f schneidet die y-Achse in $(0|-3)$

$f(x) = 0 \Leftrightarrow x^2 - 2x - 3 = 0$
$ \Leftrightarrow x = -1 \vee x = 3$;
G_f schneidet die x-Achse in $(-1|0)$ und in $(3|0)$, und f hat die Nullstellen -1 und 3.

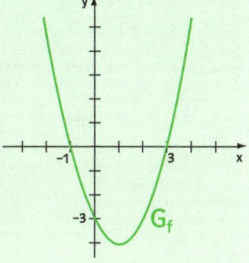

Symmetrie des Graphen

ACHSENSYMMETRIE UND PUNKTSYMMETRIE

a) Der Graph einer Funktion f ist **achsensymmetrisch bezüglich der y-Achse**, wenn für alle $x \in D_f$ gilt: $f(-x) = f(x)$.
Die Funktion f heißt dann eine **gerade Funktion**.
Beispiele gerader Funktionen sind die cos-Funktion oder alle Potenzfunktionen $x \mapsto y = x^n$ mit geradzahligem $n \in \mathbb{Z}$ sowie die Betragsfunktion.

b) Der Graph einer Funktion f ist **punktsymmetrisch bezüglich des Ursprungs**, wenn für alle $x \in D_f$ gilt: $f(-x) = -f(x)$. Die Funktion f heißt dann eine **ungerade Funktion**. Beispiele ungerader Funktionen sind die sin-, die tan- und die sgn-Funktion sowie alle Potenzfunktionen $x \mapsto y = x^n$ mit ungeradzahligem $n \in \mathbb{Z}$.

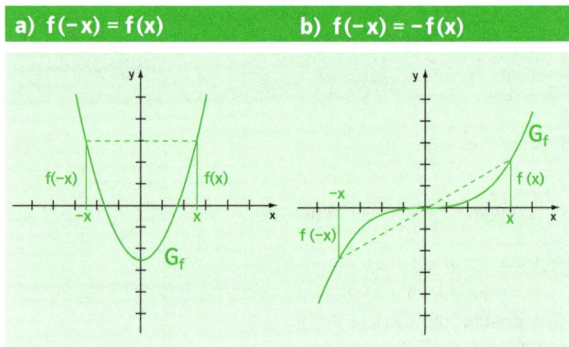

a) $f(-x) = f(x)$ b) $f(-x) = -f(x)$

Soll eine Funktion f auf Symmetrie bezüglich des Koordinatensystems untersucht werden, berechnet man also auf jeden Fall $f(-x)$; stimmt das Ergebnis für alle $x \in D_f$ mit $f(x)$ bzw. mit $-f(x)$ überein, so liegt eine der beiden in a) bzw. b) genannten Symmetrien vor; andernfalls weist G_f keine Symmetrie bezüglich des Koordinatensystems auf.

c) Der Graph einer Funktion f ist **achsensymmetrisch bezüglich der Achse mit der Gleichung** $x = a$, wenn für alle $x \in D_f$ gilt:
$f(a - x) = f(a + x)$.

Beispiel 2: Der Graph von $f: x \mapsto y = x^2 - 2x$ ist achsensymmetrisch bezüglich der Achse mit der Gleichung x = 1.

d) Der Graph einer Funktion f ist **punktsymmetrisch bezüglich des Zentrums Z(a|b)**, wenn für alle $x \in D_f$ gilt:
$b - f(a - x) = f(a + x) - b \Leftrightarrow f(a - x) + f(a + x) = 2b$

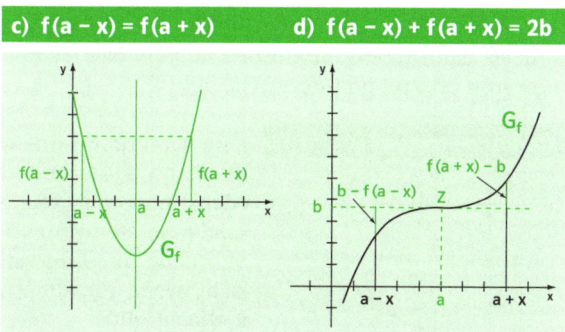

Beispiel 3: Die Symmetrie des Graphen von

$$f: \mathbb{R}\setminus\{3\} \to \mathbb{R}, \, x \mapsto y = \frac{2x - 5}{x - 3}, \text{ bezüglich } Z(3|2)$$

soll nachgewiesen werden:
Für alle $x \in \mathbb{R}\setminus\{3\}$ gilt mit a = 3 und b = 2:

$$f(3 - x) + f(3 + x) = \frac{2(3 - x) - 5}{(3 - x) - 3} + \frac{2(3 + x) - 5}{(3 + x) - 3}$$

$$= \frac{6 - 2x - 5}{-x} + \frac{6 + 2x - 5}{x}$$

$$= \frac{-6 + 2x + 5 + 6 + 2x - 5}{x}$$

$$= \frac{4x}{x} = 4 = 2 \cdot 2 = 2 \cdot b$$

Analysis – Funktionen

Monotonie

(STRENG) MONOTONES FALLEN UND STEIGEN Eine Funktion f heißt **streng monoton zunehmend** bzw. **streng monoton abnehmend** in einem Intervall [a; b], wenn für alle $x_1, x_2 \in [a; b]$ gilt:

$x_1 < x_2 \Rightarrow f(x_1) < f(x_2)$ bzw. $x_1 < x_2 \Rightarrow f(x_1) > f(x_2)$.

G_f heißt dann **streng monoton steigend** bzw. **streng monoton fallend** im Intervall [a; b].

Monoton steigend

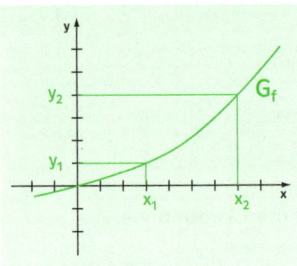

Eine Funktion f heißt **monoton zunehmend** oder monoton wachsend bzw. **monoton abnehmend** im Intervall [a; b], wenn für alle $x_1, x_2 \in [a; b]$ gilt:
$x_1 < x_2 \Rightarrow f(x_1) \leq f(x_2)$
bzw.
$x_1 < x_2 \Rightarrow f(x_1) \geq f(x_2)$

G_f heißt dann **monoton steigend** bzw. **monoton fallend** im Intervall [a; b].

Beispiel 4: Die Funktion f aus Beispiel 3 ist im Intervall]3; ∞[streng monoton abnehmend.
Für $x_1, x_2 \in {]3; \infty[}$ folgt aus $x_1 < x_2$:

$$x_1 - 3 < x_2 - 3 \Rightarrow \frac{1}{x_1 - 3} > \frac{1}{x_2 - 3}$$
$$\Rightarrow 2 + \frac{1}{x_1 - 3} > 2 + \frac{1}{x_2 - 3}$$
$$\Rightarrow \frac{2(x_1 - 3) + 1}{x_1 - 3} > \frac{2(x_2 - 3) + 1}{x_2 - 3}$$
$$\Rightarrow \frac{2x_1 - 5}{x_1 - 3} > \frac{2x_2 - 5}{x_2 - 3} \Rightarrow f(x_1) > f(x_2)$$

Extrema

LOKALE ODER RELATIVE UND GLOBALE ODER ABSOLUTE MAXIMA UND MINIMA Ist f eine reelle Funktion, so nennt man $x_0 \in D_f$ ein lokales oder relatives Minimum bzw. Maximum von f, wenn gilt:
(*) $f(x) \geq f(x_0)$ bzw. $f(x) \leq f(x_0)$ für alle $x \neq x_0$
in einer Umgebung $U_\varepsilon(x_0) =]x_0 - \varepsilon; x_0 + \varepsilon[$ mit $\varepsilon \in \mathbb{R}^+$

$T(x_0 | f(x_0))$ bzw. $H(x_0 | f(x_0))$ heißt dann Tiefpunkt bzw. Hochpunkt von G_f.

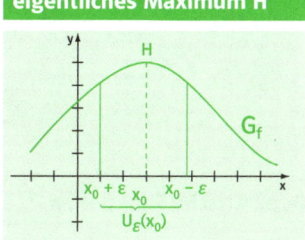

eigentliches Maximum H

Das Minimum heißt „eigentlich", wenn in (*) das Gleichheitszeichen im Ordnungszeichen nicht gilt.
x_0 heißt globales oder absolutes Minimum bzw. Maximum von f, wenn gilt:
$f(x) \geq f(x_0)$ bzw.
$f(x) \leq f(x_0)$
für alle $x \neq x_0$ in ganz D_f.
Maxima und Minima heißen zusammenfassend Extrema.

Absolute und relative Extrema

Die auf ℝ definierte Funktion f besitzt kein absolutes Minimum oder Maximum, aber das relative Maximum x_1 und das relative Minimum x_2.

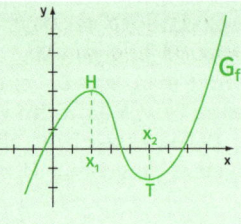

Die auf ℝ definierte Funktion g besitzt das absolute Maximum x_3.

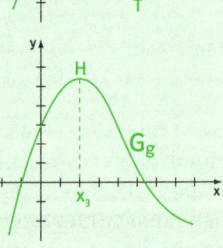

Quadratische Funktionen

QUADRATFUNKTION UND NORMALPARABEL Die Funktion
$$f: \mathbb{R} \to \mathbb{R},\ x \mapsto y = x^2$$
heißt Quadratfunktion; ihr Graph heißt Normalparabel. Diese berührt die x-Achse im Ursprung. $x_0 = 0$ ist die einzige Nullstelle der Quadratfunktion und ihr absolutes Minimum. Der Ursprung heißt Scheitel der Normalparabel.

Da $(-x)^2 = x^2$ für alle $x \in \mathbb{R}$, ist die Normalparabel symmetrisch bezüglich der y-Achse.

Quadratfunktion $y = x^2$

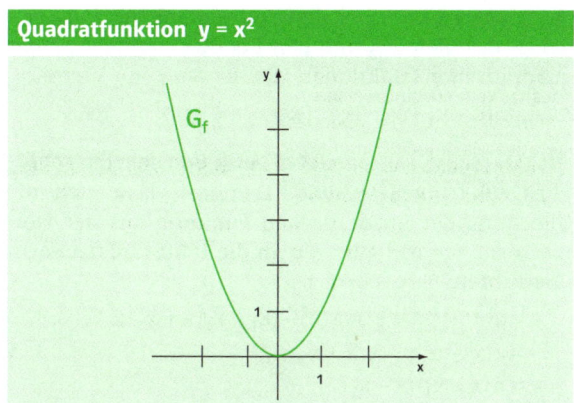

„MITTERNACHTSFORMEL" Die Funktion
$f: \mathbb{R} \to \mathbb{R}, x \mapsto y = ax^2 + bx + c$ mit $a, b, c \in \mathbb{R}; a \neq 0$,
ist die allgemeine quadratische Funktion. Ihr Graph ist eine Parabel. Diese ist für $a > 0$ nach oben, für $a < 0$ nach unten geöffnet. Für $|a| > 1$ ist sie schlanker, für $0 < |a| < 1$ ist sie breiter als die Normalparabel, für $|a| = 1$ ist sie zur Normalparabel kongruent. Die Nullstellen der quadratischen Funktion
$x \mapsto y = ax^2 + bx + c$ ergeben sich aus der

$$\text{„Mitternachtsformel": } x_{1/2} = \frac{-b \pm \sqrt{b^2 - 4ac}}{2a};$$

dabei entscheidet die Diskriminante $D = b^2 - 4ac$ über die Anzahl der Nullstellen:

für $D > 0$ gibt es zwei verschiedene Nullstellen,
für $D = 0$ gibt es eine doppelte Nullstelle $-\frac{b}{2a}$, und
für $D < 0$ gibt es keine relle Nullstelle.

Analysis – Funktionen

SATZ VON VIETA Über den Zusammenhang zwischen den Nullstellen $x_{1/2}$ und den Koeffizeinten a, b, c der quadratischen Funktionen gibt der Satz von Vieta Auskunft: $x_1 + x_2 = -\frac{b}{a}$; $x_1 \cdot x_2 = \frac{c}{a}$

NORMALFORM, FAKTORISIERTE FORM UND SCHEITELFORM DER FUNKTIONSGLEICHUNG Demnach lässt sich die Gleichung der quadratischen Funktion aus der Normalform $y = ax^2 + bx + c$ in die faktorisierte Form überführen:

$$y = a\left(x^2 + \frac{b}{a}x + \frac{c}{a}\right) = a(x^2 - (x_1 + x_2)x + x_1 \cdot x_2)$$
$$= a(x^2 - x_1 x - x_2 x + x_1 \cdot x_2)$$
$$y = a(x - x_1)(x - x_2)$$

$x - x_1$ und $x - x_2$ bezeichnet man als Linearfaktoren.

Beispiel 1: Nullstellen und faktorisierte Form einer quadratischen Gleichung

$f: x \mapsto y = \frac{1}{2}x^2 - x - 1\frac{1}{2}$

$\qquad = \frac{1}{2}(x^2 - 2x - 3)$

$\qquad = \frac{1}{2}(x + 1)(x - 3)$

hat die Nullstellen
$x_1 = -1$ und
$x_2 = 3$

	$x < -1$	$x = -1$	$-1 < x < 3$	$x = 3$	$x > 3$
f(x)	+	0	−	0	+

Grundlegende Eigenschaften von Funktionen

Zur Bestimmung der Koordinaten des Scheitelpunkts des Graphen einer quadratischen Funktion f überführt man die Funktionsgleichung mit Hilfe **quadratischer Ergänzung** von der Normalform in die **Scheitelform**:

$$y = ax^2 + bx + c = a \cdot \left(x^2 + \tfrac{b}{a}x\right) + c$$
$$= a \cdot \left(x^2 + \tfrac{b}{a}x + \left(\tfrac{b}{2a}\right)^2\right) + c - a \cdot \left(\tfrac{b}{2a}\right)^2$$
$$= a \cdot \left(x + \tfrac{b}{2a}\right)^2 + c - \tfrac{b^2}{4a} = a \cdot \left(x - \left(-\tfrac{b}{2a}\right)\right)^2 + \tfrac{4ac - b^2}{4a}$$
$$= a \cdot (x - s)^2 + t$$

Dabei ist nun $S(s|t)$ der Scheitel des Graphen von f, und es gilt:

$$s = -\tfrac{b}{2a}; \quad t = \tfrac{4ac - b^2}{4a}$$

Beispiel 2: Scheitelform einer quadratischen Funktion

$f(x) = \tfrac{1}{2}x^2 - x - 1\tfrac{1}{2} = \tfrac{1}{2}(x^2 - 2x + 1) - 1\tfrac{1}{2} - \tfrac{1}{2} \cdot 1$
$= \tfrac{1}{2}(x - 1)^2 - 2; \quad s = 1, \; t = -2; \quad S(1|-2)$

Die Zeichnung von G_f findet sich unter Beispiel 1.

Anhand der Scheitelform erkennt man auch, wie der Graph der allgemeinen quadratischen Funktion aus dem der Quadratfunktion entsteht:

Die Normalparabel wird
- mit dem Streckfaktor $\tfrac{1}{a}$ und dem Ursprung als Zentrum zentrisch gestreckt;
- um $|s|$ horizontal verschoben, und zwar für $s > 0$ nach rechts bzw. für $s < 0$ nach links;
- um $|t|$ vertikal verschoben, und zwar für $t > 0$ nach oben bzw. für $t < 0$ nach unten.

Analysis – Funktionen

Umkehrfunktion

QUICK-FINDER

Umkehrbarkeit
- Kriterien für die Umkehrbarkeit einer Funktion → S. 251

Umkehrfunktion
- Begriff der Umkehrfunktion → S. 252
- Definitions- und Wertemenge sowie Graph und Umkehrfunktion → S. 252

Wurzelfunktion
- Wurzelfunktion → S. 253

Funktionenscharen
- Funktionenschar und Schar-Parameter → S. 254

Typische Aufgabenstellungen
- Untersuchung auf Punkte, die zu den Graphen einer Schar gehören → S. 255
- Bestimmung der Gleichung von Ortslinien → S. 255

Umkehrbarkeit

KRITERIEN FÜR DIE UMKEHRBARKEIT EINER FUNKTION

Eine Funktion $f: D_f \to \mathbb{R}, x \mapsto y = f(x)$ heißt **umkehrbar**, wenn auch die Zuordnung $y \mapsto x$ eindeutig ist. f ist genau dann umkehrbar, wenn für alle $x_1, x_2 \in D_f$ gilt:

$$x_1 \neq x_2 \implies f(x_1) \neq f(x_2).$$

Anschaulich bedeutet dies, dass keine Parallele zur x-Achse mehr als einen Punkt mit dem Graphen von f gemeinsam haben darf. Diese Bedingung ist bei strenger Monotonie von f erfüllt.

Monotonie und Umkehrbarkeit

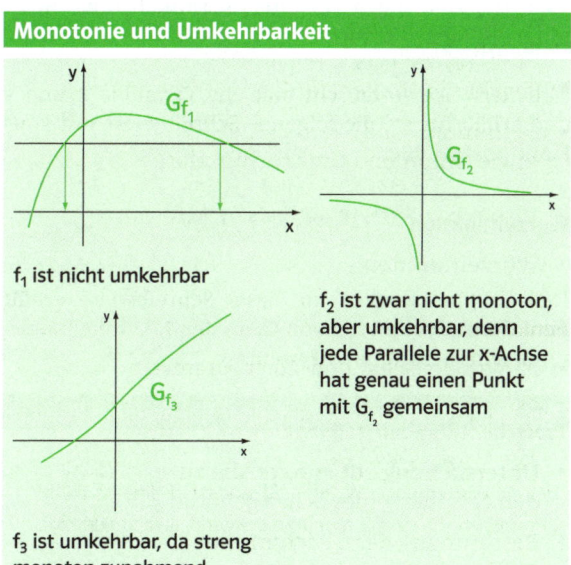

f_1 ist nicht umkehrbar

f_2 ist zwar nicht monoton, aber umkehrbar, denn jede Parallele zur x-Achse hat genau einen Punkt mit G_{f_2} gemeinsam

f_3 ist umkehrbar, da streng monoton zunehmend

Umkehrfunktion

BEGRIFF DER UMKEHRFUNKTION
Ist $f: D_f \to \mathbb{R}, x \mapsto y = f(x)$ mit der Wertemenge W_f umkehrbar, so wird durch die Zuordnung $y \mapsto x$ die Umkehrfunktion f^{-1} von f festgelegt.
Dabei gilt: $D_{f^{-1}} = W_f$; $W_{f^{-1}} = D_f$.

DEFINITIONS- UND WERTEMENGE SOWIE GRAPH UND UMKEHRFUNKTION Gelingt es, die Funktionsgleichung $y = f(x)$ eindeutig nach x aufzulösen und in die Form $x = f^{-1}(y)$ zu bringen, so lautet die Umkehrfunkton f^{-1} mit y als Funktionsvariable:

$f^{-1}: W_f \to \mathbb{R}, y \mapsto x = f^{-1}(y)$.

Üblicherweise vertauscht man die Variablen x und y und erhält für f^{-1} die folgende Schreibweise mit x als Funktonsvariable:

$$f^{-1}: W_f \to \mathbb{R}, x \mapsto y = f^{-1}(x).$$

Den Graphen von f^{-1} in dieser Schreibweise erhält man durch Spiegelung von G_f an der 1. Winkelhalbierenden des Koordinatensystems.

Beispiel 2: Umkehrfunktion einer linearen Funktion

$f: [-3; 5] \to \mathbb{R}, x \mapsto y = \frac{1}{2}x + \frac{1}{2}$
hat die Wertemenge $W_f = [-1; 3]$ und ist als lineare Funktion mit $m = \frac{1}{2}$ streng monoton steigend, also umkehrbar.

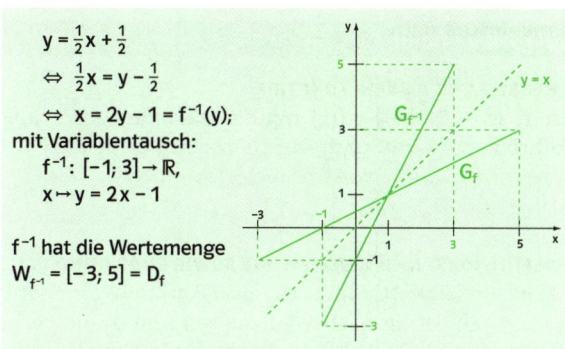

Wurzelfunktion

WURZELFUNKTION Die Quadratfunktion $f: \mathbb{R} \to \mathbb{R}$; $x \mapsto y = x^2$ ist auf $\mathbb{R}$ nicht umkehrbar. Bildet man jedoch eine geeignete Einschränkung von f (Seite 8), z.B. auf $\mathbb{R}_0^+$, so erhält man eine streng monotone und damit umkehrbare Funktion:

$$g: \mathbb{R}_0^+ \to \mathbb{R}, x \mapsto y = x^2; \quad W_g = \mathbb{R}_0^+$$

Die Umkehrfunktion g^{-1} in der üblichen Form mit x als Variable lautet

$$g^{-1}: \mathbb{R}_0^+ \to \mathbb{R}, x \mapsto y = \sqrt{x}; \quad W_{g^{-1}} = \mathbb{R}_0^+$$

und heißt Wurzelfunktion.

Die Wurzelfunktion

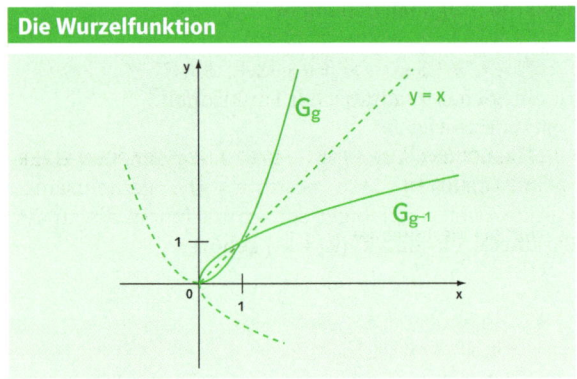

Funktionenscharen

FUNKTIONENSCHAR UND SCHAR-PARAMETER

$f_{-1}: \mathbb{R} \to \mathbb{R}, x \mapsto y = 2x - 1$
$f_0: \mathbb{R} \to \mathbb{R}, x \mapsto y = 2x$
$f_3: \mathbb{R} \to \mathbb{R}, x \mapsto y = 2x + 3$

Diese Funktionen gehören zu einer „Familie": Ihre Graphen sind parallele Geraden mit der Steigung m = 2; nur der y-Achsen-Abschnitt ist verschieden. Alle drei Funktionen haben die gleiche „Bauart":

$$f_t: \mathbb{R} \to \mathbb{R}, x \mapsto y = 2x + t$$

Lässt man für t mehrere reelle Zahlen zu, so erhält man eine Menge von Funktionen, eine Funktionenschar. Jeder Wert von t kennzeichnet dann genau eine Funktion dieser Schar; **t** heißt (Schar-)Parameter.

Umkehrfunktion

Typische Aufgabenstellungen

$f_k: \mathbb{R} \to \mathbb{R}, \; x \mapsto f_k(x) = x^2 + kx - 2k; \; k \in \mathbb{R}$
ist eine Schar quadratischer Funktionen.

UNTERSUCHUNG AUF PUNKTE, DIE ZU DEN GRAPHEN EINER SCHAR GEHÖREN Man bestimmt die gemeinsamen Punkte zweier beliebiger Scharfunktionen, die zu den Parametern k_1 und k_2 ($k_1 \neq k_2$) gehören:

$$f_{k_1}(x) = f_{k_2}(x)$$
$$x^2 + k_1 x - 2k_1 = x^2 + k_2 x - 2k_2$$
$$k_1 x - k_2 x = 2k_1 - 2k_2$$
$$(k_1 - k_2)x = 2(k_1 - k_2) \quad |:(k_1-k_2), \; k_1 \neq k_2!$$
$$x = 2$$
$$f_k(2) = 4 + 2k - 2k = 4 \quad \text{für alle } k \in \mathbb{R}$$

$(2|4)$ ist gemeinsamer Punkt aller Schargraphen.

BESTIMMUNG DER GLEICHUNG VON ORTSLINIEN auf der besondere Punkte der Graphen der Scharfunktion liegen, z. B. der Ortslinie der Scheitelpunkte:

$$f_k(x) = x^2 + kx + \left(\tfrac{k}{2}\right)^2 - 2k - \left(\tfrac{k}{2}\right)^2 = \left(x + \tfrac{k}{2}\right)^2 - 2k - \tfrac{k^2}{4}$$
$$= \left(x + \tfrac{k}{2}\right)^2 - \tfrac{k^2 + 8k}{4}$$

$S_k\left(-\tfrac{k}{2} \middle| -\tfrac{k^2 + 8k}{4}\right)$ ist der Scheitelpunkt von G_{f_k}

$$x = -\tfrac{k}{2} \qquad (1)$$
$$y = -\tfrac{k^2 + 8k}{4} \qquad (2)$$

Graph

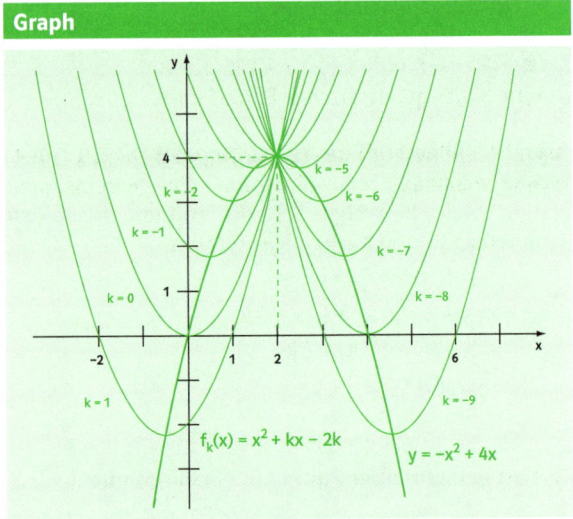

Aus diesem Gleichungssystem muss der Parameter eliminiert werden.

(1) $\Rightarrow k = -2x$

in (2): $y = -\dfrac{(-2x)^2 + 8 \cdot (-2x)}{4}$

$\phantom{\text{in (2): } y} = -\dfrac{4x^2 - 16x}{4}$

$\phantom{\text{in (2): } y} = -(x^2 - 4x)$

$y = -x^2 + 4x$ ist die Gleichung der gesuchten Ortslinie.

Analysis – Funktionen

Polynomfunktionen

QUICK-FINDER

Begriffsbestimmung
- Begriff der Polynomfunktion → S. 257

Symmetrie
- Symmetrie bezüglich des Koordinatensystems → S. 258

Nullstellen
- Reduktionssatz → S. 259

Begriffsbestimmung

BEGRIFF DER POLYNOMFUNKTION Die Gleichung der linearen bzw. der quadratischen Funktion war
$y = mx + t = a_1 x + a_0$ bzw.
$y = ax^2 + bx + c = a_2 x^2 + a_1 c + a_0 \quad (a_2 \neq 0)$.
Fortsetzung mit höheren Potenzen von x führt zu folgender Definition:

> Eine Funktion
> $f: \mathbb{R} \to \mathbb{R}, \, x \mapsto y = a_n x^n + a_{n-1} x^{n-1} + \ldots + a_1 x + a_0$
> mit $a_i \in \mathbb{R}$ und $a_n \neq 0$ heißt **Polynomfunktion oder ganzrationale Funktion n-ten Grades**.

So ist z. B. $f: \mathbb{R} \to \mathbb{R}, \; x \mapsto y = \frac{1}{3}x^4 - 2x^3 + 3x - \frac{1}{2}$ eine Polynomfunktion vierten Grades.

Symmetrie

SYMMETRIE BEZÜGLICH DES KOORDINATENSYSTEMS Der Graph einer Polynomfunktion ist symmetrisch bezüglich der y-Achse bzw. punktsymmetrisch bezüglich des Ursprungs, wenn der Funktionsterm ausschließlich geradzahlige bzw. ausschließlich ungeradzahlige Potenzen der Variablen enthält. n = 0 zählt als gerade Zahl.

Zur Begründung:
  n gerade $\Rightarrow (-x)^n = x^n$
  n ungerade $\Rightarrow (-x)^n = -x^n$

So ist beispielsweise $f: \mathbb{R} \to \mathbb{R}, \; x \mapsto y = 2x^3 - \frac{1}{2}x$ eine ungerade, $g: \mathbb{R} \to \mathbb{R}, \; x \mapsto y = 3x^4 + x^2 - 1$ eine gerade Funktion.

Beispiel 1: Anwendung in einer „Steckbrief-Aufgabe"

Gesucht ist eine Polynomfunktion 6. Grades, deren Graph symmetrisch bezüglich der y-Achse ist und durch den Punkt (2|4) sowie den Ursprung geht; außerdem soll die Funktion die Nullstellen 1 und 4 besitzen.
  $f(x) = ax^6 + bx^5 + cx^4 + dx^3 + ex^2 + fx + g$
  Symmetrie: $b = d = f = 0$
$f(x) = ax^6 + cx^4 + ex^2 + g$
$f(2) = 4 \Rightarrow$ (1) $64a + 16c + 4e + g = 4$
$f(0) = 0 \Rightarrow$ (2) $g = 0$
$f(1) = 0 \Rightarrow$ (3) $a + c + e + g = 0$
$f(4) = 0 \Rightarrow$ (4) $4096a + 256c + 16e + g = 0$

Lösen des Gleichungssystems ergibt
  $f(x) = -\frac{1}{36}(x^6 - 17x^4 + 16x^2)$

Nullstellen

REDUKTIONSSATZ Bei der Berechnung der Nullstellen einer Polynomfuntion f n-ten Grades ist die Gleichung $f(x) = 0$, also eine Gleichung n-ten Grades zu lösen. Bekannt ist die Lösungsformel für quadratische Gleichungen. Lösungsformeln gibt es auch für Gleichungen 3. oder 4., aber nicht für Gleichungen höheren Grades. Immerhin gilt der **Reduktionssatz**: Hat die Gleichung $f(x) = 0$ eine Lösung x_1, so ist das Polynom $f(x)$ durch $(x - x_1)$ teilbar. $f(x)$ lässt sich also in ein Produkt verwandeln; der eine Faktor ist der Linearfaktor $(x - x_1)$, der andere ein Polynom $g(x)$, dessen Grad um 1 niedriger ist als der Grad von $f(x)$. Auf diese Weise kann ein Polynom n-ten Grades fortgesetzt in ein Produkt von Linearfaktoren zerlegt werden.

Nullstellenberechnung mit Hilfe von Polynomdivision

Vom Polynom $f: x \mapsto y = x^3 + 4x^2 + x - 6$ sei $x_1 = 1$ als Nullstelle bekannt; notfalls lässt sich diese auch erraten! Damit kennt man den Linearfaktor $(x - 1)$ und kann **Polynomdivision** durchführen:

$$
\begin{array}{l}
(x^3 + 4x^2 + x - 6) : (x - 1) = x^2 + 5x + 6 = g(x) \\
\underline{-x^3 + x^2} \\
\,5x^2 + x \\
\,\underline{-5x^2 + 5x} \\
\,6x - 6 \\
\,\underline{-6x + 6} \\
\,0
\end{array}
$$

Also ist $f(x) = (x - 1) \cdot (x^2 + 5x + 6) = (x - 1) \cdot (x + 2) \cdot (x + 3)$; und somit sind $x_1 = 1$, $x_2 = -2$ und $x_3 = -3$ als Nullstellen von f bekannt.

Nullstellenberechnung durch Faktorisieren und Lösen einer biquadratischen Gleichung

$f: \mathbb{R} \to \mathbb{R}$, $x \mapsto y = -\frac{1}{36}(x^6 - 17x^4 + 16x^2)$, vgl. Beispiel 1!

Hier ist keine Polynomdivision erforderlich, denn aus $f(x)$ lässt sich x^2 ausklammern:

$f(x) = -\frac{1}{36}x^2 \cdot (x^4 - 17x^2 + 16)$.

$f(x) = 0 \Leftrightarrow x_{1/2} = 0 \lor x^4 - 17x^2 + 16 = 0$

$x^4 - 17x^2 + 16$ ist eine **biquadratische Gleichung**, die sich durch die **Substitution** $z = x^2$ lösen lässt:

$z^2 - 17z + 16 = 0$; $z_{1/2} = \frac{17 \pm \sqrt{289 - 4 \cdot 16}}{2} = \frac{17 \pm 15}{2}$

$z_1 = 16 \Rightarrow x_{3/4} = \pm 4$; $z_2 = 1 \Rightarrow x_{5/6} = \pm 1$;

also ist $f(x) = -\frac{1}{36}x^2 \cdot (x - 4) \cdot (x + 4) \cdot (x - 1) \cdot (x + 1)$.

f besitzt die doppelte Nullstelle 0 sowie die einfachen Nullstellen 4, –4, 1 und –1. Mehr Lösungen kann eine Gleichung 6. Grades nicht haben. Allgemein gilt: Jede Gleichung n-ten Grades besitzt höchstens n reelle Lösungen, die nicht alle voneinander verschieden sein müssen.

Analysis – Differenzialrechnung

Grenzwerte

QUICK-FINDER

Grenzwerte für $x \to \pm\infty$
- Konvergenz und asymptotische Annäherung → S. 262
- Wichtige Grenzwerte → S. 263
- Grenzwertsätze → S. 263

Grenzwerte für $x \to x_0$
- Links- und rechtsseitiger Grenzwert → S. 266
- Grenzwertsätze → S. 266
- „h-Methode" → S. 267

Grenzwerte für $x \to \pm\infty$

Beispiel 1: Einführungsbeispiel für Grenzwert für $x \to \pm\infty$

$f: \mathbb{R}_0^+, x \mapsto y = \dfrac{2x+6}{x+1} = \dfrac{2(x+1)+4}{x+1} = 2 + \dfrac{4}{x+1}$

f(x) unterscheidet sich „beliebig wenig" vom Wert 2, wenn x nur „genügend groß" ist; G_f nähert sich „beliebig nahe" an die Gerade mit der Gleichung $y = 2$ an. Präzisierung dieses „Strebens gegen einen Grenzwert": Die Abweichung des Funktionsterms f(x) vom vermuteten Grenzwert 2 ist $|f(x) - 2| = \dfrac{4}{x+1}$; sie lässt sich „beliebig klein" machen:

$|f(x)-2| < 1 \quad \Leftrightarrow \dfrac{4}{x+1} < 1 \quad \Leftrightarrow 4 < x+1 \quad \Leftrightarrow x > 3$

$|f(x)-2| < 0{,}5 \quad \Leftrightarrow \dfrac{4}{x+1} < 0{,}5 \Leftrightarrow 8 < x+1 \quad \Leftrightarrow x > 7$

$|f(x)-2| < 0{,}1 \quad \Leftrightarrow \dfrac{4}{x+1} < 0{,}1 \Leftrightarrow 40 < x+1 \quad \Leftrightarrow x > 39$

$|f(x)-2| < \varepsilon \quad \Leftrightarrow \dfrac{4}{x+1} < \varepsilon \quad \Leftrightarrow \dfrac{4}{\varepsilon} < x+1 \quad \Leftrightarrow x > \dfrac{4}{\varepsilon} - 1 =: s$

KONVERGENZ UND ASYMPTOTISCHE ANNÄHERUNG Allgemein definiert man: Eine Funktion f mit nach rechts unbeschränkter Definitionsmenge D_f hat **für $x \to \infty$ den Grenzwert a**, wenn für jede positive Zahl ε eine positive Zahl s existiert, sodass $|f(x) - a| < ε$ für alle $x > s$.

Man sagt: Der Grenzwert von f für $x \to \infty$ ist a.
f **konvergiert** für $x \to \infty$ gegen a.

Man schreibt: $f(x) \to a$ für $x \to \infty$; $\lim_{x \to \infty} f(x) = a$

Der Graph von f nähert sich für $x \to \infty$ **asymptotisch** an die Gerade mit der Gleichung $y = a$ an.
Entsprechend lautet die Definition des Grenzwerts für $x \to -\infty$: Eine Funktion f mit nach links unbeschränkter Definitionsmenge D_f konvergiert für $x \to -\infty$ gegen den Grenzwert a, wenn für jede positive Zahl ε eine negative Zahl s existiert, sodass $|f(x) - a| < ε$ für alle $x < s$.
Schreibweise: $\lim_{x \to -\infty} f(x) = a$.

Existiert bei einer Funktion kein Grenzwert für $x \to \infty$ bzw. für $x \to -\infty$, dann heißt die Funktion **divergent** für $x \to \infty$ bzw. für $x \to \infty$.

WICHTIGE GRENZWERTE

$\lim_{x \to \pm\infty} \frac{c}{x} = 0$ für $c \in \mathbb{R}$ $\qquad$ $\lim_{x \to \pm\infty} \frac{c}{x^n} = 0$ für $c \in \mathbb{R}, n \in \mathbb{N}$

GRENZWERTSÄTZE Von Bedeutung sind auch die folgenden **Grenzwertsätze**: Sind f und g zwei Funktionen, für die $\lim_{x \to \infty} f(x) = a$ und $\lim_{x \to \infty} g(x) = b$ existieren, so gilt:

$\lim_{x \to \infty} (f(x) \pm g(x)) = a \pm b;$

$\lim_{x \to \infty} (f(x) \cdot g(x)) = a \cdot b;$

$\lim_{x \to \infty} \frac{f(x)}{g(x)} = \frac{a}{b},$ falls $b \neq 0$

Damit lässt sich z. B. der Grenzwert der Funktion f aus Beispiel 1 folgendermaßen bestimmen:

$$\lim_{x \to \infty} f(x) = \lim_{x \to \infty} \frac{2x + 6}{x + 1} = \lim_{x \to \infty} \frac{2 + \frac{6}{x}}{1 + \frac{1}{x}} = \frac{\lim\limits_{x \to \infty} 2 + \frac{6}{x}}{\lim\limits_{x \to \infty} 1 + \frac{1}{x}}$$

$$= \frac{\lim\limits_{x \to \infty} 2 + \lim\limits_{x \to \infty} \frac{6}{x}}{\lim\limits_{x \to \infty} 1 + \lim\limits_{x \to \infty} \frac{1}{x}} = \frac{2 + 0}{1 + 0} = 2$$

Dies muss nicht immer so ausführlich geschrieben werden; der wesentliche Schritt ist das Kürzen des Bruches $\frac{2x + 6}{x + 1}$ mit x.

Beispiel 2: Grenzwertberechnung für $x \to \pm\infty$

$$\lim_{x \to -\infty} \frac{5x^2 - 12x}{2x^3 + 3} = \frac{\lim\limits_{x \to -\infty} \frac{5}{x} - \frac{12}{x^2}}{2 + \frac{3}{x^3}} = \frac{0 - 0}{2 - 0} = 0$$

Wesentlicher Schritt ist das Kürzen mit x^3, also mit der höchsten vorkommenden Potenz von x.

Manchmal ist zur Grenzwertbestimmung die Abschätzung mit Hilfe einer Schrankenfunktion hilfreich:

Beispiel 3: Grenzwertberechnung für $x \to \pm\infty$ mit Hilfe einer Schrankenfunktion

$$f: [1; \infty[\to \mathbb{R}, x \mapsto y = 2 \cdot \frac{\sin\left(\frac{\pi}{2}x\right)}{x}$$

$$\left. \begin{array}{l} |f(x)| = \frac{2}{|x|} \cdot \left|\sin\left(\frac{\pi}{2}x\right)\right| \leq \frac{2}{|x|} \cdot 1 = \frac{2}{x} \\ \lim\limits_{x \to \infty} \frac{2}{x} = 0 \end{array} \right\} \lim\limits_{x \to \infty} f(x) = 0$$

Grenzwerte

Allgemein gilt der Satz:
Ist $|f(x)| \leq |g(x)|$ und ist $\lim\limits_{x \to \infty} g(x) = 0$,
so ist erst recht $\lim\limits_{x \to \infty} f(x) = 0$.

Nützlich kann auch der folgende Satz sein:
Ist f eine monoton zunehmende, nach oben beschränkte Funktion mit dem Supremum S und mit nach rechts unbeschränktem Definitionsbereich, so ist
$\lim\limits_{x \to \infty} f(x) = S$.

Grenzwerte für $x \to x_0$

Beispiel 4: Grenzwert für $x \to x_0$

$f: \mathbb{R} \setminus \{1\} \to \mathbb{R}$,
$x \mapsto y = \dfrac{x^2 - 4}{4x - 4}$

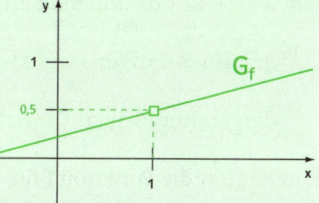

f(x) unterscheidet sich „beliebig wenig" vom Wert 0,5, wenn man x nur „nahe genug" bei $x_0 = 1$ wählt. Die Abweichung des Funktionswerts f(x) vom vermuteten Grenzwert 0,5 ist
$|f(x) - 0{,}5| = \left|\dfrac{x^2 - 1}{4x - 4} - \dfrac{1}{2}\right| = \ldots = \dfrac{x - 1}{4} = \dfrac{|x - 1|}{4}$; sie lässt sich „beliebig klein" machen:

$|f(x) - 0{,}5| < 1 \quad \Leftrightarrow \quad \dfrac{|x - 1|}{4} < 1 \quad \Leftrightarrow \quad |x - 1| < 4$
$\Leftrightarrow -3 < x < 5$

$|f(x) - 0{,}5| < 0{,}1 \quad \Leftrightarrow \quad \dfrac{|x - 1|}{4} < 0{,}1 \quad \Leftrightarrow \quad |x - 1| < 0{,}4$
$\Leftrightarrow 0{,}6 < x < 1{,}4$

$|f(x) - 0{,}5| < \varepsilon \quad \Leftrightarrow \quad \dfrac{|x - 1|}{4} < \varepsilon \quad \Leftrightarrow \quad |x - 1| < 4\varepsilon = \delta$
$\Leftrightarrow 1 - \delta < x < 1 + \delta$

Analysis – Differenzialrechnung

LINKS- UND RECHTSSEITIGER GRENZWERT Allgemein definiert man: Eine Funktion f sei beiderseits einer Stelle x_0 definiert, f hat **für $x \to x_0$ den Grenzwert a**, wenn für jede positive Zahl ε eine positive Zahl δ existiert, sodass $|f(x) - a| < \varepsilon$ für alle x mit $|x - x_0| < \delta$.

Man sagt: Der Grenzwert von f für $x \to x_0$ ist a.
f **konvergiert** für $x \to x_0$ gegen a.

Man schreibt: $f(x) \to a$ für $x \to x_0$
$$\lim_{x \to x_0} f(x) = a$$

Die Annäherung an die Stelle x_0 erfolgt von links bzw. von rechts. Im ersten Fall gilt $0 < x_0 - x < \delta$, im zweiten $0 < x - x_0 < \delta$, und man erhält

den **linksseitigen Grenzwert** $\lim\limits_{x \overset{<}{\to} x_0} f(x)$ bzw.

den **rechtsseitigen Grenzwert** $\lim\limits_{x \overset{>}{\to} x_0} f(x)$.

Konvergiert die Funktion f für $x \to x_0$, so gilt
$$\lim_{x \overset{<}{\to} x_0} f(x) = \lim_{x \overset{>}{\to} x_0} f(x) = \lim f(x).$$

Existiert dagegen auch nur einer der beiden einseitigen Grenzwerte nicht oder sind diese verschieden, so existiert auch $\lim\limits_{x \to x_0} f(x)$ nicht und f heißt **divergent** für $x \to x_0$.

GRENZWERTSÄTZE Analog zu Abschnitt 1 gelten wieder die **Grenzwertsätze**:
Sind f und g zwei Funktionen, für die $\lim\limits_{x \to x_0} f(x) = a$ und und $\lim\limits_{x \to x_0} g(x) = b$ existieren, so gilt

$$\lim_{x \to x_0}(f(x) \pm g(x)) = a \pm b;$$

$$\lim_{x \to x_0}(f(x) \cdot g(x)) = a \cdot b;$$

$$\lim_{x \to x_0}\frac{f(x)}{g(x)} = \frac{a}{b}, \text{ falls } b \neq 0$$

Damit lässt sich z. B. der Grenzwert der Funktion aus Beispiel 4 folgendermaßen bestimmen:

$$\lim_{x \to 1} f(x) = \lim_{x \to 1}\frac{x^2 - 1}{4x - 4} = \lim_{x \to 1}\frac{(x+1)(x-1)}{4(x-1)}$$

$$= \lim_{x \to 1}\frac{x+1}{4} = \frac{\lim_{x \to 1}(x+1)}{\lim_{x \to 1} 4} = \frac{2}{4} = 0{,}5$$

h-METHODE Ein wichtiges Verfahren zur Grenzwertberechnung ist die so genannte h-Methode, im Folgenden wieder anhand von Beispiel 4 durchgeführt:

$$\lim_{x \to 1} f(x) = \lim_{h \to 0} f(1+h) = \lim_{h \to 0}\frac{(1+h)^2 - 1}{4(1+h) - 4}$$

$$= \lim_{h \to 0}\frac{1 + 2h + h^2 - 1}{4 + 4h - 4}$$

$$= \lim_{h \to 0}\frac{2h + h^2}{4h}$$

$$= \lim_{h \to 0}\frac{2+h}{4} = \frac{2}{4} = 0{,}5$$

Da h sowohl positiv als auch negativ sein kann, berechnet man im Beispiel der letzten beiden Zeilen sowohl den rechts- als auch den linksseitigen Grenzwert.

Analysis – Differenzialrechnung

Gebrochen rationale Funktionen

QUICK-FINDER

Charakteristisches

- Begriff der gebrochen rationalen Funktion → S. 269
- Methode des „Felder-Abstreichens" → S. 269

Verhalten für $x \to \pm\infty$

- Horizontale und schiefe Asymptote sowie asymptotische Kurve → S. 270

Verhalten von Definitionslücken

- Unendlichkeits- oder Polstelle → S. 273
- Zusammenfassung → S. 276

Charakteristisches

BEGRIFF DER GEBROCHEN RATIONALEN FUNKTION Eine (gebrochen) rationale Funktion ist der Quotient von zwei Polynomfunktionen:

$$f: x \mapsto y = \frac{a_n x^n + a_{n-1} x^{n-1} + \ldots + a_1 x + a_0}{b_m x^m + b_{m-1} x^{m-1} + \ldots + b_1 x + b_0}$$

Ist der Nenner nur eine Konstante b_0, dann ist f eine einfache Polynomfunktion. Ist der Grad n des Nennerpolynoms größer als der Grad z des Zählerpolynoms, so heißt f eine echt (gebrochen) rationale Funktion. Ist $n \leq z$, so lässt sich f(x) durch Polynomdivision in einen ganzrationalen und einen echt-rationalen Term zerlegen.

METHODE DES „FELDER-ABSTREICHENS" Die Nullstellen x_i einer gebrochen rationalen Funktion sind die des Zählerpolynoms ($x_i \in D_f$). Die Definitionslücken sind die Nullstellen des Nennerpolynoms. Nullstellen und Definitionslücken erkennt man am besten, wenn man Zähler und Nenner soweit wie möglich faktorisiert. Dann erhält man auch alle Informationen über das Vorzeichen der Funktion in den einzelnen Intervallen und kann mit Hilfe der Methode des Felder-Abstreichens einen Überblick über den Verlauf des Graphen gewinnen:

Beispiel 1: Felder abstreichen

$$f(x) = \frac{x^2 - 4x}{x^2 + 2x - 3} = \frac{x(x-4)}{(x+3)(x-1)}$$

f hat die Nullstellen 0 und 4 und die Definitionslücken -3 und 1; $D_{max} = \mathbb{R} \setminus \{-3; 1\}$.
In den gefärbten abgestrichenen Feldern liegen keine Graphenpunkte.

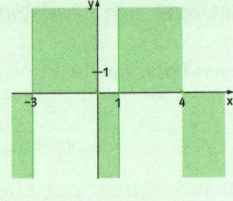

	$x<-3$	$x=-3$	$-3<x<0$	$x=0$	$0<x<1$	$x=1$	$1<x<4$	$x=4$	$x>4$
$x(x-4)$	+	+	+	0	−	−	−	0	+
$(x+3)(x-1)$	+	0	−	−	−	0	+	+	+
$f(x)$	+	n.d.	−	0	+	n.d.	−	0	+

Verhalten für $x \to \pm\infty$

HORIZONTALE UND SCHIEFE ASYMPTOTE SOWIE ASYMPTOTISCHE KURVE Im Folgenden wird mit z wieder der Grad des Zähler- mit n der Grad des Nennerpolynoms bezeichnet.

Beispiel 2: Asymptotische Annäherung an die x-Achse

$f: x \mapsto y = \dfrac{2x}{x^2+1}$ (also $z < n$; f ist echt rational)

$$\lim_{x \to \infty} f(x) = \lim_{x \to \infty} \frac{\frac{2}{x}}{1 + \frac{1}{x^2}} = +0$$

$$\lim_{x \to -\infty} f(x) = \lim_{x \to -\infty} \frac{\frac{2}{x}}{1 + \frac{1}{x^2}} = -0$$

G_f nähert sich für $x \to \infty$ bzw. für $x \to -\infty$ von oben bzw. von unten asymptotisch an die x-Achse an; die x-Achse ist **Asymptote** von G_f für $x \to \pm\infty$

Beispiel 3: Annäherung an eine horizontale Asymptote

$f: x \mapsto y = \frac{2x^2}{x^2+1} = 2 - \frac{2}{x^2+1}$ (also z = n)

$\lim\limits_{x \to \pm\infty} f(x) = \lim\limits_{x \to \pm\infty} \left(2 - \frac{\frac{2}{x^2}}{1+\frac{1}{x^2}}\right) = 2 - 0$

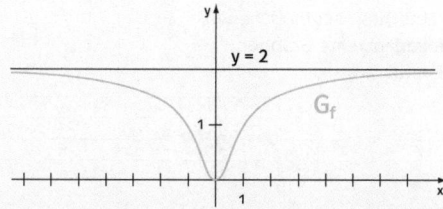

G_f nähert sich für $x \to \infty$ bzw. für $x \to -\infty$ von unten asymptotisch an die Gerade mit der Gleichung $y = 2$ an; die Parallele zur x-Achse mit der Gleichung $y = 2$ ist Asymptote von G_f für $x \to \pm\infty$

Beispiel 4: Annäherung an eine schiefe Asymptote

$f: x \mapsto y = \frac{x^3}{2x^2+2} = \frac{1}{2}x - \frac{x}{2x^2+2}$ (also z = n + 1)

$f(x) \to +\infty$ für $x \to \infty$,
$f(x) \to -\infty$ für $x \to -\infty$

aber:
$\lim\limits_{x \to \infty} \left(f(x) - \frac{1}{2}x\right) = \lim\limits_{x \to \infty} \frac{-x}{2x^2+2}$
$= -0$

$\lim\limits_{x \to -\infty} \left(f(x) - \frac{1}{2}x\right) = \lim\limits_{x \to -\infty} \frac{-x}{2x^2+2}$
$= +0$

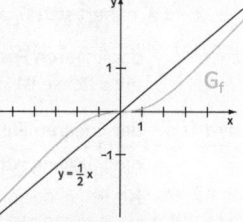

G_f nähert sich für $x \to \infty$ bzw. für $x \to -\infty$ von unten bzw. von oben asymptotisch an die Gerade mit der Gleichung $y = \frac{1}{2}x$ an; diese ist schiefe Asymptote von G_f für $x \to \pm\infty$

Analysis – Differenzialrechnung

Beispiel 5: Annäherung an eine asymptotische Kurve

$f: x \mapsto y = \frac{x^4}{2x^2+2} = \frac{1}{2}x^2 - \frac{1}{2} + \frac{1}{2x^2+2}$ (also $z > n+1$)

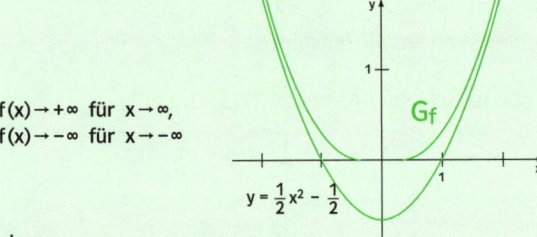

$f(x) \to +\infty$ für $x \to \infty$,
$f(x) \to -\infty$ für $x \to -\infty$

$y = \frac{1}{2}x^2 - \frac{1}{2}$

aber:

$\lim\limits_{x \to \infty} \left(f(x) - \left(\frac{1}{2}x^2 - \frac{1}{2}\right) \right) = \lim\limits_{x \to \infty} \frac{1}{2x^2+2} = +0$

$\lim\limits_{x \to -\infty} \left(f(x) - \left(\frac{1}{2}x^2 - \frac{1}{2}\right) \right) = \lim\limits_{x \to -\infty} \frac{1}{2x^2+2} = +0$

G_f nähert sich für $x \to \pm\infty$ von oben asymptotisch an die Parabel mit der Gleichung $y = \frac{1}{2}x^2 - \frac{1}{2}$ an, diese ist **asymptotische Kurve** von G_f für $x \to \pm\infty$.

Zusammenfassung

für $x \to \pm\infty$ nähert sich G_f asymptotisch dem Graphen

$z < n$	der linearen Funktion $x \mapsto y = 0$; die x-Achse ist **horizontale Asymptote**
$z = n$	der linearen Funktion $x \mapsto y = \frac{a_n}{b_n}$ ($\neq 0$); die Parallele zur x-Achse mit der Gleichung $y = \frac{a_n}{b_n}$ ist **horizontale Asymptote**
$z = n+1$	einer linearen Funktion $x \mapsto y = mx + t$ ($m \neq 0$); die Gerade mit der Gleichung $y = mx + t$ ist **schiefe Asymptote**

Gebrochen rationale Funktionen

| $z > n + 1$ | einer Polynomfunktion von Grad $z - n$; der Graph dieser Polynomfunktion ist asymptotische Kurve |

Verhalten an Definitionslücken

UNENDLICHKEITS- ODER POLSTELLE Im Folgenden sei $f(x) = \frac{Z(x)}{N(x)}$ und $N(x_0) = 0$, also $x_0 \notin D_f$.

1. Fall: $Z(x_0) \neq 0$
Dann ist $\lim\limits_{x \to x_0} Z(x) = Z(x_0) \neq 0$ und $\lim\limits_{x \to x_0} N(x) = N(x_0) = 0$,

also $f(x) \to +\infty$ oder $f(x) \to -\infty$ für $x \lesssim x_0$ und für $x \gtrsim x_0$.

G_f hat bei x_0 eine Unendlichkeitsstelle oder einen Pol (eine Polstelle) und besitzt als vertikale Asymptote die zur y-Achse parallele Gerade mit der Gleichung $x = x_0$.

Beispiel 6: Pol mit Vorzeichenwechsel

$f: x \mapsto y = \frac{2x-4}{x-3}$, $x_0 = 3$
$f(x) \to -\infty$ für $x \lesssim 3$;
$f(x) \to +\infty$ für $x \gtrsim 3$

f hat bei $x_0 = 3$
einen Pol mit Vorzeichenwechsel von − nach +

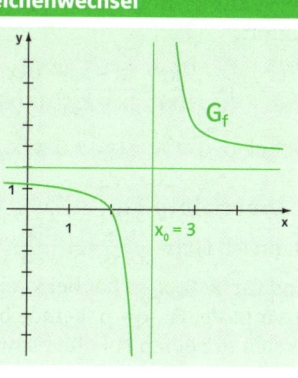

Analysis – Differenzialrechnung

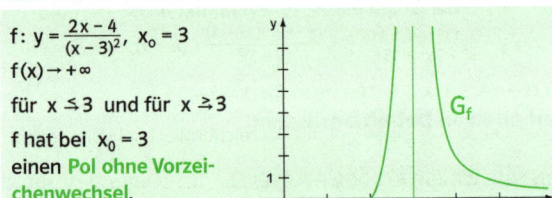

Beispiel 7: Pol ohne Vorzeichenwechsel

$f: y = \frac{2x-4}{(x-3)^2}$, $x_0 = 3$

$f(x) \to +\infty$

für $x \lesssim 3$ und für $x \gtrsim 3$

f hat bei $x_0 = 3$ einen **Pol ohne Vorzeichenwechsel**.

Ist x_0 keine Nullstelle des Zählers und eine q-fache Nullstelle des Nenners, so hat f bei x_0 einen Pol q-ter Ordnung. Ist q ungerade, so handelt es sich um einen Pol mit Vorzeichenwechsel, ist q gerade, so handelt es sich um einen Pol ohne Vorzeichenwechsel.

2. Fall: $Z(x_0) = 0$

x_0 ist nun also Nullstelle von Zähler und Nenner, das heißt Zähler und Nenner enthalten $(x - x_0)$ als Linearfaktor:

$$f(x) = \frac{Z(x)}{N(x)} = \frac{(x-x_0)^p \cdot u(x)}{(x-x_0)^q \cdot v(x)} = (x-x_0)^{p-q} \cdot \frac{u(x)}{v(x)},$$

wobei p, q $\in \mathbb{N}$, $u(x_0) \neq 0$, $v(x_0) \neq 0$.

1. Unterfall: p < q

Dann ist $f(x) = \frac{1}{(x-x_0)^{q-p}} \cdot \frac{u(x)}{v(x)}$, und $f(x) \to \pm\infty$ für $x \lesssim x_0$ und für $x \gtrsim x_0$; f hat bei x_0 einen Pol, G_f eine vertikale Asymptote. Ist q – p gerade bzw. ungerade, so handelt es sich um einen Pol ohne bzw. mit Vorzeichenwechsel.

Beispiel 8: Pol mit Vorzeichenwechsel

$$f: x \mapsto y = \frac{2x^2 - 10x + 12}{x^3 - 7x^2 + 15x - 9} = \frac{(x-3) \cdot (2x-4)}{(x-3)^2} \cdot (x-1)$$

$f(x) \to -\infty$ für $x \lesssim 3$, $f(x) \to +\infty$ für $x \gtrsim 3$

f hat bei $x_0 = 3$ einen Pol mit Vorzeichenwechsel von – nach +.

2. Unterfall: $p \geq q$

Jetzt konvergiert f für $x \to x_0$ gegen einen endlichen Grenzwert c; f hat bei x_0 keinen Pol, G_f hat keine vertikale Asymptote, sondern das Loch $(x_0 | c)$.

Beispiel 9: Stetig behebbare Definitionslücke: „Loch"

$$f: x \mapsto y = \frac{2x^3 - 16x^2 + 42x - 36}{x^3 - 7x^2 + 15x - 9} = \ldots = \frac{(x-3)^2 \cdot (2x-4)}{(x-3)^2 \cdot (x-1)}; \; x_0 = 3$$

$$\lim_{x \to 3} f(x) = \lim_{x \to 3} \frac{2x-4}{x-1}$$
$$= \frac{2}{2} = 1$$

G_f hat bei $x_0 = 3$ keine senkrechte Asymptote, sondern das Loch $(3|1)$.

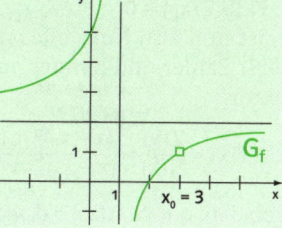

Zusammenfassung

Ist x_0 eine q-fache Nullstelle des Nennerpolynoms, also eine Definitionslücke der rationalen Funktion

$$f: x \mapsto y = \frac{Z(x)}{N(x)}, \text{ so gilt:}$$

$Z(x_0) \neq 0$	f hat bei x_0 eine Unendlichkeitsstelle oder einen Pol q-ter Ordnung; G_f hat die Parallele zur y-Achse mit der Gleichung $x = x_0$ als vertikale Asymptote	
	q ungerade: Pol mit VZW	**q gerade:** Pol ohne VZW
$Z(x_0) = 0$	Zähler- und Nennerpolynom enthalten $(x - x_0)$ als Linearfaktor: $$f(x) = \frac{(x-x_0)^p \cdot u(x)}{(x-x_0)^q \cdot v(x)} = (x-x_0)^{p-q} \cdot \frac{u(x)}{v(x)}$$ wobei $u(x_0) \neq 0$, $v(x_0) \neq 0$	
	p < q	f hat bei x_0 einen Pol der Ordnung $q - p$; G_f hat die Parallele zur y-Achse mit der Gleichung $x = x_0$ als vertikale Asymptote
	q − p ungerade: Pol mit VZW	**q − p gerade:** Pol ohne VZW
	p ≥ q	$\lim\limits_{x \to x_0} f(x) = c$ existiert; f hat bei x_0 keinen Pol, G_f keine vertikale Asymptote, sondern das Loch $(x_0 \mid c)$
	p > q: c = 0 das Loch $(x_0 \mid 0)$ liegt auf der x-Achse	**p = q: c ≠ 0** das Loch $(x_0 \mid c)$ liegt nicht auf der x-Achse

Analysis – Differenzialrechnung

Stetigkeit

QUICK-FINDER

Begriffsbestimmung
- Begriff der (Un)stetigkeit ⇒ S. 278
- Sätze über stetige Funktionen ⇒ S. 279

Weitere Sätze über stetige Funktionen
- Zwischenwertsatz ⇒ S. 279
- Nullstellensatz ⇒ S. 279
- Extremwertsatz ⇒ S. 279

Stetige Fortsetzung
- Stetige Behebbarkeit von Definitionslücken ⇒ S. 280

Analysis – Differenzialrechnung

Begriffsbestimmung

BEGRIFF DER (UN)STETIGKEIT Eine Funktion $f: D_f \to \mathbb{R}$, $x \mapsto y = f(x)$ ist an der Stelle $x_0 \in D_f$ **stetig**, wenn $\lim_{x \to x_0} f(x)$ existiert und mit $f(x_0)$ übereinstimmt:

$$\lim_{x \to x_0} f(x) = f(x_0).$$

(Andernfalls heißt f an der Stelle x_0 **unstetig**.)

Die Funktion f heißt im Intervall $]a; b[\in D_f$ stetig, wenn sie an jeder Stelle $x_0 \in]a; b[$ stetig ist.
(An den Rändern eines abgeschlossenen Intervalls kann einseitige Stetigkeit vorliegen.)

Beispiel 1: Stetige Funktion

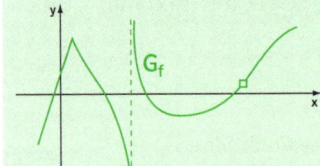

Die dargestellte Funktion f ist auf ihrem ganzen Definitionsbereich stetig.

Beispiel 2: Unstetige Funktionen

a) Die sgn-Funktion ist an der Stelle $x_0 = 0$ unstetig.

b) 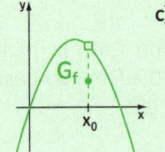 c) 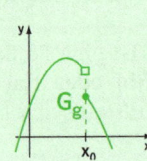 d)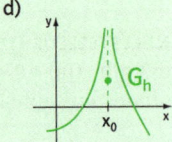

Die in b, c und d dargestellten Funktion f, g und h sind jeweils an der Stelle x_0 unstetig.

SÄTZE ÜBER STETIGE FUNKTIONEN Jeweils auf dem ganzen Definitionsbereich stetig ist:
- die Betragsfunktion
- die Wurzelfunktion
- jede Polynomfunktion
- jede rationale Funktion
- jede trigonometrische Funktion
- die Logarithmusfunktion
- die Exponentialfunktion

Darüber hinaus gilt der Verknüpfungssatz:
Sind zwei Funktionen f und g in einem gemeinsamen Intervall I stetig, so sind auch
- ihre Summe und ihre Differenz $f \pm g$,
- ihr Produkt $f \cdot g$,
- ihr Quotient $\frac{f}{g}$ (für alle $x \in D$ mit $g(x) \neq 0$),
- ihre Verkettung $f \circ g$
in I stetig.

Weitere Sätze über stetige Funktionen

ZWISCHENWERTSATZ Ist eine Funktion f auf [a; b] stetig und gilt $f(a) < c < f(b)$ oder $f(a) > c > f(b)$, so gibt es mindestens ein $x_0 \in\,]a; b[$ mit $f(x_0) = c$.

NULLSTELLENSATZ Ist eine Funktion f auf [a, b] stetig und gilt $f(a) < 0 < f(b)$ oder $f(a) > 0 > f(b)$, so besitzt f mindestens eine Nullstelle $x_0 \in\,]a; b[$.

EXTREMWERTSATZ Ist eine Funktion auf [a; b] stetig, so ist sie auf [a; b] beschränkt und besitzt hier ein absolutes Extremum.

Stetige Fortsetzung

STETIGE BEHEBBARKEIT VON DEFINITIONSLÜCKEN Eine Funktion $\tilde{f}$ heißt *stetige Fortsetzung* einer Funktion f auf eine Stelle x_0, wenn $\tilde{f}$ eine Fortsetzung von f auf die Stelle x_0 ist und wenn $\tilde{f}$ an der Stelle x_0 stetig ist.

Beispiel 3: Nicht stetig behebbare Definitionslücken

a)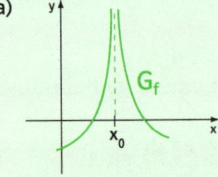
b)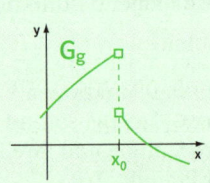

Die in a und b dargestellten Funktion f und g lassen sich auf die Stelle x_0 nicht stetig fortsetzen.

Beispiel 4: Stetige Fortsetzung

$f: \mathbb{R}\setminus\{3\} \to \mathbb{R}, x \mapsto y = \dfrac{x^3 - 7x^2 + 7x + 15}{2x - 6} = \dfrac{(x-3)(x+1)(x-5)}{2(x-3)}$

lässt sich auf die Stelle
$x_0 = 3$ stetig fortsetzen,
denn es gilt:

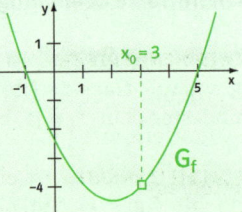

$\lim\limits_{x \leq 3} f(x) = \lim\limits_{x \geq 3} f(x) = -4$

Stetige Fortsetzung ist

$\tilde{f}: \mathbb{R} \to \mathbb{R}, x \mapsto y = \dfrac{(x+1)(x-5)}{2} = \dfrac{1}{2}(x^2 - 4x - 5)$

Ebenso lässt sich jede gebrochen-rationale Funktion, deren Graph das Loch $(x_0 | c)$ besitzt, stetig auf x_0 fortsetzen.

Analysis – Differenzialrechnung

Ableitung – Differenzierbarkeit

QUICK-FINDER

Definitionen
- Ableitung → S. 282
- Tangente und Normale → S. 283
- Differenzierbarkeit → S. 285
- Satz über den Zusammenhang zwischen Differenzierbarkeit und Stetigkeit → S. 287

Einfache Ableitungen
- Ableitung der Potenzfunktion, der Wurzelfunktion und der Betragsfunktion → S. 287
- Summenregel → S. 288

Produkt- und Quotientenregel
- Produktregel → S. 288
- Quotientenregel → S. 289

Kettenregel
- Kettenregel → S. 290

Ableitung der Umkehrfunktion
- Satz von der Ableitung der Umkehrfunktion → S. 292

Analysis – Differenzialrechnung

Definitionen

ABLEITUNG Um die Steigung einer Funktion $f: D_f \to \mathbb{R}$, $x \mapsto y = f(x)$ in einem Punkt $P(x_0|f(x_0))$ zu ermitteln, geht man wie folgt vor: Zunächst berechnet man die Steigung der Sekante s durch P und einen weiteren Graphenpunkt $Q(x|f(x))$:

$$m_s(x) = \frac{\Delta y}{\Delta x} = \frac{f(x) - f(x0)}{x - x0} = \frac{f(x0 + h) - f(x0)}{h}$$

Dies ist der von Seite 11 bekannte **Differenzenquotient**.

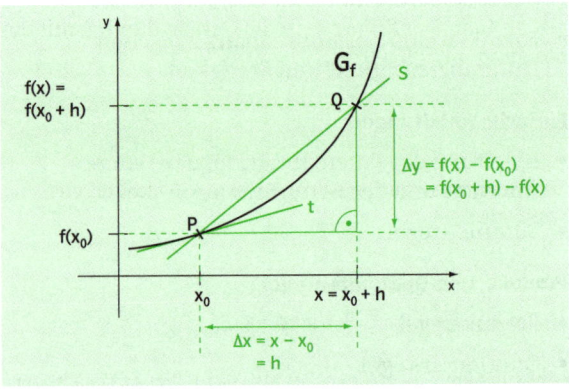

Nun lässt man den Punkt Q von rechts $(x > x_0;\ h > 0)$ und von links $(x < x_0;\ h < 0)$ immer näher an P heran wandern. Hat der Differenzenquotient für $x \to x_0$ einen Grenzwert, so heißt f an der Stelle x_0 **differenzierbar**, und

$$f'(x_0) = \lim_{x \to x_0} \frac{f(x) - f(x_0)}{x - x_0} = \lim_{h \to 0} \frac{f(x_0 + h) - f(x_0)}{h}$$

heißt **Ableitung** von f an der Stelle x_0.

Statt $f'(x_0) = \lim\limits_{x \to x_0} \frac{\Delta y}{\Delta x}$ schreibt man in Anlehnung an Leibniz auch $\frac{dy}{dx}$ und spricht vom **Differenzialquotienten** als Grenzwert des Differenzenquotienten.

TANGENTE UND NORMALE $f'(x_0)$ gibt nun die Steigung des Graphen von f im Punkt $P(x_0|f(x_0))$ an; als **Tangente t** an G_f in P definiert man die Gerade durch P mit der Steigung $m_t = f'(x_0)$.

Beispiel 1: Nicht-Differenzierbarkeit der Betragsfunktion

Die Betragsfunktion ist an der Stelle $x_0 = 0$ **nicht** differenzierbar; es gilt:

$$\lim_{x \leq 0} \frac{|x| - |0|}{x - 0} = \lim_{x \leq 0} \frac{-x - 0}{x - 0} = \lim_{x \leq 0} (-1) = -1$$

$$\neq \lim_{x \geq 0} \frac{|x| - |0|}{x - 0} = \lim_{x \geq 0} \frac{x - 0}{x - 0} = \lim_{x \geq 0} 1 = 1;$$

$\text{abs}'(0) = \lim\limits_{x \to 0} \frac{|x| - |0|}{x - 0}$ existiert also nicht; dies entspricht der Anschauung: der Graph hat in $P(0|0)$ einen Knick mit dem Knickwinkel 90°

Beispiel 2: Ableitung der Quadratfunktion

Die Quadratfunktion $f: \mathbb{R} \to \mathbb{R}, x \mapsto y = x^2$ ist für alle $x_0 \in \mathbb{R}$ differenzierbar, z.B. an der Stelle $x_0 = 1{,}5$:

$$\begin{aligned} f'(1{,}5) &= \lim_{x \to 1{,}5} \frac{f(x) - f(1{,}5)}{x - 1{,}5} \\ &= \lim_{h \to 0} \frac{f(1{,}5 + h) - f(1{,}5)}{h} \\ &= \lim_{h \to 0} \frac{(1{,}5 + h)^2 - 1{,}5^2}{h} \\ &= \lim_{h \to 0} \frac{1{,}5^2 + 3h + h^2 - 1{,}5^2}{h} \\ &= \lim_{h \to 0} \frac{h(3 + h)}{h} \\ &= \lim_{h \to 0} (3 + h) = 3 \end{aligned}$$

Die Tangente t an G_f in $P(1{,}5 | 2{,}25)$ hat also die Steigung 3: $y = 3x + t$; $t = 2{,}25 - 4{,}5 = -2{,}25$; die Gleichung von t lautet somit: $y = 3x - 2{,}25$.

Manchmal spielt auch die **Normale** zum Graphen G_f einer Funktion f im Punkt $P(x_0 | f(x_0))$ eine Rolle; die Normale ist die Lotgerade zur Tangente in P, ihre Steigung ist also

$$m_n = -\frac{1}{m_t} = -\frac{1}{f'(x_0)}$$

In Beispiel 2 hat die Normale zu G_f in P also die Steigung $-\frac{1}{3}$:

$$\begin{aligned} y &= -\frac{1}{3}x + t \\ 2{,}25 &= -\frac{1}{3} \cdot 1{,}5 + t \quad \Rightarrow \quad t = 2{,}25 + 0{,}5 = 2{,}75 \\ y &= -\frac{1}{3}x + 2{,}75 \end{aligned}$$

DIFFERENZIERBARKEIT Im letzten Schritt geht es darum, die Steigung des Graphen einer Funktion f nicht nur an einer bestimmten Stelle x_0, sondern an einer beliebigen Stelle x zu berechnen: Eine Funktion f, die an jeder Stelle eines Intervalls $]a; b[\subset D_f$ differenzierbar ist, heißt in diesem Intervall differenzierbar; und die Menge aller Elemente x aus D_f für die f differenzierbar ist, heißt **Differenzierbarkeitsbereich** $D_{f'}$ von f.

Unter der Ableitung(sfunktion) einer Funktion

$f: D_f \to \mathbb{R}, x \mapsto y = f(x)$ versteht man die Funktion

$$f': D_f \to \mathbb{R}, \ x \mapsto f'(x) = \lim_{h \to 0} \frac{f(x+h) - f(x)}{h}$$

Für f'(x) gibt es wieder verschiedene Schreibweisen:
$f'(x) = y' = \frac{dy}{dx} = \frac{df(x)}{dx} = \frac{d}{dx}f(x)$.

Aus der Leibniz-Schreibweise ist erkennbar, nach welcher Variablen abgeleitet wurde. Ist die Variable nicht x, sondern die Zeit t, so wird die Ableitung nach t durch einen Punkt gekennzeichnet, z. B. $\dot{s} = \frac{ds}{dt}$

Schließlich noch eine Sprechweise: Eine Funktion zu **differenzieren** bedeutet, ihre Ableitungsfunktion zu berechnen.

Beispiel 3: Ableitungsfunktion der Quadratfunktion

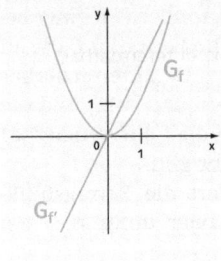

Differenziation der Quadratfunktion
$f: \mathbb{R} \to \mathbb{R}, x \mapsto y = x^2$ (vgl. Beispiel 2)
f ist in ganz $\mathbb{R}$ differenzierbar.

$f': \mathbb{R} \to \mathbb{R}, x \mapsto f'(x)$

$= \lim\limits_{h \to 0} \dfrac{f(x+h) - f(x)}{h} = \dfrac{(x+h)^2 - x^2}{h}$

$= \lim\limits_{h \to 0} \dfrac{x^2 + 2xh + h^2 - x^2}{h}$

$= \lim\limits_{h \to 0} \dfrac{(2x + h) \cdot h}{h}$

$= \lim\limits_{h \to 0} (2x + h) = 2x$

z. B. ist also $f'(1{,}5) = 2 \cdot 1{,}5 = 3$ (vgl. Beispiel 2).

Darüber hinaus erkennt man:
für $x < 0$: $f'(x) < 0 \Rightarrow G_f$ ist streng monoton fallend;
für $x > 0$: $f'(x) > 0 \Rightarrow G_f$ ist streng monoton steigend;
für $x = 0$: $f'(x) = 0 \Rightarrow G_f$ hat im Ursprung, d.h. im Scheitelpunkt, eine horizontale Tangente.

Beispiel 4: Ableitungsfunktion der Wurzelfunktion

Die Wurzelfunktion $f: \mathbb{R}_0^+ \to \mathbb{R}, x \mapsto y = \sqrt{x}$ ist in $\mathbb{R}^+$ differenzierbar.

$f'(x) = \lim\limits_{h \to 0} \dfrac{f(x+h) - f(x)}{h} = \lim\limits_{h \to 0} \dfrac{\sqrt{x+h} - \sqrt{x}}{h}$

$= \lim\limits_{h \to 0} \dfrac{(\sqrt{x+h} - \sqrt{x}) \cdot (\sqrt{x+h} + \sqrt{x})}{h \cdot (\sqrt{x+h} + \sqrt{x})}$

$= \lim\limits_{h \to 0} \dfrac{x + h - x}{h \cdot (\sqrt{x+h} + \sqrt{x})}$

$= \lim\limits_{h \to 0} \dfrac{h}{h \cdot (\sqrt{x+h} + \sqrt{x})}$

$= \lim\limits_{h \to 0} \dfrac{1}{\sqrt{x+h} + \sqrt{x}} = \dfrac{1}{2\sqrt{x}}$;

$f'(x) \to \infty$ für $x \overset{>}{\to} 0$

Ableitung – Differenzierbarkeit

SATZ ÜBER DEN ZUSAMMENHANG ZWISCHEN DIFFERENZIERBARKEIT UND STETIGKEIT Hierfür gilt der Satz:

> Ist eine Funktion f an der Stelle x_0 differenzierbar,
> so ist f an dieser Stelle auch stetig.

Wichtig ist, dass der Kehrsatz **nicht** gilt:
Das Standardbeispiel hierzu liefert die Betragsfunktion; sie ist an der Stelle $x_0 = 0$ zwar stetig, aber bei $x_0 = 0$ nicht differenzierbar.
Ebenfalls wichtig ist die Kontraposition des Satzes:
Ist eine Funktion f an der Stelle x_0 nicht stetig, so ist f an dieser Stelle auch nicht differenzierbar; das Standardbeispiel hierzu liefert die Signumfunktion, die an der Stelle $x_0 = 0$ nicht stetig und daher an dieser Stelle auch nicht differenzierbar ist.

Einfache Ableitungen

ABLEITUNG DER POTENZFUNKTION, DER WURZELFUNKTION UND DER BETRAGSFUNKTION Es ergibt sich durch Berechnung mit Hilfe der h-Methode:

f(x)	f'(x)	
c = const.	0	
x	1	
x^2	$2x$	vgl. Bsp. 3
x^3	$3x^2$	
x^4	$4x^3$	
$\vdots$	$\vdots$	

Analysis – Differenzialrechnung

x^n	$n \cdot x^{n-1}$	
$\sqrt{x} = x^{\frac{1}{2}}$	$\dfrac{1}{2\sqrt{x}} = \dfrac{1}{2} \cdot x^{-\frac{1}{2}}$	vgl. Bsp. 4
$|x|$	$\operatorname{sgn}(x)$ (für $x \neq 0$)	

Folgerungen aus den Grenzwertsätzen sind die beiden folgenden Regeln:

$(f \pm g)'(x) = f'(x) \pm g'(x)$ (Summenregel)
$(c \cdot f)'(x) = c \cdot f'(x)$ für $c =$ const.

SUMMENREGEL Als Spezialfall der Summenregel gilt:

$(f \pm c)'(x) = f'(x)$ für $c =$ const.

Allein mit den bisher aufgeführten Regeln gelingt die Differenziation jeder Polynomfunktion!

Beispiel 1: Ableitung einer Polynomfunktion

$f: \mathbb{R} \to \mathbb{R},\ x \mapsto y = \frac{3}{4}x^4 + \frac{1}{6}x^3 - 2x + 7$ hat die Ableitung:

$f': \mathbb{R} \to \mathbb{R},\ x \mapsto y = \frac{3}{4} \cdot 4x^3 + \frac{1}{6}x \cdot 3x^2 - 2 \cdot 1 + 0$

$\qquad = 3x^3 + \frac{1}{2}x^2 - 2$

Produkt- und Quotientenregel

Etwas schwieriger sind die Regeln für die Berechnung der Ableitung des Produkts und des Quotienten zweier Funktionen:

PRODUKTREGEL

$$(f \cdot g)'(x) = f'(x) \cdot g(x) + f(x) \cdot g'(x)$$

Beispiel 2: Produktregel

$f: \mathbb{R}_0^+ \to \mathbb{R}, x \mapsto y = x^3 \cdot \sqrt{x}$ hat die Ableitung:

$$f': \mathbb{R}^+ \to \mathbb{R}, x \mapsto y = 3x^2 \cdot \sqrt{x} + x^3 \cdot \frac{1}{2\sqrt{x}}$$

$$= \frac{3x^2 \cdot \sqrt{x} \cdot 2\sqrt{x} + x^3}{2\sqrt{x}}$$

$$= \frac{6x^3 + x^3}{2\sqrt{x}} = \frac{7x^3}{2\sqrt{x}} = \frac{3{,}5x^3}{\sqrt{x}} = 3{,}5x^2 \cdot \sqrt{x}$$

Zu diesem Ergebnis wäre man auch gekommen, hätte man $f(x) = x^3 \cdot \sqrt{x} = x^3 \cdot x^{\frac{1}{2}} = x^{3{,}5}$ geschrieben und dann nach der Regel für die Ableitung der Potenzfunktion gerechnet:

$$f'(x) = 3{,}5 \cdot x^{2{,}5} = 3{,}5x^2 \cdot x^{\frac{1}{2}} = 3{,}5x^2 \cdot \sqrt{x}.$$

QUOTIENTENREGEL Damit gelingt die Differenziation jeder gebrochen-rationalen Funktion.

$$\left(\frac{f}{g}\right)'(x) = \frac{g(x) \cdot f'(x) - f(x) \cdot g'(x)}{(g(x))^2}$$

Beispiel 3: Quotientenregel

$f: \mathbb{R} \setminus \{3\} \to \mathbb{R}, x \mapsto y = \frac{5x^2 - 7x + 2}{2x - 6}$ hat die Ableitung

$$f': \mathbb{R} \setminus \{3\} \to \mathbb{R}, x \mapsto y = \frac{(2x - 6) \cdot (10x - 7) - (5x^2 - 7x + 2) \cdot 2}{(2x - 6)^2}$$

$$= \frac{20x^2 - 14x - 60x + 42 - 10x^2 + 14x - 4}{4(x - 3)^2}$$

$$= \frac{10x^2 - 60x + 38}{4(x - 3)^2} = \frac{2(5x^2 - 30x + 19)}{4(x^2 - 6x + 9)}$$

$$= \frac{5x^2 - 30x + 19}{2x^2 - 12x + 18}$$

Analysis – Differenzialrechnung

Kettenregel

KETTENREGEL Sie wird bei Funktionen angewendet, die sich als Verkettung von zwei Einzelfunktionen auffassen lassen.

$$(g \circ f)'(x) = g'(f(x)) \cdot f'(x)$$

oder: $\quad \dfrac{d}{dx}(g(f(x))) = g'(f(x)) \cdot f'(x)$

- g: äußere Funktion
- f: innere Funktion
- $g'(f(x))$: Ableitung der äußeren Funktion
- $f'(x)$: sog. „Nachdifferenzieren" der inneren Funktion

Beispiel 4: Kettenregel

$f: \mathbb{R} \to \mathbb{R},\ x \mapsto y = (5 - 2x)^2$
„äußere Funktion" ist die Quadratfunktion,
„innere Funktion" ist die lineare Funktion $x \mapsto 5 - 2x$

$f'(x) = \underbrace{2 \cdot (5 - 2x)}_{\text{Ableitung der Quadratfunktion}} \cdot \underbrace{(-2)}_{\text{Ableitung der linearen Funktion}} = -4(5 - 2x) = 8x - 20$

Zu diesem Ergebnis wäre man auch gekommen, hätte man:
- die Produktregel angewandt:
  $f(x) = (5 - 2x) \cdot (5 - 2x)$
  $f'(x) = (-2) \cdot (5 - 2x) + (5 - 2x) \cdot (-2)$
  $\quad\ = -10 + 4x - 10 + 4x$
  $\quad\ = 8x - 20$
- den Funktionsterm ausmultipliziert und dann abgeleitet:
  $f(x) = 25 - 20x + 4x^2$
  $f'(x) = -20 + 8x$

Beispiel 5: Kettenregel

$f:]-\infty; 2{,}5] \to \mathbb{R}, \quad x \mapsto y = \sqrt{5-2x}$

Diesmal bleibt nur die Möglichkeit der Anwendung der Kettenregel:

$f':]-\infty; 2{,}5[\to \mathbb{R}, \quad x \mapsto y = \dfrac{1}{2\sqrt{5-2x}} \cdot (-2) = \dfrac{-1}{\sqrt{5-2x}} = \dfrac{-\sqrt{5-2x}}{5-2x}$

$\phantom{f':]-\infty; 2{,}5[\to \mathbb{R}, \quad x \mapsto y} = \dfrac{\sqrt{5-2x}}{2x-5}$

Häufig sind Produkt-, Quotienten- und Kettenregel kombiniert anzuwenden:

Beispiel 6: Kombination von Quotienten- und Kettenregel

$f: x \mapsto y = \dfrac{\sqrt{1-x}}{\sqrt{2x-3}};$

$f'(x)$ (Quotientenregel) $= \dfrac{\sqrt{2x-3} \cdot \frac{d}{dx}\sqrt{1-x} - \sqrt{1-x} \cdot \frac{d}{dx}\sqrt{2x-3}}{2x-3}$

(Kettenregel) $= \dfrac{\sqrt{2x-3} \cdot \dfrac{1}{2\sqrt{1-x}} \cdot (-1) - \sqrt{1-x} \cdot \dfrac{1}{2\sqrt{2x-3}} \cdot 2}{2x-3}$

$= \dfrac{\dfrac{-(2x-3)}{2\sqrt{1-x} \cdot \sqrt{2x-3}} - \dfrac{(1-x) \cdot 2}{2\sqrt{1-x} \cdot \sqrt{2x-3}}}{2x-3}$

$= \dfrac{-2x+3-2+2x}{2\sqrt{1-x} \cdot \sqrt{2x-3} \cdot (2x-3)}$

$= \dfrac{1}{2\sqrt{1-x} \cdot \sqrt{2x-3} \cdot (2x-3)} = \dfrac{\sqrt{1-x} \cdot \sqrt{2x-3}}{2 \cdot (1-x)(2x-3)^2}$

oder

$$f(x) = \frac{\sqrt{1-x}}{\sqrt{2x-3}} = \sqrt{\frac{1-x}{2x-3}}$$

$$\underbrace{f'(x)}_{\text{Kettenregel}} = \frac{1}{2 \cdot \sqrt{\frac{1-x}{2x-3}}} \cdot \frac{d}{dx}\left(\frac{1-x}{2x-3}\right)$$

$$= \frac{\sqrt{2x-3}}{2 \cdot \sqrt{1-x}} \cdot \underbrace{\frac{(2x-3) \cdot (-1) - (1-x) \cdot 2}{(2x-3)^2}}_{\text{Quotientenregel}}$$

$$= \frac{\sqrt{2x-3}}{2 \cdot \sqrt{1-x}} \cdot \frac{-2x+3-2+2x}{(2x-3)^2} = \frac{\sqrt{1-x} \cdot \sqrt{2x-3} \cdot 1}{2(1-x)(2x-3)^2}$$

Ableitung der Umkehrfunktion

SATZ VON DER ABLEITUNG DER UMKEHRFUNKTION Ist die Funktion $f: D_f \to \mathbb{R}, x \mapsto y = f(x)$ umkehrbar und an der Stelle $x_0 \in D_f$ differenzierbar mit $f'(x_0) \neq 0$, so existiert die Ableitung der Umkehrfunktion

$f^{-1}: W_f \to \mathbb{R}, x \mapsto y = f^{-1}(x)$ an der Stelle $f(x_0) = y_0$,

und es gilt: $(f^{-1})'(f(x_0)) = \dfrac{1}{f'(x_0)}$

oder

$$(f^{-1})'(y_0) = \frac{1}{f'(f^{-1}(y_0))}$$

Zur Veranschaulichung dient die Skizze, in die die beiden Steigungsdreiecke eingezeichnet sind.

Ableitung der Umkehrfunktion

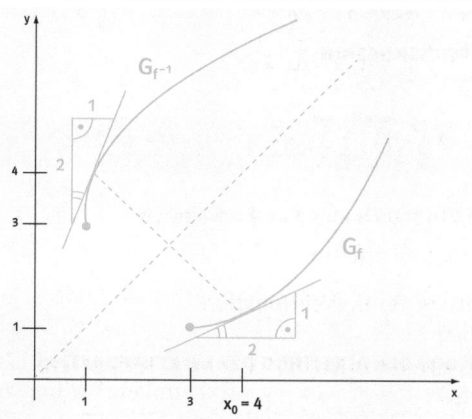

Beispiel 7: Veranschaulichung des Satzes von der Ableitung der Umkehrfunktion

$f: [3; \infty[\to \mathbb{R}, x \mapsto y = \frac{1}{4}(x-3)^2 + 1$ ist streng monoton zunehmend und daher umkehrbar.

$W_f = [1; \infty[= D_{f^{-1}}; D_f = [3; \infty[= W_{f^{-1}}$

$x_0 = 4; y_0 = f(x_0) = f(4) = 1\frac{1}{4}$ (s. Skizze oben)

$f'(x) = \frac{1}{4} \cdot 2 \cdot (x-3) = \frac{1}{2}(x-3); f'(x_0) = f'(4) = \frac{1}{2}$

Umkehrfunktion f^{-1}: $y = \frac{1}{4}(x-3)^2 + 1; y - 1 = \frac{1}{4}(x-3)^2;$

$4(y-1) = (x-3)^2; x - 3 = 2\sqrt{y-1}; x = 2\sqrt{y-1} + 3$

nach Variablentausch: $y = 2\sqrt{x-1} + 3$

Die Aussage des obigen Satzes über die Ableitung der Umkehrfunktion ist nun: $(f^{-1})'\left(1\frac{1}{4}\right) = \frac{1}{f'(4)} = \frac{1}{\frac{1}{2}} = 2$

Führt man die Rechnung nicht für den konkreten Wert $x_0 = 4$, sondern für beliebiges x durch, so ergibt sich:

$(f^{-1})'(x) = \dfrac{1}{f'(f^{-1}(x))} = \dfrac{1}{f'(2\sqrt{x-1}+3)} = \dfrac{1}{\frac{1}{2}(2\sqrt{x-1}+3-3)} = \dfrac{1}{\sqrt{x-1}}$

Analysis – Differenzialrechnung

Kurvendiskussion

QUICK-FINDER

Erste Untersuchungen an Funktionen

- Kurvendiskussion → S. 295
- Kriterien für streng monotones Zu- bzw. Abnehmen → S. 295
- Kriterien für Hoch-, Tief- bzw. Terrassenpunkt → S. 295

Höhere Ableitungen

- Begriff der n-ten Ableitung → S. 299
- Bedeutung der 2. Ableitung → S. 299
- Die Hierarchie der Flachpunkte: Flachpunkt, Wendepunkt, Terrassenpunkt → S. 301

Spezialthema: Typische Aufgabenstellungen zur Differenzialrechnung → S. 305

Erste Untersuchungen an Funktionen

KURVENDISKUSSION „Kurvendiskussion" bedeutet die Untersuchung einer Funktion bzw. ihres Graphen. Mit den bisherigen Kenntnissen kann diese Untersuchung sich auf folgende Eigenschaften beziehen:
- maximale Definitionsmenge
- Schnittpunkte mit den Koordinatenachsen
- Symmetrie des Graphen
- Monotonieverhalten, Extrema
- Verhalten an den Rändern der Definitionsmenge, d.h.
  - Verhalten für $x \to \pm \infty$
  - Verhalten an Definitionslücken
- Wertemenge
- evtl. Klärung zusätzlicher Fragen

Monotonieverhalten und Extrema können mit dem Hilfsmittel der Ableitung untersucht werden.

KRITERIEN FÜR STRENG MONOTONES ZU- BZW. ABNEHMEN
Ist f eine auf dem Intervall]a; b[differenzierbare Funktion und ist f'(x) > 0 bzw. f'(x) < 0 für alle $x \in$]a; b[, so ist f in]a; b[streng monoton zunehmend bzw. abnehmend. Ist f'(x) = 0, so hat G_f im Punkt $(x_0 | f(x_0))$ eine **waagerechte (horizontale) Tangente**.

KRITERIEN FÜR HOCH-, TIEF- BZW. TERRASSENPUNKT Hat f' dabei an der Stelle x_0 einen Vorzeichenwechsel von + zu – bzw. von – zu +, so hat f in in x_0 ein lokales Maximum bzw. Minimum; G_f hat dann den **Hoch- bzw. Tiefpunkt** $(x_0 | f(x_0))$. Hat f' an der Stelle x_0 eine Nullstelle ohne Vorzeichenwechsel, so hat G_f den **Terrassenpunkt** $(x_0 | f(x_0))$.

Beispiel 1: Untersuchung des Monotonieverhaltens einer Polynomfunktion

$f: \mathbb{R} \to \mathbb{R}, x \mapsto y = x^3 - 6x^2 + 9x + 1$
$f': \mathbb{R} \to \mathbb{R}, x \mapsto y = 3x^2 - 12x + 9 = 3(x^2 - 4x + 3)$
$\qquad = 3(x-1)(x-3)$
$f'(x) = 0 \Leftrightarrow x = 1 \vee x = 3; \ f(1) = 5, \ f(3) = 1$

	x < 1	x = 1	1 < x < 3	x = 3	x > 3
f'(x)	+	0	−	0	+
G_f	streng monoton steigend	Hochpunkt (1|5)	streng monoton fallend	Tiefpunkt (3|1)	streng monoton steigend

Beispiel 2: Untersuchung des Monotonieverhaltens einer Polynomfunktion

$f: \mathbb{R} \to \mathbb{R}, x \mapsto y = \frac{1}{27}x^4 - \frac{32}{81}x^3 + \frac{32}{27}x^2$
$f': \mathbb{R} \to \mathbb{R}, x \mapsto y = \frac{4}{27}x^3 - \frac{32}{27}x^2 + \frac{64}{27}x = \frac{4}{27}x \cdot (x^2 - 8x + 16)$
$\qquad = \frac{4}{27}x \cdot (x-4)^2$
$f'(x) = 0 \Leftrightarrow x = 0 \vee x = 4; \ f(0) = 0, \ f(4) = \frac{256}{81} = 3\frac{13}{81} \approx 3{,}2$

	x < 0	x = 0	0 < x < 4	x = 4	x > 4
f'(x)	−	0	+	0	+
G_f	streng monoton fallend	Tiefpunkt (0|0)	streng monoton steigend	Terrassenpunkt $(4\|3\frac{13}{81})$	streng monoton steigend

Graph zu Beispiel 1

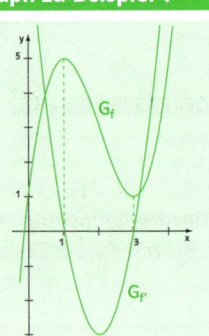

Graph zu Beispiel 2

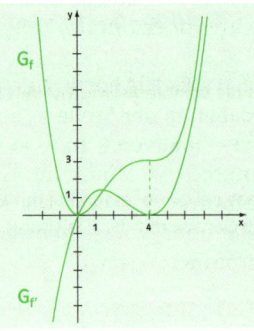

Beispiel 3: Diskussion einer rationalen Funktion

$f: x \mapsto y = \frac{x(x-3)}{x} - 4 = \frac{x^2 - 3x}{x - 4}$

soll möglichst umfassend diskutiert werden

Definitionsbereich:
$D_{max} = \mathbb{R} \setminus \{4\}$

Schnittpunkt mit der y-Achse:
$(0 \mid f(0)) = (0 \mid 0)$

Nullstellen:
$x_1 = 0$, $x_2 = 3$

Felder abstreichen:

	x < 0	x = 0	0 < x < 3	x = 3	3 < x < 4	x = 4	x > 4
f(x)	−	0	+	0	−	n.d.	+

Randverhalten:
$f(x) \to -\infty$ für $x \to -\infty$; $f(x) \to +\infty$ für $x \to +\infty$

Polynomdivision ergibt: $f(x) = x + 1 + \frac{4}{x-4}$

$\lim\limits_{x \to -\infty} (f(x) - (x+1)) = \lim\limits_{x \to -\infty} \frac{4}{x-4} = -0$

$\lim\limits_{x \to +\infty} (f(x) - (x+1)) = \lim\limits_{x \to +\infty} \frac{4}{x-4} = +0$

G_f nähert sich für $x \to -\infty$ von unten und für $x \to +\infty$ von oben an die schiefe Asymptote mit der Gleichung $y = x + 1$ an.

$f(x) \to -\infty$ für $x \lesssim 4$; $f(x) \to +\infty$ für $x \gtrsim 4$

f hat bei $x = 4$ einen Pol mit Vorzeichenwechsel von − zu +; die Gerade mit der Gleichung $x = 4$ ist vertikale Asymptote.

Monotonie, Extrema:
$$f'(x) = \frac{(x-4) \cdot (2298x - 3) - (x^2 - 3x) \cdot 1}{(x-4)^2} = \frac{2x^2 - 11x + 12 - x^2 + 3x}{(x-4)^2}$$
$$= \frac{x^2 - 8x + 12}{(x-4)^2} = \frac{(x-2)(x-6)}{(x-4)^2}$$
$$f'(x) = 0 \Leftrightarrow x = 2 \vee x = 6; \quad f(2) = 1, \quad f(6) = 9$$

	x < 2	x = 2	2 < x < 4	4 < x < 6	x = 6	x > 6
f'(x)	+	0	−	−	0	+
G_f	streng monoton steigend	Hochpunkt (2|1)	streng monoton fallend	streng monoton fallend	Tiefpunkt (6|9)	streng monoton steigend

Wertemenge:
$$W_f = \,]-\infty; 1] \cup [9; \infty[= \mathbb{R} \setminus \,]1; 9[$$

Zeichnung des Graphen samt Asymptoten:

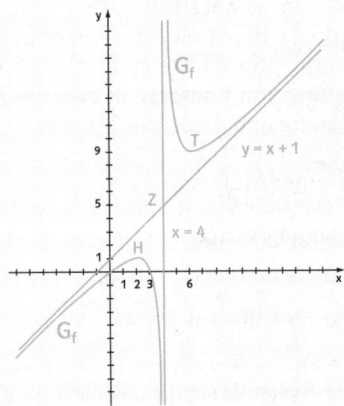

Symmetrie:
Vermutung: Punktsymmetrie bezüglich $Z(4|5)$;
Nachweis:
$$f(4-x) + f(4+x) = 4 - x + 1 + \frac{4}{4-x-4} + 4 + x + 1 + \frac{4}{4+x-4}$$
$$= 10 + \frac{4}{-x} + \frac{4}{x} = 10 = 2 \cdot 5$$

Höhere Ableitungen

BEGRIFF DER n-TEN ABLEITUNG Auch die Ableitung f' einer Funktion f ist eine Funktion; existiert die Ableitung von f', so bezeichnet man sie als **2. Ableitung** von f und nennt f zweimal differenzierbar:

$f'': D_{f''} \to \mathbb{R}, \quad x \mapsto y = f''(x) = \frac{d}{dx}f'(x) = \frac{d^2}{dx^2}f(x)$

Entsprechend ergibt sich die 3. Ableitung f''' und allgemein die **n-te Ableitung** $f^{(n)}$; existiert diese, so heißt f n-mal differenzierbar.

BEDEUTUNG DER 2. ABLEITUNG Die erste Ableitung einer Funktion f beschreibt die Änderungsrate ihrer Funktionswerte, also die Steigung des Graphen von f. Die 2. Ableitung von f beschreibt also die Änderungsrate der Steigung und damit die **Krümmung** von G_f.

G_f heißt in einem Intervall I **rechtsgekrümmt** oder **konvex**, wenn die Steigung der Tangenten an G_f in I streng monoton abnimmt.

rechtsgekrümmt

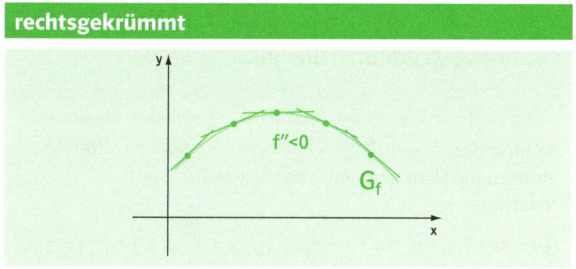

G_f heißt in I **linksgekrümmt** oder **konkav**, wenn die Steigung der Tangenten in I streng monton zunimmt.

linksgekrümmt

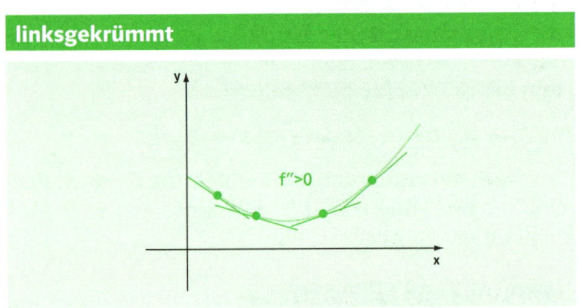

Es gilt also:

$f''(x) < 0$ für alle $x \in I \Rightarrow G_f$ ist in I rechtsgekrümmt
(f'' negativ)
$f''(x) > 0$ für alle $x \in I \Rightarrow G_f$ ist in I linksgekrümmt
(f'' positiv)

In der Umgebung eines Maximums bzw. Minimums ist der Graph einer differenzierbaren Funktion rechts- bzw. linksgekrümmt; daher gilt:

$f'(x_0) = 0 \wedge f''(x_0) < 0 \Rightarrow$ f hat bei x_0 ein lokales Maximum
$f'(x_0) = 0 \wedge f''(x_0) > 0 \Rightarrow$ f hat bei x_0 ein lokales Minimum

Im Beispiel 3 von Seite 297f. war

$f(x) = \frac{x(x-3)}{x-4}$ und

$f'(x) = \frac{x^2 - 8x + 12}{(x-4)^2} = \frac{(x-2)(x-6)}{(x-4)^2}$ für $x \neq 4$;

$f''(x) = \frac{(x-4)^2 \cdot (2x-8) - (x^2 - 8x + 12) \cdot 2(x-4)}{(x-4)^4}$

$= \frac{(x-4) \cdot (2x-8) - (x^2 - 8x + 12) \cdot 2}{(x-4)^3} = \frac{8}{(x-4)^3}$

$f(2) = 1 \wedge f'(2) = 0 \wedge f''(2) = \frac{8}{-8} = -1 < 0$
$\Rightarrow G_f$ hat den Hochpunkt $(2|1)$

$f(6) = 9 \wedge f'(6) = 0 \wedge f''(6) = \frac{8}{8} = 1 > 0$
$\Rightarrow G_f$ hat den Tiefpunkt $(6|9)$

DIE HIERARCHIE DER FLACHPUNKTE: FLACHPUNKT, WENDEPUNKT, TERRASSENPUNKT Da die 2. Ableitung einer Funktion die Krümmung des Graphen G_f beschreibt, verläuft G_f an einer Stelle x_0, an der f" den Wert Null hat, fast geradlinig:

An einer Stelle x_0, für die $f''(x_0) = 0$ ist, besitzt G_f einen Flachpunkt. Ändert sich in einem Flachpunkt das Krümmungsverhalten von G_f, so ist der Flachpunkt gleichzeitig ein Wendepunkt:

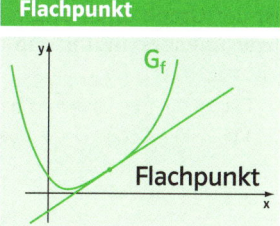

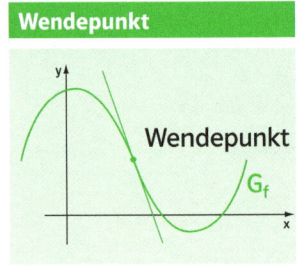

Hat f'' an der Stelle x_0 eine Nullstelle mit Vorzeichenwechsel, so hat G_f den Wendepunkt $(x_0 | f(x_0))$.
$f''(x_0) = 0 \wedge f'''(x_0) \neq 0$
$\Rightarrow G_f$ hat bei x_0 einen Wendepunkt.

In einem Wendepunkt durchdringt die Tangente den Graphen G_f. Verläuft diese so genannte **Wendetangente** horizontal, so ist der Wendepunkt ein Terrassenpunkt:

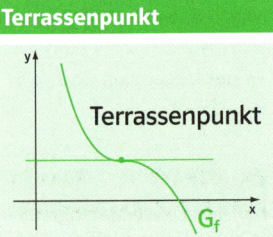

$f''(x_0) = 0 \wedge f'''(x_0) \neq 0 \wedge f'(x_0) = 0 \Rightarrow G_f$ hat bei x_0 einen Terrassenpunkt.

Jeder Terrassenpunkt ist also ein Wendepunkt, und jeder Wendepunkt ist ein Flachpunkt; die Umkehrung gilt **nicht**.

Beispiel 4: Untersuchung des Krümmungsverhaltens einer Polynomfunktion

$f: \mathbb{R} \to \mathbb{R}, x \mapsto y = \frac{1}{6}x^4 - \frac{2}{3}x^3 + 5$

$f': \mathbb{R} \to \mathbb{R}, x \mapsto y = \frac{2}{3}x^3 - 2x^2$

$f'': \mathbb{R} \to \mathbb{R}, x \mapsto y = 2x^2 - 4x = 2x(x-2)$

$f''(x) = 0 \Leftrightarrow x = 0 \lor x = 2;\ f(0) = 5,\ f(2) = 2\frac{1}{3}$

$f'(0) = 0,\ f'(2) = -2\frac{2}{3} \neq 0$

	x < 0	x = 0	0 < x < 2	x = 2	x > 2
f''(x)	+	0	–	0	+
G_f	linksgekrümmt	Terrassen- punkt (0 | 5)	rechtsgekrümmt	Wende- punkt (2 | 2 $\frac{1}{3}$)	linksgekrümmt

Wendetangente in $\left(2 \mid 2\frac{1}{3}\right)$:

$y = -\frac{8}{3}x + t$

$2\frac{1}{3} = -\frac{8}{3} \cdot 2 + t \Rightarrow t = 7\frac{2}{3};$

$y = -\frac{8}{3}x + 7\frac{2}{3}$

horizontale Wendetangente in (0 | 5): y = 5

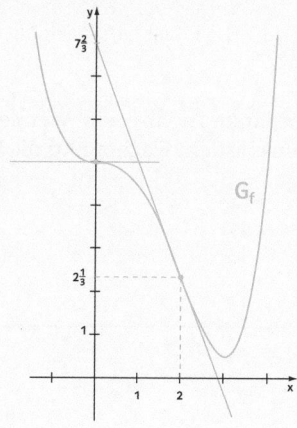

Beispiel 5: Untersuchung des Krümmungsverhaltens einer Polynomfunktion

$f: \mathbb{R} \to \mathbb{R}, x \mapsto y = \frac{1}{6}x^4 - \frac{2}{3}x^3 + x^2$

$f': \mathbb{R} \to \mathbb{R}, x \mapsto y = \frac{2}{3}x^3 - 2x^2 + 2x$

$f'': \mathbb{R} \to \mathbb{R}, x \mapsto y = 2x^2 - 4x + 2 = 2(x^2 - 2x + 1)$

$\qquad\qquad\qquad\qquad\quad = 2(x-1)^2$

$f''(x) = 0 \Leftrightarrow x = 1; \ f(1) = \frac{1}{2}$

$\qquad\qquad\qquad\quad f'(1) = \frac{2}{3}$

	x < 1	x = 1	x > 1
f''(x)	+	0	+
G_f	linksgekrümmt	Flachpunkt $(1\mid\frac{1}{2})$	linksgekrümmt

Der Flachpunkt ist kein Wendepunkt:
f'' hat bei $x_0 = 1$ eine Nullstelle ohne Vorzeichenwechsel!

Tangente an G_f in $\left(1\mid\frac{1}{2}\right)$:

$y = \frac{2}{3}x + t$

$\frac{1}{2} = \frac{2}{3} \cdot 1 + t \Rightarrow t = -\frac{1}{6};$

$y = \frac{2}{3}x - \frac{1}{6}$

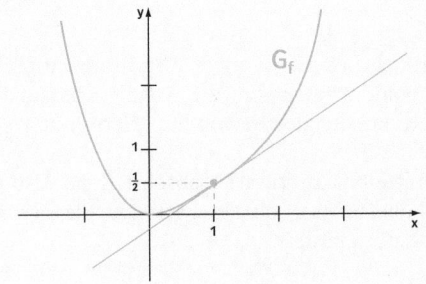

Typische Aufgabenstellungen zur Differenzialrechnung

Steckbriefaufgaben

Ein einfaches Beispiel solcher Aufgaben findet sich bereits auf der Seite 258. Inzwischen können die Aufgaben aber nicht nur Informationen etwa über die Nullstellen der gesuchten Funktion enthalten, sondern auch über Hoch-, Tief-, Terrassen- und andere Wendepunkte ihres Graphen. Die gegebenen Informationen müssen in Gleichungen übersetzt werden; hierfür gilt:

$P(a\|b)$ liegt auf G_f	$\Leftrightarrow f(a) = b$
f hat Nullstelle x_0	$\Leftrightarrow f(x_0) = 0$
G_f hat in $P(a\|\ldots)$ die Steigung m	$\Leftrightarrow f'(a) = m$
G_f hat Tiefpunkt $P(a\|\ldots)$	$\Rightarrow f'(a) = 0$
G_f hat Hochpunkt $P(a\|\ldots)$	$\Rightarrow f'(a) = 0$
G_f hat Terrassenpunkt $P(a\|\ldots)$	$\Rightarrow f'(a) = 0 \wedge f''(a) = 0$
G_f hat Wendepunkt $P(a\|\ldots)$	$\Rightarrow f''(a) = 0$

Dabei ist zu beachten: Nicht alle Informationen werden äquivalent übersetzt; z.B. ist die Übersetzung für „Hochpunkt" die gleiche wie für „Tiefpunkt"!

Die ermittelte Funktion ist abschließend also daraufhin zu überprüfen, ob sie wirklich alle geforderten Eigenschaften besitzt.

Beispiel 1: Ermittlung einer Polynomfunktion

Der Graph einer Polynomfunktion 3. Grades geht durch den Punkt (−1|0) und hat den Wendepunkt (5|2); die Wendetangente hat die Steigung −1.

Ansatz: $f(x) = ax^3 + bx^2 + cx + d$
$f'(x) = 3ax^2 + 2bx + c$
$f''(x) = 6ax + 2b$

(1) $f(-1) = 0$: $\quad -a + b - c + d = 0$
(2) $f(5) = 2$: $\quad 125a + 25b + 5c + d = 2$
(3) $f''(5) = 0$: $\quad 30a + 2b = 0$
(4) $f'(5) = -1$: $\quad 75a + 10b + c = -1$

Lösen dieses Systems von vier Gleichungen für die vier unbekannten Koeffizienten des Polynoms ergibt:

$a = \frac{1}{27}$, $b = -\frac{5}{9}$, $c = \frac{16}{9}$, $d = \frac{64}{27}$; also:

$f(x) = \frac{1}{27}x^3 - \frac{5}{9}x^2 + \frac{16}{9}x + \frac{64}{27} = \frac{1}{27}(x^3 - 15x^2 + 48x + 64)$

Die Diskussion zeigt, dass die ermittelte Funktion die geforderten Eigenschaften tatsächlich besitzt

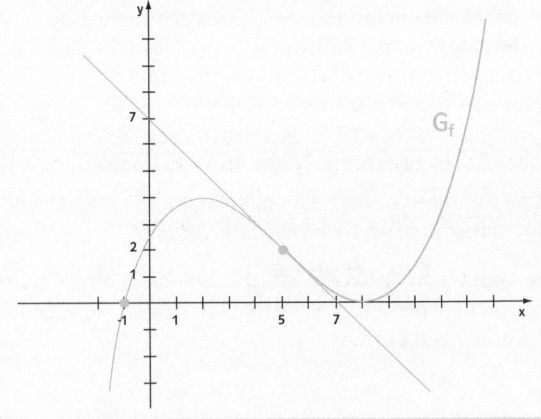

SPEZIALTHEMA

Beispiel 2: Ermittlung einer rationalen Funktion

Eine gebrochen rationale Funktion f soll die folgenden Bedingungen erfüllen:
- f hat an der Stelle -2 einen Pol ohne Vorzeichenwechsel
- f hat 3 als einzige Nullstelle
- f hat an der Stelle -7 einen Pol mit Vorzeichenwechsel
- es gilt $\lim\limits_{x \to \pm\infty} f(x) = 5$

Diesmal ergibt sich der Funktionsterm von f mit Hilfe der tabellarischen Zusammenfassungen auf den Seiten 272 und 276:

(1) Das Nennerpolynom muss den Faktor $(x + 2)^{q_1}$ mit geradzahligem q_1 enthalten.
(2) Das Zählerpolynom muss den Faktor $(x - 3)^n$ mit $n \in \mathbb{N}$ enthalten.
(3) Das Nennerpolynom muss den Faktor $(x + 7)^{q_2}$ mit ungeradzahligem q_2 enthalten.
(4) Der Grad des Zählerpolynoms muss gleich dem Grad des Nennerpolynoms sein und der Koeffizient der höchsten Potenz des Zählerpolynoms muss 5-mal so groß sein wie der Koeffizient der höchsten Potenz des Nennerpolynoms.

Daraus ergibt sich die folgende mögliche Lösung:

$$f(x) = \frac{5 \cdot (x - 3)^3}{(x + 2)^2 \cdot (x + 7)} = \frac{5(x^3 - 9x^2 + 27x - 27)}{x^3 + 11x^2 + 32x + 28}$$

Wäre zusätzlich verlangt, dass G_f das stetig schließbare Loch $(6 | \ldots)$ besitzt, so wäre eine mögliche Lösung:

$$f(x) = \frac{5 \cdot (x - 3)^3 \cdot (x - 6)}{(x + 2)^2 \cdot (x + 7) \cdot (x - 6)}$$

Extremwertaufgaben

Hierbei handelt es sich um eher anwendungsbezogene Aufgaben aus der Geometrie, der Physik oder der Wirtschaft, bei denen Art und Lage eines Extremums zu ermitteln sind. Die Vorgehensweise wird anhand von Beispielen erläutert.

Beispiel 3: Minimieren eines Oberflächeninhalts

Eine Konservendose von der Form eines geraden Kreiszylinders habe das Volumen V. Wie muss man den Grundkreisradius r und die Höhe h wählen, damit bei der Herstellung der Dose möglichst wenig Blech verbraucht wird?

Minimiert werden soll also die Zielgröße „Oberflächeninhalt":
$S = 2\pi r^2 + 2\pi r h$

Nebenbedingung ist: $V = \pi r^2 \cdot h$; daraus folgt: $h = \frac{V}{\pi r^2}$.
Damit ergibt sich die Zielfunktion:

$$S: r \mapsto S(r) = 2\pi r^2 + \frac{2\pi r \cdot V}{\pi r^2} = 2\pi r^2 + \frac{2V}{r}$$

$$\frac{d}{dr} S(r) = 4\pi r - \frac{2V}{r^2}; \frac{d^2}{dr^2} S(r) = 4\pi + \frac{4V}{r^3}$$

$$\frac{d}{dr} S(r) = 0 \Leftrightarrow 4\pi r = \frac{2V}{r^2} \Leftrightarrow r^3 = \frac{2V}{4\pi}; r = \sqrt[3]{\frac{V}{2\pi}}$$

$\frac{d^2}{dr^2} S(r) > 0$ für alle $r \in \mathbb{R}^+$; das Extremum ist also tatsächlich ein Minimum.

$$r = \sqrt[3]{\frac{V}{2\pi}} \Rightarrow h = \frac{V}{\pi \cdot \sqrt[3]{\frac{V}{2\pi}}^2} = \ldots = \sqrt[3]{\frac{4V}{\pi}} = \sqrt[3]{\frac{8V}{2\pi}} = 2r$$

Ergebnis: der Blechverbrauch ist minimal, wenn Durchmesser und Höhe der Dose übereinstimmen.

(Interessant ist der Vergleich des Ergebnisses mit den Abmessungen von Dosen des Europaformats „e 425" oder „e 850", welche 425 cm³ bzw. 850 cm³ fassen!)

SPEZIALTHEMA

Beispiel 4: Maximieren eines Rauminhalts

Aus einem 120 cm langen Draht soll ein Kantenmodell eines Quaders hergestellt werden; dabei soll die Länge des Quaders dreimal so groß wie seine Breite sein und der Rauminhalt größtmöglich werden.

Sei x die Breite des Quaders in cm; dann ist $3 \cdot x$ seine Länge in cm, und es gilt die folgende Nebenbedingung:
$$4 \cdot (3x + x + h) = 120$$
$$4x + h = 30$$
$$h = 30 - 4x;$$
damit ist auch die Höhe h des Quaders durch x ausgedrückt.

Zielfunktion:
$$V: x \mapsto y = 3x \cdot x \cdot (30 - 4x) = 3x^2 \cdot (30 - 4x) = 90x^2 - 12x^3$$

Definitionsmenge der Zielfunktion ist $]0; 7,5[$

$$V'(x) = 180x - 36x^2 = 36x(5 - x)$$
$$V''(x) = 180 - 72x = 36(5 - 2x)$$
$$V'(x) = 0 \Rightarrow x = 5 \quad (x = 0 \notin \mathbb{D})$$

$x = 5 \Rightarrow 3x = 15; \ h = 10$
$V(5) = 90 \cdot 25 - 12 \cdot 125 = 750$
(oder $V(5) = 5 \cdot 15 \cdot 10 = 750$)
$V''(5) = 36 \cdot (5 - 2 \cdot 5) = 36 \cdot (-5) < 0$

Ergebnis: Der Quader hat den maximalen Rauminhalt $750 \, cm^3$, wenn er 15 cm lang, 5 cm breit und 10 cm hoch ist.

Analysis – Differenzialrechnung

Sätze über differenzierbare Funktionen

QUICK-FINDER

Monotoniekriterium → S. 311

Satz von Rolle → S. 311

Mittelwertsatz → S. 312

Regeln von L'Hospital → S. 312

Trigonometrische Funktionen

- Eigenschaften der Sinus-, Kosinus- und Tangensfunktion → S. 314
- Ableitung der trigonometrischen Funktionen → S. 315

Form- und Lageveränderungen der Sinus- und Kosinuskurve

- Allgemeine Sinus- und Kosinusfunktion → S. 315
- Amplitude, Periode, Phasenverschiebung → S. 315

Monotoniekriterium

Das Monotoniekriterium für die Umkehrbarkeit einer Funktion f lässt sich für den Fall, dass f auf einem Intervall $I \subset D_f$ differenzierbar ist, folgendermaßen fassen:

> Ist $f'(x) > 0$ für alle $x \in I$ oder $f'(x) < 0$ für alle $x \in I$, so ist f in I umkehrbar.

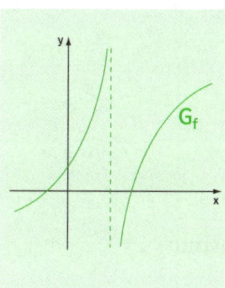

Wichtig ist, dass der betrachtete Bereich tatsächlich ein zusammenhängendes Intervall ist. So ist z. B. die Funktion f, deren Graph in der Abbildung skizziert ist, nicht umkehrbar auf ihrer Definitionsmenge, obwohl $f'(x) > 0$ für alle $x \in D_f$; denn D_f ist keine zusammenhängende Menge!

Satz von Rolle

Ist f eine Funktion, die im Intervall [a; b] stetig und im Intervall]a; b[differenzierbar ist, und gilt
  $f(a) = f(b) = 0$,
so existiert mindestens eine Stelle
$x_0 \in]a; b[$, für die gilt:
  $f'(x_0) = 0$

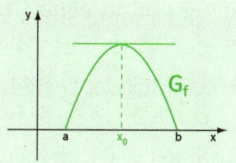

Analysis – Differenzialrechnung

Eine Verallgemeinerung dieses Satzes ist der Mittelwertsatz.

Mittelwertsatz

Ist f eine Funktion, die im Intervall [a; b] stetig und im Intervall]a; b[differenzierbar ist, so existiert mindestens eine Stelle $x_0 \in\,]a; b[$, für die gilt:

$$f'(x_0) = \frac{f(b) - f(a)}{b - a} \quad \text{oder} \quad f(b) = f(a) + (b - a) \cdot f'(x_0) \quad (*)$$

Anschaulich bedeutet dies, dass die Tangente an G_f in $(x_0 | f(x_0))$ parallel zur Sekante PQ ist.
Mit $b - a =: h$
lautet die Gleichung (*):
$\quad f(a + h) = f(a) + h \cdot f'(x_0)$
oder, wegen $a < x_0 < b$
$\quad f(a + h) = f(a) + h \cdot f'(a + \vartheta \cdot h)$
mit $\vartheta \in\,]0; 1[$

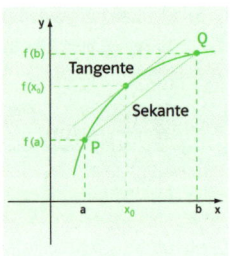

Regeln von L'Hospital

a) Sind f und g zwei Funktionen, die an der Stelle x_0 stetig und in einer Umgebung von x_0 differenzierbar sind, und ist $f(x_0) = g(x_0) = 0$, so gilt:

$$\lim_{x \to x_0} \frac{f(x)}{g(x)} = \lim_{x \to x_0} \frac{f'(x)}{g'(x)}$$

b) Sind f und g zwei Funktionen, die in einem Intervall]a; ∞[differenzierbar sind, und ist

$\lim\limits_{x\to\infty} f(x) = \lim\limits_{x\to\infty} g(x) = 0$, so gilt:

$$\lim_{x\to\infty} \frac{f(x)}{g(x)} = \lim_{x\to\infty} \frac{f'(x)}{g'(x)}$$

(Eine vollkommen analoge Regel gilt für $x \to -\infty$.)

c) Sind f und g zwei Funktionen, die in einer Umgebung von x_0 differenzierbar sind, und gilt $|f(x)| \to \infty$ für $x \to x_0$ und $|g(x)| \to \infty$ für $x \to x_0$, so gilt:

$$\lim_{x\to x_0} \frac{f(x)}{g(x)} = \lim_{x\to x_0} \frac{f'(x)}{g'(x)}$$

d) Sind f und g zwei Funktionen, die in einem Intervall]a; ∞[differenzierbar sind, und gilt $|f(x)| \to \infty$ für $x \to \infty$ und $|g(x)| \to \infty$ für $x \to \infty$, so gilt:

$$\lim_{x\to\infty} \frac{f(x)}{g(x)} = \lim_{x\to\infty} \frac{f'(x)}{g'(x)}$$

Beispiele

$f(x) = x^4 - 2x + 1;$ $f(1) = 0$
$g(x) = x^{10} - x^2;$ $g(1) = 0$
$f'(x) = 4x^3 - 2;$ $f'(1) = 2$
$g'(x) = 10x^9 - 2x;$ $g'(1) = 8$

Nach Regel a) ergibt sich: $\lim\limits_{x\to 1} \frac{f(x)}{g(x)} = \lim\limits_{x\to 1} \frac{f'(x)}{g'(x)} = \frac{f'(1)}{g'(1)} = \frac{2}{8} = \frac{1}{4}$

Die Berechnung dieses Grenzwerts mit Faktorzerlegung wäre erheblich mühsamer gewesen:

$$\lim_{x\to 1} \frac{f(x)}{g(x)} = \lim_{x\to 1} \frac{x^4 - 2x + 1}{x^{10} - x^2} = \lim_{x\to 1} \frac{(x-1)\cdot(x^3 + x^2 + x - 1)}{(x-1)\cdot(x^9 + x^8 + \ldots + x^2)}$$

$$= \lim_{x\to 1} \frac{x^3 + x^2 + x - 1}{x^9 + x^8 + \ldots + x^2} = \frac{1 + 1 + 1 - 1}{1 + 1 + 1 \ldots + 1} = \frac{2}{8} = \frac{1}{4}$$

Trigonometrische Funktionen

EIGENSCHAFTEN DER SINUS-, KOSINUS- UND TANGENS-FUNKTION Als trigonometrische Funktionen bezeichnet man:
- die Sinus-Funktion
  $\sin: \mathbb{R} \to \mathbb{R}, x \mapsto y = \sin x$
- die Kosinus-Funktion
- $\cos: \mathbb{R} \to \mathbb{R}, x \mapsto y = \cos x$
  die Tangens-Funktion
  $\tan: \mathbb{R} \setminus \left\{(2k+1) \cdot \frac{\pi}{2} \mid k \in \mathbb{Z}\right\} \to \mathbb{R},$
  $x \mapsto y = \tan x = \frac{\sin x}{\cos x}$

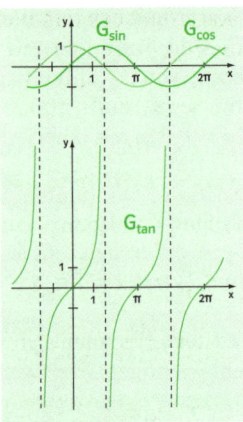

sin und cos haben die Wertemenge [−1; 1]. Ihre Schwingungsweite oder Amplitude ist 1.
Die Wertemenge von tan ist $\mathbb{R}$.

Die Werte der Sinus- und der Kosinus-Funktion wiederholen sich immer im Abstand 2π; dies ist die Periode:
  $\sin(x + k \cdot 2\pi) = \sin x; \cos(x + k \cdot 2\pi) = \cos x; k \in \mathbb{Z}$.
Die Periode der Tangens-Funktion ist π:
  $\tan(x + k \cdot \pi) = \tan x; k \in \mathbb{Z}$.

Die Sinus- und die Tangens-Funktion haben die Nullstellen $k \cdot \pi = 2k \cdot \frac{\pi}{2}; k \in \mathbb{Z}$. Die Kosinus-Funktion hat die Nullstellen $(2k+1) \cdot \frac{\pi}{2}$, $k \in \mathbb{Z}$. Wegen $\tan x = \frac{\sin x}{\cos x}$ sind dies die Definitionslücken der Tangens-Funktion; diese sind Polstellen mit Vorzeichenwechsel von + zu −.

Wegen $\cos x = \sin\left(x + \frac{\pi}{2}\right)$ für alle $x \in \mathbb{R}$ entsteht der Graph der Kosinus-Funktion aus dem der Sinus-Funktion durch Verschiebung um $\frac{\pi}{2}$ nach links.

ABLEITUNG DER TRIGONOMETRISCHEN FUNKTIONEN Wichtiger ist folgender Zusammenhang zwischen sin und cos:

$$\frac{d}{dx} \sin x = \cos x; \quad \frac{d}{dx} \cos x = -\sin x$$

Nach der Quotientenregel folgt für die Ableitung der Tangens-Funktion:

$$\frac{d}{dx} \tan x = \frac{\cos^2 x + \sin^2 x}{\cos^2 x} = \frac{1}{\cos^2 x} = 1 + \tan^2 x$$

Weiter errechnet sich nach der Regel von L'Hospital ein wichtiger Grenzwert:

$$\lim_{x \to 0} \frac{\sin x}{x} = 1$$

Form- und Lageänderungen der Sinus- und Kosinus-Kurve

ALLGEMEINE SINUS- UND KOSINUSFUNKTION Sie hat die Form
$x \mapsto y = a \cdot \sin(b \cdot (x + c)) + d;$
für die Kosinus-Funktion gilt alles völlig analog.

AMPLITUDE, PERIODE, PHASENVERSCHIEBUNG a beeinflusst die Schwingungsweite der Sinuskurve: die Amplitude ist $|a|$.

b beeinflusst die Frequenz der Sinuskurve; die Periode ist $\frac{2\pi}{|b|}$.

c heißt die Phasenverschiebung der Sinuskurve: der Graph ist gegenüber dem Graphen von $x \mapsto y = \sin x$ um $|c|$ verschoben, und zwar für $c > 0$ nach links, für $c < 0$ nach rechts.

Auch d bewirkt eine Verschiebung: der Graph ist gegenüber dem Graphen von $x \mapsto y = \sin x$ um $|d|$ verschoben, und zwar für $d > 0$ nach oben, für $d < 0$ nach unten.

Beispiel

$f: x \mapsto y = 2\sin\left(\frac{2}{3}x + \frac{\pi}{3}\right) + 1 = 2\sin\left(\frac{2}{3}\left(x + \frac{\pi}{2}\right)\right) + 1;$

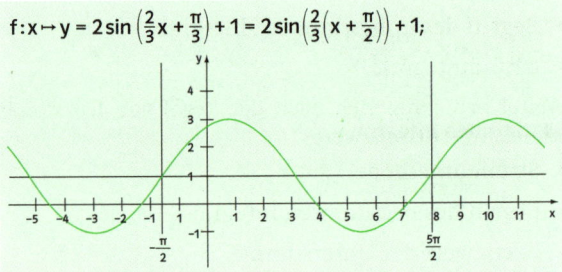

Analysis – Integralrechnung

Stammfunktion und Integralfunktionen

QUICK-FINDER

Stammfunktion
- Begriff der Stammfunktion → S. 318

Unbestimmtes Integral
- Begriff des unbestimmten Integrals → S. 319
- Grundintegrale → S. 320

Bestimmtes Integral
- Streifenmethode → S. 321
- Begriff des bestimmten Integrals → S. 322
- Grenzwert der Untersumme → S. 323
- Grenzwert der Obersumme → S. 324

Integralfunktion
- Begriff der Integralfunktion → S. 325
- Hauptsatz der Differenzial- und Integralrechnung (HDI) → S. 325
- Integrationsformel → S. 326
- Regeln für das bestimmte Integral → S. 328

Stammfunktion

BEGRIFF DER STAMMFUNKTION

f: $\mathbb{R} \to \mathbb{R}$, $x \mapsto y = \frac{3}{2}x^2$, hat die Ableitung

f': $\mathbb{R} \to \mathbb{R}$, $x \mapsto y = 3x$;

umgekehrt könnte f durch Ableitung aus der Funktion

F: $R \to R$, $x \mapsto y = \frac{1}{2}x^3$

entstanden sein; F nennt man dann eine Stammfunktion von f. Allgemein definiert man:

Sind f und F auf einer gemeinsamen Menge D definiert und ist F in D differenzierbar mit F'(x) = f(x) für alle $x \in D$, so heißt F eine **Stammfunktion** von f in D.

Da die Ableitung der konstanten Funktion Null ist, gilt der Satz: **Die Differenz zweier Stammfunktionen derselben Funktion ist eine konstante Funktion.**

Beispiel 1: Nachweis für Stammfunktion

Zeige, dass
   F: $\mathbb{R} \to \mathbb{R}$, $x \mapsto F(x) = \sqrt{x^2 + 1}$
eine Stammfunktion von
   f: $\mathbb{R} \to \mathbb{R}$, $x \mapsto f(x) = \frac{x}{\sqrt{x^2 + 1}}$ ist.

$F'(x) = \frac{1}{2\sqrt{x^2 + 1}} \cdot 2x = \frac{x}{\sqrt{x^2 + 1}} = f(x)$ für alle $x \in \mathbb{R}$

Beispiel 2: Differenz zweier Stammfunktionen

Zeige, dass auch $G: \mathbb{R} \to \mathbb{R}, x \mapsto G(x) = \dfrac{x^2}{1+\sqrt{x^2+1}}$, eine Stammfunktion von f ist!
Zum Nachweis könnte man G ableiten; man kann aber auch zeigen, dass sich G(x) von F(x) nur um einen konstanten Summanden unterscheidet:

$$F(x) - G(x) = \sqrt{x^2+1} - \frac{x^2}{1+\sqrt{x^2+1}}$$

$$= \frac{\sqrt{x^2+1} \cdot (1+\sqrt{x^2+1}) - x^2}{1+\sqrt{x^2+1}}$$

$$= \frac{\sqrt{x^2+1} + x^2 + 1 - x^2}{1+\sqrt{x^2+1}} = \frac{\sqrt{x^2+1}+1}{1+\sqrt{x^2+1}} = 1 = \text{const.}$$

Beispiel 3: Ermittlung einer Stammfunktion

Bestimme diejenige Stammfunktion H von f, deren Graph den Punkt $(\sqrt{3}\,|-1)$ enthält

Ansatz: $H(x) = F(x) + C = \sqrt{x^2+1} + C$

Bedingung: $H(\sqrt{3}) = -1$, d.h. $\sqrt{3+1} + C = -1$;
$C = -1 - 2 = -3$

Ergebnis: $H(x) = \sqrt{x^2+1} - 3$

Unbestimmtes Integral

BEGRIFF DES UNBESTIMMTEN INTEGRALS Unter dem unbestimmten Integral $\int f(x)\,dx$ einer Funktion f versteht man die Menge ihrer Stammfunktionen:

$$\int f(x)\,dx = \{F \,|\, F'(x) = f(x)\}.$$

Da die Differenz zweier Stammfunktion derselben Funktion f konstant ist, gilt:

$$\int f(x)\,dx = \{x \mapsto F(x) + c \,|\, c \in \mathbb{R}\}$$

Analysis – Integralrechnung

Dafür ist die folgende einfachere Schreibweise üblich:

$\int f(x)\,dx = F(x) + c$

(Diese Gleichung ist aber keine Gleichung im algebraischen Sinn, sondern sie soll lediglich zum Ausdruck bringen, dass $(F(x) + c)' = f(x)$ ist.)

GRUNDINTEGRALE Aus den bisher bekannten Ableitungsregeln ergeben sich folgende Grundintegrale:

$f(x)$	$\int f(x)\,dx$	
x^n	$\frac{1}{n+1} \cdot x^{n+1} + c$	für $n \in \mathbb{R} \setminus \{-1\}$
$\sin x$	$-\cos x + c$	
$\cos x$	$\sin x + c$	
$\frac{1}{\cos^2 x}$	$\tan x + c$	
$\frac{1}{\sin^2 x}$	$-\frac{1}{\tan x} + c$	

Weiter gelten folgende allgemeine Regeln:
$\int k \cdot f(x)\,dx = k \cdot \int f(x)\,dx \ (k \neq 0)$ und
$\int (f+g)(x)\,dx = \int f(x)\,dx + \int g(x)\,dx$.

Beispiel 4: Unbestimmtes Integral einer Polynomfunktion

Das unbestimmte Integral der Polynomfunktion
$f: \mathbb{R} \to \mathbb{R},\ x \mapsto y = \frac{4}{3}x^3 - \frac{1}{2}x^2 + 5$ ist
$\int f(x)\,dx = \frac{1}{3}x^4 - \frac{1}{6}x^3 + 5x + c$

Bestimmtes Integral

STREIFENMETHODE Ausgangspunkt für die Definition des bestimmten Integrals ist das Problem, den Inhalt der Fläche zwischen der x-Achse und dem Graphen einer auf [a; b] definierten Funktion f zu bestimmen. Man wählt eine Zerlegung des Intervalls [a; b] in n Streifen:
$$a = x_0 < x_1 < x_2 < \ldots < x_{n-1} < x_n = b;$$
die Breite des i-ten Streifens ist
$$\Delta x_i = x_i - x_{i-1}.$$
Weiter wählt man in jedem Streifen eine Stützstelle $\xi_i \in [x_{i-1}; x_i]$. Die Skizze zeigt ein Beispiel mit einer auf [a; b] positiven Funktion für n = 4.

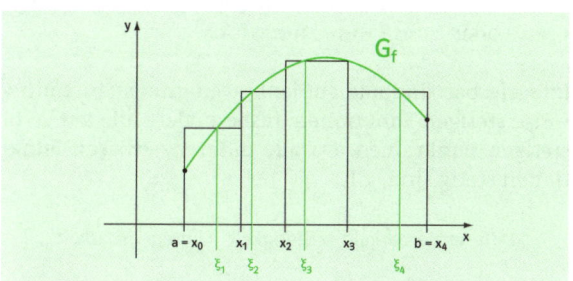

Die Fläche zwischen der x-Achse und G_f lässt sich nun annähern durch die folgende Summe von Rechtecksflächen:
$$f(\xi_1) \cdot (x_1 - x_0) + f(\xi_2) \cdot (x_2 - x_1) + \ldots + f(\xi_n) \cdot (x_n - x_{n-1}) =$$
$$= f(\xi_1) \cdot \Delta x_1 + f(\xi_2) \cdot \Delta x_2 + \ldots + f(\xi_n) \cdot \Delta x_n$$
$$= \sum_{i=1}^{n} f(\xi_i) \cdot \Delta x_i$$

BEGRIFF DES BESTIMMTEN INTEGRALS Ist f auf [a; b] wenigstens abschnittsweise stetig, so ist die Annäherung umso besser, je größer die Zahl n der Streifen ist; beim Grenzübergang $n \to \infty$ muss allerdings die Länge Δx_i des breitesten Streifens gegen Null gehen. Existiert unter dieser Bedingung

$$\lim_{n \to \infty} \sum_{i=1}^{n} f(\xi_i) \cdot \Delta x_i,$$

so heißt f über [a; b] integrierbar und man nennt

$$\int_a^b f(x)\,dx = \lim_{n \to \infty} \sum_{i=1}^{n} f(\xi_i) \cdot \Delta x_i$$

das bestimmte Integral von f über [a; b].

Die Funktion f, über die integriert wird, heißt Integrand oder Integrandenfunktion.

Integrierbar sind alle auf [a; b] wenigstens abschnittsweise stetigen Funktionen, insbesondere alle auf [a; b] stetigen Funktionen. Da alle differenzierbaren Funktionen stetig sind, gilt:

> Differenzierbarkeit $\Rightarrow$ Stetigkeit $\Rightarrow$ Integrierbarkeit

Beispiel 1: Anwendung der Streifenmethode auf eine quadratische Funktion

Gesucht ist der Inhalt der Fläche zwischen der x-Achse und dem Graphen der Funktion

$f: [1; 4] \to \mathbb{R}, \quad x \mapsto y = \frac{1}{4}x^2$

Am einfachsten ist es, das Intervall [1; 4] äquidistant, das heißt in n Streifen gleicher Breite zu zerlegen; jeder Streifen hat dann die Breite:

$\frac{b-a}{n} = \frac{4-1}{n} = \frac{3}{n}.$

Stammfunktion und Integralfunktionen

Grenzwert der Untersumme

Als Stützstellen werden die linken Ränder der Streifen gewählt, also

$\xi_1 = x_0, \xi_2 = x_1, \ldots, \xi_n = x_{n-1}$:

da f auf [1; 4] streng monoton wachsend ist, ist die Summe der Rechtecksflächeninhalte sicher kleiner als der gesuchte Flächeninhalt, und man spricht von einer Untersumme:

Skizze für n = 3

$$s_n = f(\xi_1) \cdot \frac{3}{n} + f(\xi_2) \cdot \frac{3}{n} + f(\xi_3) \cdot \frac{3}{n} + \ldots + f(\xi_n) \cdot \frac{3}{n}$$

$$= \left(f(1) + f\left(1 + \frac{3}{n}\right) + f\left(1 + \frac{3}{n} \cdot 2\right) + \ldots + f\left(1 + \frac{3}{n} \cdot (n-1)\right)\right) \cdot \frac{3}{n}$$

$$= \left(f\frac{n}{n}\right) + f\left(\frac{n+3}{n}\right) + f\left(\frac{n+3 \cdot 2}{n}\right) + \ldots + f\left(\frac{n+3 \cdot (n-1)}{n}\right) \cdot \frac{3}{n}$$

$$= \frac{1}{4} \cdot \left(\frac{n^2}{n^2} + \frac{(n+3)^2}{n^2} + \frac{(n+3 \cdot 2)^2}{n^2} + \ldots + \frac{(n+3(n-1))^2}{n^2}\right) \cdot \frac{3}{n}$$

$$= \frac{3}{4n^3} \cdot (n^2 + (n+3)^2 + (n+3 \cdot 2)^2 + \ldots + (n+3 \cdot (n-1))^2)$$

$$= \frac{3}{4n^3} \cdot (n^2 + n^2 + 6n + 9 + n^2 + 2 \cdot 6n + 4 \cdot 9 + \ldots + n^2 + (n-1) \cdot 6n + (n-1)^2 \cdot 9)$$

$$= \frac{3}{4n^3} \cdot (n^2 \cdot n + 6n \cdot (1 + 2 + \ldots + (n-1)) + 9 \cdot (1 + 4 + \ldots + (n-1)^2)$$

$$= \frac{3}{4n^3} \cdot \left(n^3 + 6n \cdot \frac{(n-1) \cdot n}{2} + 9 \cdot \frac{(n-1) \cdot n \cdot (2n-1)}{6}\right) = \ldots$$

$$= \frac{21}{4} - \frac{45}{8n} + \frac{9}{8n^2}$$

$$\lim_{n \to \infty} s_n = \frac{21}{4} = 5\frac{1}{4}$$

Grenzwert der Obersumme

Als Stützstellen werden die rechten Ränder der Streifen gewählt, also

$\xi_1 = x_1, \xi_2 = x_2, \ldots, \xi_n = x_n$;

diesmal ist die Summe der Rechtecksflächeninhalte größer als der gesuchte Flächeninhalt:

Skizze für n = 3

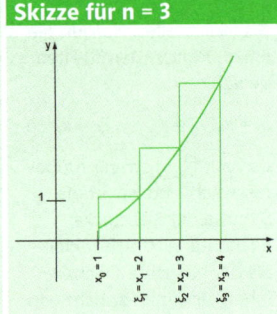

Obersumme

$$S_n = \left(f\left(1 + \tfrac{3}{n}\right) + f\left(1 + \tfrac{3}{n} \cdot 2\right) + \ldots + f\left(1 + \tfrac{3}{n} \cdot n\right)\right) \cdot \tfrac{3}{n} = \ldots$$

$$= \tfrac{3}{4n^3} \cdot (n^3 + 6n \cdot (1 + 2 + \ldots + n) + 9 \cdot (1 + 4 + \ldots + n^2))$$

$$= \tfrac{3}{4n^3} \cdot \left(n^3 + 6n \cdot \tfrac{n(n+1)}{2} + 9 \cdot \tfrac{n(n+1)(2n+1)}{6}\right)$$

$$= \ldots = \tfrac{21}{4} + \tfrac{45}{8n} + \tfrac{9}{8n^2}$$

$$\lim_{n \to \infty} S_n = \tfrac{21}{4} = 5\tfrac{1}{4}$$

Ergebnis: $\int_1^4 \tfrac{1}{4} x^2 \, dx = 5\tfrac{1}{4}$

Wie man an diesem Beispiel sieht, kann die Berechnung bestimmter Integrale nach der Streifenmethode recht mühsam sein. Erfreulicherweise geht es auch einfacher; dazu ist zunächst jedoch noch etwas Theorie erforderlich.

Integralfunktion

BEGRIFF DER INTEGRALFUNKTION Betrachtet man die obere Integrationsgrenze des bestimmten Integrals

$$\int_a^b f(t)\,dt$$

als variabel, so erhält man eine neue Funktion

$$F: x \mapsto F(x) = \int_a^x f(t)\,dt;$$

diese Funktion heißt eine Integralfunktion von f.

Offensichtlich ist

$$F(a) = \int_a^a f(t)\,dt = 0,$$

das heißt eine Integralfunktion hat – mindestens – an der unteren Integrationsgrenze eine Nullstelle.

HAUPTSATZ DER DIFFERENZIAL- UND INTEGRALRECHNUNG (HDI) Wichtiger ist aber, dass man mit Hilfe des Mittelwertsatzes den folgenden Satz beweisen kann:

> **Hauptsatz der Differential- und Integralrechnung (HDI):**
>
> $$\frac{d}{dx}\int_a^x f(t)\,dt = f(x) \quad \text{(für f stetig)}$$

In Worten heißt dies, dass jede Integralfunktion F einer stetigen Integrandenfunktion f differenzierbar ist und dass ihre Ableitung F' gleich der Integrandenfunktion f ist. Die Integration ist also sozusagen die Umkehrung der Differentiation. Oder:

> **Jede Integralfunktion einer stetigen Funktion f ist eine Stammfunktion von f. (*)**

Daraus ergibt sich ein recht einfaches Rezept zur Berechnung bestimmter Integrale:

INTEGRATIONSFORMEL Ist $\int_a^b f(t)\,dt$ gesucht und ist f stetig, also integrierbar, so bestimmt man eine Stammfunktion F von f;

$x \mapsto \int_a^x f(t)\,dt = F(x) + c_0$ mit geeignetem $c_0 \in \mathbb{R}$ ist eine Integralfunktion von f, und es gilt:

$$\int_a^a f(t)\,dt = F(a) + c_0 = 0 \;\Rightarrow\; c_0 = -F(a); \text{ also ist}$$

$$\int_a^b f(t)\,dt = F(b) + c_0 = F(b) - F(a) =: [F(x)]_a^b$$

Das bestimmte Integral $\int_a^b f(x)\,dx$ über eine stetige Funktion f zwischen der unteren Grenze a und der oberen Grenze b ist also gleich der Differenz $F(b) - F(a)$ der Funktionswerte einer beliebigen Stammfunktion F von f:

> **Integrationsformel:**
> $$\int_a^b f(x)\,dx = F(b) - F(a) =: [F(x)]_a^b$$

Beispiel 2: Bestimmtes Integral über eine quadratische Funktion

$f: \mathbb{R} \to \mathbb{R}, x \mapsto y = \frac{1}{4}x^2$, hat $F: \mathbb{R} \to \mathbb{R}, x \mapsto y = \frac{1}{12}x^3$, als Stammfunktion; also ist

$$\int_1^4 \frac{1}{4}x^2\,dx = \left[\frac{1}{12}x^3\right]_1^4 = \frac{1}{12}\cdot 4^3 - \frac{1}{12}\cdot 1^3 = \frac{64-1}{12} = \frac{63}{12} = \frac{21}{4} = 5\frac{1}{4}$$

Beispiel 3: Bestimmtes Integral über die Sinusfunktion

$$\int_0^\pi \sin x\,dx = [-\cos x]_0^\pi = -\cos\pi - (-\cos 0) = -(-1) - (-1) = 2$$

Beispiel 4: Integralfunktion der Wurzelfunktion; Beispiel zum HDI

$$\int_2^x \sqrt{t}\,dt = \int_2^x t^{\frac{1}{2}}\,dt = \left[\frac{1}{\frac{1}{2}+1}\cdot t^{\frac{1}{2}+1}\right]_2^x = \left[\frac{2}{3}\cdot t^{\frac{3}{2}}\right]_2^x = \frac{2}{3}\cdot x^{\frac{3}{2}} - \frac{2}{3}\cdot 2^{\frac{3}{2}}$$

$$= \frac{2}{3}\cdot \sqrt{x^3} - \frac{2}{3}\cdot \sqrt{8} = \frac{2}{3}\cdot \sqrt{x^3} - \frac{4\sqrt{2}}{3}$$

$$=: F(x);$$

$$F'(x) = \frac{2}{3}\cdot \frac{1}{2\sqrt{x^3}}\cdot 3x^2 = \frac{x^2}{\sqrt{x^3}} = \frac{x^2}{x^{1,5}} = x^{\frac{1}{2}} = \sqrt{x}; \text{ vgl. HDI!}$$

Bemerkung: Der Kehrsatz von Satz (*) ist falsch, d.h.: Nicht jede Stammfunktion einer stetigen Funktion f muss auch eine Integralfunktion von f sein. Eine Integralfunktion von f muss nämlich mindestens eine Nullstelle besitzen.

Beispiel 5: Zusammenhang zwischen Integralfunktion und Stammfunktion

$\int 2x\,dx = x^2 + c$, $c \in \mathbb{R}$,
ist die Menge aller Stammfunktionen von $f: x \mapsto y = 2x$.
Für $c \in \mathbb{R}^+$ haben diese Stammfunktionen keine Nullstelle, sind also keine Integralfunktionen von f. Integralfunktionen von f sind nur diejenigen Stammfunktionen
$F: x \mapsto y = x^2 + c$, für die $c \in \mathbb{R}_0^-$ ist.

REGELN FÜR DAS BESTIMMTE INTEGRAL Aus der Integrationsformel $\int_a^b f(x)\,dx$, dem HDI und den entsprechenden Ableitungsregeln folgt:

Regeln

$$\int_a^b f(x)\,dx = -\int_b^a f(x)\,dx$$

$$\int_a^a f(x)\,dx = 0$$

$$\int_a^b k \cdot f(x)\,dx = k \cdot \int_a^b f(x)\,dx$$

$$\int_a^c f(x)\,dx = \int_a^b f(x)\,dx + \int_b^c f(x)\,dx$$

$$\int_a^b (f+g)(x)\,dx = \int_a^b f(x)\,dx + \int_a^b g(x)\,dx$$

Ist $f(x) < g(x)$ für alle $x \in [a; b]$, so gilt:
$$\int_a^b f(x)\,dx < \int_a^b g(x)\,dx$$

Analysis – Integralrechnung

Flächeninhaltsberechnung

QUICK-FINDER

Fläche zwischen Graph und x-Achse

- Zusammenhang zwischen Flächeninhaltsberechnung und Berechnung des bestimmten Integrals ➤ S. 330

Fläche zwischen zwei Graphen

- Regel für die Berechnung des Flächeninhalts zwischen den Graphen zweier Funktionen ➤ S. 331

Fläche zwischen Graph und x-Achse

ZUSAMMENHANG ZWISCHEN FLÄCHENINHALTSBERECHNUNG UND BERECHNUNG DES BESTIMMTEN INTEGRALS

$$\int_a^b f(x)\,dx$$

gibt nur dann den Inhalt der Fläche zwischen der x-Achse und G_f und zwischen den Geraden mit den Gleichungen $x = a$ und $x = b$ mit $b > a$ wieder, wenn f auf [a; b] positiv ist.

Ist f auf [a; b] dagegen negativ, so hat auch $\int_a^b f(x)\,dx$ einen negativen Wert, und der Inhalt des betreffenden Flächenstücks ist

$$\left|\int_a^b f(x)\,dx\right| = -\int_a^b f(x)\,dx = \int_b^a f(x)\,dx$$

Ist also nach dem Inhalt der Fläche zwischen dem Graphen einer Funktion f und der x-Achse gefragt, so ist es am einfachsten, die Nullstellen von f zu ermitteln und dann – unter Beachtung des Vorzeichens – jeweils von Nullstelle zu Nullstelle über f zu integrieren.

Flächeninhaltsberechnung

Beispiel 1: Inhalt der Fläche zwischen einer kubischen Parabel und der x-Achse

$f: \mathbb{R} \to \mathbb{R}, \; x \mapsto y = x^3 + 2x^2 - 3x$
$\phantom{f: \mathbb{R} \to \mathbb{R}, \; x \mapsto y} = x(x^2 + 2x - 3)$
$\phantom{f: \mathbb{R} \to \mathbb{R}, \; x \mapsto y} = x(x-1)(x+3)$

	$x < -3$	$x = 3$	$-3 < x < 0$	$x = 0$	$0 < x < 1$	$x = 1$	$x > 1$
$f(x)$	−	0	+	0	−	0	+

$A = \int_{-3}^{0} f(x)\,dx - \int_{0}^{1} f(x)\,dx$

$ = \int_{-3}^{0} f(x)\,dx + \int_{1}^{0} f(x)\,dx$

$ = \left[\frac{1}{4}x^4 + \frac{2}{3}x^3 - \frac{3}{2}x^2\right]_{-3}^{0} + \left[\frac{1}{4}x^4 + \frac{2}{3}x^3 - \frac{3}{2}x^2\right]_{1}^{0}$

$ = \left(-\frac{81}{4} + 18 + \frac{27}{2}\right) + \left(-\frac{1}{4} - \frac{2}{3} + \frac{3}{2}\right)$

$ = 11\frac{1}{4} + \frac{7}{12} = 11\frac{5}{6}$

Fläche zwischen zwei Graphen

REGEL FÜR DIE BERECHNUNG DES FLÄCHENINHALTS ZWISCHEN DEN GRAPHEN ZWEIER FUNKTIONEN Der Inhalt der Fläche zwischen den Graphen zweier Funktionen f und g im Intervall zwischen $x = a$ und $x = b$ ist

$$\int_{a}^{b} f(x)\,dx - \int_{a}^{b} g(x)\,dx = \int_{a}^{b} (f-g)(x)\,dx,$$

allerdings nur, solange $f(x) > g(x)$ für alle $x \in [a; b]$.

Analysis – Integralrechnung

Am einfachsten ist es, die Schnittstellen von G_f und G_g zu ermitteln und dann jeweils von Schnittstelle zu Schnittstelle zu integrieren und dabei jeweils zu berücksichtigen, ob G_f oberhalb oder unterhalb von G_g liegt.

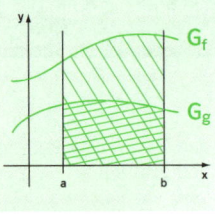

Beispiel 2: Flächeninhalt zwischen Sinus- und Kosinuskurve

Gesucht ist der Inhalt der Fläche zwischen den Graphen von
$f: x \mapsto y = \sin x$ und
$g: x \mapsto y = \cos x$
im Intervall zwischen $x = 0$ und $x = 2\pi$

$$A = \int_0^{\frac{\pi}{4}} (\cos x - \sin x)\,dx + \int_{\frac{\pi}{4}}^{\frac{5\pi}{4}} (\sin x - \cos x)\,dx$$

$$+ \int_{\frac{5\pi}{4}}^{2\pi} (\cos x - \sin x)\,dx$$

$$= [\sin x + \cos x]_0^{\frac{\pi}{4}} + [-\cos x - \sin x]_{\frac{\pi}{4}}^{\frac{5\pi}{4}} + [\sin x + \cos x]_{\frac{5\pi}{4}}^{2\pi}$$

$$= \left(\frac{\sqrt{2}}{2} + \frac{\sqrt{2}}{2} - 1\right) + \left(\frac{\sqrt{2}}{2} + \frac{\sqrt{2}}{2} + \frac{\sqrt{2}}{2} + \frac{\sqrt{2}}{2}\right) + \left(1 + \frac{\sqrt{2}}{2} + \frac{\sqrt{2}}{2}\right)$$

$$= (\sqrt{2} - 1) + 2\sqrt{2} + (\sqrt{2} + 1) = 4\sqrt{2} \approx 5{,}6569$$

Beispiel 3: Verhältnis zweier Flächeninhalte

Gegeben ist die Funktion
$$f: \mathbb{R} \to \mathbb{R}, x \mapsto y = 4{,}5 - \frac{x^2}{2} = \frac{1}{2}(9 - x^2) = \frac{1}{2}(3 + x)(3 - x).$$

a) Gesucht ist der Inhalt des rechts von der y-Achse liegenden Flächenstücks, das von G_f und den Koordinatenachsen begrenzt wird.

$$A_{ges} = \int_0^3 f(x)\,dx = \int_0^3 \frac{1}{2}(9 - x^2)\,dx = \frac{1}{2}\left[9x - \frac{1}{3}x^3\right]_0^3 = \frac{1}{2}(27 - 9) = 9$$

b) In welchem Verhältnis teilt der Graph von
$$g: \mathbb{R} \to \mathbb{R}, x \mapsto y = \frac{5}{4}x$$
das in a) beschriebene Flächenstück?

G_g schneidet G_f im 1. Quadranten im Punkt $(2\,|\,2{,}5)$, und für alle $x \in [0;\,2]$ ist $f(x) \geq g(x)$; also ist

$$A_1 = \int_0^2 (f - g)(x)\,dx$$

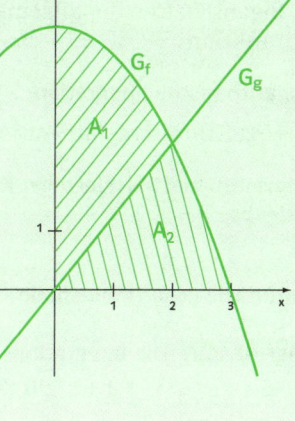

$$= \int_0^2 \left(\frac{1}{2}(9 - x^2) - \frac{5}{4}x\right)dx$$

$$= \left[\frac{1}{2}\left(9x - \frac{1}{3}x^3\right) - \frac{5}{8}x^2\right]_0^2$$

$$= \frac{1}{2} \cdot \left(18 - \frac{8}{3}\right) - \frac{5}{8} \cdot 4$$

$$= 9 - \frac{4}{3} - \frac{5}{2} = 5\frac{1}{6}$$

$$A_2 = A_{ges} - A_1$$
$$= 9 - 5\frac{1}{6} = 3\frac{5}{6}$$

$$A_1 : A_2 = 5\frac{1}{6} : 3\frac{5}{6} = \frac{31}{6} : \frac{23}{6}$$
$$= 31 : 23$$

Analysis – Integralrechnung

Logarithmusfunktionen

QUICK-FINDER

Natürliche Logarithmusfunktion
- Definition → S. 334
- Eulersche Zahl e → S. 335
- Grenzwerte → S. 336

Allgemeine Logarithmusfunktion
- Eigenschaften der allgemeinen Logarithmusfunktion → S. 336

Logarithmische Integration
- Logarithmische Integration → S. 337

Spezialthema: Beispiel einer Kurvendiskussionsaufgabe → S. 339

Natürliche Logarithmusfunktion

DEFINITION Die Integrationsregel
$\int x^n \, dx = \frac{1}{n+1} \cdot x^{n+1} + c$ gilt für alle reellen Werte von n mit Ausnahme von $n = -1$.
Die Funktion $f: \mathbb{R} \setminus \{0\} \to \mathbb{R}$, $x \mapsto y = x^{-1} = \frac{1}{x}$ ist jedoch stetig und damit integrierbar, und so ist es sinnvoll, die folgende Integralfunktion zu definieren:

$$\ln: \mathbb{R}^+ \to \mathbb{R}, \; x \mapsto y = \ln x = \log_e x = \int_1^x \frac{1}{t}\, dt$$

ln heißt **natürliche Logarithmusfunktion**.

EULERSCHE ZAHL E Ihre Basis ist die **Eulersche Zahl e**; dies ist diejenige reelle Zahl, für die gilt:

$$\ln e = \int_e^1 \frac{1}{t}\, dt = 1.$$

Die Zahl e lässt sich als Grenzwert berechnen:

$$e = \lim_{n \to \infty}\left(1 + \frac{1}{n}\right)^n$$

e = 2,71828182845… ist eine irrationale Zahl

Eigenschaften der natürlichen Logarithmusfunktion

- Definitionsmenge $D_{\ln} = \mathbb{R}^+$
- ln hat die Nullstelle $x = 1$
- Wertemenge $W_{\ln} = \mathbb{R}$
- $\ln(x) \to \infty$ für $x \to +\infty$; $\ln(x) \to -\infty$ für $x \to 0$
- $\ln(a \cdot b) = \ln(a) + \ln(b)$
- $\ln \frac{a}{b} = \ln a - \ln b$
- $\ln a^b = b \cdot \ln a$
- $\ln'(x) = \frac{d}{dx} \int_1^x \frac{1}{t}\, dt = \frac{1}{x}$; ln ist auf $\mathbb{R}^+$ differenzierbar und damit stetig

  $\ln'(x) > 0$ für alle $x \in \mathbb{R}^+$
  $\Rightarrow$ ln ist streng monoton zunehmend

- Graph:

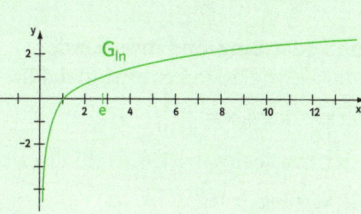

Analysis – Integralrechnung

GRENZWERTE Häufig benötigt werden die folgenden **Grenzwerte**, die sich mit Hilfe der Regeln von L'Hospital berechnen lassen:

$$\lim_{x \to 0}(x \cdot \ln x) = \lim_{x \to 0}\frac{\ln x}{\frac{1}{x}} = \lim_{x \to 0}\frac{\frac{1}{x}}{\frac{-1}{x^2}} = \lim_{x \to 0}(-x) = 0;$$

$$\lim_{x \to \infty}\frac{\ln x}{x} = \lim_{x \to \infty}\frac{\frac{1}{x}}{1} = \lim_{x \to \infty}\frac{1}{x} = 0.$$

Verallgemeinert gilt: $\lim_{x \to \infty}\frac{\ln x}{x^n} = 0$ für alle $n > 0$.

Die ln-Funktion wächst für $x \to \infty$ weniger stark als jede beliebige Potenzfunktion mit positivem Exponenten.

Allgemeine Logarithmusfunktion

EIGENSCHAFTEN DER ALLGEMEINEN LOGARITHMUSFUNKTION

Logarithmusfunktionen gibt es nicht nur zur Basis e, sondern auch zu anderen Basen $b \in \mathbb{R}^+ \setminus \{1\}$.

Wegen $y = \log_b x \Leftrightarrow b^y = x \Leftrightarrow \ln b^y = \ln x$
$\Leftrightarrow y \cdot \ln b = \ln x$ gilt:

$$\log_b x = \frac{\ln x}{\ln b}$$

Von Bedeutung sind insbesondere
- der **Zehnerlogarithmus** (dekadischer Logarithmus):

  $\lg x := \log_{10} x = \frac{\ln x}{\ln 10}$

- der **Zweierlogarithmus** (binärer Logarithmus):

  $\text{lb}\, x := \log_2 x = \frac{\ln x}{\ln 2}$

Die **Ableitung der allgemeinen Logarithmusfunktion**
$\log_b: \mathbb{R}^+ \to \mathbb{R}$, $x \mapsto y = \log_b x = \frac{\ln x}{\ln b}$, $b \in \mathbb{R}^+ \setminus \{1\}$, ist

$$\frac{d}{dx} \log_b: \mathbb{R}^+ \to \mathbb{R}, x \mapsto y = \frac{1}{x \cdot \ln b}$$

Graphen verschiedener Logarithmusfunktionen

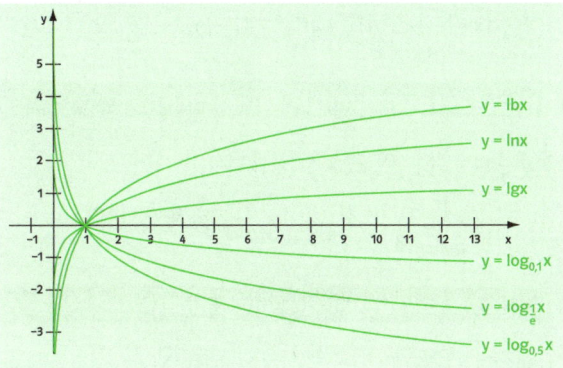

Logarithmische Integration

LOGARITHMISCHE INTEGRATION Ist $f: I \to \mathbb{R}$, $x \mapsto y = f(x)$ differenzierbar und hat f auf I keine Nullstellen, so ist die Funktion
   $g: I \to \mathbb{R}$, $x \mapsto \ln|f(x)|$
wohldefiniert und differenzierbar:

$$\begin{aligned}g'(x) &= \tfrac{d}{dx}(\ln|f(x)|) = \tfrac{d}{dx}\{\ln[f(x) \cdot \operatorname{sgn}(f(x))]\} \\ &= \tfrac{1}{f(x) \cdot \operatorname{sgn}(f(x))} \cdot [f'(x) \cdot \operatorname{sgn}(f(x)) + 0 \cdot f(x)] \\ &= \tfrac{f'(x) \cdot \operatorname{sgn}(f(x))}{f(x) \cdot \operatorname{sgn}(f(x))} = \tfrac{f'(x)}{f(x)} \Rightarrow \int \tfrac{f'(x)}{f(x)} dx = \ln|f(x)| + c\end{aligned}$$

Das bedeutet: Wenn beim Quotienten zweier Funktionen der Zähler gleich der Ableitung des Nenners ist, dann ist der natürliche Logarithmus des Nennerbetrags der Funktionsterm einer Stammfunktion des Bruches.

Beispiel 1: Logarithmische Integration

$$\int_0^e \frac{2x}{x^2+1}\,dx = \left[\ln|x^2+1|\right]_0^e = \ln|e^2+1| - \ln|1|$$
$$= \ln(e^2+1)$$

Beispiel 2: Logarithmische Integration

$$\int_0^1 \frac{x}{x^2-9}\,dx = \frac{1}{2} \cdot \int_0^1 \frac{2x}{x^2-9}\,dx = \frac{1}{2} \cdot \left[\ln|x^2-9|\right]_0^1$$
$$= \frac{1}{2} \cdot (\ln|1-9| - \ln|0-9|) = \frac{1}{2} \cdot (\ln 8 - \ln 9)$$
$$= \frac{1}{2} \cdot \ln\frac{8}{9}$$

Beispiel 3: Logarithmische Integration

$$\int \tan x\,dx = \int \frac{\sin x}{\cos x}\,dx = -\int \frac{-\sin x}{\cos x}\,dx = -\ln|\cos x| + c$$

SPEZIALTHEMA

Beispiel einer Kurvendiskussionsaufgabe I

Diskussion einer Logarithmusfunktion

Gegeben ist die Funktion
$$f: D_{max} \to \mathbb{R}, \; x \mapsto y = 4 \cdot \ln \frac{18}{x^2 - 8x + 25}.$$

a) Bestimme D_{max}!

$f(x) = 4 \cdot \ln \frac{18}{x^2 - 8x + 25} = 4 \cdot (\ln 18 - \ln(x^2 - 8x + 25));$

$x^2 - 8x + 25 = x^2 - 8x + 16 + 9$
$ = (x - 4)^2 + 9 \geq 9 > 0 \quad \text{für alle } x \in \mathbb{R}$
$\Rightarrow D_{max} = \mathbb{R}$

b) Berechne die Koordinaten der Schnittpunkte von G_f mit den Koordinatenachsen!

$f(0) = 4 \cdot \ln \frac{18}{25} = 4 \cdot \ln 0{,}72 \approx -1{,}31;$

Schnittpunkt von G_f mit der y-Achse: $(0 \,|\, 4 \ln 0{,}72)$
Nullstellen:
$f(x) = 0 \Leftrightarrow \ln \frac{18}{x^2 - 8x + 25} = 0 \Leftrightarrow \frac{18}{x^2 - 8x + 25} = 1$
$\Leftrightarrow x^2 - 8x + 25 = 18 \Leftrightarrow x^2 - 8x + 7 = 0$
$\Leftrightarrow (x - 1)(x - 7) = 0 \Leftrightarrow x = 1 \vee x = 7$

c) Weise nach, dass G_f achsensymmetrisch bezüglich der Achse mit der Gleichung $x = 4$ ist!

$f(4 - x) = 4 \cdot \ln \frac{18}{(4 - x - 4)^2 + 9} = 4 \cdot \ln \frac{18}{x^2 + 9}$
$ = 4 \cdot \ln \frac{18}{(4 + x - 4)^2 + 9}$
$ = f(4 + x) \quad \text{für alle } x \in \mathbb{R}$
$\Rightarrow G_f$ ist achsensymmetrisch bezüglich der Achse mit der Gleichung $x = 4$.

d) Untersuche das Verhalten von f an den Rändern des Definitionsbereichs!

$\lim\limits_{x \to \pm\infty} ((x-4)^2 + 9) = +\infty$

$\Rightarrow \lim\limits_{x \to \pm\infty} \left(\dfrac{18}{(x-4)^2 + 9}\right) = +0$

$\Rightarrow \lim\limits_{x \to \pm\infty} f(x) = 4 \cdot \lim\limits_{x \to \pm\infty} \left(\ln \dfrac{18}{(x-4)^2 + 9}\right) = -\infty$

e) Untersuche das Monotonieverhalten von f und gib die Wertemenge von f an!

$f'(x) = -\dfrac{4 \cdot (2x - 8)}{x^2 - 8x + 25} = \dfrac{-8 \cdot (x-4)}{(x-4)^2 + 9}$; $f'(x) = 0 \Leftrightarrow x = 4$;

$f(4) = 4 \cdot \ln \dfrac{18}{16 - 32 + 25} = 4 \cdot \ln 2 = \ln 16 \approx 2{,}77$

	$x < 4$	$x = 4$	$x > 4$
$f'(x)$	+	0	−
G_f	streng monoton steigend	HP(4 | ln 16)	streng monoton steigend

Wertemenge: $W_f = \,]-\infty;\ \ln 16\,]$

f) Untersuche das Krümmungsverhalten von G_f und bestimme die Gleichung derjenigen Wendetangente, die positive Steigung besitzt!

$f''(x) = -8 \cdot \dfrac{x^2 - 8x + 25 - (x-4)(2x-8)}{(x^2 - 8x + 25)^2}$

$= -\dfrac{8 \cdot x^2 - 8x + 25 - 2x^2 + 16x - 32}{(x^2 - 8x + 25)^2}$

$= \dfrac{8(x^2 - 8x + 7)}{(x^2 - 8x + 25)^2} = \dfrac{8(x-1)(x-7)}{(x^2 - 8x + 25)^2}$

$f''(x) = 0 \Leftrightarrow x = 1 \lor x = 7$

	$x < 1$	$x = 1$	$1 < x < 7$	$x = 7$	$7 < x$
$f''(x)$	+	0	−	0	+
G_f	linksgekrümmt	W_1 (1|0)	rechtsgekrümmt	W_2(7|0)	linksgekrümmt

In W_1 ist die Steigung der Wendetangente positiv:

$f'(1) = \dfrac{-4 \cdot (2 - 8)}{1 - 8 + 25} = \dfrac{4 \cdot 6}{18} = \dfrac{4}{3}$

Gleichung der Wendetangente: $y = \frac{4}{3}x + t$
Einsetzen der Koordinaten von W_1 liefert: $t = -\frac{4}{3}$

g) Zeichne G_f samt Wendetangenten unter Verwendung aller Ergebnisse auf dem Intervall $[-4; 12]$!

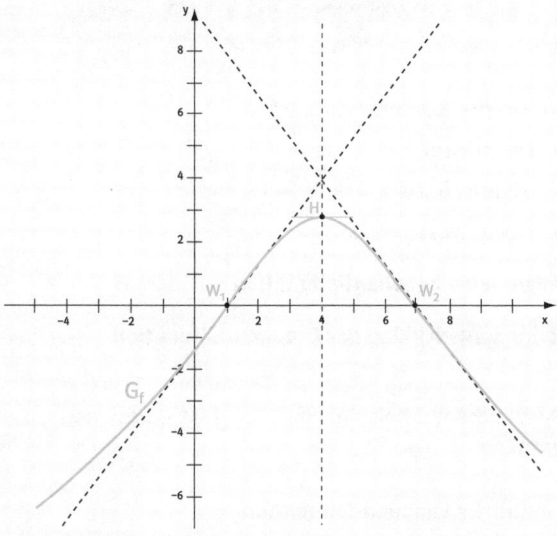

Analysis – Integralrechnung

Exponentialfunktionen

QUICK-FINDER

Natürliche Exponentialfunktion
- Definition → S. 342
- Eigenschaften → S. 343
- Grenzwert → S. 343

Allgemeine Exponentialfunktion → S. 343

Reihenentwicklung der Exponentialfunktion
→ S. 344

Spezialthema: Beispiel einer Kurvendiskussionsaufgabe → S. 345

Natürliche Exponentialfunktion

DEFINITION Die natürliche Logarithmusfunktion ln ist streng monoton, also umkehrbar:
$$y = \ln x = \log_e x \quad \Leftrightarrow \quad x = e^y = \exp y;$$
nach Variablentausch:
$$\exp: \mathbb{R} \to \mathbb{R}, \ x \mapsto y = \exp x = e^x$$
ist die natürliche Exponentialfunktion.
Ihr Graph entsteht aus dem der ln-Funktion durch Spiegelung an der 1. Winkelhalbierenden des Koordinatensystems, und die Eigenschaften der Exponen-

tialfunktion ergeben sich aus den entsprechenden Eigenschaften der ln-Funktion:

EIGENSCHAFTEN

Eigenschaften der Exponentialfunktion

- Definitionsmenge $D_{exp} = \mathbb{R}$; Wertemenge $W_{exp} = \mathbb{R}^+$
- exp besitzt keine Nullstellen
- exp ist streng monoton zunehmend
- $\exp x \to +\infty$ für $x \to +\infty$; $\exp x \to +0$ für $x \to -\infty$
- Die Ableitung errechnet sich nach der Regel für die Ableitung der Umkehrfunktion:

$$\exp' x = \frac{1}{\ln'(\exp x)} = \frac{1}{\frac{1}{\exp x}} = \exp x, \text{ also } \frac{d}{dx}e^x = e^x$$

Hieraus folgt: $\int \exp x \, dx = \exp x + c$ oder $\int e^x dx = e^x + c$

GRENZWERT Häufig benötigt wird der folgende **Grenzwert**:

$$\lim_{x \to \infty} \frac{x^n}{e^x} = 0$$

Die Exponentialfunktion wächst für $x \to \infty$ also stärker als jede beliebige Potenzfunktion.

Allgemeine Exponentialfunktion

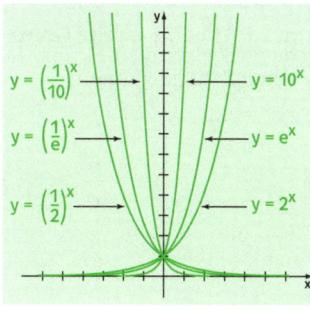

Die Umkehrfunktionen zur allgemeinen Logarithmusfunktion $\log_b x$ lautet:
$b^x: \mathbb{R} \to \mathbb{R}$, $x \mapsto y = b^x$.

Wegen $b^x = e^{x \cdot \ln b}$ gilt:
$\frac{d}{dx} b^x = b^x \cdot \ln b$ und
$\int b^x dx = \frac{b^x}{\ln b} + c$

Reihenentwicklung der Exponentialfunktion

In einer „Steckbriefaufgabe" kann man diejenige quadratische Funktion p_2 bestimmen, für die gilt:

$p_2(0) = \exp(0) = 1 \wedge p_2'(0) = \exp'(0)$
$\qquad = 1 \wedge p_2''(0) = \exp''(0) = 1$

Als Ergebnis erhält man $p_2(x) = 1 + x + \frac{x^2}{2}$

In einer Umgebung von $x_0 = 0$ stimmt p_2 gut mit exp überein.
Die Übereinstimmung ist besser, wenn man eine Polynomfunktion p_n bestimmt, die mit der Exponentialfunktion an der Stelle $x_0 = 0$ in allen Ableitungen bis zur n-ten Ableitung übereinstimmt:

$$p_n(x) = 1 + x + \frac{x^2}{2} + \frac{x^3}{6} + \ldots + \frac{x^n}{n!} = \sum_{i=0}^{n} \frac{x^i}{i!}$$

Also:
$$e^x \approx \sum_{i=0}^{n} \frac{x^i}{i!}; \quad e^x = \lim_{n \to \infty} \sum_{i=0}^{n} \frac{x^i}{i!} \quad \text{für alle } x \in \mathbb{R}$$

Diese unendliche Summe von Potenzfunktionen heißt Reihenentwicklung der Exponentialfunktion. Damit hat man neben $e = \lim_{n \to \infty} \left(1 + \frac{1}{n}\right)^n$ eine zweite Grenzwertdarstellung der Eulerschen Zahl gewonnen:

$$e = \lim_{n \to \infty} \sum_{i=0}^{n} \frac{1}{i!}$$

SPEZIALTHEMA

Beispiel einer Kuvendiskussionsaufgabe

Gegeben ist die Funktionenschar
$$f_a: \mathbb{R} \to \mathbb{R}, x \mapsto y = (x-a) \cdot e^{2-\frac{x}{a}}; \quad a \in \mathbb{R}^+$$

1. Untersuche die Scharfunktionen f_a bzw. ihre Graphen G_a auf

a) Achsenschnittpunkte
Nullstelle: $(x-a) \cdot e^{2-\frac{a}{x}} = 0 \Leftrightarrow x = a$
Schnittstelle mit der y-Achse: $f_a(0) = -a \cdot e^2 \approx -7{,}4a$

b) Monotonieverhalten und Extrema
$$f_a'(x) = e^{2-\frac{x}{a}} + (x-a) \cdot e^{2-\frac{x}{a}} \cdot \left(-\frac{1}{a}\right)$$
$$= e^{2-\frac{x}{a}} \cdot \left(1 - \frac{x-a}{a}\right) = \frac{2a-x}{a} \cdot e^{2-\frac{x}{a}}$$
$f_a'(x) = 0 \Leftrightarrow x = 2a; \; f_a(2a) = (2a-a) \cdot e^{2-\frac{2a}{a}} = a$

	$x < 2a$	$x = 2a$	$x > 2a$
$f_a'(x)$	+	0	−
G_a	streng monoton steigend	HP$(2a\|a)$	streng monoton fallend

c) Krümmungsverhalten und Wendepunkte
$$f_a''(x) = -\frac{1}{a} \cdot e^{2-\frac{x}{a}} + \frac{2a-x}{a} \cdot e^{2-\frac{x}{a}} \cdot \left(-\frac{1}{a}\right)$$
$$= \frac{e^{2-\frac{x}{a}}}{a} \cdot \left(-1 + \frac{x-2a}{a}\right) = \frac{x-3a}{a^2} \cdot e^{2-\frac{x}{a}}$$
$f_a''(x) = 0 \Leftrightarrow x = 3a; \; f_a(3a)$
$$= (3a-a) \cdot e^{2-\frac{3a}{a}} = 2a \cdot e^{-1} = \frac{2a}{e}$$

	$x < 3a$	$x = 3a$	$x > 3a$
$f_a''(x)$	−	0	+
G_a	rechtsgekrümmt	Wendepunkt $\left(3a\|\frac{2a}{e}\right)$	linksgekrümmt

d) Verhalten für $x \to \pm\infty$

$$\lim_{x \to \infty} f_a(x) = \lim_{x \to \infty} \frac{(x-a) \cdot e^2}{e^{\frac{x}{a}}} = a e^2 \cdot \lim_{x \to \infty} \frac{\frac{x}{a} - 1}{e^{\frac{x}{a}}} = +0; \text{ für } x \to \infty$$

nähert sich G_a von oben asymptotisch an die x-Achse an.

$$\lim_{x \to -\infty} f_a(x) = e^2 \cdot \lim_{x \to -\infty} \frac{x-a}{e^{\frac{x}{a}}} = -\infty$$

2. a) Bestimme die Gleichung der Ortslinie der Extrempunkte der G_a!

$x = 2a \land y = a \Rightarrow y = \frac{x}{2}$ (mit $D = \mathbb{R}^+$)

2. b) Zeige, dass alle G_a die x-Achse unter dem gleichen Winkel schneiden und berechne diesen!

$f'_a(a) = \frac{2a-a}{a} \cdot e^{2-\frac{a}{a}} = e$ für alle $a \in \mathbb{R}^+$,

$\tan \alpha = e \Rightarrow \alpha \approx 69{,}8°$

3. Zeichne G_1!

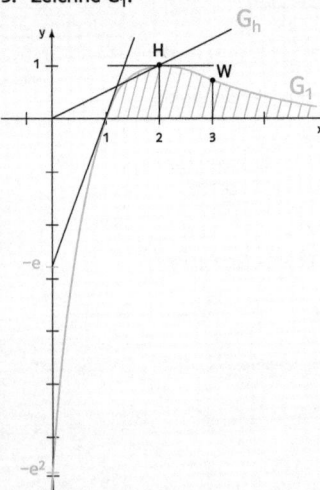

Analysis – Integralrechnung

Uneigentliche Integrale, Integrationsverfahren

QUICK-FINDER

Uneigentliche Integrale 1. Art → S. 348

Uneigentliche Integrale 2. Art → S. 348

Partielle Integration
- Regel für partielle Integration → S. 350

Integration durch Substitution
- Substitutionsregel → S. 352

Analysis – Integralrechnung

Uneigentliche Integrale 1. Art

Integrale, bei denen der Integrationsbereich nach rechts oder links nicht beschränkt ist, nennt man uneigentliche Integrale 1. Art:

$$\int_a^\infty f(x)\,dx = \lim_{b\to\infty}\int_a^b f(x)\,dx;\ \int_{-\infty}^b f(x)\,dx = \lim_{a\to-\infty}\int_a^b f(x)\,dx$$

Beispiel 1: Uneigentliches Integral 1. Art

Auf S. 121 war die Funktionenschar $f_a: x \mapsto y = (x-a)\cdot e^{2-\frac{x}{a}}$ diskutiert worden.

Zeige, dass $F_a(x) = -ax\cdot e^{2-\frac{x}{a}}$ der Term einer Stammfunktion von f_a ist und berechne den Inhalt des Flächenstücks zwischen G_1 und der x-Achse, das sich rechts von der Nullstelle ins Unendliche erstreckt!

$$A = \lim_{k\to\infty}\int_1^k f_1(x)\,dx = \lim_{k\to\infty}\bigl[F_1(x)\bigr]_1^k$$

$$= \lim_{k\to\infty}\bigl[-x\cdot e^{2-x}\bigr]_1^k = \lim_{k\to\infty}(e - k\cdot e^{2-k})$$

$$= e - \lim_{k\to\infty}\frac{k}{e^{k-2}} = e - e^2\cdot\lim_{k\to\infty}\frac{k}{e^k} = e - e^2\cdot 0 = e$$

Uneigentliche Integrale 2. Art

Von uneigentlichen Integralen 2. Art spricht man, wenn der Integrand an der unteren oder oberen Integrationsgrenze nicht beschränkt ist: Ist f bei a bzw. bei b nicht beschränkt, so bedeutet

$$\int_a^b f(x)\,dx = \lim_{t\stackrel{>}{\to} a}\int_t^b f(x)\,dx;\ \int_a^b f(x)\,dx = \lim_{t\stackrel{<}{\to} b}\int_a^t f(x)\,dx$$

Beispiel 2: Uneigentliches Integral 2. Art mit endlichem Wert bzw. mit unendlichem Wert

$f: \mathbb{R}^+ \to \mathbb{R}, \; x \mapsto y = \dfrac{1}{\sqrt[3]{x}} = x^{-\frac{1}{3}};$

$f(x) \to +\infty$ für $x \overset{>}{\to} 0$

Das schraffierte Flächenstück hat den Inhalt

$A = \lim\limits_{t \overset{>}{\to} 0} \int\limits_t^1 x^{-\frac{1}{3}} dx = \lim\limits_{t \overset{>}{\to} 0} \left[\dfrac{3}{2} x^{\frac{2}{3}} \right]_t^1$

$= \dfrac{3}{2} \cdot \lim\limits_{t \overset{>}{\to} 0}(1 - t^{\frac{2}{3}}) = \dfrac{3}{2} \cdot 1 = 1\dfrac{1}{2}$

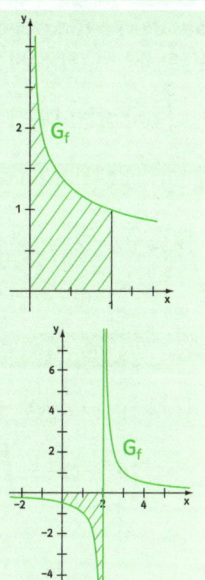

Ein uneigentliches Integral muss natürlich nicht immer einen endlichen Wert haben.

$f: \mathbb{R}\setminus\{2\} \to \mathbb{R}, \; x \mapsto y = \dfrac{1}{x-2}$, hat bei $x = 2$ einen Pol. Bei der Berechnung der Fläche, die von G_f, den Achsen des Koordinatensystems und der Geraden mit der Gleichung $x = 2$ begrenzt wird, erhält man:

$\int\limits_0^t \left(-\dfrac{1}{x-2}\right) dx = \int\limits_t^0 \dfrac{1}{x-2} dx = [\ln|x-2|]_t^0$

$= \ln 2 - \ln|t-2|$

$\ln 2 - \ln|t-2| \to \infty$ für $t \overset{<}{\to} 2$

Partielle Integration

REGEL FÜR DIE PARTIELLE INTEGRATION Sie ergibt sich aus der Produktregel
$(f \cdot g)'(x) = f'(x) \cdot g(x) + f(x) \cdot g'(x)$:

$$\int_a^b f(x) \cdot g'(x)\,dx = [f(x) \cdot g(x)]_a^b - \int_a^b f'(x) \cdot g(x)\,dx$$

Beispiel 3: Partielle Integration

$$\int_0^1 x \cdot e^x\,dx = [x \cdot e^x]_0^1 - \int_0^1 1 \cdot e^x\,dx$$

$$= (e - 0) - [e^x]_0^1 = e - (e - 1) = 1$$

Beispiel 4: Partielle Integration

$$\int_1^2 (x^3 - 1) \cdot e^{-x} = [(x^3 - 1) \cdot (-e^{-x})]_1^2 - \int_1^2 3x^2 \cdot (-e^{-x})\,dx$$

$$= (-7e^{-2} - 0) + 3 \cdot \int_1^2 x^2 \cdot e^{-x}\,dx \quad \text{(erneute partielle Integration)}$$

$$= -7e^{-2} + 3 \cdot [x^2 \cdot (-e^{-x})]_1^2 - 3 \cdot \int_1^2 2x \cdot (-e^{-x})\,dx$$

$$= -7e^{-2} + 3 \cdot (-4e^{-2} + e^{-1}) + 6 \cdot \int_1^2 x \cdot e^{-x}\,dx \quad \text{(erneute partielle Integration)}$$

$$= -19e^{-2} + 3e^{-1} + 6 \cdot [x \cdot (-e^{-x})]_1^2 - 6 \cdot \int_1^2 (-e^{-x})\,dx$$

$$= -19e^{-2} + 3e^{-1} + 6 \cdot (-2e^{-2} + e^{-1}) + 6 \cdot \int_1^2 (e^{-x})\,dx$$

$$= -31e^{-2} + 9e^{-1} + 6 \cdot [-e^{-x}]_1^2$$

$$= -31e^{-2} + 9e^{-1} + 6 \cdot (-e^{-2} + e^{-1})$$

$$= -37e^{-2} + 15e^{-1} = \frac{15e - 37}{e^2} \approx 0{,}5108$$

Beispiel 5: Partielle Integration

$$\int_2^e \ln x \, dx = \int_2^e (\ln x) \cdot 1 \, dx = [(\ln x) \cdot x]_2^e - \int_2^e \frac{1}{x} \cdot x \, dx$$
$$= (e - 2\ln 2) - \int_2^e 1 \, dx = e - 2\ln 2 - [x]_2^e$$
$$= 2 - 2\ln 2 - e + 2 = 2 - 2\ln 2 = 2 - \ln 4 \approx 0{,}6137$$

Nebenbei ist hiermit ein neues Grundintegral gefunden:

$$\int \ln x \, dx = x \ln x - x + c$$

Beispiel 6: Partielle Integration

$$\int_0^\pi \sin^2 x \, dx = \int_0^\pi \sin x \cdot \sin x \, dx$$
$$= [\sin x \cdot (-\cos x)]_0^\pi - \int_0^\pi \cos x \cdot (-\cos x) \, dx$$
$$= 0 + \int_0^\pi \cos^2 x \, dx = \int_0^\pi (1 - \sin^2 x) \, dx$$
$$= \int_0^\pi 1 \, dx - \int_0^\pi \sin^2 x \, dx$$
$$= [x]_0^\pi - \int_0^\pi \sin^2 x \, dx = \pi - \int_0^\pi \sin^2 x \, dx$$
$$\Rightarrow 2 \cdot \int_0^\pi \sin^2 x \, dx = \pi \Rightarrow \int_0^\pi \sin^2 x \, dx = \frac{\pi}{2}$$

Integration durch Substitution

SUBSTITUTIONSREGEL Sie ergibt sich aus der Kettenregel $\frac{d}{dx}(f(g(x))) = f'(g(x)) \cdot g'(x)$.

$$\int_a^b f(g(x)) \cdot g'(x)\, dx = \int_{g(a)}^{g(b)} f(t)\, dt$$

oder

$$\int_{g^{-1}(a)}^{g^{-1}(b)} f(g(t)) \cdot g'(t)\, dt = \int_a^b f(x)\, dx$$

> **Beispiel 7: Integration durch Substitution**
>
> $$\int_1^2 (1-x)^2\, dx = \int_1^2 (1 - 2x + x^2)\, dx$$
> $$= \left[x - x^2 + \frac{1}{3}x^3 \right]_1^2$$
> $$= 2 - 4 + \frac{8}{3} - 1 + 1 - \frac{1}{3} = \frac{1}{3}$$
>
> mit Substitution: $f(x) = f(g(t)) = (1-x)^2 = t^2$
> $x = g(t) = 1 - t;\ g'(t) = -1$
> $t = g^{-1}(x) = 1 - x$
> $g^{-1}(1) = 0;\ g^{-1}(2) = -1$
>
> also: $\int_1^2 (1-x)^2\, dx = \int_0^{-1} t^2 \cdot (-1)\, dt$
> $$= \left[-\frac{1}{3}t^3 \right]_0^{-1} = \frac{1}{3}$$

Beispiel 8: Integration durch Substitution

$\int x \sqrt{x+6}\, dx$ ist gesucht;

Substitution:
$x + 6 = t^2$
$x = t^2 - 6 = g(t);\ g'(t) = 2t$
$f(g(t)) = f(t^2 - 6) = (t^2 - 6) \cdot \sqrt{t^2}$
$\qquad\qquad\quad = (t^2 - 6) \cdot t = t^3 - 6t$

also: $\int x \sqrt{x+6}\, dx = \int (t^3 - 6t) \cdot 2t\, dt$

$\qquad\qquad\qquad\quad = 2 \cdot \int (t^4 - 6t^2)\, dt = 2 \cdot \left(\frac{1}{5}t^5 - 2t^3\right) + C$

$\qquad\qquad\qquad\quad = 2 \cdot \left(\frac{1}{5}t^5 \cdot (x+6)^{\frac{5}{2}} - 2 \cdot (x+6)^{\frac{3}{2}}\right) + C$

$\qquad\qquad\qquad\quad = \frac{2}{5} \cdot \sqrt{x+6}^5 - 4 \cdot \sqrt{x+6}^3 + C$

Beispiel 9: Integration durch Substitution

$\int_0^1 \sqrt{5 - 3x}\, dx$ ist gesucht;

Substitution:
$f(x) = \sqrt{5 - 3x} = \sqrt{t} = f(g(t))$
$5 - 3x = t = g^{-1}(x)$
$x = \frac{1}{3} \cdot (5 - t) = g(t);\ g'(t) = -\frac{1}{3}$
$g^{-1}(0) = 5;\ g^{-1}(1) = 2$

also: $\int_0^1 \sqrt{5 - 3x}\, dx = \int_5^2 \sqrt{t} \cdot \left(-\frac{1}{3}\right) dt = \left[-\frac{1}{3} \cdot \frac{2}{3} \cdot t^{\frac{3}{2}}\right]_5^2$

$\qquad\qquad\qquad\quad = -\frac{2}{9} \cdot \left(2^{\frac{3}{2}} - 5^{\frac{3}{2}}\right) = -\frac{2}{9} \cdot (2\sqrt{2} - 5\sqrt{5})$

$\qquad\qquad\qquad\quad = \frac{10\sqrt{5} - 4\sqrt{2}}{9}$

oder: $\int \sqrt{5 - 3}x\, dx = \int \sqrt{t} \cdot \left(-\frac{1}{3}\right) dt = -\frac{1}{3} \cdot \frac{2}{3} \cdot t^{\frac{3}{2}} + c$

$\qquad\qquad\qquad\quad = -\frac{2}{9} \cdot t^{\frac{3}{2}} + c = -\frac{2}{9} \cdot (5 - 3x)^{\frac{3}{2}} + c$

$\Rightarrow \quad \int_0^1 \sqrt{5 - 3x}\, dx = -\frac{2}{9} \cdot \left[(5 - 3x)^{\frac{3}{2}}\right]_0^1 = -\frac{2}{9} \cdot (5 - 3)^{\frac{3}{2}} - 5^{\frac{3}{2}}$

$\qquad\qquad\qquad\quad = -\frac{2}{9} \cdot \left(2^{\frac{3}{2}} - 5^{\frac{3}{2}}\right) = \ldots$

Analytische Geometrie und Lineare Algebra

Grundlagen

QUICK-FINDER

Vektordefinition
- Parallelgleiche Pfeile → S. 356
- Nullvektor und Gegenvektor → S. 356
- Koordinaten eines Vektors → S. 357

Vektoraddition
- Addition und Subtraktion → S. 358
- Linearkombination und Nullsumme → S. 360

Lineare Abhängigkeit
- Linear abhängig → S. 360
- Triviale Nullsummen → S. 361
- Kollineare Vektoren → S. 361
- Orthonormalbasis → S. 363
- Komplanare Vektoren → S. 363

Determinanten
- Zweireihige Determinanten → S. 365
- Dreireihige Determinanten → S. 366
- Regel von Sarrus → S. 366

Grundlagen

Komponenten und Koordinaten → S. 366

Ortsvektoren und Vektorketten → S. 367

Mittelpunkte und Teilungspunkte
- Mittelpunkt einer Strecke → S. 369
- Teilungspunkt einer Strecke → S. 370
- Innere Teilung einer Strecke → S. 371
- Äußere Teilung einer Strecke → S. 371

Schwerpunkt im Dreieck → S. 372

Betrag eines Vektors, Einheitsvektor
- Betrag eines Vektors in $\mathbb{R}^2$ → S. 372
- Betrag eines Vektors in $\mathbb{R}^3$ → S. 372
- Einheitsvektor → S. 373

Vektorielles Beweisen
- Beweisgang → S. 374
- Beweisbeispiele → S. 375

Vektordefinition

PARALLELGLEICHE PFEILE Die hier vorgestellte analytische Geometrie müsste genauer „vektorielle analytische Geometrie" heißen, da „Vektoren" ihre Grundelemente darstellen. Mit „Vektor" verbinden sich physikalische, algebraische und geometrische Vorstellungen.

In der Folge stützen wir uns vor allem auf die anschauliche Vorstellung, also auf den Vektor als geometrischen Pfeil, genauer: wir verstehen unter einem Vektor die Gesamtheit aller Pfeile, die in Länge und Richtung, einschließlich der Orientierung übereinstimmen.

Man spricht auch von parallelgleichen Pfeilen. Üblicherweise werden Vektoren mit einem Pfeilsymbol überstrichen geschrieben. Jeder einzelne Pfeil des Vektors $\vec{a}$ heißt Repräsentant von $\vec{a}$.

NULLVEKTOR UND GEGENVEKTOR

Unter dem Nullvektor $\vec{0}$ versteht man einen Vektor der Länge 0. Der Nullvektor hat keine festgelegte Richtung.

Zu jedem Vektor $\vec{a}$ existiert der Gegenvektor $-\vec{a}$. Dessen Repräsentanten haben die gleiche Länge wie die Repräsentanten von $\vec{a}$, zeigen aber genau in die Gegenrichtung, sind also genau gegenläufig orientiert.

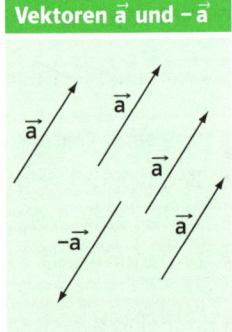

Vektoren $\vec{a}$ und $-\vec{a}$

Geometrisch lässt sich jeder Vektor auch als eine Abbildungsvorschrift auffassen, die ein geometrisches

Element (Punkt, Strecke, Figur, Vektor, ...) in Richtung von $\vec{a}$ um die Länge von $\vec{a}$ verschibt.

KOORDINATEN EINES VEKTORS Üblicherweise wird in der Vektorgeometrie von einem Koordinatensystem ausgegangen, vorzugsweise mit senkrecht aufeinander stehenden Achsen. Hierdurch lässt sich ein Vektor beschreiben, indem man angibt, wie groß die Verschiebung in x_1-Richtung und wie groß in x_2-Richtung ist.

Liegt der Fuß des Vektors $\vec{a} = \begin{pmatrix} a_1 \\ a_2 \end{pmatrix}$ bzw. $\vec{a} = \begin{pmatrix} a_1 \\ a_2 \\ a_3 \end{pmatrix}$ im Ursprung $(0|0)$ bzw. $(0|0|0)$, so liegt seine Spitze im Punkt $P(a_1|a_2)$ bzw. $P(a_1|a_2|a_3)$.

Beispiel 1: Vektor in $\mathbb{R}^2$

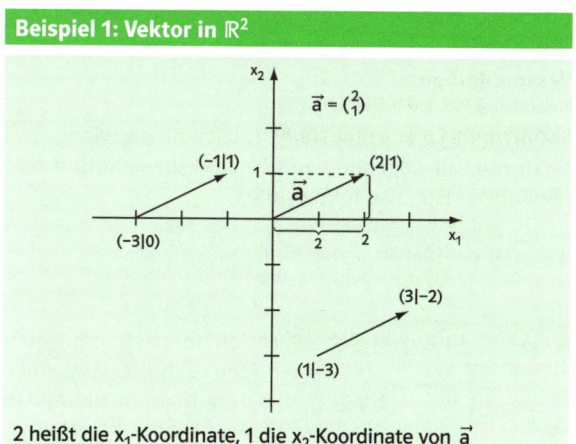

2 heißt die x_1-Koordinate, 1 die x_2-Koordinate von $\vec{a}$

Für den dreidimensionalen Raum unserer Anschauung gilt entsprechend:

Beispiel 2: Vektor im $\mathbb{R}^3$

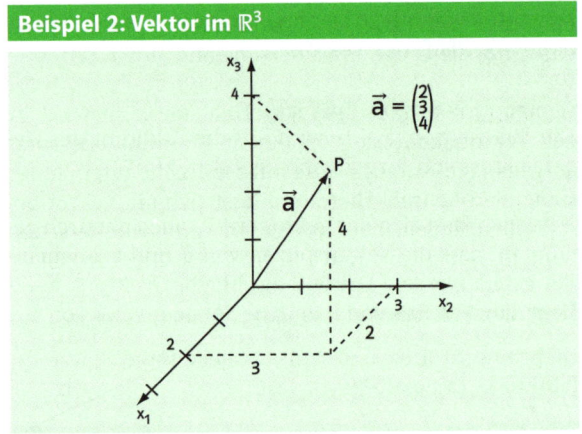

Vektoraddition

ADDITION UND SUBTRAKTION Innerhalb der Menge der Vektoren (oft abgekürzt mit $\mathbb{V}$) sind die Addition und die Subtraktion wie folgt erklärt:

$$\vec{a} = \begin{pmatrix} a_1 \\ a_2 \\ a_3 \end{pmatrix}, \vec{b} = \begin{pmatrix} b_1 \\ b_2 \\ b_3 \end{pmatrix} \Rightarrow \vec{a} + \vec{b} = \begin{pmatrix} a_1 + b_1 \\ a_2 + b_2 \\ a_3 + b_3 \end{pmatrix}$$

Vektoraddition

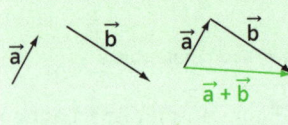

Zeichnerisch ergibt sich der Vektor $\vec{a} + \vec{b}$ daraus, dass man an die Spitze des Vektors $\vec{a}$ (genauer: eines Repräsentanten von $\vec{a}$) den Fuß des Vektors $\vec{b}$ bzw. eines Repräsentanten von $\vec{b}$ legt. Der Ergebnisvektor $\vec{a} + \vec{b}$ reicht dann vom Fuß des Vektors $\vec{a}$ bis zur Spitze des Vektors $\vec{b}$.

Die Subtraktion $\vec{a} - \vec{b}$ wird auf die Addition des Gegenvektors von $\vec{b}$ zu $\vec{a}$ zurückgeführt, also
$$\vec{a} - \vec{b} = \vec{a} + (-\vec{b}).$$
Natürlich lässt sich der Vektor $\vec{a} - \vec{b}$ auch dadurch gewinnen, dass die Vektorspitzen von $\vec{a}$ und $\vec{b}$ aneinander gelegt werden. Der Fuß des Ergebnisvektors $\vec{a} - \vec{b}$ liegt dann im Fuß von $\vec{a}$ und die Spitze im Fuß von $\vec{b}$.

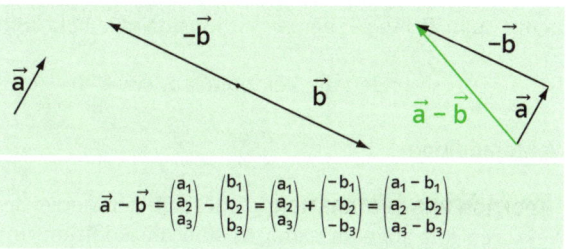

Die Menge der Vektoren lässt sich auch mit der Menge der reellen Zahlen verknüpfen, in Form der Multiplikation mit einem Skalar:
$\vec{a} + \vec{a} + \vec{a} = 3\vec{a}$, was geometrisch die dreifache Verschiebung von $\vec{a}$ bedeutet.

Beispiel 1: Multiplikation eines Vektors mit einem Skalar

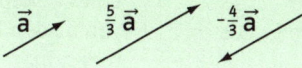

Allgemein: $s \cdot \vec{a} = s\vec{a}$ ($s \in \mathbb{R}$) ist ein Vektor, dessen Repräsentanten die $|s|$-fache Länge der Repräsentanten von $\vec{a}$ haben, für $s > 0$ sind $s\vec{a}$ und $\vec{a}$ gleichsinnig orientiert, für $s < 0$ gegensinnig.

Außerdem gilt: $s\vec{a} = s\begin{pmatrix} a_1 \\ a_2 \\ a_3 \end{pmatrix} = \begin{pmatrix} sa_1 \\ sa_2 \\ sa_3 \end{pmatrix}$

LINEARKOMBINATION UND NULLSUMME Lässt sich der Vektor $\vec{v}$ durch eine allgemeine Summe aus den Vektoren $\vec{a}_1, \vec{a}_2, \vec{a}_3, \ldots, \vec{a}_n$ darstellen, gilt also:
$\vec{v} = s_1\vec{a}_1 + s_2\vec{a}_2 + s_3\vec{a}_3 + \ldots + s_n\vec{a}_n$
für eine bestimmte Kombination aller $s_i \in \mathbb{R}$, dann nennt man $\vec{v}$ eine Linearkombination der Vektoren $\vec{a}_1, \vec{a}_2, \vec{a}_3, \ldots, \vec{a}_n$.
Ist $\vec{v} = \vec{0}$, so bilden die Vektoren $s_i\vec{a}_i$ eine „Nullsumme".

Lineare Abhängigkeit

LINEAR ABHÄNGIG Gilt für die Vektoren $\vec{a}_1, \vec{a}_2, \ldots, \vec{a}_n$:
$\vec{0} = s_1\vec{a}_1 + s_2\vec{a}_2 + \ldots + s_n\vec{a}_n$,
ohne dass sämtliche s_i verschwinden, dann heißen die Vektoren $\vec{a}_i$ (voneinander) linear abhängig. Man spricht dann von einer echten Nullsumme.
Gilt z. B. $s_1\vec{a}_1 + s_2\vec{a}_2 = \vec{0}$ und sind beide s-Faktoren nicht zugleich Null, dann lässt sich die Gleichung umformen zu:

$\vec{a}_1 = -\dfrac{s_2}{s_1} \vec{a}_2$ ($s_1 \neq 0$)

Analog dazu folgt aus: $s_1\vec{a}_1 + s_2\vec{a}_2 + s_3\vec{a}_3 = \vec{0}$

unter den gleichen Voraussetzungen: $\vec{a}_1 = -\dfrac{s_2}{s_1}\vec{a}_2 - \dfrac{s_3}{s_1}\vec{a}_3$

Grundlagen

Bei linearer Abhängigkeit von Vektoren lässt sich also immer mindestens einer der Vektoren als Linearkombination der restlichen Vektoren darstellen.

TRIVIALE NULLSUMMEN Umgekehrt gilt: Ist eine Linearkombination $s_1 \vec{a}_1 + s_2 \vec{a}_2 + \ldots s_n \vec{a}_n = \vec{0}$ nur möglich für sämtliche $s_i = 0$, dann sind die Vektoren $\vec{a}_1$, $\vec{a}_2, \ldots \vec{a}_n$ (voneinander) linear unabhängig. In diesem Fall spricht man auch von einer trivialen Nullsumme.

KOLLINEARE VEKTOREN

a) Sind zwei Vektoren $\vec{a}$ und $\vec{b}$ (voneinander) linear abhängig, so bedeutet dies, dass ihre Repräsentanten zueinander parallel liegen.
$\vec{a}$ und $\vec{b}$ heißen in diesen Fällen zueinander kollinear (sie ließen sich auf eine Linie legen).

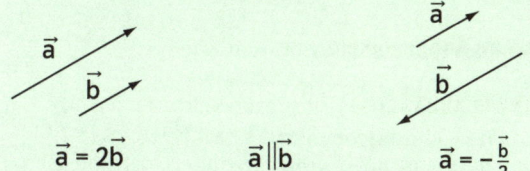

$\vec{a} = 2\vec{b}$ $\vec{a} \| \vec{b}$ $\vec{a} = -\frac{\vec{b}}{2}$

b) Sind drei Vektoren $\vec{a}$, $\vec{b}$, und $\vec{c}$ (voneinander) linear abhängig, so können mehrere Fälle vorliegen.

1. **Repräsentanten aller drei Vektoren liegen zueinander parallel**
   $\vec{a}$, $\vec{b}$ und $\vec{c}$ sind sogar (zueinander) kollinear.
   $\vec{a} \| \vec{b}$; $\vec{a} \| \vec{c}$; $\vec{b} \| \vec{c}$

> **2. Repräsentanten von zwei der drei Vektoren liegen zueinander parallel**
>
> Genau ein Paar aus den drei Vektoren wird aus zwei zueinander parallelen Vektoren gebildet.
>
>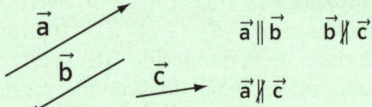
>
> $\vec{a} \parallel \vec{b} \quad \vec{b} \nparallel \vec{c}$
>
> $\vec{a} \nparallel \vec{c}$
>
> **3. Von den drei Vektoren ausgehend lässt sich ein geschlossenes Dreieck aufbauen**
>
> Im gewohnten $\mathbb{R}^2$ ist dies der Regelfall, wenn nicht 1. oder 2., also mindestens eine Kollinearität, vorliegt.
>
>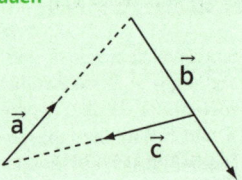

Dies lässt sich auch algebraisch zeigen:

$s_1 \begin{pmatrix} a_1 \\ a_2 \end{pmatrix} + s_2 \begin{pmatrix} b_1 \\ b_2 \end{pmatrix} + s_3 \begin{pmatrix} c_1 \\ c_2 \end{pmatrix} = \vec{0}$

s. auch Zeichnung oben: $s_1 \begin{pmatrix} a_1 \\ a_2 \end{pmatrix} + s_2 \begin{pmatrix} b_1 \\ b_2 \end{pmatrix} = -s_3 \begin{pmatrix} c_1 \\ c_2 \end{pmatrix}$

oder $\begin{pmatrix} c_1 \\ c_2 \end{pmatrix} = -\frac{s_1}{s_3} \begin{pmatrix} a_1 \\ a_2 \end{pmatrix} - \frac{s_2}{s_3} \begin{pmatrix} b_1 \\ b_2 \end{pmatrix}$

bzw. (*) $\vec{c} = \lambda \vec{a} + \mu \vec{b} \quad \left(\text{mit } \lambda = -\frac{s_1}{s_3} \text{ und } \mu = -\frac{s_2}{s_3} \right)$

Mit $s_3 \ne 0$ ist (*) im $\mathbb{R}^2$ eindeutig lösbar, es liegen zwei Gleichungen vor mit den Unbekannten λ und μ.

Man sagt: Zwei nicht-kollineare Vektoren, z. B. $\vec{a}$ und $\vec{b}$ spannen eine Ebene E auf. Jeder weitere Vektor, z. B. $\vec{c}$, dieser Ebene E kann als eine Linearkombination von $\vec{a}$ und $\vec{b}$ dargestellt werden. Insbesondere gilt das Gesagte für die $x_1 x_2$-Koordinatenebene.

Grundlagen

Basis im $\mathbb{R}^2$

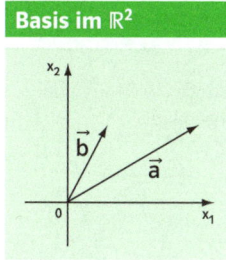

Jeder Vektor $\vec{c}$ in der x_1x_2-Ebene lässt sich mittels $\vec{a}$ und $\vec{b}$ in der Form $\vec{c} = \lambda \vec{a} + \mu \vec{b}$ ($\lambda, \mu \in \mathbb{R}$) ausdrücken. Man sagt dann: $\vec{a}$ und $\vec{b}$ bilden eine Basis B des (zweidimensionalen) Vektorraums $\mathbb{V}$ ($\triangleq$ Menge der Vektoren, in der bestimmte Rechenvorschriften gelten).

Jedes andere Paar nicht-kollinearer Vektoren aus $\mathbb{V}$ bildet ebenfalls eine Basis $\mathbb{B}$ von $\mathbb{V}$. Gewöhnlich dienen $\vec{e}_1$ und $\vec{e}_2$ als Basis:

$\mathbb{B} = \{\vec{e}_1; \vec{e}_2\}$ mit $\vec{e}_1 = \binom{1}{0}$ und $\vec{e}_2 = \binom{0}{1}$

ORTHONORMALBASIS

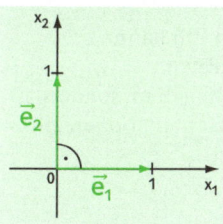

$\vec{e}_1$ und $\vec{e}_2$ haben den Betrag 1, stehen im kartesischen Koordinatensystem aufeinander senkrecht und sind längs der Koordinatenachsen orientiert. Ein Vektor gibt somit die Richtung einer Geraden vor, zwei (voneinander) linear unabhängige Vektoren legen eine Ebene fest. Ein dritter Vektor liegt entweder in der von den ersten beiden Vektoren festgelegten Ebene oder er tut es nicht.

KOMPLANARE VEKTOREN Liegt der dritte Vektor in der Ebene, so sind die drei Vektoren (voneinander) linear abhängig, sie heißen dann (zueinander) komplanar.

3 komplanare Vektoren

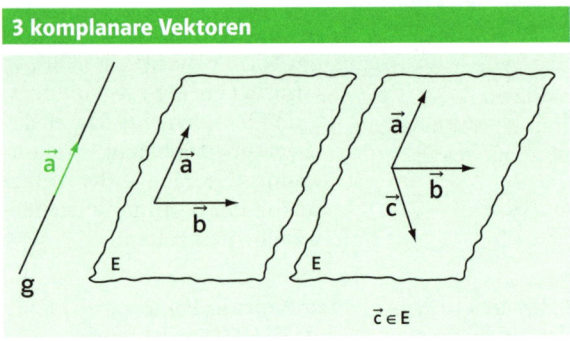

$\vec{c} \in E$

Liegt $\vec{c}\,(\vec{c} \neq \vec{0})$ nicht in E, so sind $\vec{a}$, $\vec{b}$ und $\vec{c}$ (voneinander) linear unabhängig. Man sagt: $\vec{a}$, $\vec{b}$ und $\vec{c}$ spannen einen (dreidimensionalen) Vektorraum $\mathbb{V}$ auf.

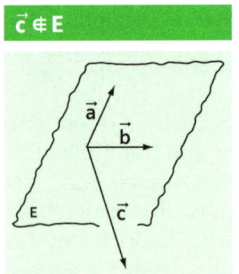

$\vec{c} \notin E$

In diesem Fall kann
$\vec{c} = \lambda \vec{a} + \mu \vec{b}$
nicht mehr gelten, sondern für alle λ, μ-Kombinationen gilt
$\vec{c} \neq \lambda \vec{a} + \mu \vec{b}$.

Jeder weitere Vektor $\vec{d}$ dieses Vektorraums $\mathbb{V}$ kann jedoch als Linearkombination der Vektoren $\vec{a}$, $\vec{b}$ und $\vec{c}$ dargestellt werden.

$\vec{d} = \lambda\vec{a} + \mu\vec{b} + \nu\vec{c}$

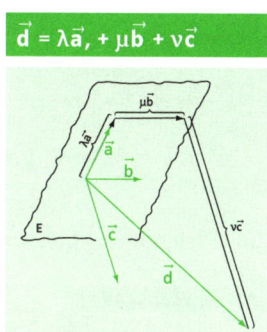

4 Vektoren des dreidimensionalen $\mathbb{V}$ sind demnach immer (voneinander) linear abhängig.

Für den Raum unserer Anschauung verwendet man üblicherweise die **Basis** $\mathbb{B} = \{\vec{e}_1, \vec{e}_2, \vec{e}_3\}$ mit

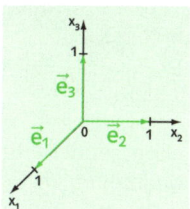

$\vec{e}_1 = \begin{pmatrix} 1 \\ 0 \\ 0 \end{pmatrix}; \ \vec{e}_2 = \begin{pmatrix} 0 \\ 1 \\ 0 \end{pmatrix}; \ \vec{e}_3 = \begin{pmatrix} 0 \\ 0 \\ 1 \end{pmatrix}.$

Doch jede andere Zusammenstellung dreier (voneinander) linear unabhängiger Vektoren bildet ebenfalls eine Basis $\mathbb{B}$ dieses (dreidimensionalen) Vektorraums $\mathbb{V}$.

Determinanten

Determinanten erleichtern oft die Bestimmung der linearen Unabhängigkeit von Vektoren.

ZWEIREIHIGE DETERMINANTEN

$\det(\vec{a}; \vec{b}) = \begin{vmatrix} a_1 & b_1 \\ a_2 & b_2 \end{vmatrix} = a_1 \cdot b_2 - a_2 b_1;$

z. B.: $\begin{vmatrix} 2 & 1 \\ -1 & 3 \end{vmatrix} = 2 \cdot 3 - (-1) \cdot 1 = 7$

DREIREIHIGE DETERMINANTEN

$$\det(\vec{a}; \vec{b}; \vec{c}) = \begin{pmatrix} a_1 b_1 c_1 \\ a_2 b_2 c_2 \\ a_3 b_3 c_3 \end{pmatrix}$$

$$= a_1 b_2 c_3 + b_1 c_2 a_3 + c_1 a_2 b_3 \\ - a_3 b_2 c_1 - b_3 c_2 a_1 - c_3 a_2 b_1$$

Zur Erleichterung benutzt man häufig das Schema:

REGEL VON SARRUS

z.B.: $\begin{vmatrix} 1 & 3 & 1 \\ -3 & 1 & -1 \\ 6 & 4 & 2 \end{vmatrix} \begin{matrix} 1 & 3 \\ -3 & 1 \\ 6 & 4 \end{matrix}$

$= 1 \cdot 1 \cdot 2 + 3 \cdot (-1) \cdot 6 + 1 \cdot (-3) \cdot 4$
$\quad - 6 \cdot 1 \cdot 1 - 4 \cdot (-1) \cdot 1 - 2 \cdot (-3) \cdot 3$
$= 2 - 18 - 12 - 6 + 4 + 18 = -12$

Haben Determinanten den Wert Null, so sind die sie aufbauenden Vektoren (voneinander) linear abhängig, andernfalls sind sie linear unabhängig.

Komponenten und Koordinaten

Ein Vektor $\vec{a} = \begin{pmatrix} a_1 \\ a_2 \end{pmatrix}$ kann angesehen werden als eine Zusammenstellung von zwei (besonderen) Vektoren:

$$\vec{a} = \begin{pmatrix} a_1 \\ 0 \end{pmatrix} + \begin{pmatrix} 0 \\ a_2 \end{pmatrix} = a_1 \begin{pmatrix} 1 \\ 0 \end{pmatrix} + a_2 \begin{pmatrix} 0 \\ 1 \end{pmatrix} = \underbrace{a_1 \cdot \vec{e}_1}_{\text{1. Komponente}} + \underbrace{a_2 \cdot \vec{e}_2}_{\text{2. Komponente}}$$

1. Koordinate 2. Koordinate

Das Produkt aus a_1 und $\vec{e}_1$ bildet die erste Komponente des Vektors $\vec{a}$. Entsprechend gilt $a_2 \vec{e}_2$ als die zweite Komponente von $\vec{a}$. Die alleinige Angabe von Koordinaten für einen Vektor ist demnach nur statthaft, wenn über die Basis, meist $\{\vec{e}_1; \vec{e}_2\}$, Einverständnis besteht. Für den dreidimensionalen Raum gilt entsprechend:

$$\vec{a} = \begin{pmatrix} a_1 \\ a_2 \\ a_3 \end{pmatrix} = a_1 \vec{e}_1 + a_2 \vec{e}_2 + a_3 \vec{e}_3$$

mit den Vektoren $\vec{e}_1; \vec{e}_2; \vec{e}_3$ als Basisvektoren; a_1, a_2, a_3 als Koordinaten und den Komponenten $a_1 \vec{e}_1$, $a_2 \vec{e}_2$, $a_3 \vec{e}_3$.

Ortsvektoren und Vektorketten

Repräsentanten von Vektoren, deren Fußpunkte im Ursprung des Koordinatensystems liegen, heißen **Ortsvektoren**.

$\vec{a} = \begin{pmatrix} 1 \\ 2 \\ -1 \end{pmatrix}$; liegt der Fußpunkt von $\vec{a}$ in $O(0|0|0)$, so liegt seine Spitze im Punkt $A(1|2|-1)$, also gilt $\vec{a} = \overrightarrow{OA}$.

Mit Hilfe von Ortsvektoren lassen sich leicht Vektoren ermitteln, die zwei verschiedene Punkte, z. B. $A(1|2|-1)$ und $B(3|0|1)$ miteinander verbinden.

Beispiel 1: Vektor aus Ortsvektoren

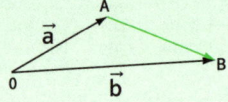

Da gilt: $\vec{OA} + \vec{AB} = \vec{OB}$ folgt $\vec{AB} = \vec{OB} - \vec{OA}$

und damit: $\vec{AB} = \begin{pmatrix} 3 \\ 0 \\ 1 \end{pmatrix} - \begin{pmatrix} 1 \\ 2 \\ -1 \end{pmatrix} = \begin{pmatrix} 3-1 \\ 0-2 \\ 1-(-1) \end{pmatrix} = \begin{pmatrix} 2 \\ -2 \\ 2 \end{pmatrix}$

Kurzschreibweise: $\vec{AB} = \vec{b} - \vec{a}$

Übungsbeispiel: Bestimmen Sie aus
$A(3|2|-1)$; $B(-1|2|0)$; $C(2|4|-3)$; $D(0|3|2)$
die Vektoren $\vec{AB}$; $\vec{AC}$; $\vec{AD}$; $\vec{BC}$; $\vec{BD}$; $\vec{CD}$; $\vec{BA}$; $\vec{CB}$ und $\vec{DA}$.

Aus obiger Zeichnung folgt auch:
$\vec{OB} + \vec{BA} = \vec{OA}$, also $\vec{BA} = \vec{OA} - \vec{OB} = -(\vec{OB} - \vec{OA}) = -\vec{AB}$
damit generell: $\vec{AB} = -\vec{BA}$

Geschlossene Polygonzüge von Vektoren heißen Vektorketten.

Beispiel 2: Vektorkette

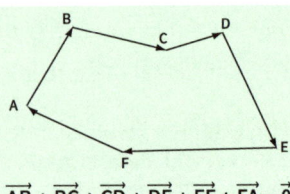

$\vec{AB} + \vec{BC} + \vec{CD} + \vec{DE} + \vec{EF} + \vec{FA} = \vec{0}$

Auch Vektorketten dienen zur Ermittlung der Vektorkoordinaten. Beispiel: Würfel ABCDEFGH

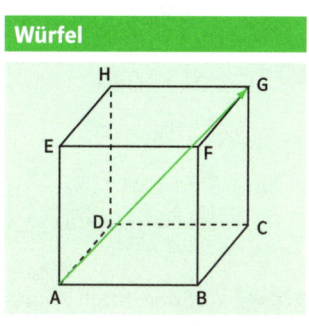

A(3|0|0); B(3|3|0); E(3|0|3); C(0|3|0) seien gegeben.
$\overrightarrow{AG}$ sei zu bestimmen.

$\overrightarrow{AG} + \overrightarrow{GC} + \overrightarrow{CB} + \overrightarrow{BA} = \vec{0}$
$\Rightarrow \overrightarrow{AG} = -\overrightarrow{GC} - \overrightarrow{CB} - \overrightarrow{BA} = \overrightarrow{CG} + \overrightarrow{BC} + \overrightarrow{AB}$
da $\overrightarrow{CG} = \overrightarrow{AE}$: $\overrightarrow{AG} = \overrightarrow{AE} + \overrightarrow{BC} + \overrightarrow{AB}$

$\overrightarrow{AG} = \begin{pmatrix} 0 \\ 0 \\ 3 \end{pmatrix} + \begin{pmatrix} -3 \\ 0 \\ 0 \end{pmatrix} + \begin{pmatrix} 0 \\ 3 \\ 0 \end{pmatrix} = \begin{pmatrix} -3 \\ 3 \\ 3 \end{pmatrix}$

Natürlich lassen sich auch zunächst die Koordinaten von G ermitteln, hier G(0|3|3) und dann $\overrightarrow{AG}$ direkt bilden.

$\overrightarrow{AG} = \overrightarrow{OG} - \overrightarrow{OA} = \begin{pmatrix} 0 \\ 3 \\ 3 \end{pmatrix} - \begin{pmatrix} 3 \\ 0 \\ 0 \end{pmatrix} = \begin{pmatrix} -3 \\ 3 \\ 3 \end{pmatrix}$

Mittelpunkte und Teilungspunkte

MITTELPUNKT EINER STRECKE Der Mittelpunkt einer Strecke [AB] sei M:

Streckenmittelpunkt

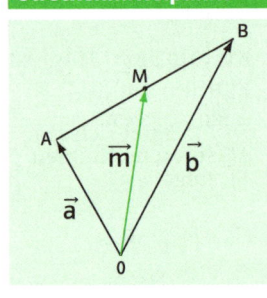

$\overrightarrow{OM} = \overrightarrow{OA} + \frac{1}{2}\overrightarrow{AB}$

$\overrightarrow{OM} = \overrightarrow{OA} + \frac{1}{2}(\overrightarrow{OB} - \overrightarrow{OA})$

$\overrightarrow{OM} = \overrightarrow{OA} + \frac{1}{2}\overrightarrow{OB} - \frac{1}{2}\overrightarrow{OA}$

$\overrightarrow{OM} = \frac{1}{2}\overrightarrow{OA} + \frac{1}{2}\overrightarrow{OB}$

$$\overrightarrow{OM} = \tfrac{1}{2}(\overrightarrow{OA} + \overrightarrow{OB})$$
oder: $\vec{m} = \tfrac{1}{2}(\vec{a} + \vec{b})$

TEILUNGSPUNKT EINER STRECKE Auf der durch A und B gegebenen Geraden kann jeder beliebige Punkt T als Teilungspunkt der Strecke [AB] gelten. Liegt T innerhalb von [AB], so spricht man von einer inneren Teilung, liegt er außerhalb von einer äußeren Teilung.

Teilungspunkte von [AB]

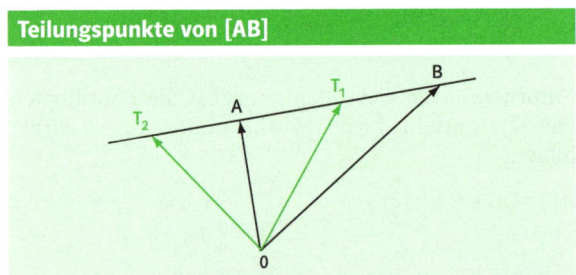

Das Teilverhältnis σ ist definiert durch die vektorielle Beziehung: $\overrightarrow{AT} = \sigma \overrightarrow{TB}$. Liegt T innerhalb von [AB], so ist σ positiv; liegt T außerhalb, so wird σ negativ, wegen der gegensätzlichen Orientierung der Vektoren $\overrightarrow{AT}$ und $\overrightarrow{TB}$.

INNERE TEILUNG EINER STRECKE

Es gelte $\sigma = \frac{2}{3}$, also $\overrightarrow{AT} = \frac{2}{3}\overrightarrow{TB}$.

Da auch gilt: $\overrightarrow{AT} = \frac{2}{3}\overrightarrow{TB}$, folgt $\overrightarrow{AB} = \frac{5}{3}\overrightarrow{TB}$ bzw. $\overrightarrow{TB} = \frac{3}{5}\overrightarrow{AB}$

und $\overrightarrow{AT} = \frac{2}{5}\overrightarrow{AB}$, also auch $\overrightarrow{AT} = \frac{2}{5}\overrightarrow{AB}$.

Mit $A(1|2|-1)$; $B(3|0|1)$ und $\sigma = \frac{2}{3}$ ergibt sich also:

$\overrightarrow{AT} = \frac{2}{5}\begin{pmatrix} 2 \\ -2 \\ 2 \end{pmatrix}$ und aus $\overrightarrow{OT} = \overrightarrow{OA} + \overrightarrow{AT}$ folgt

$\overrightarrow{OT} = \begin{pmatrix} 1 \\ 2 \\ -1 \end{pmatrix} + \frac{2}{5}\begin{pmatrix} 2 \\ -2 \\ 2 \end{pmatrix} = \begin{pmatrix} 1,8 \\ 1,2 \\ -0,2 \end{pmatrix} \Rightarrow T(1,8|1,2|-0,2)$

ÄUSSERE TEILUNG EINER STRECKE

Äußere Teilung 1

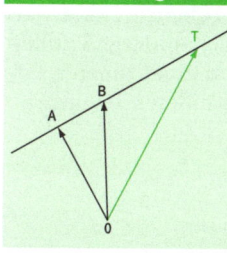

Für σ gelte jetzt:
$\sigma = -\frac{3}{2}$
$\Rightarrow \overrightarrow{AT} = -\frac{3}{2}\overrightarrow{TB}$
$\Rightarrow \overrightarrow{AB} = \frac{1}{2}\overrightarrow{BT} \Rightarrow \overrightarrow{BT} = 2\overrightarrow{AB}$
$\overrightarrow{OT} = \overrightarrow{OB} + \overrightarrow{BT} = \overrightarrow{OB} + 2\overrightarrow{AB}$

$\overrightarrow{OT} = \begin{pmatrix} 3 \\ 0 \\ 1 \end{pmatrix} + 2\begin{pmatrix} 2 \\ -2 \\ 2 \end{pmatrix} = \begin{pmatrix} 7 \\ -4 \\ 5 \end{pmatrix}$

$\Rightarrow T(7|-4|5)$

Äußere Teilung 2

Für σ gelte: $\sigma = -\frac{1}{4}$
$\Rightarrow \overrightarrow{AT} = -\frac{1}{4}\overrightarrow{TB}$
$\Rightarrow \overrightarrow{AB} = \frac{3}{4}\overrightarrow{TB}$
$\Rightarrow \overrightarrow{BT} = -\frac{4}{3}\overrightarrow{AB}$
$\overrightarrow{OT} = \overrightarrow{OB} + \overrightarrow{BT} = \overrightarrow{OB} - \frac{4}{3}\overrightarrow{AB}$

$\overrightarrow{OT} = \begin{pmatrix} 3 \\ 0 \\ 1 \end{pmatrix} - \frac{4}{3}\begin{pmatrix} 2 \\ -2 \\ 2 \end{pmatrix} = \frac{1}{3}\begin{pmatrix} 1 \\ 8 \\ -5 \end{pmatrix} \Rightarrow T\left(\frac{1}{3}\bigg|\frac{8}{3}\bigg|-\frac{5}{3}\right)$

Schwerpunkt im Dreieck

Die Schwerlinien (Seitenhalbierenden) teilen sich im
Schwerpunkt eines Dreiecks gegenseitig im Verhältnis 2:1. Im Dreieck ABC mit $A(1|2|-1)$; $B(3|0|1)$ und
$C(-1|7|3)$ sei der Schwerpunkt S zu bestimmen.

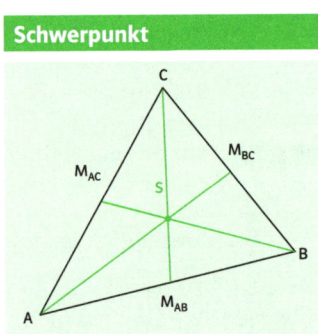

Es gilt:
$M_{AB}(2|1|0)$ und
$\overrightarrow{CS} = \frac{2}{3}\overrightarrow{CM_{AB}}$
wegen der Schwerlinieneigenschaft.

$\overrightarrow{OS} = \overrightarrow{OC} + \overrightarrow{CS} = \overrightarrow{OC} + \frac{2}{3}\overrightarrow{CM_{AB}}$

$\overrightarrow{OS} = \begin{pmatrix} -1 \\ 7 \\ 3 \end{pmatrix} + \frac{2}{3}\begin{pmatrix} 3 \\ -6 \\ -3 \end{pmatrix} = \begin{pmatrix} 1 \\ 3 \\ 1 \end{pmatrix} \Rightarrow S(1|3|1)$

Probe: $\overrightarrow{AS} = \frac{2}{3}\overrightarrow{AM_{BC}}$ $\quad M_{BC}\left(1\left|\frac{7}{2}\right|2\right)$

$\overrightarrow{OS} = \overrightarrow{OA} + \overrightarrow{AS} = \begin{pmatrix} 1 \\ 2 \\ -1 \end{pmatrix} + \frac{2}{3}\begin{pmatrix} 0 \\ \frac{3}{2} \\ 3 \end{pmatrix} = \begin{pmatrix} 1 \\ 2 \\ -1 \end{pmatrix} + \begin{pmatrix} 0 \\ 1 \\ 2 \end{pmatrix} \Rightarrow S(1|3|1)$

Betrag eines Vektors, Einheitsvektor

BETRAG EINES VEKTORS IN $\mathbb{R}^2$ Unter dem Betrag eines Vektors versteht man die Länge der Strecke vom Fußpunkt zur Spitze der Repräsentanten des Vektors. Überlegung anhand eines Ortsvektors:

Grundlagen

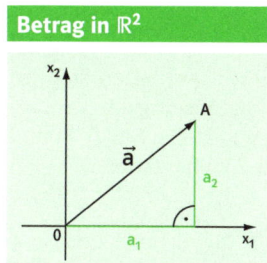

Betrag in $\mathbb{R}^2$

$\overline{OA}^2 = a_1^2 + a_2^2$
(nach Pythagoras)

damit $|\vec{a}| = \overline{OA} = \sqrt{a_1^2 + a_2^2}$

BETRAG EINES VEKTORS IN $\mathbb{R}^3$ Für den $\mathbb{R}^3$ ergibt sich mit A' als Bild von A in der $x_1 x_2$-Ebene bei senkrechter Projektion:

$\overline{OA'} = \sqrt{a_1^2 + a_2^2}$ Das $\triangle OA'A$ ist bei A' rechtwinklig, deshalb:

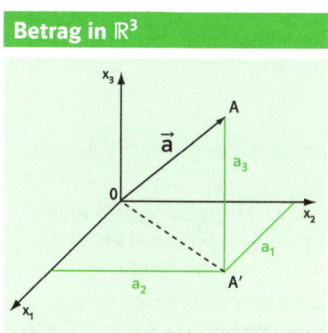

Betrag in $\mathbb{R}^3$

$\overline{OA}^2 = \overline{OA'}^2 + \overline{A'A}^2$
$\Rightarrow \overline{OA}^2 = a_1^2 + a_2^2 + a_3^2$
$\Rightarrow |\vec{a}| = \overline{OA}$
$\qquad = \sqrt{a_1^2 + a_2^2 + a_3^2}$

EINHEITSVEKTOR Multipliziert man einen Vektor $\vec{a}$ mit dem Reziprokwert seines Betrags ($|\vec{a}|$), so erhält man einen Vektor der Länge 1 in Richtung von $\vec{a}$, Kurzbezeichnung: $\vec{a}°$. $\vec{a}°$ heißt **Einheitsvektor** von $\vec{a}$.

$\frac{1}{|\vec{a}|} \cdot \vec{a} = \vec{a}°, \;\; \text{damit } |\vec{a}°| = 1$

Beispiel: $\vec{a} = \begin{pmatrix} 2 \\ -1 \\ 2 \end{pmatrix}$

$\Rightarrow |\vec{a}| = \sqrt{2^2 + (-1)^2 + 2^2} = \sqrt{9} = 3$

$\Rightarrow \vec{a}° = \frac{1}{3} \begin{pmatrix} 2 \\ -1 \\ 2 \end{pmatrix} = \begin{pmatrix} \frac{2}{3} \\ -\frac{1}{3} \\ \frac{2}{3} \end{pmatrix}$

Vektorielles Beweisen

Gestützt auf die Eigenschaften linear unabhängiger Vektoren lassen sich auch komplizierte Aussagen zu Schnittproblemen der ebenen und räumlichen Geometrie auf einfache Art und Weise nachweisen. Die wesentlichen Schritte des vektoriellen Beweisens sollen im Folgenden anhand von Beispielen dargestellt werden.

> **BEWEISGANG**
>
> a) Man sucht einen Zusammenhang zwischen den „beweisträchtigen" Stücken.
> b) Aus dem in a) gefundenen Zusammenhang wird eine Linearkombination von linear unabhängigen Grundvektoren gewonnen unter Einführung von Parametern.
> c) Wegen der linearen Unabhängigkeit kann die in b) gewonnene Gleichung nur die triviale Lösung (Koeffizienten = Null) kennen.
> d) Die Nullsetzung der Koeffizienten der Grundvektoren legt die Werte für die in b) eingeführten Parameter fest.
> e) Die in d) gewonnenen Parameterwerte werden im Sinne der Aufgabenstellung interpretiert und damit die Behauptung bewiesen.

BEWEIS: IN EINEM PARALLELOGRAMM HALBIEREN SICH DIE DIAGONALEN GEGENSEITIG

Beweisfigur 1

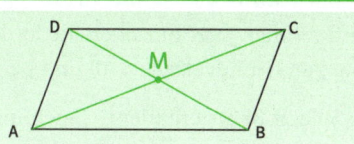

Voraussetzungen: □ABCD ist ein Parallelogramm
$\Rightarrow \overline{AB} = \overline{DC}$; $AB \parallel DC$; $\overline{AD} = \overline{BC}$; $AD \parallel BC$
M sei Schnittpunkt der Diagonalen AC und BD

Behauptung: $\overline{AM} = \overline{MC}$ und $\overline{BM} = \overline{MD}$

Übersetzung in die Vektorgeometrie:

$\left.\begin{array}{l}\overline{AB} = \overline{DC} \\ AB \parallel DC\end{array}\right\} \Rightarrow \vec{AB} = \vec{DC}$ und $\left.\begin{array}{l}\overline{AD} = \overline{BC} \\ AD \parallel BC\end{array}\right\} \Rightarrow \vec{AD} = \vec{BC}$

Ein Parallelogramm entsteht, wenn die Vektoren $\vec{AB}$ und $\vec{BC}$ nicht kollinear, also linear unabhängig sind.

zu a) Im Dreieck ABM kommen jeweils Diagonalenstücke vor. ABM lässt sich als ein geschlossener Vektorzug ansehen: (*) $\vec{AB} = \vec{AM} + \vec{MB}$

zu b) $\vec{AM}$ und $\vec{MB}$ sind jeweils Teile der Diagonalvektoren $\vec{AC}$ und $\vec{DB}$: $\vec{AM} = \sigma \vec{AC}$ und $\vec{MB} = \tau \vec{DB}$
σ und τ sind (noch) unbekannte Parameterwerte.
Für die Diagonalvektoren gilt:
$\vec{AC} = \vec{AB} + \vec{BC}$ und $\vec{DB} = \vec{DA} + \vec{AB}$

Für $\overrightarrow{DA}$ wiederum gilt: $\overrightarrow{DA} = -\overrightarrow{AD} = -\overrightarrow{BC}$

(*) lässt sich damit umschreiben zu:
$\overrightarrow{AB} = \sigma \overrightarrow{AC} + \tau \overrightarrow{DB}$ oder
$\overrightarrow{AB} = \sigma(\overrightarrow{AB} + \overrightarrow{BC}) + \tau(-\overrightarrow{BC} + \overrightarrow{AB})$

Hier kommen jetzt nur noch die linear unabhängigen Grundvektoren $\overrightarrow{AB}$ und $\overrightarrow{BC}$ vor.

zu c) Die zuletzt in b) gefundene Gleichung wird umgeformt: $\overrightarrow{AB} = \sigma \overrightarrow{AB} + \sigma \overrightarrow{BC} - \tau \overrightarrow{BC} + \tau \overrightarrow{AB}$
bzw. $\overrightarrow{AB}(1 - \sigma - \tau) = \overrightarrow{BC}(\sigma - \tau)$

Diese Gleichung kann nur unter den beiden folgenden Bedingungen richtig sein (wegen der linearen Unabhängigkeit von $\overrightarrow{AB}$ und $\overrightarrow{BC}$):

(1) $1 - \sigma - \tau = 0$ (2) $\sigma - \tau = 0$

zu d) Lösung der Gleichungen (1) und (2):
Aus (2) $\sigma = \tau$, eingesetzt in (1) liefert
(1') $1 - \sigma - \sigma = 0 \Rightarrow \sigma = \frac{1}{2} \Rightarrow \tau = \frac{1}{2}$

zu e) Die Werte $\sigma = \tau = \frac{1}{2}$ bedeuten, dass der Punkt M beide Diagonalen genau in der Mitte teilt, woraus die Behauptung unmittelbar folgt.

BEWEIS: IN EINEM DREIECK SCHNEIDEN SICH DIE SCHWERLINIEN (SEITENHALBIERENDEN) IN EINEM PUNKT

Beweisfigur 2

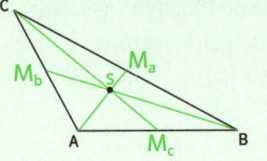

Voraussetzungen: Figur $\triangle ABC$ ist ein Dreieck.
M_a, M_b und M_c sind die jeweiligen Seitenmitten von [BC], [AC] und [AB].

Behauptung: Der Schnittpunkt S von AM_a und BM_b ist identisch mit dem Schnittpunkt von AM_a und CM_c.

Übersetzung in die Vektorgeometrie:

$\overrightarrow{AB} = \overrightarrow{AC} + \overrightarrow{CB}$ (Dreieckseigenschaft)

$\overrightarrow{AM_c} = \frac{1}{2}\overrightarrow{AB}$; $\overrightarrow{AM_b} = \frac{1}{2}\overrightarrow{AC}$; $\overrightarrow{CM_a} = \frac{1}{2}\overrightarrow{CB}$

zu a) Im $\triangle ABS$ gilt: (*) $\overrightarrow{AB} = \overrightarrow{AS} + \overrightarrow{SB}$
(geschlossener Vektorzug)

zu b) $\overrightarrow{AS} = \sigma \overrightarrow{AM_a}$ und $\overrightarrow{SB} = \tau \overrightarrow{M_bB}$

Für $\overrightarrow{AM_a}$ gilt: $\overrightarrow{AM_a} = \overrightarrow{AB} + \frac{1}{2}\overrightarrow{BC} = \frac{1}{2}\overrightarrow{AB} + \frac{1}{2}\overrightarrow{AC}$

Für $\overrightarrow{M_bB}$ gilt: $\overrightarrow{M_bB} = \frac{1}{2}\overrightarrow{CA} + \overrightarrow{AB} = -\frac{1}{2}\overrightarrow{AC} + \overrightarrow{AB}$

Setzt man die gewonnenen Ausdrücke in (*) ein, erhält man:

$\overrightarrow{AB} = \sigma\left[\overrightarrow{AB} - \frac{1}{2}\overrightarrow{AB} + \frac{1}{2}\overrightarrow{AC}\right] + \tau\left[-\frac{1}{2}\overrightarrow{AC} + \overrightarrow{AB}\right]$

bzw. zusammengefasst: $\overrightarrow{AB}\left(1 - \frac{\sigma}{2} - \tau\right) = \overrightarrow{AC}\left(\frac{\sigma}{2} - \frac{\tau}{2}\right)$

zu c) Wegen der linearen Unabhängigkeit der Grundvektoren $\overrightarrow{AB}$ und $\overrightarrow{AC}$ muss gelten:

(1) $1 - \frac{\sigma}{2} - \tau = 0$ und (2) $\frac{\sigma}{2} - \frac{\tau}{2} = 0$

zu d) aus (2) folgt: $\sigma = \tau$, eingesetzt in (1)

(1') $1 - \frac{\sigma}{2} - \sigma = 0$

$1 = \frac{3}{2}\sigma \Rightarrow \sigma = \frac{2}{3} \Rightarrow \tau = \frac{2}{3}$

zu e) Die Seitenhalbierenden AM_a und BM_b schneiden sich in einem Punkt S, der sie selbst im Verhältnis 2 zu 1 teilt.

Der zweite Teil des Beweises kann analog geführt werden, unter Einbeziehung der Seitenhalbierenden CM_c.

zu a) Im $\triangle CAS$ gilt: (**) $\overrightarrow{CA} = \overrightarrow{CS} + \overrightarrow{SA}$

zu b) $\overrightarrow{CS} = \sigma \overrightarrow{CM_c} = \sigma\left(\overrightarrow{CA} + \frac{1}{2}\overrightarrow{AB}\right)$

$\overrightarrow{SA} = \tau \overrightarrow{M_aA} = \tau\left(\frac{1}{2}\overrightarrow{BC} + \overrightarrow{CA}\right) = \tau\left[\frac{1}{2}\left(\overrightarrow{BA} + \overrightarrow{AC}\right) + \overrightarrow{CA}\right]$

Eingesetzt in (**):

$\overrightarrow{CA} = \sigma\left(\overrightarrow{CA} + \frac{1}{2}\overrightarrow{AB}\right) + \tau\left(-\frac{1}{2}\overrightarrow{AB} + \frac{1}{2}\overrightarrow{CA}\right)$ bzw.

$\overrightarrow{CA}\left(1 - \sigma - \frac{\tau}{2}\right) = \overrightarrow{AB}\left(\frac{\sigma}{2} - \frac{\tau}{2}\right)$

Die weiteren Schritte sind analog zu den oben angegebenen und haben das identische Ergebnis:

$\sigma = \tau = \frac{2}{3}$. Damit ergibt sich für den Schnittpunkt von AM_a und CM_c der gleiche Punkt wie für den Schnittpunkt von AM_a und BM_b, also schneiden sich alle drei Seitenhalbierenden in einem Punkt. Das jeweilige Längenverhältnis der Teilstrecken ist als Nebenprodukt des Beweises abgefallen, es beträgt in allen Fällen 2 zu 1.

BEWEIS: IN EINEM PARALLELFLACH SCHNEIDEN SICH ZWEI RAUMDIAGONALEN IN EINEM PUNKT

Beweisfigur 3

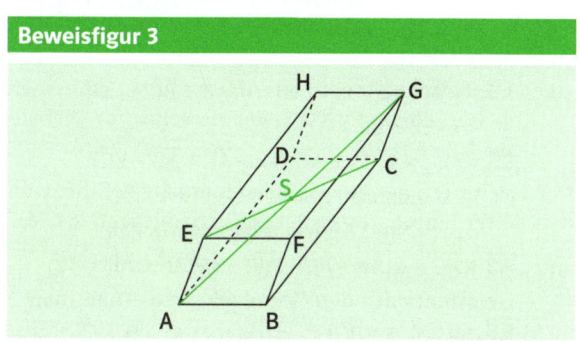

Ein Parallelflach wird aus drei linear unabhängigen Vektoren aufgebaut, jeweils vier Kanten sind zueinander parallel und gleich lang.

Voraussetzungen:
$\overline{AB} = \overline{EF} = \overline{DC} = \overline{HG}$ und AB∥EF∥DC∥HG
$\overline{BC} = \overline{FG} = \overline{EH} = \overline{AD}$ und BC∥FG∥EH∥AD
$\overline{AE} = \overline{BF} = \overline{CG} = \overline{DH}$ und AE∥BF∥CG∥DH

Behauptung: Es existiert ein Punkt S mit S ∈ [AG] und S ∈ [EC].

Übersetzung in die Vektorgeometrie:
$\overrightarrow{AB} = \overrightarrow{EF} = \overrightarrow{DC} = \overrightarrow{HG}$; $\overrightarrow{BC} = \overrightarrow{FG} = \overrightarrow{EH} = \overrightarrow{AD}$;
$\overrightarrow{AE} = \overrightarrow{BF} = \overrightarrow{CG} = \overrightarrow{DH}$
$\overrightarrow{AB}$, $\overrightarrow{BC}$ und $\overrightarrow{AE}$ sind linear unabhängig

zu a) Wir betrachten $\triangle ACS$, worin gilt:
(*) $\overrightarrow{AC} = \overrightarrow{AS} + \overrightarrow{SC}$

zu b) $\overrightarrow{AC} = \overrightarrow{AB} + \overrightarrow{BC}$
$\overrightarrow{AS} = \sigma \overrightarrow{AG} = \sigma(\overrightarrow{AC} + \overrightarrow{CG}) = \sigma(\overrightarrow{AB} + \overrightarrow{BC} + \overrightarrow{CG})$
$\quad\; = \sigma(\overrightarrow{AB} + \overrightarrow{BC} + \overrightarrow{AE})$
$\overrightarrow{SC} = \tau \overrightarrow{EC} = \tau(\overrightarrow{EA} + \overrightarrow{AC}) = \tau(-\overrightarrow{AE} + \overrightarrow{AB} + \overrightarrow{BC})$
(*) lässt sich nun mit den Grundvektoren
$\overrightarrow{AB}$, $\overrightarrow{BC}$ und $\overrightarrow{AE}$ wie folgt ausdrücken:
$\overrightarrow{AB} + \overrightarrow{BC} = \sigma(\overrightarrow{AB} + \overrightarrow{BC} + \overrightarrow{AE}) + \tau(-\overrightarrow{AE} + \overrightarrow{AB} + \overrightarrow{BC})$
Geordnet nach den Grundvektoren erhält man:
$\overrightarrow{AB}(1 - \sigma - \tau) + \overrightarrow{BC}(1 - \sigma - \tau) = \overrightarrow{AE}(\sigma - \tau)$

zu c) Wegen der linearen Unabhängigkeit der drei Grundvektoren (sonst ergäbe sich kein Parallelflach) muss gelten:
(1) $1 - \sigma - \tau = 0$ **(2)** $\sigma - \tau = 0$

zu d) Lösung der Gleichungen (1) und (2): $\sigma = \tau = \frac{1}{2}$

zu e) Die Werte $\sigma = \tau = \frac{1}{2}$ bedeuten zunächst, dass sich ein Dreieck ACS bilden kann, dass also ein Schnittpunkt S der Diagonalen existiert. Damit ist die Behauptung bereits bewiesen.
Darüber hinaus folgt aus dem Wert für σ und τ, dass sich die beiden Raumdiagonalen im Schnittpunkt gegenseitig halbieren.

Geraden und Ebenen

Analytische Geometrie und Lineare Algebra

Geraden und Ebenen

QUICK-FINDER

Geraden und Geradengleichung
- Geradengleichung in Vektorform → S. 383
- Stütz- und Trägerpunkt, Richtungsvektor → S. 383
- Geradengleichung in Parameterform → S. 383

Lagebeziehungen von Geraden zueinander
- Zusammenfallende Geraden → S. 385
- Zueinander parallele Geraden → S. 386
- Sich schneidende Geraden → S. 386
- Zueinander windschiefe Geraden → S. 388

Ebenen und Ebenengleichungen
- Ebene durch zwei Vektoren → S. 389
- Ebene durch zwei Parallelen → S. 391

Achsenschnittpunkt, Spurpunkte, Spurgeraden
- Achsenschnittpunkt → S. 391
- Spurpunkte → S. 392
- Spurgeraden → S. 393

Analytische Geometrie und Lineare Algebra

QUICK-FINDER

Lagebeziehungen von Ebenen
- Zueinander parallele Ebenen → S. 393
- Sich schneidende Ebenen → S. 395

Lagebeziehungen von Ebenen und Geraden
- Ebene und Gerade liegen zueinander parallel → S. 397
- Ebene und Gerade schneiden sich → S. 398

Spezialthema: Lineare Gleichungssysteme
→ S. 399

Geraden und Geradengleichungen

GERADENGLEICHUNG IN VEKTORFORM Eine Gerade g sei durch die Punkte A und B festgelegt: g = g(A, B).

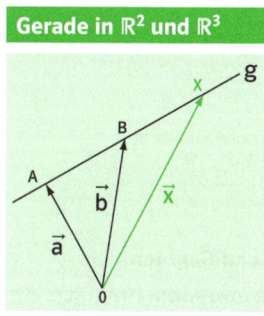

Gerade in $\mathbb{R}^2$ und $\mathbb{R}^3$

Jeder Punkt X der Geraden g lässt sich durch folgende Vektorgleichung beschreiben: $\overrightarrow{OX} = \overrightarrow{OA} + \lambda \overrightarrow{AB}$ mit einem bestimmten reellen λ-Wert. Für Punkte X, die von A aus gesehen in der gleichen Richtung wie B liegen, ist $\lambda \in \mathbb{R}^+$, für die Gegenrichtung ist λ negativ.

$\lambda = 1$ ergibt den Punkt B. Für $\lambda = 0$ fallen X und A zusammen.

$$g: \overrightarrow{OX} = \overrightarrow{OA} + \lambda \overrightarrow{AB} \quad \text{bzw.} \quad \vec{x} = \vec{a} + \lambda(\vec{b} - \vec{a}), \quad \lambda \in \mathbb{R}$$

Ebenso üblich sind die Darstellungen

$$\vec{X} = \vec{A} + \lambda \overrightarrow{AB} \quad \text{bzw.} \quad \vec{X} = \vec{A} + \lambda(\vec{B} - \vec{A})$$

STÜTZ- UND TRÄGERPUNKT, RICHTUNGSVEKTOR A heißt auch Stütz- oder Trägerpunkt der Geraden g. $\overrightarrow{AB}$ heißt Richtung oder Richtungsvektor von g.

GERADENGLEICHUNG IN PARAMETERFORM Für die Festlegung einer Geraden genügen also die Angaben eines Trägerpunktes und eines Richtungsvektors, oft abgekürzt mit $\vec{u}$, damit g: $\vec{x} = \vec{a} + \lambda \vec{u}$; $\lambda \in \mathbb{R}$. λ heißt Parameter der Geraden. Man sagt dann, die Geradengleichung liegt in Parameterform vor.

Beispiel 1: Gerade aus zwei Punkten oder aus Punkt und Richtung

a) Gerade g_1 durch $A(2|0)$ und $B(1|3)$
$$\vec{x} = \begin{pmatrix} 2 \\ 0 \end{pmatrix} + \lambda \begin{pmatrix} 1-2 \\ 3-0 \end{pmatrix} \rightarrow g_1: x = \begin{pmatrix} 2 \\ 0 \end{pmatrix} + \lambda \begin{pmatrix} -1 \\ 3 \end{pmatrix}$$

b) Gerade g_2 durch $A(1|2|-1)$ und $B(3|0|0)$
$$g_2: \vec{x} = \begin{pmatrix} 1 \\ 2 \\ -1 \end{pmatrix} + \lambda \begin{pmatrix} 2 \\ -2 \\ 1 \end{pmatrix}$$

c) Gerade g_3 durch $P(2|3|-1)$ mit der Richtung
$$\vec{u} = \begin{pmatrix} 1 \\ -1 \\ 2 \end{pmatrix} \qquad g_3: \vec{x} = \begin{pmatrix} 2 \\ 3 \\ -1 \end{pmatrix} + \lambda \begin{pmatrix} 1 \\ -1 \\ 2 \end{pmatrix}$$

Zur Unterscheidung werden vielfach auch μ, σ, τ, ϱ oder auch l, m, n, r, s als Parameterbezeichnungen verwendet. Die gleiche Gerade g kann durch sehr unterschiedlich erscheinende Gleichungen mit Parametern (Parametergleichungen) beschrieben werden:

$$g: \vec{x} = \overrightarrow{OP} + \lambda \vec{u}; \quad \lambda \in \mathbb{R},$$

da für P jeder beliebige Punkt aus g und für den Richtungsvektor jeder zu $\vec{u}$ linear abhängige Vektor gewählt werden können.

Beispiel 2: Verschiedene Parameterformen

$$g: \vec{x} = \begin{pmatrix} 2 \\ 3 \\ -1 \end{pmatrix} + \lambda \begin{pmatrix} 1 \\ -1 \\ 2 \end{pmatrix}. \text{ Da auch } (3|2|1) \in g:$$

$$g: \vec{x} = \begin{pmatrix} 3 \\ 2 \\ 1 \end{pmatrix} + \lambda \begin{pmatrix} -1 \\ 1 \\ -2 \end{pmatrix} \quad \text{oder} \quad g: \vec{x} = \begin{pmatrix} 3 \\ 2 \\ 1 \end{pmatrix} + \lambda \begin{pmatrix} 2 \\ -2 \\ 4 \end{pmatrix}$$

weil $\begin{pmatrix} -1 \\ 1 \\ -2 \end{pmatrix} = (-1) \begin{pmatrix} 1 \\ -1 \\ 2 \end{pmatrix}$ und $\begin{pmatrix} 2 \\ -2 \\ 4 \end{pmatrix} = 2 \begin{pmatrix} 1 \\ -1 \\ 2 \end{pmatrix}$

Üblicherweise wird der Richtungsvektor so angegeben, dass seine Koordinaten keine gemeinsamen Teiler haben.

Ist nachzuprüfen, ob ein Punkt P auf einer Geraden g liegt, so muss geprüft werden, ob die Koordinaten von P die Gleichung von g erfüllen, ob es also einen Parameterwert von λ, nennen wir ihn λ_p, gibt, so dass gilt: $\overrightarrow{OP} = \overrightarrow{OA} + \lambda_p \vec{u}$, falls $g: \vec{x} = \overrightarrow{OA} + \lambda \vec{u}$.

Beispiel 3: Punkt auf Gerade

Liegt $P(1|4|-3)$ auf g?

$$\begin{pmatrix} 1 \\ 4 \\ -3 \end{pmatrix} \stackrel{?}{=} \begin{pmatrix} 2 \\ 3 \\ -1 \end{pmatrix} + \lambda_p \begin{pmatrix} 1 \\ -1 \\ 2 \end{pmatrix}$$

In allen 3 Gleichungen muss sich für λ_p der gleiche Wert ergeben.

Dies ist tatsächlich der Fall $(\lambda_p = -1) \Rightarrow P \in g$.

Lagebeziehungen von Geraden zueinander

$g: \vec{x} = \overrightarrow{OA} + \lambda \vec{u}_g; \quad h: \vec{x} = \overrightarrow{OB} + \mu \vec{u}_h$

ZUSAMMENFALLENDE GERADEN Bedingung: $A \in h$ oder $B \in g$ oder es existiert ein g und h gemeinsamer Punkt S und $\vec{u}_g = \sigma \vec{u}_h$, d. h. die beiden Richtungsvektoren sind kollinear.

Beispiel 1: Zusammenfallende Geraden

$g: \vec{x} = \begin{pmatrix} 2 \\ 3 \\ -1 \end{pmatrix} + \lambda \begin{pmatrix} 1 \\ -1 \\ 2 \end{pmatrix}; \quad h: \vec{x} = \begin{pmatrix} 4 \\ 1 \\ 3 \end{pmatrix} + \mu \begin{pmatrix} -1 \\ 1 \\ -2 \end{pmatrix}$

da $\begin{pmatrix} 4 \\ 1 \\ 3 \end{pmatrix} \in g \ (\lambda = 2)$ und $\sigma \begin{pmatrix} 1 \\ -1 \\ 2 \end{pmatrix} = (-1) \begin{pmatrix} -1 \\ 1 \\ -2 \end{pmatrix}$ folgt $g \equiv h$

ZUEINANDER PARALLELE GERADEN

Bedingung: $\vec{u}_g = \sigma \vec{u}_h$, aber kein Punkt gemeinsam.

Beispiel 2: Echt parallele Geraden

$g: \vec{x} = \begin{pmatrix} 2 \\ 3 \\ -1 \end{pmatrix} + \lambda \begin{pmatrix} 1 \\ -1 \\ 2 \end{pmatrix}; \quad h: \vec{x} = \begin{pmatrix} 0 \\ 1 \\ 3 \end{pmatrix} + \mu \begin{pmatrix} -1 \\ 1 \\ -2 \end{pmatrix}$

da $\begin{pmatrix} 0 \\ 1 \\ 3 \end{pmatrix} \notin g$ aber $\vec{u}_g = -\vec{u}_h$ folgt $g \parallel h$

Falls $\vec{u}_g = \lambda \vec{u}_h$ erfüllt ist, genügt der Nachweis für einen beliebigen Punkt $P \in h$, dass gilt: $P \notin g$, oder für $Q \in g$ dass gilt: $Q \notin h$.

SICH SCHNEIDENDE GERADEN

Im $\mathbb{R}^2$: Bedingung: $\vec{u}_g \neq \sigma \vec{u}_h$ für alle $\sigma \in \mathbb{R}$. Sobald in $\mathbb{R}^2$ die Richtungskoordinaten zweier Geraden nicht kollinear sind, schneiden sich diese Geraden.
Im $\mathbb{R}^3$: zusätzliche Bedingung zu $\vec{u}_g \neq \sigma \vec{u}_h$: $\overrightarrow{PQ}$, $\vec{u}_g$ und $\vec{u}_h$ sind linear abhängig, mit beliebigem $P \in g$ und beliebigem $Q \in h$.

Schnitt von Geraden

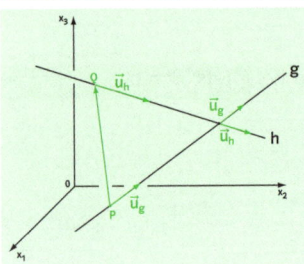

Die zusätzliche Bedingung bedeutet: Die beiden Richtungsvektoren spannen eine Ebene E auf, in der auch jeder Verbindungsvektor zweier Punkte der beiden Geraden liegt.

Beispiel 3: Schnitt zweier Geraden

$g: \vec{x} = \begin{pmatrix} 2 \\ 3 \\ -1 \end{pmatrix} + \lambda \begin{pmatrix} 1 \\ -1 \\ 2 \end{pmatrix}; \quad h: \vec{x} = \begin{pmatrix} -1 \\ 2 \\ -2 \end{pmatrix} + \mu \begin{pmatrix} 1 \\ 3 \\ -3 \end{pmatrix}$

Nachprüfung der Schnittbedingungen:

$\begin{pmatrix} 1 \\ -1 \\ 2 \end{pmatrix} = \sigma \begin{pmatrix} 1 \\ 3 \\ -3 \end{pmatrix} \quad \begin{matrix} (1) \\ (2) \\ (3) \end{matrix} \quad \left. \begin{matrix} 1 = s \\ -1 = 3s \\ 2 = -3s \end{matrix} \right\}$ es existiert kein gemeinsames $\sigma \in \mathbb{R}$, das alle drei Gleichungen erfüllt.

$\Rightarrow$ die Richtungsvektoren sind linear unabhängig. Für P und Q werden A und B gewählt:

$\overrightarrow{PQ} = \overrightarrow{AB} = \begin{pmatrix} -3 \\ -1 \\ -1 \end{pmatrix};$

$\det(\overrightarrow{AB}; \vec{u}_g; \vec{u}_h) = \begin{vmatrix} -3 & 1 & 1 \\ -1 & -1 & 3 \\ -3 & 2 & -3 \end{vmatrix} = -9 - 3 - 2 - 1 + 18 - 3 = 0$

$\Rightarrow \overrightarrow{AB}, \vec{u}_g$ und $\vec{u}_h$ sind linear abhängig. Aus beiden Resultaten zusammen folgt deshalb: g und h schneiden sich in einem Punkt. Soll nun der Schnittpunkt S bestimmt werden, dann werden die beiden Geradengleichungen gleichgesetzt und die beiden Parameterwerte (z. B. für λ und μ) ermittelt, die das System, das aus den zwei (im $\mathbb{R}^3$: drei) Koordinatengleichungen besteht, lösen.

Weiterführung des obigen Beispiels: $g = h$
(1) $2 + \lambda = -1 + \mu \quad \Rightarrow$ (1) $3 + \lambda = \mu$
(2) $3 - \lambda = 2 + 3\mu \quad \Rightarrow$ (2) $1 - \lambda = 3\mu$
(3) $-1 + 2\lambda = -2 - 3\mu \quad \Rightarrow$ (3) $1 + 2\lambda = -3\mu$

$\left. \begin{matrix} (1) + (2): (4) \quad 4 = 4\mu \quad \Rightarrow \mu = 1 \\ 2(2) + (3): (5) \quad 3 = 3\mu \quad \Rightarrow \mu = 1 \end{matrix} \right\}$ in (1): $3 + \lambda = 1$
$\Rightarrow \lambda = -2$

⇒ gemeinsamer Punkt S von g und h existiert, seine Koordinaten werden ermittelt aus
$\lambda_S = -2$ (für g) oder aus $\mu_S = 1$ (für h):
nach kurzer Rechnung erhält man $S(0|5|-5)$

Natürlich kann man auch, ohne die oben angegebenen Bedingungen vorher zu überprüfen, sofort die Geradengleichungen gleichsetzen und dann sehen, ob sich das System der drei (im $\mathbb{R}^2$ zwei) Gleichungen mit zwei Unbekannten (λ und μ) lösen lässt.

ZUEINANDER WINDSCHIEFE GERADEN Geraden heißen zueinander windschief, wenn sie weder zueinander parallel sind noch sich schneiden. Dieser Fall kann nur im $\mathbb{R}^3$ auftreten.

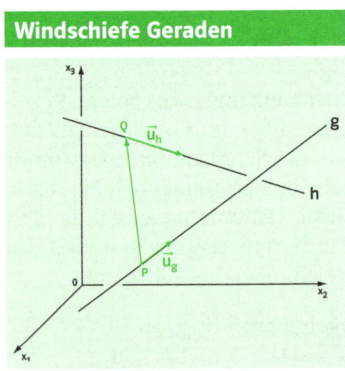

Windschiefe Geraden

Die Vektoren $\vec{PQ}$; $\vec{u}_g$; $\vec{u}_h$ liegen nicht in einer gemeinsamen Ebene. Dies hängt auch nicht von einer speziellen Wahl der Punkte $P \in g$ und $Q \in h$ ab.

Das Kriterium für eine windschiefe Lage der Geraden g und h liegt damit fest: die Vektoren $\vec{PQ}$; $\vec{u}_g$ und $\vec{u}_h$ sind linear unabhängig, d.h. $\det(\vec{PQ}; \vec{u}_g; \vec{u}_h) \neq 0$ mit $P \in g$ und $Q \in h$.

Beispiel 4: Kriterium für windschiefe Geraden

$g: \vec{x} = \begin{pmatrix} 2 \\ 3 \\ -1 \end{pmatrix} + \lambda \begin{pmatrix} 1 \\ -1 \\ 2 \end{pmatrix}; \quad h: \vec{x} = \begin{pmatrix} 1 \\ 2 \\ -3 \end{pmatrix} + \mu \begin{pmatrix} 1 \\ 3 \\ -3 \end{pmatrix}$

mit den Stützpunkten der Geraden als P und Q:

$\det(\overrightarrow{PQ}; \vec{u}_g; \vec{u}_h) = \begin{vmatrix} -1 & 1 & 1 \\ -1 & -1 & 3 \\ -2 & 2 & -3 \end{vmatrix}$

$= -3 - 6 - 2 - 2 + 6 - 3 = -10 \neq 0$

$\Rightarrow \overrightarrow{PQ}; \vec{u}_g; \vec{u}_h$ sind linear unabhängig

$\Rightarrow$ g und h liegen zueinander windschief

Ebenen und Ebenengleichungen

EBENE DURCH ZWEI VEKTOREN Zwei linear unabhängige, d. h. nicht-kollineare Vektoren spannen immer eine Ebene auf. Dies drückt sich auch in der Form aus, wie eine Ebenengleichung aufgebaut werden kann.

Ebene 1: Punkt und 2 Richtungen

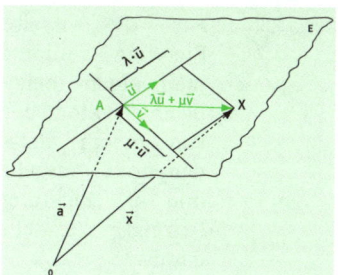

Für den Vektor $\overrightarrow{OX}$ (X beliebiger Punkt der Ebene E, die durch die Vektoren $\vec{u}$ und $\vec{v}$ aufgespannt wird) lässt sich mit $A \in E$ schreiben: $\overrightarrow{OX} = \overrightarrow{OA} + \lambda \vec{u} + \mu \vec{v}$, damit:

$$E: \vec{x} = \vec{a} + \lambda \vec{u} + \mu \vec{v}; \text{ mit } \lambda, \mu \in \mathbb{R}$$

Ebene 2: 3 Punkte

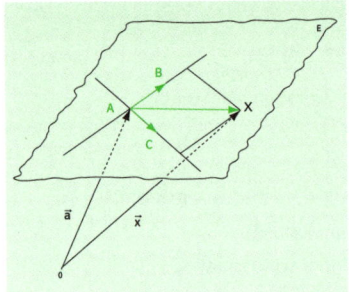

An die Stelle von $\vec{u}$ und $\vec{v}$ treten jetzt die Vektoren $\overrightarrow{AB}$ und $\overrightarrow{AC}$, womit gilt:

$$\overrightarrow{OX} = \overrightarrow{OA} + \lambda\,\overrightarrow{AB} + \mu\,\overrightarrow{AC} \quad \text{bzw.:}$$
$$E: \vec{x} = \vec{a} + \lambda\,\overrightarrow{AB} + \mu\,\overrightarrow{AC} \quad \text{oder}$$
$$E: \vec{x} = \vec{a} + \lambda(\vec{b} - \vec{a}) + \mu(\vec{c} - \vec{a}); \quad \lambda, \mu \in \mathbb{R}$$

Ebene 3: Punkt und Gerade

$g: \vec{x} = \overrightarrow{OA} + \lambda\,\vec{u}_g$

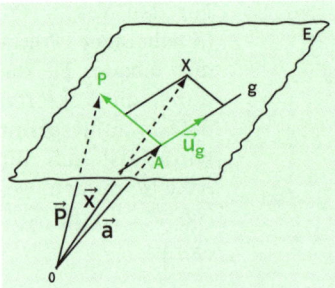

Für die zweite Richtung nimmt man einen (beliebigen) Vektor, der von einem Geradenpunkt ausgeht und in Richtung P zeigt, z.B. $\overrightarrow{AP}$, damit:

$$E: \vec{x} = \overrightarrow{OA} + \lambda\,\vec{u}_g + \mu\,\overrightarrow{AP}; \quad \lambda, \mu \in \mathbb{R}$$

Geraden und Ebenen

EBENE DURCH ZWEI PARALLELEN

Ebene 4: Zwei Parallelen

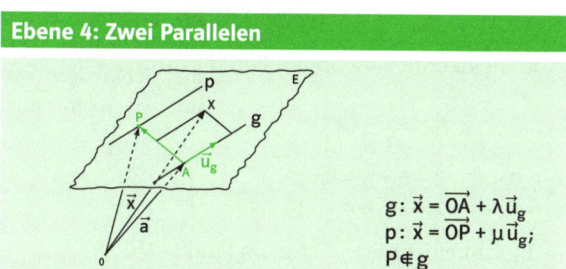

$$g: \vec{x} = \overrightarrow{OA} + \lambda \vec{u}_g$$
$$p: \vec{x} = \overrightarrow{OP} + \mu \vec{u}_g;$$
$$P \notin g$$

Wie unmittelbar oben kann jeder beliebige Vektor, der von einem g-Punkt ausgeht und in einem p-Punkt endet, als 2. Richtung gewählt werden oder ein hierzu kollinearer Vektor, vorzugsweise wird man $\overrightarrow{AP}$ wählen, da die hierfür benötigten Koordinatenwerte unmittelbar gegeben sind, damit:

$$E : \vec{x} = \overrightarrow{OA} + \lambda \vec{u}_g + \mu \overrightarrow{AP}; \; \lambda, \mu \in \mathbb{R}$$

Alle hier vorgegebenen Formen von Ebenengleichungen nennt man Parameterformen.

Achsenschnittpunkte, Spurpunkte, Spurgeraden

Für Zeichnungen und Skizzen ist es oft nützlich zu wissen, wo Geraden und Ebenen die Koordinatenachsen bzw. die Koordinatenebenen schneiden.

ACHSENSCHNITTPUNKT
a) Schnitt mit der x_1-Achse
   ($x_2 = 0$ und gf. im $\mathbb{R}^3$ $x_3 = 0$)

$g_1: \vec{x} = \binom{1}{2} + \lambda \binom{1}{-1}$, aus $x_2 = 0$ folgt $2 - \lambda = 0$

$\Rightarrow \lambda = 2$; da $x_1 = 1 + \lambda$ ergibt sich $x_1 = 3$

g_1 schneidet die x_1-Achse im Punkt $(3|0)$.

$E_1: \vec{x} = \begin{pmatrix} 1 \\ 2 \\ -1 \end{pmatrix} + \lambda \begin{pmatrix} 1 \\ -1 \\ 1 \end{pmatrix} + \mu \begin{pmatrix} 1 \\ 1 \\ 1 \end{pmatrix}$

$\left. \begin{array}{l} x_2 = 0 \Rightarrow 2 - \lambda + \mu = 0 \\ x_3 = 0 \Rightarrow -1 + \lambda + \mu = 0 \end{array} \right\} \Rightarrow \mu = -\frac{1}{2}; \lambda = \frac{3}{2}$

$\Rightarrow E_1$ schneidet die x_2-Achse im Punkt $(2|0|0)$

b) Schnitt mit der x_2-Achse
 $(x_1 = 0$ und – falls im $\mathbb{R}^3 - x_3 = 0)$

$g_1 : \vec{x} = \binom{1}{2} + \lambda \binom{1}{-1}$; aus $x_1 = 0$ folgt $1 + \lambda = 0$

$\Rightarrow \lambda = -1$; da $x_2 = 2 - \lambda$ ergibt sich $x_2 = 3$.

g_1 schneidet die x_2-Achse im Punkt $(0|3)$.

$\left. \begin{array}{l} E_1 \text{ wie oben} \\ x_1 = 0 \Rightarrow 1 + \lambda + \mu = 0 \\ x_3 = 0 \Rightarrow -1 + \lambda + \mu = 0 \end{array} \right\} \Rightarrow 2 = 0,$ damit Widerspruch; d.h. E_1 schneidet die x_2-Achse nicht.

SPURPUNKTE Geraden im $\mathbb{R}^3$ durchstoßen die Koordinatenebenen in so genannten Spurpunkten.

$g: \vec{x} = \begin{pmatrix} 1 \\ 2 \\ -1 \end{pmatrix} + \lambda \begin{pmatrix} 1 \\ -1 \\ 1 \end{pmatrix}$

a) Durchstoßpunkt in der $x_1 x_2$-Ebene $(x_3 = 0)$:
$x_3 = 0 \Rightarrow 0 = -1 + \lambda \Rightarrow \lambda = 1$
$\Rightarrow S_{12}(2|1|0)$

b) Durchstoßpunkt in der $x_1 x_3$-Ebene ($x_2 = 0$):
$x_2 = 0 \Rightarrow 0 = 2 - \lambda \Rightarrow \lambda = 2$
$\Rightarrow S_{13}(3|0|1)$

SPURGERADEN Ebenen schneiden die Koordinatenebenen in so genannten Spurgeraden.
E_1 wie oben

a) Schnitt mit der $x_1 x_2$-Ebene ($x_3 = 0$)
$0 = -1 + \lambda + \mu \Rightarrow \lambda = 1 - \mu$ eingesetzt in E_1

$$\vec{x} = \begin{pmatrix} 1 \\ 2 \\ -1 \end{pmatrix} + (1-\mu)\begin{pmatrix} -1 \\ -1 \\ 1 \end{pmatrix} + \mu\begin{pmatrix} 1 \\ 1 \\ 1 \end{pmatrix}$$

$$\Rightarrow \vec{x} = \begin{pmatrix} 1+1 \\ 2-1 \\ -1+1 \end{pmatrix} + \mu\begin{pmatrix} -1+1 \\ 1+1 \\ -1+1 \end{pmatrix} \Rightarrow \vec{x} = \begin{pmatrix} 2 \\ 1 \\ 0 \end{pmatrix} + \mu\begin{pmatrix} 0 \\ 2 \\ 0 \end{pmatrix}$$

„gekürzt" ergibt sich für s_{12}: $\vec{x} = \begin{pmatrix} 2 \\ 1 \\ 0 \end{pmatrix} + \mu\begin{pmatrix} 0 \\ 1 \\ 0 \end{pmatrix}$

b) Schnitt mit der $x_2 x_3$-Ebene ($x_1 = 0$)
Das analoge Vorgehen liefert zunächst $\lambda = -1 - \mu$ und schließlich: s_{23}: $\vec{x} = \begin{pmatrix} 0 \\ 3 \\ -2 \end{pmatrix} + \mu\begin{pmatrix} 0 \\ 1 \\ 0 \end{pmatrix}$

Lagebeziehungen von Ebenen

ZUEINANDER PARALLELE EBENEN

Parallelebenen

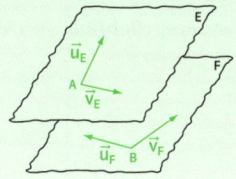

E∥F so folgt daraus, dass jeweils drei Vektoren aus der Menge $\{\vec{u}_E; \vec{v}_E; \vec{u}_F; \vec{v}_F\}$ (zueinander) linear abhängig sind.

Beispiel:

$$E: \vec{x} = \begin{pmatrix} 2 \\ 1 \\ -1 \end{pmatrix} + \lambda \begin{pmatrix} 1 \\ -1 \\ 2 \end{pmatrix} + \mu \begin{pmatrix} -1 \\ 2 \\ 1 \end{pmatrix};$$

$$F: \vec{x} = \begin{pmatrix} 3 \\ -1 \\ 2 \end{pmatrix} + \sigma \begin{pmatrix} -1 \\ 3 \\ 4 \end{pmatrix} + \tau \begin{pmatrix} -2 \\ 3 \\ -1 \end{pmatrix}$$

$$\det(\vec{u}_E; \vec{v}_E; \vec{u}_F) = \begin{vmatrix} 1 & -1 & -1 \\ -1 & 2 & 3 \\ 2 & 1 & 4 \end{vmatrix} = 8 - 6 + 1 + 4 - 3 - 4 = 0$$

$$\det(\vec{u}_E; \vec{v}_E; \vec{v}_F) = \begin{vmatrix} 1 & -1 & -2 \\ -1 & 2 & 3 \\ 2 & 1 & -1 \end{vmatrix} = -2 - 6 + 2 + 8 - 3 + 1 = 0$$

⇒ Die Ebenen E und F sind zueinander parallel. Echte Parallelität liegt dann vor, wenn kein Punkt aus E auch in P liegt. Der Nachweis braucht nur für einen Punkt geführt werden. $A(2|1|-1) \in E : A \stackrel{?}{\notin} F$

$$\begin{pmatrix} 2 \\ 1 \\ -1 \end{pmatrix} \stackrel{?}{=} \begin{pmatrix} 3 \\ -1 \\ 2 \end{pmatrix} + \sigma \begin{pmatrix} -1 \\ 3 \\ 4 \end{pmatrix} + \tau \begin{pmatrix} -2 \\ 3 \\ -1 \end{pmatrix}$$

$$\Rightarrow \begin{cases} (1) \; -1 = -\sigma - 2\tau \\ (2) \;\;\; 2 = 3\sigma + 3\tau \\ (3) \; -3 = 4\sigma - \tau \end{cases} \begin{array}{l} 3(1) + \;\; (2):(4) \;\; -1 = -3\tau \Rightarrow \tau = \frac{1}{3} \\ 4(2) - 3(3):(5) \;\; 17 = 15\tau \Rightarrow \tau = \frac{17}{15} \end{array}$$

(4) und (5) sind widersprüchlich ⇒ $A \notin F$ ⇒ E und F sind echt parallel.

Weitere Nachweismöglichkeit für echte Parallelität:
Der Verbindungsvektor zweier Punkte der Ebenen (von einer Ebene zur anderen) und die Richtungsvektoren einer Ebene sind linear unabhängig, d. h. anschaulich, der Verbindungsvektor liegt außerhalb der Ebenen. Vorzugsweise wählt man für die beiden, an sich beliebigen, Ebenenpunkte die Stützpunkte selbst.

$$\overrightarrow{AB} = \begin{pmatrix} 3-2 \\ -1-1 \\ 2+1 \end{pmatrix} = \begin{pmatrix} 1 \\ -2 \\ 3 \end{pmatrix}; \quad \det(\overrightarrow{AB}; \vec{u}_E; \vec{v}_E)$$

$$= \begin{vmatrix} 1 & 1 & -1 \\ -2 & -1 & 2 \\ 3 & 2 & 1 \end{vmatrix} = -1 + 6 + 4 - 3 - 4 + 2 = 4 \neq 0$$

⇒ echte Parallelität der Ebenen.

SICH SCHNEIDENDE EBENEN

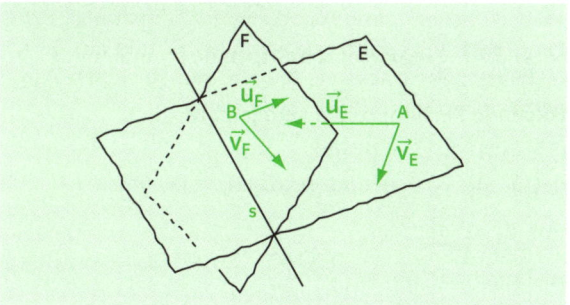

Die Schnittmenge ist eine Gerade, die Schnittgerade s. Die Gleichung von s erhält man durch Gleichsetzung der Ebenengleichungen und anschließende Elimination eines der Parameterpaare der Ebenen.

E wie oben

$$F: \vec{x} = \begin{pmatrix} 3 \\ -1 \\ 2 \end{pmatrix} + \sigma \begin{pmatrix} 1 \\ 3 \\ 2 \end{pmatrix} + \tau \begin{pmatrix} 2 \\ -1 \\ 3 \end{pmatrix}$$

$$E = F: \begin{pmatrix} 2 \\ 1 \\ -1 \end{pmatrix} + \lambda \begin{pmatrix} -1 \\ -1 \\ 2 \end{pmatrix} + \mu \begin{pmatrix} -1 \\ 2 \\ 1 \end{pmatrix} = \begin{pmatrix} 3 \\ -1 \\ 2 \end{pmatrix} + \sigma \begin{pmatrix} 1 \\ 3 \\ 2 \end{pmatrix} + \tau \begin{pmatrix} 2 \\ -1 \\ 3 \end{pmatrix}$$

$$\Rightarrow \begin{cases} (1) \ \lambda - \mu = 1 + \sigma + 2t \\ (2) -\lambda + 2\mu = -2 + 3\sigma - t \\ (3) \ 2\lambda + \mu = 3 + 2\sigma + 3t \end{cases} \begin{array}{l} (1)+(2):(4) \\ \mu = -1 + 4\sigma + \tau \\ 2(2)+(3):(5) \\ 5\mu = -1 + 8\sigma + \tau \end{array}$$

$5(4) - (5): \ 0 = -4 + 12\sigma + 4\tau \ \Rightarrow \ \tau = 1 - 3\sigma,$

eingesetzt in F: $\vec{x} = \begin{pmatrix} 3 \\ -1 \\ 2 \end{pmatrix} + \sigma \begin{pmatrix} 1 \\ 3 \\ 2 \end{pmatrix} + (1 - 3\sigma) \begin{pmatrix} 2 \\ -1 \\ 3 \end{pmatrix}$

$\Rightarrow s : \vec{x} = \begin{pmatrix} 5 \\ -2 \\ 5 \end{pmatrix} + \sigma \begin{pmatrix} -5 \\ 6 \\ -7 \end{pmatrix}$ Schnittgerade s von E und F

Folgende Rechenproben sind jetzt möglich:
$(5|-2|5) \stackrel{?}{\in} E; \ (5|-2|5) \stackrel{?}{\in} F$
$\det(\vec{u}_S; \vec{u}_E; \vec{v}_E) \stackrel{?}{=} 0$ und $\det(\vec{u}_S; \vec{u}_F; \vec{v}_F) \stackrel{?}{=} 0$
mit $\vec{u}_S = \begin{pmatrix} -5 \\ 6 \\ -7 \end{pmatrix}$

Lagebeziehungen von Ebene und Gerade

EBENE UND GERADE LIEGEN ZUEINANDER PARALLEL

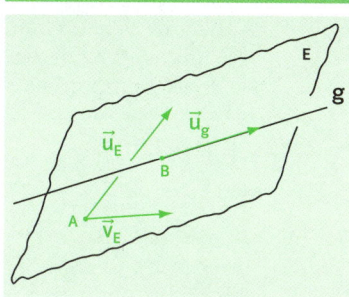

Falls $g \parallel E$, dann folgt $\det(\vec{u}_g; \vec{u}_E; \vec{v}_E) = 0$, d. h. die drei Richtungsvektoren sind (zueinander) linear abhängig.

Echte Parallelität liegt dann vor, wenn (anschaulich) der Verbindungsvektor $\overrightarrow{AB}$ aus der Ebene E herausragt, wenn also gilt: $\det(\overrightarrow{AB}; \vec{u}_E; \vec{v}_E) \neq 0$.

Beispiel:
E wie oben;

$$g: \vec{x} = \begin{pmatrix} 3 \\ -1 \\ 2 \end{pmatrix} + \sigma \begin{pmatrix} -1 \\ 3 \\ 4 \end{pmatrix}$$

$$\det(\vec{u}_g; \vec{u}_E; \vec{v}_E) = \begin{vmatrix} -1 & 1 & -1 \\ 3 & -1 & 2 \\ 4 & 2 & 1 \end{vmatrix} = 1 + 8 - 6 - 4 + 4 - 3 = 0$$

$$\det(\overrightarrow{AB}; \vec{u}_E; \vec{v}_E) = \begin{vmatrix} 1 & 1 & -1 \\ -2 & -1 & 2 \\ 3 & 2 & 1 \end{vmatrix} = -1 + 6 + 4 - 3 - 4 + 2 = 4 \neq 0$$

$\Rightarrow$ g und E liegen echt parallel zueinander.

Hätte sich oben zu $\det(\vec{u}_g; \vec{u}_E; \vec{v}_E) = 0$ auch noch $\det(\overrightarrow{AB}; \vec{u}_E; \vec{v}_E) = 0$ ergeben, dann läge g ganz in E.

EBENE UND GERADE SCHNEIDEN SICH

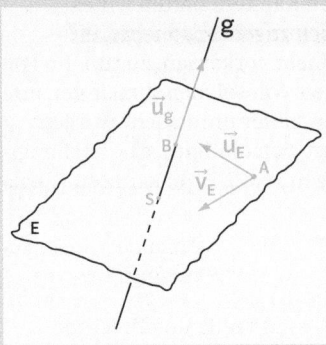

Schneiden sich Ebene und Gerade, so haben sie genau einen Punkt gemeinsam, den Schnittpunkt S.

Voraussetzung für einen Schnitt: $\det(\vec{u}_g; \vec{u}_E; \vec{v}_E) \neq 0$, also lineare Unabhängigkeit der drei Richtungsvektoren.

Beispiel:
E wie oben.

$g: \vec{x} = \begin{pmatrix} 3 \\ -1 \\ 2 \end{pmatrix} + \sigma \begin{pmatrix} 2 \\ -1 \\ 1 \end{pmatrix}$

$\det(\vec{u}_g; \vec{u}_E; \vec{v}_E) = \begin{vmatrix} 2 & 1 & -1 \\ -1 & -1 & 2 \\ 1 & 2 & 1 \end{vmatrix} = -2 + 2 + 2 - 1 - 8 + 1 = -6 \neq 0$

hieraus folgt bereits: g schneidet E in einem Punkt.
Ermittlung des Schnittpunktes S:

Aus $\begin{pmatrix} 2 \\ 1 \\ -1 \end{pmatrix} + \lambda \begin{pmatrix} 1 \\ -1 \\ 2 \end{pmatrix} + \mu \begin{pmatrix} -1 \\ 2 \\ 1 \end{pmatrix} = \begin{pmatrix} 3 \\ -1 \\ 2 \end{pmatrix} + \sigma \begin{pmatrix} 2 \\ -1 \\ 1 \end{pmatrix}$ ermittelt man $S\left(\frac{13}{3} \middle| -\frac{5}{3} \middle| \frac{8}{3}\right)$.

Lineare Gleichungssysteme

In den vorausgegangenen Kapiteln hatten wir es öfter mit mehreren Gleichungen und mehreren Unbekannten, die nur linear vorkamen, zu tun. Im Folgenden soll die Lösbarkeit von solchen, linear genannten, Gleichungssystemen näher untersucht werden.
In allgemeiner Form lässt sich ein lineares Gleichungssystem mit 2 Gleichungen und 2 Unbekannten (Variablen) so darstellen:

(1) $a_{11} x_1 + a_{12} x_2 = c_1$; $\quad x_1, x_2$ heißen Variable
(2) $a_{21} x_1 + a_{22} x_2 = c_2$; $\quad a_{11}, a_{12}, ..., c_1, c_2$
$\quad\quad\quad\quad\quad\quad\quad\quad\quad$ sind reelle Koeffizienten.

Das übliche Verfahren der Auflösung nach den Variablen führt auf folgende Lösungsansätze:

$$x_1 = \frac{-a_{12} c_2 + a_{22} c_1}{a_{11} a_{22} - a_{12} a_{21}}; \quad x_2 = \frac{a_{11} c_2 - a_{21} c_1}{a_{11} a_{22} - a_{12} a_{21}}$$

Definiert man die folgenden Determinanten:

$$D = \begin{vmatrix} a_{11} & a_{12} \\ a_{21} & a_{22} \end{vmatrix} = a_{11} a_{22} - a_{21} a_{12};$$

$$D_1 = \begin{vmatrix} a_{12} & c_1 \\ a_{22} & c_2 \end{vmatrix} = a_{12} c_2 - a_{22} c_1;$$

$$D_2 = \begin{vmatrix} a_{11} & c_1 \\ a_{21} & c_2 \end{vmatrix} = a_{11} c_2 - a_{21} c_1;$$

so lassen sich die Lösungsansätze auch kurz schreiben:

$$x_1 = -\frac{D_1}{D} \quad \text{und} \quad x_2 = \frac{D_2}{D}$$

Ob damit auch schon Lösungen gegeben sind, hängt von den tatsächlichen Determinantenwerten ab.

1. Keine Lösungen existieren sicherlich, falls $D = 0$ und $D_1 \neq 0$ und $D_2 \neq 0$.
2. Umgekehrt bestehen eindeutige Lösungen für den Fall $D \neq 0$.

In den übrigen Fällen ($D = 0$) existieren entweder unendlich viele Lösungen oder die Lösungsmenge ist leer.

Beispiel 1: 2 Gleichungen, 2 Unbekannte

(1) $\quad 3x_1 - 2x_2 = 6;$
(2) $\quad -x_1 + 2x_2 = 2;$

$D_1 = \begin{vmatrix} -2 & 6 \\ 2 & 2 \end{vmatrix} = -4 - 12 = -16; \quad D_2 = \begin{vmatrix} 3 & 6 \\ -1 & 2 \end{vmatrix} = 6 + 6 = 12$

$D = \begin{vmatrix} 3 & -2 \\ -1 & 2 \end{vmatrix} = 6 - 2 = 4;$

$\Rightarrow x_1 = \dfrac{-(-16)}{4} = 4; \quad x_2 = \dfrac{12}{4} = 3; \quad \Rightarrow \mathbb{L} = \{4; 3\}$

Für lineare Gleichungssysteme, die aus 3 Gleichungen mit 3 Variablen aufgebaut sind

(1) $\quad a_{11}x_1 + a_{12}x_2 + a_{13}x_3 = b_1$
(2) $\quad a_{21}x_1 + a_{22}x_2 + a_{23}x_3 = b_2$
(3) $\quad a_{31}x_1 + a_{32}x_2 + a_{33}x_3 = b_3$

lassen sich mit

$$D_1 = \begin{vmatrix} a_{12} & a_{13} & b_1 \\ a_{22} & a_{23} & b_2 \\ a_{32} & a_{33} & b_3 \end{vmatrix}; \quad D_2 = \begin{vmatrix} a_{11} & a_{13} & b_1 \\ a_{21} & a_{23} & b_2 \\ a_{31} & a_{33} & b_3 \end{vmatrix}$$

$$D_3 = \begin{vmatrix} a_{11} & a_{12} & b_1 \\ a_{21} & a_{22} & b_2 \\ a_{31} & a_{32} & b_3 \end{vmatrix}; \quad D = \begin{vmatrix} a_{11} & a_{12} & a_{13} \\ a_{21} & a_{22} & b_{23} \\ a_{31} & a_{32} & b_{33} \end{vmatrix}$$

die Lösungsansätze angeben:

$$x_1 = \frac{D_1}{D}; \quad x_2 = \frac{-D_2}{D}; \quad x_3 = \frac{D_3}{D}$$

Genau eine Lösung ergibt sich nur für $D \neq 0$.

Beispiel 2: 3 Gleichungen, 3 Unbekannte

(1) $2x_1 - x_2 + x_3 = 6;$
(2) $-x_1 + 3x_2 + 2x_3 = -3;$
(3) $x_1 + 2x_2 - 2x_3 = -2;$

$$x_1 = \frac{\begin{vmatrix} -1 & 1 & 6 \\ 3 & 2 & -3 \\ 2 & -2 & -2 \end{vmatrix}}{\begin{vmatrix} 2 & -1 & 1 \\ -1 & 3 & 2 \\ 1 & 2 & -2 \end{vmatrix}} = \frac{4 - 6 - 36 - 24 + 6 + 6}{-12 - 2 - 2 - 3 - 8 + 2} = \frac{-50}{-25} = 2;$$

$$x_2 = \frac{-\begin{vmatrix} 2 & 1 & 6 \\ -1 & 2 & -3 \\ 1 & -2 & -2 \end{vmatrix}}{-25} = \frac{-(-8 - 3 + 12 - 12 - 12 - 2)}{-25} = \frac{25}{-25} = -1;$$

$$x_3 = \frac{\begin{vmatrix} 2 & -1 & 6 \\ -1 & 3 & -3 \\ 1 & 2 & -2 \end{vmatrix}}{-25} = \frac{-12 + 3 - 12 - 18 + 12 + 2}{-25} = \frac{-25}{-25} = 1;$$

Über eine Probe bestätigt man dann: $\mathbb{L} = \{(2; -1; 1)\}$

Eine besondere Rolle unter den linearen Gleichungssystemen spielen solche Systeme, bei denen die Elemente b_i, also diejenige Elemente, die bei der hier vorgestellten Schreibweise rechts des Gleichheitszeichens stehen, sämtlich verschwinden. Man nennt diese Systeme homogen, die anderen inhomogen.

SPEZIALTHEMA

Im homogenen Fall sind D_1, D_2 und D_3 sämtlich gleich Null, da sie ja alle mindestens eine verschwindende Spalte aufweisen. Ist dann $D \neq 0$, so stellt (0; 0; 0) die einzige Lösung des homogenen linearen Gleichungssystems dar. Man nennt diese die triviale Lösung. Ist zudem auch $D = 0$, so gibt es neben der trivialen Lösung noch eine unendlich große Lösungsvielfalt für die Tripel $(x_1; x_2; x_3)$.

Lineare Gleichungssysteme, bei denen die Anzahl der Gleichungen größer ist als die Anzahl der Variablen heißen überbestimmt, im umgekehrten Fall unterbestimmt. Solche linearen Gleichungssysteme haben unterschiedliche Lösungsvielfalten, sie reichen von der leeren Lösungsmenge bis zu einer Lösungsmenge, bei der für jede Variable unabhängig unendlich viele Werte gewählt werden können.

Geometrisch drückt sich eine eindeutige Lösung meist in einem Punkt aus. Eine (einfach) unendliche Lösungsmenge kann durch eine Gerade, eine (doppelt) unendliche Lösungsmenge durch eine Ebene visualisiert werden.

Analytische Geometrie und Lineare Algebra

Skalarprodukt

QUICK-FINDER

Definition des Skalarprodukts
- Definition → S. 405
- Schnittwinkel von Geraden → S. 406

Normalenvektor
- Definition → S. 407
- Normalenvektor in $\mathbb{R}^2$ → S. 407
- Normalenvektor in $\mathbb{R}^3$ → S. 408

Normalenform einer Geradengleichung in $\mathbb{R}^2$
- Hesse'sche Normalenform (HNF) → S. 410
- Normalenform in Koordinatenschreibweise → S. 410

Normalenform einer Ebenengleichung in $\mathbb{R}^3$
- Hesse'sche Normalenform (HNF) → S. 411
- Parameterform → S. 412

Lagebeziehungen von Geraden und Ebenen
- Gerade und Ebene → S. 413
- Ebene und Ebene → S. 414

Analytische Geometrie und Lineare Algebra

QUICK-FINDER

Lotgeraden
- Lotgerade auf einer Ebene durch einen Punkt ➤ S. 415
- Lotgerade auf einer Gerade durch einen Punkt ➤ S. 415

Winkel zwischen Gerade und Ebene ➤ S. 416

Abstandsbestimmungen
- Abstand eines Punktes von einer Gerade im $\mathbb{R}^2$ ➤ S. 420
- Abstand eines Punktes von einer Ebene im $\mathbb{R}^3$ ➤ S. 420
- Abstand zweier paralleler Geraden ➤ S. 420
- Abstand zweier windschiefer Geraden ➤ S. 421
- Abstand zweier zueinander paralleler Ebenen ➤ S. 424

Winkel zwischen zwei Ebenen ➤ S. 425

Winkelhalbierende Geraden und Ebenen ➤ S. 425

Definition des Skalarprodukts

DEFINITION Bisher wurde innerhalb der Menge der Vektoren nur die Addition verwendet. Zwei Vektoren können jedoch auch miteinander multipliziert werden und zwar auf unterschiedliche Art. Zunächst soll diejenige Art erklärt werden, die eine Zahl, also einen Skalar als Ergebnis liefert. Man nennt sie die skalare Multiplikation (nicht Multiplikation mit einem Skalar!). Das Ergebnis heißt auch Skalarprodukt. Es ist wie folgt definiert:

Definition

(1) $\vec{a} \circ \vec{b} := |\vec{a}| \cdot |\vec{b}| \cdot \cos \varphi$ oder

(2) $\vec{a} \circ \vec{b} := \begin{pmatrix} a_1 \\ a_2 \\ a_3 \end{pmatrix} \circ \begin{pmatrix} b_1 \\ b_2 \\ b_3 \end{pmatrix} = a_1 b_1 + a_2 b_2 + a_3 b_3$

Unter φ versteht man generell den kleineren Winkel zwischen den beiden Vektoren, also $0 \leq \varphi(\vec{a}; \vec{b}) \leq \pi$.
Da $\cos 90° = 0$ folgt unmittelbar aus der Definition 1, dass $\vec{a} \circ \vec{b} = 0$ gleichbedeutend ist mit $\vec{a} \perp \vec{b}$.

Beispiel:
Die Richtungsvektoren längs der Achsen eines kartesischen Koordinatensystems stehen aufeinander senkrecht. Nachprüfung:

$\vec{e}_1 = \begin{pmatrix} 1 \\ 0 \\ 0 \end{pmatrix}$; $\vec{e}_2 = \begin{pmatrix} 0 \\ 1 \\ 0 \end{pmatrix}$; $\vec{e}_3 = \begin{pmatrix} 0 \\ 0 \\ 1 \end{pmatrix}$, damit

$\vec{e}_1 \circ \vec{e}_2 = \begin{pmatrix} 1 \\ 0 \\ 0 \end{pmatrix} \circ \begin{pmatrix} 0 \\ 1 \\ 0 \end{pmatrix} = 0 + 0 + 0 = 0 \;\Rightarrow\; \vec{e}_1 \perp \vec{e}_2$

ebenso:

$$\vec{e}_2 \circ \vec{e}_3 = \begin{pmatrix} 0 \\ 1 \\ 0 \end{pmatrix} \circ \begin{pmatrix} 0 \\ 0 \\ 1 \end{pmatrix} = 0 + 0 + 0 = 0 \implies \vec{e}_2 \perp \vec{e}_3$$

Aus (1) folgt auch:
$$\cos(\vec{a}; \vec{b}) = \frac{\vec{a} \circ \vec{b}}{|\vec{a}| \cdot |\vec{b}|} \quad \text{bzw.} \quad \cos(\vec{a}; \vec{b}) = \vec{a}^\circ \circ \vec{b}^\circ$$

SCHNITTWINKEL VON GERADEN Damit lassen sich Winkelgrößen berechnen.

a) Welchen Winkel schließen die Dreiecksseiten [AB] und [AC] miteinander ein, wenn $A(1|1|0)$, $B(3|0|1)$ und $C(0|0|-2)$?

$$\vec{AC} = \begin{pmatrix} -1 \\ -1 \\ -2 \end{pmatrix}; \quad \vec{AB} \begin{pmatrix} 2 \\ -1 \\ 1 \end{pmatrix}; \quad |\vec{AC}| = \sqrt{6}; \quad |\vec{AB}| = \sqrt{6}$$

$$\vec{AB} \circ \vec{AC} = \begin{pmatrix} 2 \\ -1 \\ 1 \end{pmatrix} \circ \begin{pmatrix} -1 \\ -1 \\ -2 \end{pmatrix} = -2 + 1 - 2 = -3; \quad \text{also}$$

$$\cos(\vec{AB}; \vec{AC}) = -\frac{3}{\sqrt{6} \cdot \sqrt{6}} = -\frac{1}{2} \implies \varphi(\vec{AB}; \vec{AC}) = 120°$$

b) Unter welchem Winkel schneiden sich die Geraden g und h?

$$\vec{u}_g = \begin{pmatrix} 1 \\ -1 \\ 2 \end{pmatrix}; \quad \vec{u}_h = \begin{pmatrix} 1 \\ 3 \\ -3 \end{pmatrix}$$

$$\cos \sphericalangle(g; h) = \frac{1 - 3 - 6}{\sqrt{6} \cdot \sqrt{19}}$$

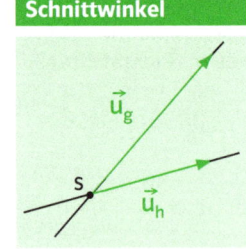

Schnittwinkel

Wegen der meist unbekannten gegenseitigen Orientierung der Richtungsvektoren der Geraden ist es nicht sicher, ob sich bei dieser Methode der kleinere der beiden möglichen Winkel ergibt. Hier folgt aus

$\cos \sphericalangle (g; h) = -\dfrac{8}{\sqrt{6}\,\sqrt{19}}$ $\sphericalangle (g; h) \approx 138{,}5°$

Als Lösung wird man aber den Ergänzungswinkel auf 180° angeben: $\varphi \approx 41{,}5°$.

Normalenvektor

DEFINITION Besondere Bedeutung erlangt die Skalarmultiplikation bei der Berechnung des Normalenvektors und bei Gleichungen, die den Normalenvektor verwenden. Unter einem Normalenvektor $\vec{n}$ versteht man einen Vektor, der auf einem anderen Vektor oder einer Geraden oder einer Ebene senkrecht steht, für den also gilt: $\vec{n} \perp \vec{v}$, $\vec{n} \perp g$, $\vec{n} \perp E$

Mit $\vec{n} = \begin{pmatrix} n_1 \\ n_2 \\ n_3 \end{pmatrix}$ und $\vec{v} = \begin{pmatrix} v_1 \\ v_2 \\ v_3 \end{pmatrix}$ folgt nach der Definition des Skalarprodukts aus $\vec{n} \perp \vec{v}$: $\vec{n} \circ \vec{v} = 0$, also

$\quad n_1 v_1 + n_2 v_2 + n_3 v_3 = 0$

Außerdem gilt auch $\vec{n}° \circ \vec{v}° = 0$.

NORMALENVEKTOR IM $\mathbb{R}^2$ Für 2 Dimensionen reduziert sich die Forderung von oben auf:

$\quad \begin{pmatrix} n_1 \\ n_2 \end{pmatrix} \circ \begin{pmatrix} v_1 \\ v_2 \end{pmatrix} = n_1 v_1 + n_2 v_2 = 0.$

Daraus lässt sich sofort ein möglicher Normalenvektor $\vec{n}$ zu $\vec{v}$ finden:

$\vec{n} = \begin{pmatrix} -v_2 \\ v_1 \end{pmatrix}$ denn dann gilt: $-v_2 \cdot v_1 + v_1 v_2 = 0$.

Ebenso wäre natürlich auch $\vec{n} = \begin{pmatrix} v_2 \\ -v_1 \end{pmatrix}$ als Normalenvektor zu $\vec{v}$ denkbar.

Andere Vektoren $\vec{v}'$ können nur kollineare Vektoren zu den vorgestellten $\vec{n}$ sein, wenn gelten soll: $\vec{v}' \perp \vec{v}$, denn in der Ebene gibt es zu einer vorgegebenen Richtung nur eine dazu senkrechte Richtung (allerdings zwei Orientierungen).

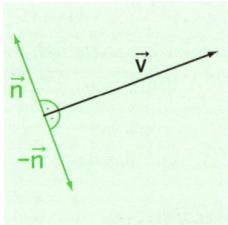

NORMALENVEKTOR IM $\mathbb{R}^3$ Im $\mathbb{R}^3$ kann die Forderung $\vec{n} \circ \vec{v} = 0$ durch unendlich viele $\vec{n}$ erfüllt werden. Alle möglichen $\vec{n}$ liegen in einer Ebene, auf der $\vec{v}$ senkrecht steht.

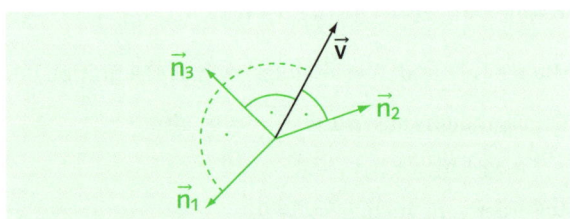

Andererseits gibt es zu zwei nicht-kollinearen Vektoren, z. B. die Richtungsvektoren $\vec{u}$ und $\vec{v}$ einer Ebene E nur eine Richtung (bei zwei Orientierungen), die auf beiden Vektoren senkrecht steht. Man spricht dann vom Normalenvektor $\vec{n}_E$, für den gelten muss:

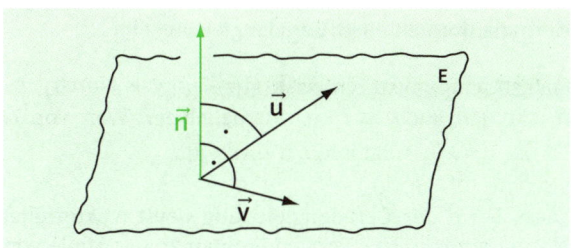

$$\vec{n}_E = \begin{pmatrix} n_1 \\ n_2 \\ n_3 \end{pmatrix} \quad \text{mit} \quad \begin{array}{l} \textbf{(1)}\ n_1 u_1 + n_2 u_2 + n_3 u_3 = 0 \\ \textbf{(2)}\ n_1 v_1 + n_2 v_2 + n_3 v_3 = 0 \end{array}$$

Beispiel:
$\vec{u}_E$ und $\vec{v}_E$ seien die Richtungsvektoren der Ebene E:

$$\vec{u}_E = \begin{pmatrix} 1 \\ -1 \\ 2 \end{pmatrix}; \ \vec{v}_E = \begin{pmatrix} -1 \\ 2 \\ 1 \end{pmatrix}$$

$\begin{array}{ll} \textbf{(1)} & n_1 - n_2 + 2n_3 = 0 \\ \textbf{(2)} & -n_1 + 2n_2 + n_3 = 0 \end{array} \Big|\ \begin{array}{l} \textbf{(1)} + \textbf{(2)}: \textbf{(3)}\ n_2 = -3n_3 \\ \text{eingesetzt in (1)} \Rightarrow n_1 = -5n_3 \end{array}$

Setzt man $n_3 = 1$ (dies kann ohne Gefahr geschehen, da hiermit nur die Länge von $\vec{n}$ festgelegt wird, nicht die Größenverhältnisse der $\vec{n}$-Koordinaten, also keinesfalls die Richtung von $\vec{n}$), so erhält man:

$n_1 = -5;\ n_2 = -3$, also $\vec{n}_E = \begin{pmatrix} -5 \\ -3 \\ 1 \end{pmatrix}$.

Probe: $\begin{pmatrix} -5 \\ -3 \\ 1 \end{pmatrix} \circ \begin{pmatrix} 1 \\ -1 \\ 2 \end{pmatrix} = -5 + 3 + 2 = 0 \ \Rightarrow \ \vec{n}_E \perp \vec{u}_E$

und $\begin{pmatrix} -5 \\ -3 \\ 1 \end{pmatrix} \circ \begin{pmatrix} -1 \\ 2 \\ 1 \end{pmatrix} = 5 - 6 + 1 = 0 \ \Rightarrow \ \vec{n}_E \perp \vec{v}_E$

Normalenformen einer Geradengleichung im $\mathbb{R}^2$

HESSE'SCHE NORMALENFORM (HNF) $g: \vec{x} = \vec{a} + \lambda \vec{u}_g$, da $\vec{n}_g \perp \vec{u}_g$ gilt auch $\vec{n}_g \perp \lambda \vec{u}_g$ für beliebigen Wert von λ. Da $\vec{x} - \vec{a} = \lambda \vec{u}_g$ folgt auch $\vec{n}_g \perp (\vec{x} - \vec{a})$,
also $\vec{n}_g \circ (\vec{x} - \vec{a}) = 0$.
Diese Form der Geradengleichung heißt (vektorielle) Normalenform (NF), verwendet man an der Stelle von $\vec{n}_g$ den entsprechenden Einheitsvektor $\vec{n}_g^{\,\circ}$, so heißt sie (vektorielle)

> Hesse'sche Normalenform (HNF).
> HNF: $\vec{n}_g^{\,\circ} \circ (\vec{x} - \vec{a}) = 0$

HNF$_g$

$g: \vec{x} = \binom{2}{-3} + \lambda \binom{-1}{2} \Rightarrow$ NF$_g$: $\binom{2}{1} \circ \left[\vec{x} - \binom{2}{-3}\right] = 0$

bzw. HNF$_g$: $\frac{1}{\sqrt{5}} \binom{2}{1} \circ \left[x - \binom{2}{-3}\right] = 0$

NORMALENFORM IN KOORDINATENSCHREIBWEISE Die obigen, vektoriell geschriebenen Gleichungen lassen sich auch umschreiben

$\binom{2}{1} \circ \left[\binom{x_1}{x_2} - \binom{2}{-3}\right] = \binom{2}{1} \circ \binom{x_1 - 2}{x_2 + 3} = 2x_1 + x_2 - 1 = 0$

$\Rightarrow$ g: $2x_1 + x_2 - 1 = 0$, diese Form wird Normalenform in Koordinatenschreibweise genannt. Aus ihr lassen sich sofort die Koordinaten eines (möglichen) Normalenvektors zu g entnehmen, es sind dies die Faktoren (einschließlich der Vorzeichen) der Variablen x_1 und x_2, im Beispiel: $\vec{n}_g = \binom{2}{1}$.

Normalenformen einer Ebenengleichung im $\mathbb{R}^3$

HESSE'SCHE NORMALENFORM (HNF) E: $\vec{x} = \vec{a} + \lambda\vec{u} + \mu\vec{v}$
$\vec{n}_E$ stehe senkrecht auf $\vec{u}$ und $\vec{v}$, den Richtungsvektoren der Ebene E und damit auf jeder (Linear-) Kombination $\lambda\vec{u} + \mu\vec{v}$ ($\lambda, \mu \in \mathbb{R}$) dieser Vektoren.

HNF$_E$

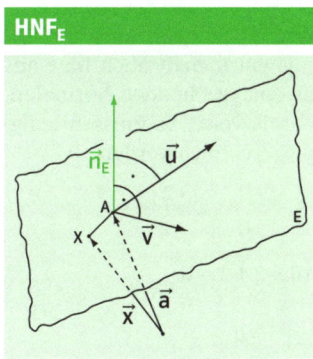

Da gilt
$\vec{x} - \vec{a} = \lambda\vec{u} + \mu\vec{v}$
folgt aus
$\vec{n}_E \perp (\lambda\vec{u} + \mu\vec{v})$ auch
$\vec{n}_E \perp (\vec{x} - \vec{a})$, also:
NF$_E$: $\vec{n}_E \circ (\vec{x} - \vec{a}) = 0$,
analog zur Normalenform für Geraden im $\mathbb{R}^2$.

Ebenso wie dort erhält man mit $\vec{n}_E°$ die

Hesse'sche Normalenform: HNF$_E$: $\vec{n}_E° \circ (\vec{x} - \vec{a}) = 0$

Beispiel:
E sei gegeben durch:

$$E: \vec{x} = \begin{pmatrix} 2 \\ 1 \\ -1 \end{pmatrix} + \lambda \begin{pmatrix} 1 \\ -1 \\ 2 \end{pmatrix} + \mu \begin{pmatrix} -1 \\ 2 \\ 1 \end{pmatrix}$$

nach Seite 185 ermittelt sich für $\vec{n}_E$: $\vec{n}_E = \begin{pmatrix} -5 \\ -3 \\ 1 \end{pmatrix}$,

woraus sich für die Normalenform ergibt:

$$NF_E: \begin{pmatrix} -5 \\ -3 \\ 1 \end{pmatrix} \circ \left[\vec{x} - \begin{pmatrix} 2 \\ 1 \\ -1 \end{pmatrix} \right] = 0$$

und mit

$|\vec{n}_E| = \sqrt{35}$: HNF_E: $\dfrac{1}{\sqrt{35}} \begin{pmatrix} -5 \\ -3 \\ 1 \end{pmatrix} \circ \left[\vec{x} - \begin{pmatrix} 2 \\ 1 \\ -1 \end{pmatrix} \right] = 0$

PARAMETERFORM Analog zum Vorgehen bei den Geradengleichungen im $\mathbb{R}^2$ gewinnt man auch hier aus den Vektorgleichungen die entsprechenden Normalenformen in Koordinatenschreibweise. Es müssen lediglich die Skalarprodukte ausgerechnet werden.

$$\begin{pmatrix} -5 \\ -3 \\ 1 \end{pmatrix} \circ \begin{pmatrix} x_1 \\ x_2 \\ x_3 \end{pmatrix} - \begin{pmatrix} 2 \\ 1 \\ -1 \end{pmatrix} x_1 - 2 = 0 \;\Rightarrow\; \begin{pmatrix} -5 \\ -3 \\ 1 \end{pmatrix} \circ \begin{pmatrix} x_1 - 2 \\ x_2 - 1 \\ x_3 + 1 \end{pmatrix} = 0$$

$\Rightarrow \quad -5x_1 - 3x_2 + x_3 + 10 + 3 + 1 = 0$
$\Rightarrow NF_E: \quad -5x_1 - 3x_2 + x_3 + 14 = 0$

bzw. HNF_E: $\quad \dfrac{-5x_1 - 3x_2 + x_3 + 14}{-\sqrt{35}} = 0$

Anmerkung: Üblicherweise erhält der Nenner, d.h. der Betrag des Normalenvektors, in der obigen HNF-Darstellung das gegenteilige Vorzeichen des koordinatenfreien Teils im Zähler (hier „+" bei 14).

Skalarprodukt

Ein Vorteil dieser Koordinatenschreibweisen ist der leichtere algebraische Umgang, da eine lineare Gleichung vorliegt. Eine Rückübersetzung aus einer Normalenform in eine Parameterform ist nur vordergründig schwierig. Oft hilft folgende Setzung:

$x_1 = \lambda$ und $x_2 = \mu$, eingesetzt in NF_E
$\Rightarrow -5\lambda - 3\mu + x_3 + 14 = 0$
$\Rightarrow x_3 = -14 + 5\lambda + 3\mu$

$$\left.\begin{array}{l} (1) \quad x_1 = \lambda \\ (2) \quad x_2 = \mu \\ (3) \quad x_3 = -14 + 5\lambda + 3\mu \end{array}\right\} \Rightarrow \left\{\begin{array}{l} x_1 = 0 + 1\cdot\lambda + 0\cdot\mu \\ x_2 = 0 + 0\cdot\lambda + 1\cdot\mu \\ x_3 = -14 + 5\cdot\lambda + 3\cdot\mu \end{array}\right.$$

daraus: $E: \vec{x} = \begin{pmatrix} 0 \\ 0 \\ -14 \end{pmatrix} + \lambda \begin{pmatrix} 1 \\ 0 \\ 5 \end{pmatrix} + \mu \begin{pmatrix} 0 \\ 1 \\ 3 \end{pmatrix}$

Lagebeziehungen von Geraden und Ebenen

Aufgrund der verschiedenen Darstellungsformen von Geraden- und Ebenengleichungen gibt es zu den bisher gezeigten Möglichkeiten weitere, die gegenseitigen Lagebeziehungen bzw. die Schnitte (oder Schnittmengen) zu ermitteln.

GERADE UND EBENE

Für die Ebene ist die Koordinatenschreibweise günstig:
$E: -5x_1 - 3x_2 + x_3 + 14 = 0$

$g: \vec{x} = \begin{pmatrix} 3 \\ -1 \\ 2 \end{pmatrix} + \sigma \begin{pmatrix} 2 \\ -1 \\ 1 \end{pmatrix}$ werde in E eingesetzt:

$-5(3 + 2\sigma) - 3(-1 - \sigma) + (2 + \sigma) + 14 = 0$

$\Rightarrow -6\sigma = -4 \Rightarrow \sigma = \frac{2}{3} \Rightarrow S\left(\frac{13}{3} \left| -\frac{5}{3} \right| \frac{8}{3}\right)$

EBENE UND EBENE

E: $-5x_1 - 3x_2 + x_3 + 14 = 0$

F: $\vec{x} = \begin{pmatrix} 3 \\ -1 \\ 2 \end{pmatrix} + \sigma \begin{pmatrix} 1 \\ 3 \\ 2 \end{pmatrix} + \tau \begin{pmatrix} 2 \\ -1 \\ 3 \end{pmatrix}$

F wird in E eingesetzt
$-5(3 + \sigma + 2\tau) - 3(-1 + 3\sigma - \tau) + (2 + 2\sigma + 3\tau) + 14 = 0$
$\Rightarrow -12\sigma - 4\tau + 4 = 0$
$\Rightarrow \tau = 1 - 3\sigma$ eingesetzt in F

$\vec{x} = \begin{pmatrix} 3 \\ -1 \\ 2 \end{pmatrix} + \sigma \begin{pmatrix} 1 \\ 3 \\ 2 \end{pmatrix} + (1 - 3\sigma) \begin{pmatrix} 2 \\ -1 \\ 3 \end{pmatrix} \Rightarrow \vec{x} = \begin{pmatrix} 5 \\ -2 \\ 5 \end{pmatrix} + \sigma \begin{pmatrix} -5 \\ 6 \\ -7 \end{pmatrix}$

Damit erhält man eine Parametergleichung mit nur mehr einem Parameter, also eine Geradengleichung. Es ist die (Parameter-)Gleichung der Schnittgeraden der Ebene E und F.

Sind beide Ebenen in Normalenform gegeben, so sollte man eine Ebenengleichung vorher in Parameterform verwandeln, um dann mit dieser Methode fortfahren zu können. Trotzdem sei gezeigt, wie man auch mit zwei Normalformen zum Ziel kommt.

E: $-5x_1 - 3x_2 + x_3 + 14 = 0$ und
F: $11x_1 + x_2 - 7x_3 - 18 = 0$
x_1 sei λ':   (1) $-5\lambda' - 3x_2 + x_3 + 14 = 0$ (aus E)
             (2) $11\lambda' + x_2 - 7x_3 - 18 = 0$ (aus F)
(1) + 3(2): (4) $28\lambda' - 20x_3 - 40 = 0$
            $\Rightarrow$ (4) $x_3 = \frac{7}{5}\lambda' - 2$
7(1) + (2): (5) $-24\lambda' - 20x_2 + 80 = 0$
            $\Rightarrow$ (5) $x_2 = -\frac{6}{5}\lambda' + 4$

Die Parametergleichung für die Schnittgerade s braucht jetzt nur noch aus $x_1 = \lambda'$, (4) und (5) zusammengebaut werden:

$$s: \vec{x} = \begin{pmatrix} 0 \\ 4 \\ -2 \end{pmatrix} + \lambda' \begin{pmatrix} 1 \\ -\frac{6}{5} \\ \frac{7}{5} \end{pmatrix} \quad \text{bzw.} \quad s: \vec{x} = \begin{pmatrix} 0 \\ 4 \\ -2 \end{pmatrix} + \lambda \begin{pmatrix} 5 \\ -6 \\ 7 \end{pmatrix}$$

Lotgeraden

LOTGERADE AUF EINER EBENE DURCH EINEN PUNKT

Da $\vec{u}_l = \sigma \vec{n}_E$ gilt für $\sigma = 1$:

$l: \vec{x} = \overrightarrow{OP} + \lambda \vec{n}_E$

(liegt $\vec{n}_E$ bereits „gekürzt" vor, ist $\sigma = 1$ die beste Wahl)

$E: -5x_1 - 3x_2 + x_3 + 14 = 0$
$P(9|12|-3)$

$\Rightarrow l: \vec{x} = \begin{pmatrix} 9 \\ 12 \\ -3 \end{pmatrix} + \lambda \begin{pmatrix} -5 \\ -3 \\ 1 \end{pmatrix}; \lambda \in \mathbb{R}$

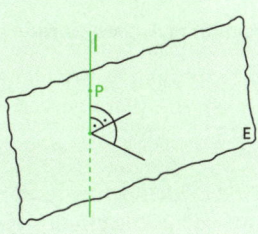

Hierbei ist es unwesentlich, ob $P \in E$ oder $P \notin E$.

LOTGERADE AUF EINER GERADE DURCH EINEN PUNKT

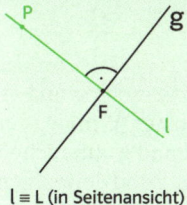

l ≡ L (in Seitenansicht)

Man konstruiert eine Ebene L, die P enthält und von g senkrecht geschnitten wird. Der Schnittpunkt sei F.

l ergibt sich dann aus P und der Richtung $\overrightarrow{PF}$.

$g: \vec{x} = \begin{pmatrix} 0 \\ 1 \\ 3 \end{pmatrix} + \mu \begin{pmatrix} -1 \\ 1 \\ -2 \end{pmatrix}; \; P(3|0|4)$

$\Rightarrow$ L: $-x_1 + x_2 - 2x_3 + x_0 = 0$
da P$\in$L: $-3 + 0 - 8 + x_0 = 0 \Rightarrow x_0 = 11$
$\Rightarrow$ L: $-x_1 + x_2 - 2x_3 + 11 = 0$
L heißt Lotebene zu g durch P
g in L: $\mu + 1 + \mu - 6 + 4\mu + 11 = 0 \Rightarrow \mu = -1$

$\Rightarrow$ F(1|0|5) $\Rightarrow \overrightarrow{PF} = \begin{pmatrix} -2 \\ 0 \\ 1 \end{pmatrix} \Rightarrow$ l: $\vec{x} = \begin{pmatrix} 3 \\ 0 \\ 4 \end{pmatrix} + \lambda \begin{pmatrix} -2 \\ 0 \\ 1 \end{pmatrix}$

Winkel zwischen Gerade und Ebene

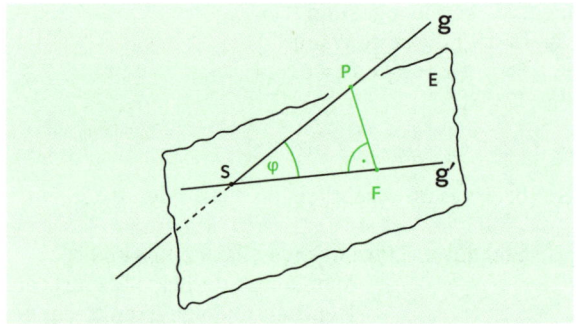

Unter dem Winkel φ zwischen einer Geraden g und einer Ebene E versteht man den kleinsten Winkel, der zwischen einer Geraden der Ebene E und g auftauchen kann. Es ist dies der Winkel zwischen g und derjenigen Geraden g', die den Schnittpunkt S mit dem Fußpunkt F des Lotes auf E durch einen beliebigen Punkt von g verbindet.

Beispiel:
E: $-5x_1 - 3x_2 + x_3 + 14 = 0$

g: $\vec{x} = \begin{pmatrix} 3 \\ -1 \\ 2 \end{pmatrix} + \sigma \begin{pmatrix} 2 \\ -1 \\ 1 \end{pmatrix}$

S ergibt sich zu $S\left(\frac{13}{3}\left|-\frac{5}{3}\right|\frac{8}{3}\right)$

σ sei gewählt mit $\sigma = \frac{13}{2} \Rightarrow P\left(16\left|-\frac{15}{2}\right|\frac{17}{2}\right)$

$\Rightarrow$ (P $\in$ l; $\vec{u}_\emptyset = \vec{n}_E$): l: $\vec{x} = \begin{pmatrix} 16 \\ -\frac{15}{2} \\ \frac{17}{2} \end{pmatrix} + \lambda \begin{pmatrix} -5 \\ -3 \\ 1 \end{pmatrix}$

l in E: Punkt F
$-5(16 - 5\lambda) - 3\left(-\frac{15}{2} - 3\lambda\right) + \left(\frac{17}{2} + \lambda\right) + 14 = 0$

$\Rightarrow 35\lambda - 80 + \frac{45}{2} + \frac{17}{2} + 14 = 0 \Rightarrow 35\lambda = 35 \Rightarrow \lambda = 1$

Somit ist der Schnittpunkt F des Lotes l auf die Ebene E durch den Punkt P mit $F\left(11\left|-\frac{21}{2}\right|\frac{19}{2}\right)$ gegeben.
F heißt auch Lotfußpunkt.

Damit lässt sich $\overrightarrow{SF}$ errechnen:
$\overrightarrow{SF} = \begin{pmatrix} 11 - \frac{13}{3} \\ -\frac{21}{2} + \frac{5}{3} \\ \frac{19}{2} - \frac{8}{3} \end{pmatrix} = \frac{1}{6}\begin{pmatrix} 66 - 26 \\ -63 + 10 \\ 57 - 16 \end{pmatrix} = \frac{1}{6}\begin{pmatrix} 40 \\ -53 \\ 41 \end{pmatrix}$

Nach den Regeln des Skalarprodukts folgt:
$$\cos\varphi = \overrightarrow{SF}° \circ \vec{u}_g = \frac{80 + 53 + 41}{\sqrt{40^2 + (-53)^2 + 41^2} \cdot \sqrt{6}}$$

$$\approx 0{,}910 \Rightarrow \varphi \approx 24{,}46°$$

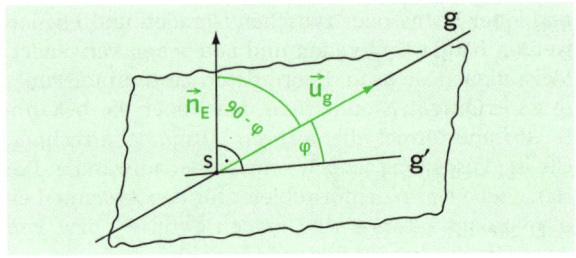

Ein schnellerer Weg, der die unter Umständen schwierige Ermittlung des Lotfußpunktes F umgeht, verwendet den Normalenvektor der Ebene.

Für den Winkel $90° - \varphi$ gilt (nach Skalarprodukt):
$\cos(90° - \varphi) = \vec{u}_g^{\,\circ} \circ \vec{n}_E^{\,\circ}$, damit:

$$\cos(90° - \varphi) = \frac{1}{\sqrt{6}} \begin{pmatrix} 2 \\ -1 \\ 1 \end{pmatrix} \circ \frac{1}{\sqrt{35}} \begin{pmatrix} -5 \\ -3 \\ 1 \end{pmatrix} = \frac{-6}{\sqrt{6} \cdot \sqrt{35}}$$

Für $90° - \varphi$ würde sich daraus $114{,}46°$ ergeben. Da dieser Winkel über $90°$ liegt, ist die Ergänzung auf $180°$ das richtige Resultat, also $65{,}54°$ für $90° - \varphi$, damit $\varphi \approx 24{,}46°$.

Noch etwas schneller ist man, wenn man die Beziehung $\cos(90° - \varphi) = \sin \varphi$ verwendet, also ansetzt:
$\sin \varphi = \vec{u}_g^{\,\circ} \circ \vec{n}_E^{\,\circ}$ bzw. um sofort den Schnittwinkel (kleiner $90°$) zu erhalten: $\sin \varphi = |\vec{u}_g^{\,\circ} \circ \vec{n}_E^{\,\circ}|$

Abstandsbestimmungen

Bei Bestimmungen von Abständen zwischen einem Punkt und einer Geraden oder zwischen einem Punkt und einer Ebene oder zwischen Geraden und Ebenen werden häufig Lotgeraden und Lotebenen verwendet. Meist dienen sie dazu, Koordinaten bestimmter Punkte zu ermitteln, womit man dann über die bekannte Abstandsformel die wahren Abstände errechnet. Oft ist dieser Weg jedoch sehr rechenaufwändig. Die Hesse'sche Normalenform bietet für den Abstand d eines Punktes P von einer Geraden g (im $\mathbb{R}^2$) bzw. von einer Ebene E (im $\mathbb{R}^3$) folgende Formel:

> Mit
> $g: \vec{n}_g^\circ \circ (\vec{x} - \vec{a}) = 0$ (im $\mathbb{R}^2$)
> $E: \vec{n}_E^\circ \circ (\vec{x} - \vec{a}) = 0$ (im $\mathbb{R}^3$)
>
> erhält man ($\overrightarrow{PO} = \vec{p}$):
>
> $d(P; g) = \vec{n}_g^\circ \circ (\vec{p} - \vec{a})$ $d(P; E) = \vec{n}_E^\circ \circ (\vec{p} - \vec{a})$
>
> oder in Koordinatenform:
>
> $$d(P; g) = \frac{n_1 x_1 + n_2 x_2 + n_0}{-\operatorname{sgn} n_0 \cdot \sqrt{n_1^2 + n_2^2}} \quad \text{bzw.}$$
>
> $$d(P; E) = \frac{n_1 x_1 + n_2 x_2 + n_3 x_3 + n_0}{-\operatorname{sgn} n_0 \cdot \sqrt{n_1^2 + n_2^2 + n_3^2}}$$

Ergibt sich d > 0, so liegen P und der Ursprung des Koordinatensystems in verschiedenen Halbebenen bezüglich g bzw. in verschiedenen Halbräumen bezüglich E. Für d < 0 liegen P und 0 in der gleichen Halbebene bzw. im gleichen Halbraum.

Analytische Geometrie und Lineare Algebra

ABSTAND EINES PUNKTES VON EINER GERADE IM $\mathbb{R}^2$

HNF_g: $\frac{1}{\sqrt{5}} \begin{pmatrix} 2 \\ 1 \end{pmatrix} \circ \left[\vec{x} - \begin{pmatrix} 2 \\ -3 \end{pmatrix} \right] = 0$

Welchen Abstand hat $P(3|1)$ von g?

$d(P; g) = \frac{1}{\sqrt{5}} \begin{pmatrix} 2 \\ 1 \end{pmatrix} \circ \left[\begin{pmatrix} 3 \\ 1 \end{pmatrix} - \begin{pmatrix} 2 \\ -3 \end{pmatrix} \right]$

$= \frac{1}{\sqrt{5}} \begin{pmatrix} 2 \\ 1 \end{pmatrix} \circ \begin{pmatrix} 1 \\ 4 \end{pmatrix} = \frac{6}{\sqrt{5}} = \frac{6\sqrt{5}}{5} \approx 2{,}68$

P ist rund 2,68 Längeneinheiten von g entfernt und liegt nicht auf der gleichen Seite bezüglich g wie 0.

ABSTAND EINES PUNKTES VON EINER EBENE IM $\mathbb{R}^3$

HNF_E: $\frac{1}{\sqrt{35}} \begin{pmatrix} -5 \\ -3 \\ 1 \end{pmatrix} \circ \left[\vec{x} - \begin{pmatrix} 2 \\ 1 \\ -1 \end{pmatrix} \right] = 0$

Welchen Abstand hat $P(9|12|-3)$ von E?

$d(P; E) = \frac{1}{\sqrt{35}} \begin{pmatrix} -5 \\ -3 \\ 1 \end{pmatrix} \circ \begin{pmatrix} 9-2 \\ 12-1 \\ -3+1 \end{pmatrix} = \frac{1}{\sqrt{35}} \begin{pmatrix} -5 \\ -3 \\ 1 \end{pmatrix} \circ \begin{pmatrix} 7 \\ 11 \\ -2 \end{pmatrix}$

$= \frac{-70}{\sqrt{35}} = -2\sqrt{35} \approx -11{,}83$

P ist rund 11,83 Längeneinheiten von E entfernt und liegt bezüglich E im gleichen Halbraum wie 0.

ABSTAND ZWEIER PARALLELER GERADEN

Man nimmt einen Punkt P der einen Geraden und bestimmt dessen Abstand zur anderen Geraden nach oben.

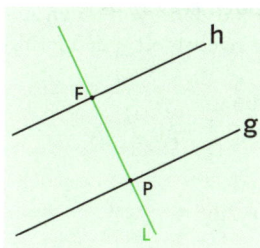

Hier ist der Punkt F auf h zu ermitteln, der als Schnitt einer Lotebene L zu g (und h) durch $P \in g$ auftritt.

Anschließend bestimmt man $|\overrightarrow{PF}| = d(g; h)$.

$g: \vec{x} = \begin{pmatrix} 3 \\ -1 \\ 2 \end{pmatrix} + \sigma \begin{pmatrix} 2 \\ -1 \\ 1 \end{pmatrix}$; $P(1|0|1)$ \qquad $h: \vec{x} = \begin{pmatrix} 6 \\ 1 \\ 4 \end{pmatrix} + \tau \begin{pmatrix} 2 \\ -1 \\ 1 \end{pmatrix}$

L-Berechnung: $2x_1 - x_2 + x_3 + n_0 = 0$
da $P \in L$: $2 - 0 + 1 + n_0 = 0 \Rightarrow n_0 = -3$
$\Rightarrow L: 2x_1 - x_2 + x_3 - 3 = 0$

h in L: $2(6 + 2\tau) - (1 - \tau) + (4 + \tau) - 3 = 0$
$\Rightarrow 6\tau + 12 = 0 \Rightarrow \tau = -2$
$\Rightarrow F(2|3|2)$
$\Rightarrow |\overrightarrow{PF}|^2 = 1^2 + 3^2 + 1^2$
$\Rightarrow |\overrightarrow{PF}| = d(g; h) = \sqrt{11} \approx 3{,}32$ L.E.

ABSTAND ZWEIER WINDSCHIEFER GERADEN

Will man nur den Abstand d zweier zueinander windschiefer Geraden wissen, dann konstruiert man zunächst eine Ebene E, in der eine Gerade (z. B. g) ganz liegt und deren zweite Richtung durch die zweite Gerade (hier h) vorgegeben wird.

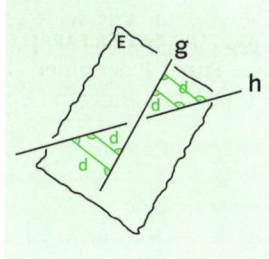

E: $E(g; \vec{u}_h)$. Jeder Punkt von h hat dann von E den Abstand d, den auch die einander nächstgelegenen Punkte $G \in g$ und $H \in h$ haben.

$$g: \vec{x} = \begin{pmatrix} 2 \\ 3 \\ -1 \end{pmatrix} + \lambda \begin{pmatrix} 1 \\ -1 \\ 2 \end{pmatrix}; \qquad h: \vec{x} = \begin{pmatrix} 1 \\ 2 \\ -3 \end{pmatrix} + \mu \begin{pmatrix} 1 \\ 3 \\ -3 \end{pmatrix}$$

$$E(g; \vec{u}_h): \vec{x} = \begin{pmatrix} 2 \\ 3 \\ -1 \end{pmatrix} + \lambda \begin{pmatrix} 1 \\ -1 \\ 2 \end{pmatrix} + \mu \begin{pmatrix} 1 \\ 3 \\ -3 \end{pmatrix}$$

Umwandlung in Normalenform:
(1) $n_1 - n_2 + 2n_3 = 0$
(2) $n_1 + 3n_2 - 3n_3 = 0$ $\Big\}$ (1) – (2): (3) $-4n_2 + 5n_3 = 0$

für $n_3 = 4$ ergibt sich aus (3) $n_2 = 5$
eingesetzt in (1) folgt: $n_1 = -3$

$$\Rightarrow \vec{n}_E = \begin{pmatrix} -3 \\ 5 \\ 4 \end{pmatrix} \Rightarrow \text{HNF}_E \; \frac{1}{\sqrt{50}} \begin{pmatrix} -3 \\ 5 \\ 4 \end{pmatrix} \circ \left[\vec{x} - \begin{pmatrix} 2 \\ 3 \\ -1 \end{pmatrix} \right] = 0$$

$\Rightarrow$ mit $P \in h$

$$d(P; E) = \frac{1}{\sqrt{50}} \begin{pmatrix} -3 \\ 5 \\ 4 \end{pmatrix} \circ \left[\begin{pmatrix} 1 \\ 2 \\ -3 \end{pmatrix} - \begin{pmatrix} 2 \\ 3 \\ -1 \end{pmatrix} \right] = \frac{1}{\sqrt{50}} \begin{pmatrix} -3 \\ 5 \\ 4 \end{pmatrix} \circ \begin{pmatrix} -1 \\ -1 \\ -2 \end{pmatrix}$$

$$= \frac{1}{\sqrt{50}}(-10) = -\sqrt{2}$$

Der Abstand der beiden zueinander windschiefen Geraden g und h beträgt rund 1,41 Längeneinheiten.

Ein etwas umständlicher Weg der Abstandsermittlung bei windschiefen Geraden erfolgt über eine geschlossene Vektorkette. Man hat aber dabei den Vorteil, die Koordinaten der beiden Fußpunkte (G und H) des gemeinsamen Lotes zu erhalten, also ge-

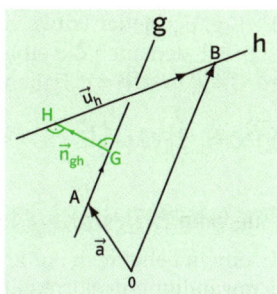

nau diese Punkte, die die kürzeste Entfernung zwischen den Geraden (g und h) haben. A und B seien die Stützpunkte von g und h; $\vec{n}_{gh}$ stehe senkrecht auf $\vec{u}_g$ und senkrecht auf $\vec{u}_h$. Es lässt sich folgender geschlossener Vektorzug aufbauen:

$\overrightarrow{OA} + \overrightarrow{AG} + \overrightarrow{GH} + \overrightarrow{HB} + \overrightarrow{BO} = \vec{0}$ bzw.
$\vec{a} + \lambda_G \vec{u}_g + \sigma \vec{n}_{gh} + \mu_H \vec{u}_h - \vec{b} = \vec{0}$
in Koordinaten:

$\begin{pmatrix} 2 \\ 3 \\ -1 \end{pmatrix} + \lambda_G \begin{pmatrix} 1 \\ -1 \\ 2 \end{pmatrix} + \sigma \begin{pmatrix} -3 \\ 5 \\ 4 \end{pmatrix} + \mu_H \begin{pmatrix} 1 \\ 3 \\ -3 \end{pmatrix} + \begin{pmatrix} -1 \\ -2 \\ 3 \end{pmatrix} = \begin{pmatrix} 0 \\ 0 \\ 0 \end{pmatrix}$

woraus sich 3 Gleichungen mit 3 Unbekannten ergeben:

(1) $\quad \lambda_G - 3\sigma + \mu_H + 1 = 0 \quad$ ⎫ (1) + (2): (4)
(2) $\quad -\lambda_G + 5\sigma + 3\mu_H + 1 = 0 \quad$ ⎬ $2\sigma + 4\mu_H + 2 = 0$
(3) $\quad 2\lambda_G + 4\sigma - 3\mu_H + 2 = 0 \quad$ ⎭ 2(2) + (3): (5)
$\qquad\qquad\qquad\qquad\qquad\qquad\quad 14\sigma + 3\mu_H + 4 = 0$

$3(4) - 4(5): \; -50\sigma - 10 = 0 \;\Rightarrow\; \sigma = -\frac{1}{5}$
$\qquad\qquad\qquad\qquad\qquad \Rightarrow\; \mu_H = -\frac{2}{5}; \; \lambda_G = -\frac{6}{5}$

$$\overrightarrow{OG} = \overrightarrow{OA} + \lambda_G \vec{u}_g \Rightarrow G\left(\frac{4}{5}\middle|\frac{21}{5}\middle|-\frac{17}{5}\right)$$

$$\overrightarrow{OH} = \overrightarrow{OB} - \mu_H \vec{u}_h \Rightarrow H\left(\frac{7}{5}\middle|\frac{16}{5}\middle|-\frac{21}{5}\right)$$

$$\overrightarrow{GH} = \frac{1}{5}\begin{pmatrix}3\\-5\\-4\end{pmatrix} \Rightarrow |\overrightarrow{GH}| = \frac{1}{5}\sqrt{50} = \sqrt{2}$$

ABSTAND ZWEIER ZUEINANDER PARALLELER EBENEN

In einem beliebigen Punkt S der einen Ebene (z. B. E) wird die Lotgerade l errichtet.
l schneidet die zweite Ebene (hier F) im Punkt T. $\overline{ST}$ ist der gesuchte Abstand.

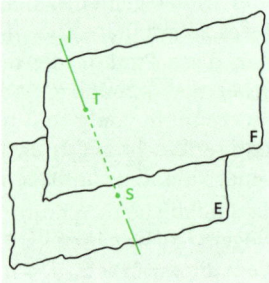

Alternative: Aus der Hesse'schen Normalenform lassen sich die jeweiligen Abstände des Koordinatenursprungs von den beiden Ebenen entnehmen.

Unter Beachtung der Lage des Nullpunktes in den Halbräumen wird dann der Abstand ermittelt.

Winkel zwischen zwei Ebenen

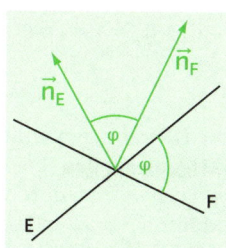

Der Winkel φ zwischen zwei Ebenen ist kongruent zum Winkel zwischen den zu den Ebenen gehörenden Normalvektoren.

$\cos \varphi\,(E; F) = \cos \varphi\,(\vec{n}_E; \vec{n}_F)$
$\qquad\qquad = |\vec{n}_E^{\,\circ} \circ \vec{n}_F^{\,\circ}|$

(E- und F-Daten).

$\vec{n}_E = \begin{pmatrix} -5 \\ -3 \\ 1 \end{pmatrix};\quad \vec{n}_F = \begin{pmatrix} 11 \\ 1 \\ -7 \end{pmatrix}$

$|\vec{n}_E^{\,\circ} \circ \vec{n}_F^{\,\circ}| = \dfrac{1}{\sqrt{35}} \cdot \dfrac{1}{\sqrt{171}}\,|(-55 - 3 - 7)| \;\Rightarrow\; \varphi \approx 32{,}8°$

Es sind die beim Schnittwinkel von Geraden erklärten Regeln zu beachten (z. B. Ergänzungswinkel), außerdem gilt natürlich:
$E \perp F$ falls $\vec{n}_E \circ \vec{u}_F = 0$ bzw. $\vec{n}_E^{\,\circ} \circ \vec{u}_F^{\,\circ} = 0$.

Winkelhalbierende Geraden und Ebenen

Die Richtungsvektoren der winkelhalbierenden Geraden ergeben sich aus der Summe bzw. Differenz der Einheitsvektoren in Richtung von g und h.

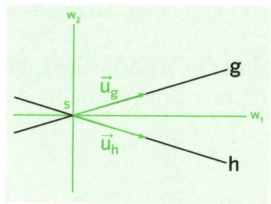

$w_1: \vec{x} = \overrightarrow{OS} + \sigma\left(\vec{u}_g^{\,\circ} + \vec{u}_h^{\,\circ}\right)$
$\qquad w_2: \vec{x} = \overrightarrow{OS} + \tau\left(\vec{u}_g^{\,\circ} - \vec{u}_h^{\,\circ}\right)$

w_1 steht senkrecht auf w_2,

da $(\vec{u}_g^\circ + \vec{u}_h^\circ) \circ (\vec{u}_g^\circ - \vec{u}_h^\circ) = \vec{u}_g^\circ \circ \vec{u}_g^\circ - \vec{u}_h^\circ \circ \vec{u}_h^\circ = 1 - 1 = 0$

$\Rightarrow (\vec{u}_g^\circ + \vec{u}_h^\circ) \perp (\vec{u}_g^\circ - \vec{u}_h^\circ) \Rightarrow w_1 \perp w_2$

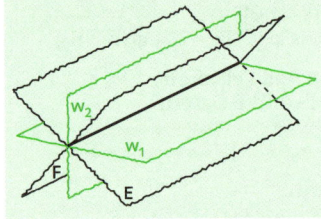

Die Gleichungen winkelhalbierender Ebenen erhält man durch Addition bzw. Subtraktion der HNF der Ausgangsebenen.

Aus HNF_E: $\frac{1}{\sqrt{35}} \begin{pmatrix} -5 \\ 3 \\ 1 \end{pmatrix} \circ \left[\vec{x} - \begin{pmatrix} 2 \\ 1 \\ -1 \end{pmatrix} \right] = 0$ und

HNF_F: $\frac{1}{\sqrt{171}} \begin{pmatrix} 11 \\ 1 \\ -7 \end{pmatrix} \circ \left[\vec{x} - \begin{pmatrix} 3 \\ -1 \\ 2 \end{pmatrix} \right] = 0$ folgt

$w_{1/2}$: $\frac{1}{\sqrt{35}} \begin{pmatrix} -5 \\ 3 \\ 1 \end{pmatrix} \circ \left[\vec{x} - \begin{pmatrix} 2 \\ 1 \\ -1 \end{pmatrix} \right] \pm \frac{1}{\sqrt{171}} \begin{pmatrix} 11 \\ 1 \\ -7 \end{pmatrix} \circ \left[\vec{x} - \begin{pmatrix} 3 \\ -1 \\ 2 \end{pmatrix} \right] = 0$

bzw. einfacher über die Koordinatenform:

$w_{1/2}$: $\dfrac{-5x_1 - 3x_2 + x_3 + 14}{-\sqrt{35}} \pm \dfrac{-11x_1 + x_2 - 7x_3 - 18}{\sqrt{171}} = 0$

Analytische Geometrie und Lineare Algebra

Projektionen und Spiegelungen

QUICK-FINDER

Projektionen von Punkten und Vektoren

- Projektion eines Punktes auf eine Gerade → S. 428
- Projektion eines Punktes auf eine Ebene → S. 429
- Projektion einer Punktfigur auf eine Ebene → S. 429
- Projektion eines Vektors auf einen Vektor → S. 430
- Senkrechte Projektion auf eine Ebene → S. 430
- Senkrechte Projektion auf einen Vektor → S. 431

Spiegelungen

- Spiegelung eines Punktes → S. 431
- Spiegelung einer Geraden an einer Ebene → S. 433
- Spiegelung einer Geraden an einem Punkt → S. 434
- Spiegelung einer Ebene an einem Punkt → S. 434
- Ermittlung des Spiegelzentrums → S. 434
- Spiegelung einer Ebene an einer Ebene → S. 435

Analytische Geometrie und Lineare Algebra

Projektionen von Punkten und Vektoren

PROJEKTION EINES PUNKTES AUF EINE GERADE
(Projektionsrichtung: $\vec{v}$)

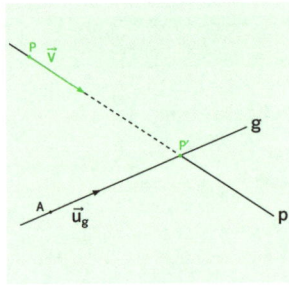

P' existiert nur dann, wenn bei $P \notin g$ die Vektoren $\overrightarrow{AP}$; $\vec{u}_g$ und $\vec{v}$ linear abhängig sind und $\vec{u}_g$ und $\vec{v}$ nicht kollinear sind. P' ergibt sich als Schnittpunkt der Geraden p durch P und der Richtung $\vec{v}$ mit der Geraden g.

$g: \vec{x} = \begin{pmatrix} 1 \\ 2 \\ -1 \end{pmatrix} + \lambda \begin{pmatrix} 2 \\ 2 \\ 1 \end{pmatrix}$; $P(2|1|0)$; $\vec{v} = \begin{pmatrix} -1 \\ 1 \\ -1 \end{pmatrix}$

$p = g : \begin{pmatrix} 2 \\ 1 \\ 0 \end{pmatrix} + \mu \begin{pmatrix} -1 \\ 1 \\ -1 \end{pmatrix} = \begin{pmatrix} 1 \\ 2 \\ -1 \end{pmatrix} + \lambda \begin{pmatrix} 2 \\ 2 \\ 1 \end{pmatrix}$

$\left. \begin{array}{l} (1) \ -\mu = -1 + 2\lambda \\ (2) \ \ \mu = \ \ 1 + 2\lambda \\ (3) \ -\mu = -1 + \ \lambda \end{array} \right\} \begin{array}{l} \lambda = 0 \\ \lambda = 0 \end{array} \Big\} \mu = 1$

$\Rightarrow$ P'(1|2|-1), zufälligerweise gilt $A \equiv P'$.

Anmerkung:
Im $\mathbb{R}^2$ genügt bei $P \notin g$ die Forderung $\vec{u}_g \neq \sigma \vec{v}$.

Projektionen und Spiegelungen

PROJEKTION EINES PUNKTES AUF EINE EBENE
(Projektionsrichtung: $\vec{v}$)

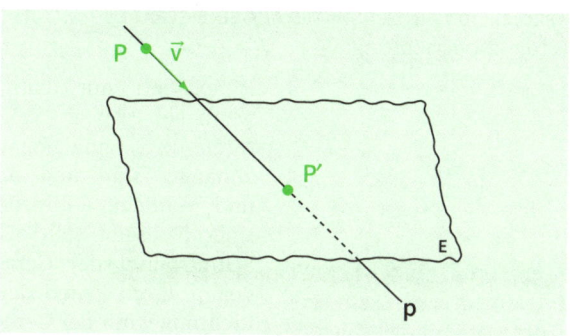

Damit bei $P \notin E$ ein P' existiert, ist die lineare Unabhängigkeit der Vektoren $\vec{u}_E$, $\vec{v}_E$ und $\vec{v}$ vorauszusetzen, also $\det\{\vec{u}_E, \vec{v}_E, \vec{v}\} \neq 0$.

P' ergibt sich als Schnittpunkt der Ebene E mit der Geraden p, die durch P und $\vec{v}$ festgelegt ist. Es handelt sich hier also im Kern um eine Schnittpunktbestimmung bei Gerade und Ebene.

PROJEKTION EINER PUNKTFIGUR AUF EINE EBENE Das Bild der Punktfigur muss meist Punkt für Punkt ermittelt werden. Je nach gegenseitiger Ausrichtung von Ebene E und der zu projizierenden Figur erscheint die Bildfigur mehr oder weniger verzerrt.

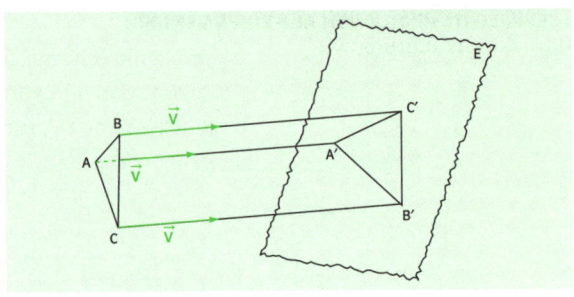

PROJEKTION EINES VEKTORS AUF EINEN VEKTOR

Im allgemeinen Fall verfährt man mit der Spitze S des Vektors $\vec{b}$ wie mit dem Punkt P oben. Um S' zu erhalten, schneidet man also die Projektionsgerade p durch S (Richtung $\vec{v}$) mit der Geraden durch F (Richtung $\vec{a}$).

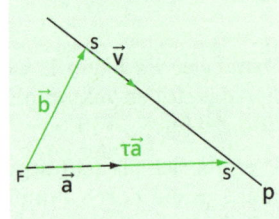

$\overrightarrow{FS'}$ heißt Projektion des Vektors $\vec{b}$ auf $\vec{a}$ mit der Projektionsrichtung $\vec{v}$. Für $\overrightarrow{FS'}$ gilt auch: $\vec{b}_a = \overrightarrow{FS'} = \sigma \vec{a}$ ($\sigma \in R$)

SENKRECHTE PROJEKTION AUF EINE EBENE

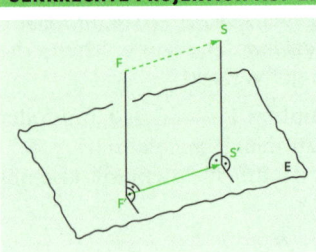

F' und S' sind die entsprechenden Schnittpunkte der Lotgeraden auf E durch F bzw. S, deshalb gilt: $\overrightarrow{FF'} \parallel \overrightarrow{SS'} \parallel \vec{n}_E$

Projektionen und Spiegelungen

SENKRECHTE PROJEKTION AUF EINEN VEKTOR

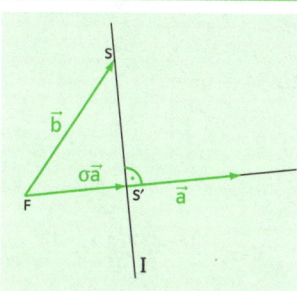

$\vec{b}$ wird senkrecht auf $\vec{a}$ projiziert, das Bild von $\vec{b}$ ist der Vektor $\vec{FS'}$, für den zunächst gilt:

$$\vec{FS'} = \sigma\vec{a} = \vec{b}_a$$

Da das Dreieck FS'S bei S' rechtwinklig ist, gilt

für $\varphi = \sphericalangle$ S'FS: $\cos\varphi = \dfrac{|\sigma a|}{|\vec{b}|} = \dfrac{|\vec{b}_a|}{|\vec{b}|}$

$\Rightarrow |\vec{b}_a| = |\vec{b}|\cos\varphi$ bzw. $\vec{b}_a = \vec{a}° \cdot |\vec{b}| \cdot \cos\varphi$

oder kurz: $\vec{b}_a = (\vec{b} \circ \vec{a}°)\vec{a}°$

Spiegelungen

SPIEGELUNG EINES PUNKTES

l: Lot(gerade) durch P auf E
l schneidet E in F (senkrecht). Die Koordinatenermittlung des Spiegelpunktes P' von P erfolgt am einfachsten durch die Vektorgleichung:

$\vec{OP'} = \vec{OP} + 2 \cdot \vec{PF}$

Ist der Abstand d des Punktes P von E bekannt, oder wird er ermittelt, so erhält man P' auch durch
$\vec{OP'} = \vec{OP} - 2\,d\,\vec{n}_E°$, wobei $d = d(P;E)$ orientiert, also mit Vorzeichen einzusetzen ist.

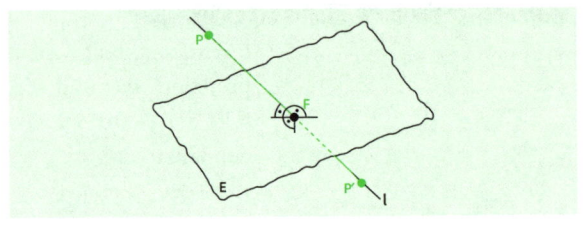

Beispiele:
E: $2x_1 - 2x_2 + x_3 - 12 = 0$ HNF$_E$: $\dfrac{2x_1 - 2x_2 + x_3 - 12}{3} = 0$

P sei P(1|0|1), damit

$d(P; E) = \dfrac{2 + 1 - 12}{3} = -3$; $\vec{n}_E^\circ = \dfrac{1}{3}\begin{pmatrix} 2 \\ -2 \\ 1 \end{pmatrix}$

nach obiger Formel: $\overrightarrow{OP'} = \begin{pmatrix} 1 \\ 0 \\ 1 \end{pmatrix} - (-6) \cdot \dfrac{1}{3}\begin{pmatrix} 2 \\ -2 \\ 1 \end{pmatrix}$

$\Rightarrow$ P'(5|−4|3)

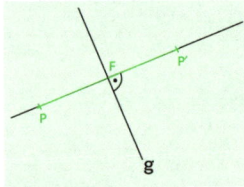

Für den $\mathbb{R}^2$ ist das Problem einfach zu erfassen: man stellt die Lotgerade l zu g durch P auf, gewinnt den Schnittpunkt F von l und g. Damit: $\overrightarrow{OP'} = \overrightarrow{OP} + 2 \cdot \overrightarrow{PF}$

Da im $\mathbb{R}^3$ zu einer Geraden keine eindeutige Lotgerade existiert, weicht man auf eine Lotebene L zu g aus. Der Schnittpunkt von g und L sei F. Die Lot-

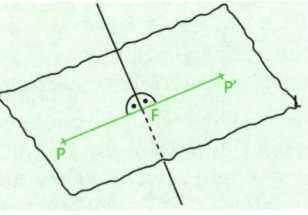

ebene enthalte den Punkt P. Für P' gilt dann die gleiche Formel wie oben: $\overrightarrow{OP'} = \overrightarrow{OP} + 2 \cdot \overrightarrow{PF}$

Beispiel:

$P(1|1|2)$; $g: \vec{x} = \begin{pmatrix} 1 \\ 2 \\ -1 \end{pmatrix} + \lambda \begin{pmatrix} 2 \\ 2 \\ 1 \end{pmatrix}$

da $\vec{n}_L = \vec{u}_g \Rightarrow L: 2x_1 + 2x_2 + x_3 + n_0 = 0$

da $P \in L: 2 + 2 + 2 + n_0 = 0 \Rightarrow n_0 = -6$
$\Rightarrow L: 2x_1 + 2x_2 + x_3 - 6 = 0$

g in L: $2(1+2\lambda) + 2(2+2\lambda) + (-1+\lambda) - 6 = 0$

$\Rightarrow 9\lambda - 1 = 0 \Rightarrow \lambda = \frac{1}{9} \Rightarrow F\left(\frac{11}{9} \Big| \frac{20}{9} \Big| -\frac{8}{9}\right)$

$\Rightarrow \overrightarrow{OP'} = \begin{pmatrix} 1 \\ 1 \\ 2 \end{pmatrix} + 2 \begin{pmatrix} \frac{2}{9} \\ \frac{11}{9} \\ \frac{-26}{9} \end{pmatrix} \Rightarrow P'\left(\frac{13}{9} \Big| \frac{31}{9} \Big| -\frac{34}{9}\right)$

SPIEGELUNG EINER GERADEN AN EINER EBENE

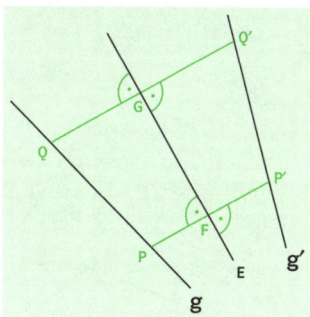

Das Problem lässt sich vereinfacht darstellen, wenn man die Ebene E genau von der Kante, d.h. wie eine Gerade, sieht. g' erhält man aus P' und Q', den Spiegelpunkten von $P \in g$ und $Q \in g$, die prinzipiell beliebig gewählt werden können.

Im Sonderfall der Kenntnis des Schnittpunktes S von g und E reicht die Spiegelung eines Punktes $P \in g$ für die Gewinnung von g' aus, da S = S'. Falls gilt g∥E reicht ebenfalls die Spiegelung eines einzigen Punktes P∈g, denn zur Aufstellung von g' kann $\vec{u}_g = \vec{u}_{g'}$ verwendet werden, da die Geradenrichtung in diesem Fall erhalten bleibt.

SPIEGELUNG EINER GERADEN AN EINEM PUNKT

$S \notin g$ sei vorausgesetzt.

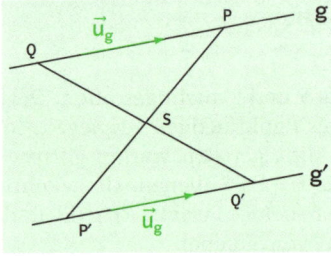

Da $\vec{u}_g = \vec{u}_{g'}$, reicht die Spiegelung eines Punktes $P \in g$.
Für diese Spiegelung setzt man:
$\overrightarrow{OP'} = \overrightarrow{OP} + 2\overrightarrow{PS}$, um dann für g' zu erhalten:
g': $\vec{x} = \overrightarrow{OP'} + \mu \vec{u}_g$

SPIEGELUNG EINER EBENE AN EINEM PUNKT

$S \notin E$ sei vorausgesetzt. Auch hier gilt die Parallelität von E und E'. Deshalb reicht die Ermittlung von P', also eines Bildpunktes, aus. Die Richtungsvektoren können von E übernommen werden.

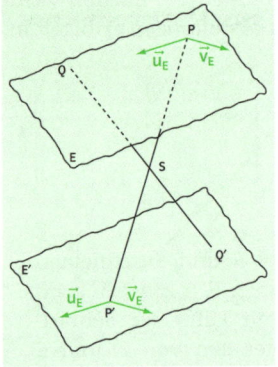

E: $\vec{x} = \overrightarrow{OP} + \lambda \vec{u}_E + \mu \vec{v}_E$
$\Rightarrow E'$: $\vec{x} = \overrightarrow{OP'} + \lambda \vec{u}_E + \mu \vec{v}_E$

ERMITTLUNG DES SPIEGELZENTRUMS In den besprochenen Fällen kann das Spiegelzentrum S immer dann eindeutig bestimmt werden, wenn von einem festgelegten Punktepaar (P; P') ausgegangen werden darf.

Dann folgt aus: $\overrightarrow{OP'} = \overrightarrow{OP} + 2\overrightarrow{PS}$ und
$\overrightarrow{OP'} = \overrightarrow{OP} + 2(\overrightarrow{OS} - \overrightarrow{OP})$:
$\overrightarrow{OS} = \frac{1}{2}(\overrightarrow{OP} + \overrightarrow{OP'})$

Ist eine feste Zuordnung P und P' nicht getroffen, werden also g bzw. E nur als Punktmengen gespiegelt, so kann jeder Punkt der Mittelgeraden von (g; g') bzw. der Mittelebene von (E; E') als S dienen. Umgekehrt können hier dann zwei beliebige Punkte $P \in g$ (E) und $P' \in g'$ (E') zur Ermittlung von S dienen.

SPIEGELUNG EINER EBENE AN EINER EBENE. Auch hier werden die Ebenen wieder in Ebenen gespiegelt. Die Darstellungen erfolgen in strenger Seitenansicht.

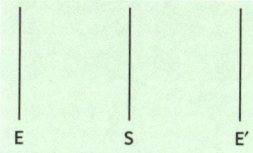

a) Es gelte $E \parallel S$.
Für die Bestimmung von E' genügt eine Spiegelung von $P \in E$ an S, da ja auch gilt $\vec{n}_E = \vec{n}_{E'}$.

b) E und S schneiden sich. E' kann z.B. auch mit Hilfe der Schnittgeraden von E und S ermittelt werden, die auch ganz in E' liegt.

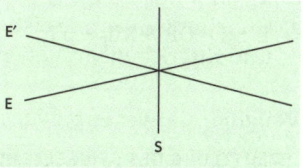

Dann bestimmt man über einen zu spiegelnden Punkt die zweite Richtung von E'. Ein anderer Weg führt über die winkelhalbierenden Ebenen zum Ziel. S wird mit einer der Ebenen W_1 oder W_2 gleichgesetzt.

Analytische Geometrie und Lineare Algebra

Flächen- und Volumenberechnung

QUICK-FINDER

Geradlinig begrenzte Figuren und Körper

- Dreiecksfläche → S. 437
- Rechtecksfläche → S. 437
- Fläche eines Parallelogramms → S. 437
- Trapezfläche → S. 438
- Quadervolumen → S. 438
- Prisma → S. S. 438
- Pyramidenvolumen → S. 438

Kreis- und Kugelgleichungen

- Gleichungen von Kreis und Kugel → S. 439
- Gleichungen von Kreistangente und Kugeltangentialebene → S. 439

Definition des Vektorprodukts → S. 441

Anwendung des Vektorprodukts

- Bestimmung des Normalenvektors → S. 442
- Bestimmung des Flächeninhalts → S. 442
- Bestimmung von Volumina → S. 443

Geradlinig begrenzte Figuren und Körper

In der Analytischen Geometrie verwendet man meist die Formeln der gewöhnlichen Geometrie zur Berechnung von Flächen- und Rauminhalten, wobei Streckenlängen und Winkelgrößen vorzugsweise analytisch ermittelt werden.

Dreiecksfläche

elementargeometrisch:
$A_\triangle = \frac{1}{2} \cdot g \cdot h$

analytisch geometrisch:
$A_\triangle = \frac{1}{2} \cdot |\overrightarrow{AB}| \cdot |d(C; g(AB))|$

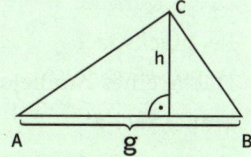

Rechtecksfläche

elementargeometrisch:
$A_\square = a \cdot b$

analytisch geometrisch:
$A_\square = |\overrightarrow{AB}| \cdot |\overrightarrow{BC}|$

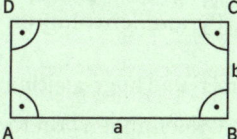

Fläche eines Parallelogramms

elementargeometrisch:
$A_\square = a \cdot h$

analytisch geometrisch:
$A_\square = |\overrightarrow{AB}| \cdot |d(D; g(AB))|$

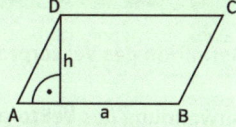

Wobei wegen der Eigenschaften des Parallelogramms auch andere Ansätze zum richtigen Ergebnis führen:

$A_\square = |\overrightarrow{AB}| \cdot |d(C; g(AB))|$ oder
$A_\square = |\overrightarrow{BC}| \cdot |d(A; g(BC))|$

Trapezfläche

elementargeometrisch:
$$A_{Trapez} = \frac{a+b}{2} \cdot h$$
analytisch geometrisch:
$$A_{Trapez} = \frac{|\vec{AB}| + |\vec{CD}|}{2} \cdot |d(C; g(AB))|$$

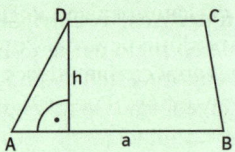

Quadervolumen

elementargeometrisch:
$$V_{Quader} = a \cdot b \cdot c$$
analytisch geometrisch:
$$V_{Quader} = |\vec{AB}| \cdot |\vec{BC}| \cdot |\vec{AE}|$$

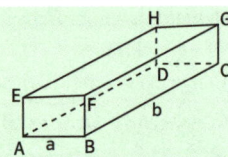

Prisma

elementargeometrisch:
$$V_{Prisma} = G \cdot h$$

analytisch geometrisch:
Sind Grund- und Deckfläche zueinander parallel, taucht h als Abstand zweier Parallelebenen auf.

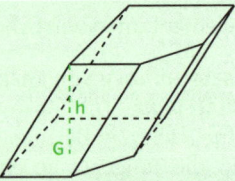

Pyramidenvolumen

elementargeometrisch:
$$V_{Pyramide} = \frac{1}{3} G \cdot h$$
mit G als Flächeninhalt
des Vielecks ABCD
und h als Pyramidenhöhe;
analytisch geometrisch:
Hier lässt sich insbesondere
h bestimmen durch $d(S; E_{ABC})$.

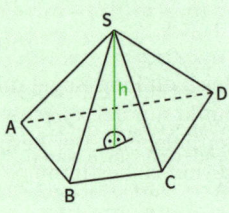

Kreis- und Kugelgleichungen

GLEICHUNGEN VON KREIS UND KUGEL Die Punkte einer Kreislinie bzw. die Punkte einer Kugeloberfläche sind gekennzeichnet durch die gemeinsame Eigenschaft, von einem Punkt M (Mittelpunkt) den gleichen Abstand r (Radius) zu besitzen. Aus
$\overrightarrow{MX} = r$ und $\overrightarrow{MX} = \vec{x} - \vec{m}$
folgt mit $(\vec{x} - \vec{m})^2 = r^2$,
im $\mathbb{R}^2$ die vektorielle Form der Kreisgleichung und im $\mathbb{R}^3$ die vektorielle Form der Kugelgleichung. Aus ihr gewinnt man die folgende Koordinatenform:

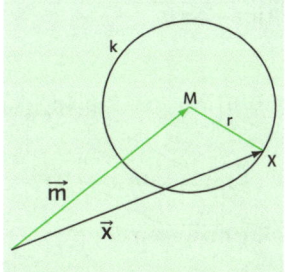

$$k: \ (x_1 - m_1)^2 + (x_2 - m_2)^2 \ [+ (x_3 - m_3)^2] = r^2$$

GLEICHUNGEN VON KREISTANGENTE UND KUGELTANGENTIALEBENE Die obigen Gleichungen erfahren nur eine leichte Änderung beim Übergang zu Gleichungen für die Tangente an einen Kreispunkt P bzw. für die Tangentenebene an einen Kugelpunkt P:
T: $(\vec{p} - \vec{m}) \circ (\vec{x} - \vec{m}) = r^2$, mit $p \in k$ oder
T: $(p_1 - m_1)(x_1 - m_1) + (p_2 - m_2)(x_2 - m_2)$
$\qquad [+ (p_3 - m_3)(x_3 - m_3)] = r_2$

Beispiel: Eine Kugel mit Radius $r = \sqrt{11}$, deren Mittelpunkt auf der x_3-Achse liegt, habe die Ebene F als Tangentialebene. Der Berührpunkt P und der Mittelpunkt M sind zu bestimmen.

$M(0|0|m_3)$; $P(p_1|p_2|p_3)$
$F: x_1 - x_2 + 3x_3 - 2 = 0$;

Da $\overrightarrow{MP} = \lambda \vec{n}F$, folgt: $\begin{pmatrix} p_1 \\ p_2 \\ p_3 - m_3 \end{pmatrix} = \lambda \begin{pmatrix} 1 \\ -1 \\ 3 \end{pmatrix}$

$\Rightarrow p_1 = \lambda \land p_2 = -\lambda \land p_3 - m_3 = 3\lambda$

eingesetzt in F: $\lambda + \lambda + 9\lambda + 3m_3 - 2 = 0$

$\Rightarrow m_3 = -\frac{11}{3}\lambda + \frac{2}{3}$

Die Tangentialebene T für $M(0|0|m_3)$ und $P(p_1|p_2|p_3)$ lautet allgemein:

$$T: p_1 x_1 + p_2 x_2 + (p_3 - m_3)x_3 - (p_3 - m_3)m_3 = r^2$$

Mit $r = \sqrt{11}$ und den obigen Ergänzungen der p_i:

$\lambda x_1 - \lambda x_2 + 3\lambda x_3 - 3\lambda \left(-\frac{11}{3}\lambda + \frac{2}{3}\right) = 11$

$x_1 - x_2 + 3x_3 + 11\lambda - 2 - \frac{11}{\lambda} = 0$

Durch Vergleich mit F erhält man:

$11\lambda - \frac{11}{\lambda} - 2 = -2$

$\Rightarrow 11\lambda^2 - 11 = 0$

$\Rightarrow \lambda_1 = 1;\ \lambda_2 = -1$

$\Rightarrow$ erste Lösung: $P(1|-1|0)$ und $M(0|0|-3)$.

Probe: $\overrightarrow{MP} = \begin{pmatrix} 1 \\ -1 \\ 3 \end{pmatrix} \Rightarrow |\overrightarrow{MP}| = \sqrt{11} = r$

$\Rightarrow$ zweite Lösung: $P\left(-1|1|\frac{4}{3}\right)$ und $M\left(0|0|\frac{13}{3}\right)$

Probe: $\overrightarrow{MP} = \begin{pmatrix} -1 \\ 1 \\ -3 \end{pmatrix} \Rightarrow |\overrightarrow{MP}| = \sqrt{11} = r$

Definition des Vektorprodukts

In der Menge der Vektoren ist noch eine weitere innere Multiplikation erklärt, d.h. eine Multiplikation zweier Vektoren, deren Produkt wieder ein Vektor ist, das **Vektorprodukt**.

Mit $\vec{a} = \begin{pmatrix} a_1 \\ a_2 \\ a_3 \end{pmatrix}$ und $\vec{b} = \begin{pmatrix} b_1 \\ b_2 \\ b_3 \end{pmatrix}$ gilt für

$$\vec{v} = \vec{a} \times \vec{b} = \begin{pmatrix} a_1 \\ a_2 \\ a_3 \end{pmatrix} \times \begin{pmatrix} b_1 \\ b_2 \\ b_3 \end{pmatrix} = \begin{pmatrix} a_2 b_3 - a_3 b_2 \\ -(a_1 b_3 - a_3 b_1) \\ a_1 b_2 - a_2 b_1 \end{pmatrix}$$

$\Rightarrow$ (Sprechweise: „$\vec{a}$ kreuz $\vec{b}$")

Der Vektor $\vec{v}$ steht senkrecht auf $\vec{a}$ und senkrecht auf $\vec{b}$, d.h. senkrecht auf der von $\vec{a}$ und $\vec{b}$ aufgespannten Ebene. (Wären $\vec{a}$ und $\vec{b}$ zueinander kollinear, so ergäbe sich für $\vec{v}$ der Nullvektor).

Zu beachten ist:
$\vec{a} \times \vec{b} = -(\vec{b} \times \vec{a})$

Für den Betrag von $\vec{v}$ gilt:
$|\vec{v}| = |\vec{a} \times \vec{b}| = |\vec{a}| \cdot |\vec{b}| \cdot \sin \varphi$
$(0 \leq \varphi \leq \pi)$

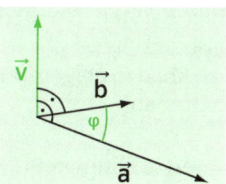

Anwendung des Vektorprodukts

Das Vektorprodukt wird besonders zur Ermittlung des Normalenvektors und zur Bestimmung von Flächen und Rauminhalten verwendet.

Analytische Geometrie und Lineare Algebra

BESTIMMUNG DES NORMALENVEKTORS

Zur Ebene E gehören die Richtungsvektoren

$\vec{u}_E = \begin{pmatrix} 1 \\ -2 \\ 1 \end{pmatrix}$ und $\vec{v}_E = \begin{pmatrix} -1 \\ 1 \\ 2 \end{pmatrix}$.

Hieraus entsteht durch das Vektorprodukt der Normalenvektor von E:

$\vec{n}_E = \begin{pmatrix} 1 \\ -2 \\ 1 \end{pmatrix} \times \begin{pmatrix} -1 \\ 1 \\ 2 \end{pmatrix} = \begin{pmatrix} -4-1 \\ -(2+1) \\ 1-2 \end{pmatrix} = \begin{pmatrix} -5 \\ -3 \\ -1 \end{pmatrix}$

Probe: $\begin{pmatrix} -5 \\ -3 \\ -1 \end{pmatrix} \circ \begin{pmatrix} 1 \\ -2 \\ 1 \end{pmatrix} = -5 + 6 - 1 = 0 \Rightarrow \vec{n}_E \perp \vec{u}_E$

und $\begin{pmatrix} -5 \\ -3 \\ -1 \end{pmatrix} \circ \begin{pmatrix} -1 \\ 1 \\ 2 \end{pmatrix} = 5 - 3 - 2 = 0 \Rightarrow \vec{n}_E \perp \vec{v}_E$

BESTIMMUNG DES FLÄCHENINHALTS

$\vec{a}$ und $\vec{b}$ spannen ein **Parallelogramm** auf, dessen Flächeninhalt A durch $A = |\vec{a}| \cdot |\vec{b}| \cdot \sin \varphi$, also durch $A = |\vec{a} \times \vec{b}|$ gegeben ist. Mit den obigen Vektoren erhält man

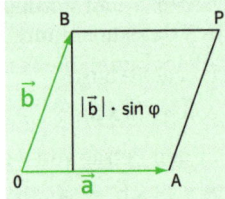

$A = \left| \begin{pmatrix} -5 \\ -3 \\ -1 \end{pmatrix} \right| = \sqrt{35}$;

Auch für die Ermittlung des Flächeninhalts eines Dreiecks kann das Vektorprodukt herangezogen werden:
$A_{\triangle OAB} = \frac{1}{2} A_{\triangle OAPB} = \frac{1}{2} |\vec{a} \times \vec{b}|$

Flächen- und Volumenberechnung

BESTIMMUNG VON VOLUMINA

Volumen eines Parallelflachs

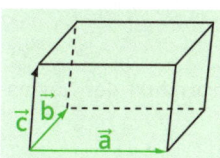

$V = |\vec{a} \circ (\vec{b} \times \vec{c})|$,
wofür sich auch kürzer

$V = \begin{vmatrix} a_1 & b_1 & c_1 \\ a_2 & b_2 & c_2 \\ a_3 & b_3 & c_3 \end{vmatrix}$ schreiben lässt.

Pyramidenvolumen
Aus $V = |\vec{a} \circ (\vec{b} \times \vec{c})|$, ergibt sich für eine dreiseitige Pyramide die Formel:

$V = \frac{1}{6} \cdot |\vec{a} \circ (\vec{b} \times \vec{c})|$,

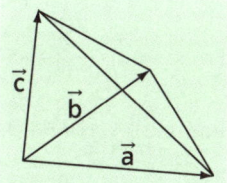

während man für die vierseitige Pyramide (Grundfläche: Parallelogramm) die Formel:

$V = \frac{1}{3} \cdot |\vec{a} \circ (\vec{b} \times \vec{c})|$ gewinnt.

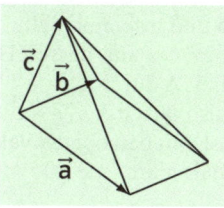

Beispiel: Pyramidenvolumen
Eine reguläre Pyramide sei festgelegt durch die Punkte $A(2|0|0)$, $B(5|0|1)$, $C(6|0|2)$, $D(3|0|3)$ und die Spitze $S(4|7|1)$.
Die Pyramide ABCDS hat nach obiger Formel das Volumen:

$V_{ABCDS} = \frac{1}{3} |\overrightarrow{AB} \circ (\overrightarrow{AD} \times \overrightarrow{AS})| = \frac{1}{3} \begin{pmatrix} 3 \\ 0 \\ -1 \end{pmatrix} \circ \left[\begin{pmatrix} 1 \\ 0 \\ 3 \end{pmatrix} \times \begin{pmatrix} 2 \\ 7 \\ 1 \end{pmatrix} \right]$

$= \frac{1}{3} \begin{pmatrix} 3 \\ 0 \\ -1 \end{pmatrix} \circ \begin{pmatrix} -21 \\ 5 \\ 7 \end{pmatrix} = \frac{1}{3} |-63 - 7| = \frac{70}{3}$ Raumeinheiten

Abi-Wissen
Garantiert kapiert!
ENGLISCH

Landeskunde

CONTENTS

1 Political System
- British Political System — 450
- US Political System — 472
- **SPECIAL TOPIC:** Donald Trump – a controversial president — 477
- **SPECIAL TOPIC:** The controversy about the American electoral system — 487

2 Social Structure
- Social Structure in Britain — 495
- **SPECIAL TOPIC:** Racism in British Society — 511
- Social Structure in the USA — 514
- **SPECIAL TOPIC:** Illegal immigration — 522

3 Social Welfare
- Social Welfare in Britain — 541
- Social Welfare in the USA — 546
- **SPECIAL TOPIC:** Health care disaster in the USA — 552

4 Economy
- Economy in Britain — 554
- Economy in the USA — 565
- **SPECIAL TOPIC:** US economy today: The financial crisis — 573

CONTENTS

5 Education
Education in Britain — 580
Education in the USA — 593
SPECIAL TOPIC: America's troubled schools — 602

6 Religion
Religion in Britain — 606
Religion in the USA — 619
SPECIAL TOPIC: Creationism, Darwinism and Intelligent Design — 628

7 International Relations
Britain and Europe — 632
SPECIAL TOPIC: Brexit — 642
America and the World — 646
SPECIAL TOPIC: US foreign policy after 9/11 — 662

Political System

1 Political System

British Political System

QUICK-FINDER

The British Constitution
- The unwritten constitution → p. 452
- Constitutional law → p. 454
- Other important points regarding the constitution → p. 455

The British monarch
- The role of the monarch → p. 456
- The monarchy today → p. 457

Parliament – the legislative body
- A brief history of the British Parliament → p. 457
- Parliament today → p. 458
- The House of Commons → p. 458
- The House of Lords → p. 459
- The Supreme Court → p. 460
- Devolution → p. 460
- Making laws → p. 461

British Political System | 451

QUICK-FINDER

The electoral system
- First past the post: the British electoral system → p. 462
- Arguments for and against the 'first-past-the-post'-system → p. 463

Political parties
- Political parties in Britain → p. 464
- Labour and the Conservatives: an overview → p. 465
- New Labour and the Third Way → p. 466
- The Liberals → p. 468

Government – the executive branch
- UKIP → p. 468
- The Liberals → p. 468
- The government → p. 468
- The Prime Minister → p. 468
- The role of the Cabinet → p. 469

Cheat Sheet: British Political System → p. 470

Political System

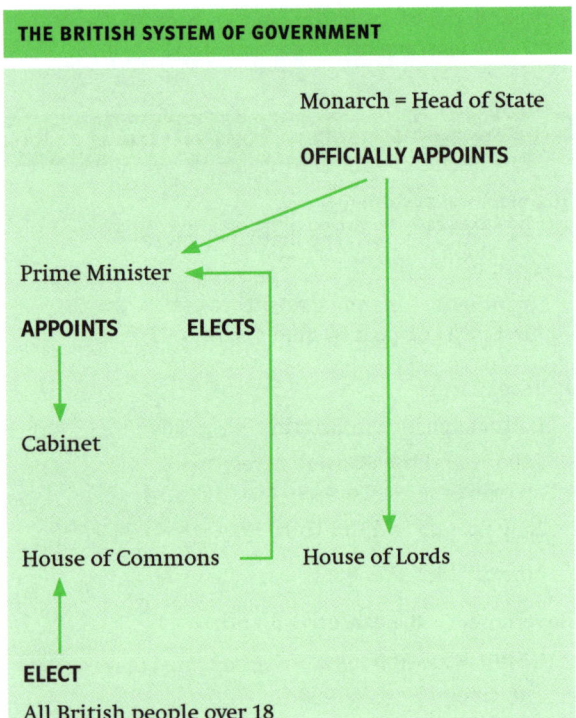

The British constitution

THE UNWRITTEN CONSTITUTION The British constitution does not consist of one written document as in the USA, but is something that has evolved throughout the centuries and continues to evolve today as new laws are passed. Some of its documents go back to the Middle Ages. The most important documents are:

- **the Magna Carta (1215)**, which defined the relationship between the king and his nobles and the king and the church. The most relevant principles of the charter:
  - no taxes may be raised without the consent of the common council (parliament)
  - no free man may be imprisoned without fair trial by his peers

(Most English peasants were not free men, but these principles could later be applied to all people.)

- **the Petition of Rights (1628)**, which – among other things – provided against
  - taxation without the consent of parliament
  - arbitrary imprisonment (i.e. imprisonment for no (fair) reason)
  - the billeting of soldiers (i.e. soldiers had to be accommodated in civilian lodgings)

- **the Bill of Rights (1689)**, which affirmed that
  - legislation and taxation should be subject to the consent of parliament
  - raising or keeping a standing army required the consent of parliament
  - the Members of Parliament were to be chosen in free elections
  - everybody should have the right to free speech
  - excessive fines or cruel and unusual punishments must not be imposed
  - parliament should be held frequently

- everyone should have the right to petition the king
- no Roman Catholic could hold the throne.

- **the First, Second and Third Reform Acts (1832, 1867 and 1884)** Up to 1832, suffrage was restricted to landowners and thus even wealthy manufacturers and merchants of the new industrial middle class were excluded from elections. The three Reform Acts extended the right to vote to
  - members of the upper middle class (in 1832)
  - members of the lower middle class and industrial workers (in 1867)
  - farm workers (in 1884).

- **the Representation of the People Acts (1918, 1928 and 1969)**
  - Under the 1918 Representation of the People Act women over 30 were given the vote.
  - The 1928 Representation of the People Act extended the franchise (right to vote) to women over 21.
  - The voting age was lowered to 18 in 1969.

CONSTITUTIONAL LAW The constitutional law in Britain has four elements: statute law, common law, the royal prerogative and constitutional convention.

- **Statute law** means laws that have been formally approved and written down, and can be used in court. In Britain these laws are made in parliament. All laws passed are constitutional laws and can be amended by parliament. In this way, the constitution continues to evolve.

- **Common law** is founded on legal precedence, i.e. when judging cases, a judge has to comply with the decisions made in other, similar cases in the past. The majority of civil liberties cases fall into this category.

- **The royal prerogative** refers to the powers and rights of the Queen. An example is the summoning and dissolving of parliament, which officially has to be approved by the monarch. However, in practice the Queen always acts on the advice of the Prime Minister and does not act independently.

- **Constitutional conventions** are unwritten customs and practices which have developed over the centuries. One example is that the monarch sends for the leader of the largest political party in parliament after a general election and asks him/her to form a government. These conventions can also be changed by an Act of Parliament, but are not enforced in the law courts.

OTHER IMPORTANT POINTS REGARDING THE CONSTITUTION

- **Parliamentary sovereignty**, which means that only parliament can make laws for Britain. These laws cannot be overruled by any other authority.
- **Rule of law**, which is made up of three parts:
  1. Every person is innocent until proved guilty and cannot be punished unless convicted by a court.
  2. Everyone is equal in the eyes of the law.
  3. The general principles of the constitution are all based on decisions made in individual cases, not decided by a ruler.

The British monarch

THE ROLE OF THE MONARCH Although Britain is still a monarchy, the British Crown has lost most of its real political power, and today has a mainly symbolic or ceremonial function. The Queen's main duties are:

Representative role
- Head of State in the United Kingdom
- Ceremonial Head of the Commonwealth countries
- Head of the Church of England
- Commander-in-Chief of the British Armed Forces

Symbolic/ceremonial functions
- makes state visits overseas
- entertains foreign Heads of State when they visit Britain
- supports various charities and good causes
- performs various ceremonial duties during national celebrations
- visits parts of Britain, especially after disasters or tragedies
- confers peerages, knighthoods and other honours on people recommended by the Prime Minister

Political functions
- summons and dissolves parliament
- makes a speech (written by the Prime Minister) at the opening of parliament each year
- signs bills passed by parliament
- meets with the Prime Minister regularly to talk and give advice about current events
- officially appoints the Prime Minister and the Cabinet
- appoints judges, bishops and governors

British Political System

THE MONARCHY TODAY The Royal Family is generally still popular in Britain today, despite a number of scandals during the 1990s such as those surrounding the marriage and divorce of Prince Charles and Princess Diana. Although there have been many discussions in Britain about abolishing the monarchy, there are currently no serious plans to do so. Above all, the popularity of the monarchy has significantly increased after the marriage of Prince William and Kate Middleton.

Those in favour of the system argue that in a time of rapid change, the Queen provides a sense of stability and continuity particularly as the Queen stands for Britain's traditional values and the pompous rituals of royal ceremony hold a special attraction for those who feel that it lends dignity to state occasions and brings many foreign visitors to Britain. For instance the changing of the guards is still a major tourist attraction.

Others hold against it that the institution of the monarchy stands for Britain's class-ridden society with its snobbery and its rigid sense of hierarchy and that the expenses of having to maintain the royal household with its palaces and the royal yacht are too high.

Parliament – the legislative body

A BRIEF HISTORY OF THE BRITISH PARLIAMENT

TIME LINE		
	13th century	The name 'Parliament' was first given to meetings of the King's Council when Henry III met with church leaders and rich landowners to discuss political matters.

1265	2 commoners from each town joined the council.
1295	Model Parliament of Edward I, consisting of bishops, abbots, peers, 2 knights from each shire and 2 representatives of each town.
14th century	Parliament met at fixed times and had 2 houses: the House of Lords (the aristocracy and church leaders) and the House of Commons (rich country gentlemen). Parliament gained control over statutes and taxation.
Up to 1625	Parliament was controlled by the monarch.
1625 – 1649	Struggle for power between Charles I and Parliament.
1642 – 1648	Civil war between the Roundheads (Parliamentarians) and Cavaliers (supporters of the King) ending in the execution of Charles I (1649).
1688 – 1689	'Glorious Revolution' led to the country being governed by Parliament rather than the monarch.
Until 1832	Parliament had supreme authority.

PARLIAMENT TODAY The British Parliament consists of two chambers: the House of Commons and the House of Lords.

THE HOUSE OF COMMONS currently has 650 Members of Parliament (MPs) who are elected by the adult population of Britain. Each MP represents one constituency. The borders and number of constituencies are changed from time to time if the population of an area changes to ensure fair representation in all parts of the country. In the 2015 General Election there were 533 constituencies in England, 40 in Wales, 59 in Scotland and 18 in Northern Ireland.

Main functions
- to pass laws
- to control government policy and administration
- to debate current political issues
- to raise issues concerning the voters in their constituencies (the district they represent).

Seating arrangements
The Prime Minister and the Cabinet sit on the front bench facing the Leader of the Opposition and his Shadow Cabinet. The MPs who are not Cabinet members sit behind them (the 'backbenchers').

THE HOUSE OF LORDS To date there are about 822 members. The House of Lords consists of

- **life peers**, who are formally appointed by the Queen on the advice and recommendation of the House of Lords Appointments Commission (an independent body set up in 2000) on account of their expertise and achievement or on the advice and recommendation of the Prime Minister.
- **the Lords Spiritual**, a limited number of 26 Church of England archbishops and bishops, among them the Archbishops of Canterbury and York.

- **92 hereditary peers** who were elected internally to remain when the right of hereditary peers to sit and vote in the House of Lords was ended in 1999 by the House of Lords Act.

The Law Lords were also appointed by the Queen on the advice and recommendation of the Prime Minister. They used to carry out the judicial work of the House of Lords, which was the highest and final Court of Appeal until it was replaced by the UK Supreme Court in October 2009. The existing Lords of Appeal will only be allowed to sit in the House of Lords after their retirement.

The power of the House of Lords was greatly reduced in the Parliament Acts of 1911 and 1949. Before then, it was able to reject any legislation put forward by the House of Commons; now it is only able to delay the passing of new laws. Under the Constitutional Reform Act 2005 it then lost its function as the highest court in the land. This Act also ended the role of the Lord Chancellor as a judge and as Speaker of the House of Lords.

THE SUPREME COURT The Constitutional Reform Act 2005 provided for the introduction of a Supreme Court as a separate institution, with independently appointed law lords to stress the separation of powers between the judiciary and the legislative branch. This Supreme Court, which was newly established in October 2009, is the final court of appeal, except for criminal cases in Scotland. It also rules on devolution matters.

DEVOLUTION Devolution is the transfer of power from the central government in London to local authorities in Scotland, Northern Ireland and Wales to enable people in these regions to have more autonomy in running their own affairs. This process was initiated by the Labour Government under the premiership of Tony Blair in 1997. Since then Scotland, Wales and Northern Ireland have had their own legislative bodies in addition to the central parliament in London.

- **The Scottish Parliament** was elected in May 1999. It controls education, health, local government, the environment, economic development and the arts. Although the Scottish National Party fights for a complete independence of Scotland, in a referendum in 2014 a majority of the Scottish people voted for staying in the United Kingdom.

- **The National Assembly of Wales** was first elected in May 1999. It makes decisions in the fields of economic development, the environment, education, local government, health services, housing, transportation, the arts and language.

- **The first Northern Ireland Assembly** was elected in June 1998 and given authority over issues including agriculture and health. After a temporary suspension between 2002 and 2007 due to the breakdown of peace talks between Catholics and Protestants it was re-installed in 2007 after leaders of the opposing parties pledged themselves to share the power.

MAKING LAWS

1. A new law is suggested by politicians, government departments, special interest groups or individuals.

2. The Cabinet agrees on the text of a law, which is called a bill.
3. The bill is debated in the House of Commons. A vote is taken on whether the bill should become law.
4. The bill is discussed in the House of Lords. The Lords can make changes, but cannot stop it from becoming law.
5. A final vote on the bill is taken in the House of Commons.
6. The Queen signs the bill and it becomes law.

Proceedings in both Houses normally take place in public. The minutes and the speeches are published daily, and proceedings are also recorded for radio and television. Some cable and digital TV channels televise live parliamentary debates.

The electoral system

FIRST PAST THE POST: THE BRITISH ELECTORAL SYSTEM

The current British electoral system is referred to as 'first past the post', i.e. the candidate with the largest number of votes in each constituency wins, no matter how small the majority. This system has obvious disadvantages for smaller parties, as well as not necessarily reflecting the votes cast in a particular constituency. For example, if a winning candidate receives 40% of the votes in a constituency, it means that 60% of the people, i.e. the majority, voted for other candidates. But their votes are simply discarded.

The results of the 2015 General Election in the UK clearly show the deficiencies of this electoral system: the number of seats each party has does not reflect the number of votes they received:

	THE CONSERVATIVES	**THE LABOUR PARTY**	**THE LIBERAL DEMOCRATS**
Votes (%)	42.4	40.0	4.4
Seats (%)	48.7	40.0	1.8

The Liberal Democrats, for instance, received 7.4% of the votes cast, yet they only hold 1.8% of the seats in the House of Commons; their candidates came in first in only 12 constuencies.

Therefore it is little wonder that many smaller parties advocate the system of proportional representation which, by contrast, gives each party a number of seats in relation to the number of votes they receive. That means that if a party receives 22% of the votes, they consequently get 22% of the seats.

ARGUMENTS FOR AND AGAINST THE 'FIRST-PAST-THE-POST'-SYSTEM

For

It has often been pointed out that the main appeal of 'First-past-the post' lies in its simplicity.

'First-past-the post' naturally produces clear majorities. Thus it enables one strong party to govern efficiently without being forced to seek compromises in order to gain the support of others.

Coalition governments are also rare in nations using first past the post. This is considered an advantage by those who claim that coalition governments are not truly democratic: as can be seen in Germany, a larger party usually forms a coalition with a smaller one, which, as a result, is given a disproportionate amount of power.

Against

Since the votes of those who voted against a certain candidate or party are simply disregarded, the small parties in particular may have more support than actual political influence. Aware that their votes will be disregarded if the candidate of their choice does not win the majority, some voters cast their ballot tactically in order to prevent a candidate they dislike from being elected, rather than supporting the candidate they prefer.

One condition of the coalition agreement between the Conservatives and the Liberal Democrats was a referendum on the British electoral system. However, the result of this referendum, held in May 2011, was that two-thirds of voters chose to keep the first past the post system.

According to law, the maximum duration of a parliament is 5 years, but it may be dissolved and a general elected called at any time during those 5 years.

Political parties

POLITICAL PARTIES IN BRITAIN The two main political parties in Britain are Labour and the Conservatives. After an unusual hung parliament in which the Conservatives under David Cameron had to form a coalition with the Liberal Democrats (2010–2015), Prime Minister Cameron and his party are able to govern alone since the 2015 General Election.

Recently, the UK Independence Party (UKIP) has gained a lot of the votes and is presently the most influential political group in the European Parliament.

Some smaller parties also have a few seats in parliament, such as the Scottish National Party and Sinn Fein. The Green Party also won a seat in the 2010 election.

LABOUR AND THE CONSERVATIVES: AN OVERVIEW		
	Conservatives	**Labour**
Colour	blue	red
Symbol	flaming torch	red rose
Regions of support	strongholds in the South of England	Midlands, North of England, Scotland
Votes	upper and middle classes, landowners, business people	working class, trade unions, 'New Labour' under Tony Blair began to attract the middle class vote
Economic policy	• low taxation (especially for high incomes) • low inflation • control of public spending • promotion of free enterprise	• mixed economy • low inflation • strict planning and government intervention in the economy • full employment

Educational policy	• privatisation • more parental choice • diversity in types of school • raising standards • teaching basic skills to every child	• egalitarian education system • more training programmes for the unemployed
Social welfare	• more emphasis on individuals taking care of themselves rather than relying on welfare	• improvement of social welfare • improving NHS, e.g. reduction of waiting lists
Attitude to Europe	• emphasis on British interests • fear of losing Britain's sovereignty • "hard" Brexit	• more sympathetic towards united Europe • protection of British interests • do not reject idea of single currency

NEW LABOUR AND THE THIRD WAY The term New Labour derives from a slogan adopted at a party conference in 1994 when the party's fourth successive defeat at the general election in 1992 seemed to confirm the necessity of revising the party programme and establishing Labour as a competent, modern party, with aims and principles distinctly different from those of the past.

Thus in the following year a statement of new aims and values was announced, with Tony Blair, the new and char-

ismatic leader of the party, defining Labour as a "democratic socialist party" and propagating "the third way":
In the past the Labour Party had unequivocally advocated
- the welfare state. When in power, Labour set up housing programmes.
- state ownership. Under the premiership of Clement Attlee (1945–1951) industries such as coal, electricity, and gas were nationalised.

This concept marked a sharp contrast to the policy of the Conservatives, who under Margret Thatcher had become a party of uncompromising reform. The 'Iron Lady' who was radically committed to free enterprise, cut down government expenditure regarding welfare, education and the National Health Service and privatised formerly nationalised industries.

With his new approach; the so-called 'third way', Tony Blair tried to combine left-wing values with right wing concepts. Thus the party's new policies was marked by
- abandoning the principle of nationalisation (state ownership)
- accepting the free market economy
- while at the same time investing heavily into
  - education
  - the National Health Service.

In accepting the forces of the free market as a part of the economy New Labour seems to have moved to the centre of the British political landscape.

This compromise is also reflected in the party's foreign policy. Blair was unquestionably pro-Europe – he was not even disinclined to join the monetary union – but like the Conservatives under Margaret Thatcher, Blair, too, emphasised Britain's special relationship with the USA, as became apparent in the Iraq war.

UKIP The party
- fears that Brussels' bureaucracy dominates national affairs
- supports Britain's way out of the European Union

THE LIBERALS This party advocates:
- a written constitution in which the power of the government and the freedom of the individual is clearly defined
- a reform of the electoral system (proportional representation instead of first-past-the-post or majority vote)
- a policy of decentralisation and devolution
- EU membership

The government – the executive branch

THE GOVERNMENT The government is led by the Prime Minister and his/her Cabinet. They are responsible for running and managing the country's political affairs.

THE PRIME MINISTER There is no direct election in which the voters vote for the person that they want to see as prime minister. By convention, the leader of the strongest party in the House of Commons is appointed prime minister by the monarch. This mechanism is applied even if a prime minister resigns during his usual five-year term. For instance when David Cameron stepped down in 2016 after he failed to convince the people to remain in the EU, it was not necessary to call for an election: he was automatically succeeded by Theresa May, the new party leader.

The Prime Minister's powers and duties
- with the Cabinet, makes all the important decisions for governing the country
- appoints and dismisses Cabinet members
- controls Cabinet agenda meetings and committees
- leads and influences his/her own political party
- can choose when to hold a general election
- informs parliament of government activities
- informs the Queen of government policies
- advises the Queen about public appointments

Much of the Prime Minister's actual power depends on his strength and his authority as a party leader: As long as he/she enjoys the support of parliament, he/she can decisively shape the nation's policy.

Dominant Prime Ministers such as Margaret Thatcher and Tony Blair imposed a strict party discipline: they forced the members of their parties to invariably support the government's policies and proposals if they did not want to be excluded.

THE ROLE OF THE CABINET The Cabinet consists of about 20 senior MPs, called Ministers or Secretaries of State, all of which are head of a government department. The number varies and is decided by the Prime Minister. The most senior government ministers, e.g. the Chancellor of the Exchequer, the Foreign Secretary and the Home Secretary are always members; others, such as the Transport Minister, may or may not be a Cabinet member, depending how important the Prime Minister considers this post to be. This group of ministers is responsible for making important government decisions, with the Prime Minister as chairperson.

CHEAT SHEET: BRITISH POLITICAL SYSTEM	
Constitution	No written constitution, but a constantly evolving process as new laws are made.
The Monarch	Ceremonial and representative role as Head of State, but no real political power.
Parliament House of Commons House of Lords	Passes laws; debates current political issues. Debate laws before they can be passed; highest Court of Appeal.
Devolution	Scotland, Ireland and Wales now have their own national parliaments; can deal with some issues without reference to London.
Making Laws	Proposed laws (bills) debated and voted on in both Houses; final decision made by House of Commons; signed by the Queen before becoming law.
Electoral system	'First past the post' system.

Main political parties	Convervatives, Labour, UKIP, Liberal Democrats
Prime Minister	The leader of the majority party in Parliament; makes important decisions for governing the country (with the Cabinet); controls many government appointments.
Cabinet	Responsible for policy-making in the various state departments.

Political System

US Political System

QUICK-FINDER

The American Constitution
- The Constitution → p. 474
- The Bill of Rights → p. 476

SPECIAL TOPIC:
Donald Trump – a controversial president → P. 477

The three branches of government and the system of checks and balances
- The President (executive branch) → p. 479
- The role of the President →
- Congress (legislative branch) → p. 479
- The judicial branch → p. 481
- The Supreme Court → p. 481
- Making laws → p. 482
- The system of checks and balances → p. 483

US Political System

QUICK-FINDER

The electoral system
- Elections in the USA → p. 484
- Midterm elections → p. 484
- Presidential elections → p. 485
- The electoral college → p. 485

SPECIAL TOPIC:
The controversy about the electoral system → p. 487

Political parties
- Republicans and Democrats → p. 489

Lobbies
- Lobbies → p. 491

Cheat Sheet: US Political System → p. 492

Political System

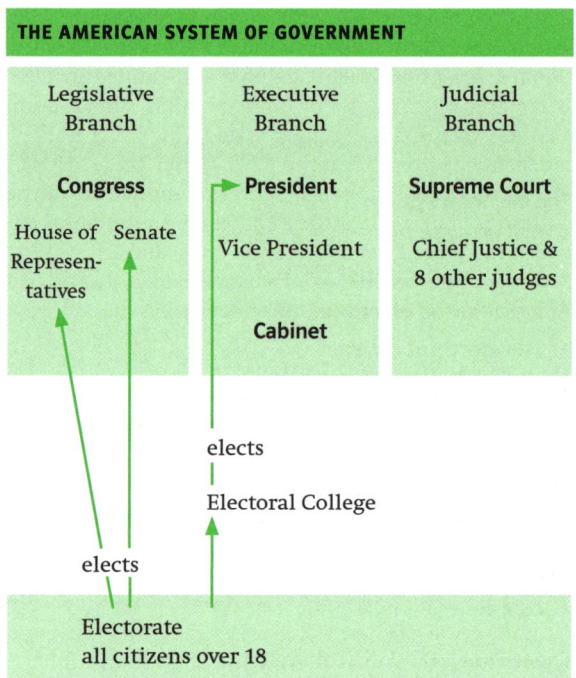

The American Constitution

THE CONSTITUTION The American Constitution is the oldest still in force. It is based on the idea expressed in the Declaration of Independence that a government should derive its power from the 'consent of the governed' and on this idea the American system of government is founded. The Constitution of the United States is one of the most important documents of western civilisation. It was drawn up in summer 1787 at the Constitutional Convention in Philadelphia and ratified in 1788. It replaced the 'Articles of Confederation' drawn up in 1781 between the 13 original states which had become independent from Britain in 1776. Under these 'Articles of Confederation' the central government had very little authority, making it difficult to resolve arguments between the separate states, control trade and so on. More power for the central government seemed essential if America was to become a united country.

Main ideas of the Constitution
- Government must have the agreement of the governed, i.e. the USA is ruled by all of its citizens, not a monarch or a group of politicians.
- Representative government, i.e. the people use their power to elect officials, who represent them at a local, state and national level. Political leaders are therefore answerable to the people who have elected them.
- The separation of powers. Governmental power is split into three branches: Congress (legislative), the President (executive) and the Supreme Court (judicial).
- The system of checks and balances, i.e. each of the three branches of power has some control over the other two to prevent one of them from becoming too powerful.
- Federalism, i.e. authority is split between the national government and the separate states, which means that neither can become too powerful.
- Flexibility, i.e. the Constitution, which is also the supreme law of the land, can be altered through adding amendments as it was done in the Bill of Rights.

Even today Americans identify with the principles laid down in a Constitution written 'by the people' and in stating the beliefs shared by many citizens the Constitution seems to create a bond holding together a nation which is otherwise characterised by its diversity.

THE BILL OF RIGHTS This is the name given to the first 10 Amendments to the Constitution, added in 1791. It specifies basic civil rights of individual people that the government cannot infringe. These civil rights include: freedom of speech, freedom of the press, freedom of religion, freedom of assembly (holding peaceful meetings), the right to a fair trial if accused of a crime, the right to demand action or a change in policy from the government, the right to be secure in one's home and the right to own and carry weapons for protection.

There are currently 27 Amendments, concerning matters such as the rights of blacks (Amendment 15) and the vote for women (Amendment 19). A change to the Constitution can be proposed either by Congress (needing a two-thirds vote from both houses) or by two-thirds of the states. It must then be ratified by three-quarters of the states. However, up to now all amendments have come from Congress. The President has no legal right to change the Constitution.

Donald Trump – a controversial president

Above all, Trump was voted by white males in the Midwest. His supporters appreciate his clear message (cf. his simple language) and his difference to the existing political establishment in Washington. As he is a successful businessman, Republicans expect a high competence in economy in him.

However, Trump's narcissistic personality as well as his populist and protectionist policy have roused international criticism and protest.

Trump's personality
During the election campaign there were allegations of sexual misconduct. Extremely chauvinist comments caused an outcry. Moreover, Donald Trump is regarded as unreliable in his political positions. Opponents miss political concepts and describe his style of government as chaotic. Last but not least, beyond doubt he sees politics through the eyes of a billionaire and applies principles of business to international politics.

"America first"
In foreign politics Trump aims at strengthening America's global role. He promised to spend more on defence.
- In his first visit to a foreign country he surprisingly chose Saudi Arabia (2017). It became clear that human rights issues were of less importance than the billion dollar deal with the US military industry. Internationally the president was blamed for setting the wrong priorities.

- At the NATO summit (2017) Trump did not renew America' promise of defending all other member states in case of emergency and blamed the Europeans for not paying their share for international security. After the meeting Angela Merkel stated in a widely recognized speech that the Europeans have to rely on themselves in the future. The American-European relations seem to be at an unprecedented critical point.
- Trump plans to renegotiate international trade treaties (e.g. TPP, NAFTA) in order to gain better terms for the U.S.

Immigration plans rejected
Trump is strongly criticized for planning to build a nine meter high wall at the American-Mexican border for which the Mexican government should pay.
In order to increase national security, he put up an immigration ban on people from seven Muslim countries. However, several American judges have rejected this executive order as unconstitutional.

Backward environmental policy
On June 1, 2017, Trump announced to withdraw from the Paris Climate Agreement which was signed by all countries in the world (except for Syria and Nicaragua) to reduce carbon emissions. For him, environmental regulations are an obstacle to business. He promised to roll back many regulations installed by Obama.

"Fake news"
Donald Trump is in a constant battle with the (inter-) national press. Critical coverage of his government he often rejects as "fake news".

The three branches of government and the system of checks and balances

THE PRESIDENT (EXECUTIVE BRANCH) The functions of the American President are a combination of a ceremonial role as head of state and a political role similar to that of a Prime Minister. His main functions are:
- Head of State, a representative role similar to that of the Queen
- Chief Executive Officer of the federal government:
  - proposes legislation to Congress
  - has the power to veto laws
  - appoints federal judges (including those of the Supreme Court) with the Senate's approval
  - has a considerable influence on the economics of the country through tax and budget proposals
  - has a considerable influence on foreign policy as the highest US diplomat
  - can appoint Cabinet members, heads of independent federal agencies, many federal employees and diplomats. These appointments need to be confirmed by a majority of the Senate.
- Commander-in-Chief of the US armed forces, which gives him the authority to control military strategy and action. He is also responsible for the security of the country.
- Leader of his own political party.

CONGRESS (LEGISLATIVE BRANCH) This is the law-making branch of the United States government. It consists of two chambers: the Senate and the House of Representatives, both of which have equal power.

Senate
- 100 senators, 2 from each state: in the Senate all states are equally represented, regardless of their population.
- One-third of the Senate is elected every two years for six years: the six-year term allows the senators to support measures which though perhaps unpopular at the moment might prove beneficial in the long term.

House of Representatives
- 435 representatives, 1 for about 500,000 people. The number of representatives per state depends on the population of that state: a district with a large population such as California has more representatives than a sparsely populated state such as Delaware. In the House of Representatives each state is represented in proportion to the size of its population.
- Representatives serve 2-year terms, which means that they cannot risk displeasing their voters at home by supporting a scheme which might benefit the state as a whole (e.g. an environmental project) but endanger or cost thousands of jobs in their home district (e.g. in the oil or logging industry). They must represent the interests of the people who voted for them if they want to be re-elected.

Powers of Congress
- to declare war and make peace
- to maintain armed forces
- to control trade among the states and between the US and foreign countries
- to control federal taxes and spending
- to make laws
- to investigate and oversee the executive branch and its agencies (e.g. Department of Defense)
- to impeach
- to print money

US Political System

THE JUDICIAL BRANCH This is made up of (a) a federal court system dealing with cases concerning the nation as a whole, and (b) a state court system, which deals with civil cases between private individuals, or between citizens and local or state governments.

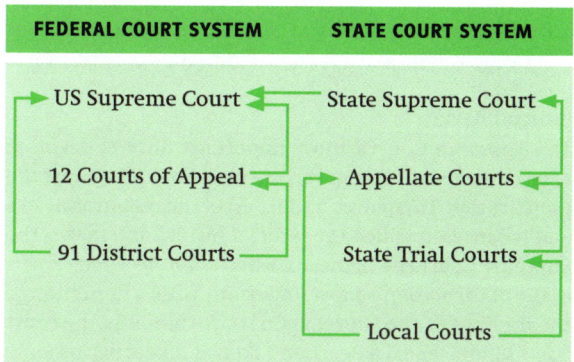

THE SUPREME COURT The Supreme Court is the highest court in the United States. It has nine judges: the Chief Justice of the United States and eight associate justices, all of whom are appointed for life. Decisions made by the court need only be majority decisions.

Functions of the Supreme Court
- Has the final word on most important constitutional and legal matters.
- Creates precedents which serve as guidelines for lower courts.
- As the final appeal court in the country, it hears appeals of cases from the Courts of Appeal and State Supreme Courts. More than 5,000 cases are appealed

to the Supreme Court every year, but no more than 150 are heard there. The Supreme Court has the power to choose which cases to hear.
- Has complete authority over federal courts, all of which must follow the Supreme Court's rulings on federal laws and the Constitution. However, it has only limited power over state courts as it is not allowed to rule on state law or any matters concerning state constitutions.

Judicial Review

The Supreme Court's most important duty is deciding whether legislation or government actions go against the Constitution. This power, a vital part of the system of checks and balances, is called the judicial review, and makes the Supreme Court the highest authority for decisions about many of the nation's most important issues. Even though the findings of the Supreme Court are binding, the court itself might repeal a decision taken at an earlier time.

This happened for instance in the 1954 case Brown v. Board of Education when the Supreme Court stated that it was unconstitutional to have separate schools for children of different races. By doing so, it effectively removed the legal foundation for segregation, which the Supreme Court had declared constitutional in 1896 when it had ruled that segregation was legal as long as facilities were equal. This verdict became the starting point for desegregation of schools and other aspects of American society.

MAKING LAWS

1. A member of Congress introduces a bill to the Senate or the House of Representatives.
2. The bill is given to a committee which discusses it in detail and decides if there is a need for this law.

3 The committee approves or changes the bill and then passes it back to either the House of Representatives or the Senate. If the committee decides against the bill, it dies (no further action is taken).
4 The bill is debated and amended in one of the two chambers of Congress and a vote is taken. If the majority is in favour, the bill is sent to the other chamber where it undergoes a similar procedure.
5 Once the bill has passed both chambers, it has to be signed by the President, who can, however, also veto it.
6 A bill becomes law if the President signs it. If he vetoes it, it can still become law if both chambers of Congress pass it again with a two-thirds majority.
7 This rather complicated process is seen as an effective measure against rash legislation and it sometimes also requires compromise.

THE SYSTEM OF CHECKS AND BALANCES

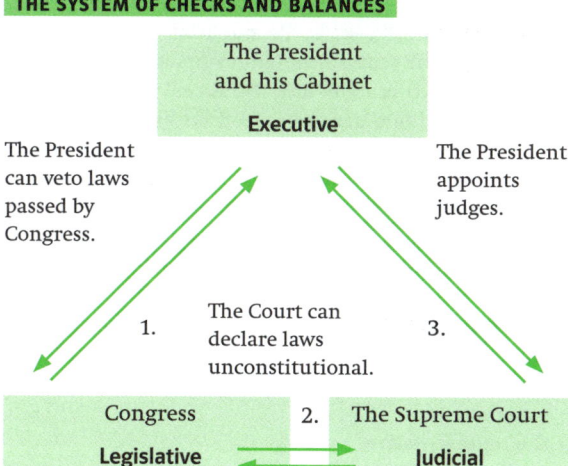

1. – Congress controls the budget.
   – It must approve presidential appointments.
   – It can override the President's veto.
   – Congress can impeach and remove the President from office.
   – It must confirm the President's judicial appointments.

2. – Congress can impeach and remove judges from office.
   – It must confirm the President's judicial appointments.

3. The Court can declare presidential acts unconstitutional.

The electoral system

ELECTIONS IN THE USA Presidential elections take place every four years, although campaigning may start as much as two years before the actual election. In addition to this there are state elections and elections for the two houses of Congress, which means that election campaigning in the USA can seem virtually non-stop. The campaigns themselves are expensive and colourful, relying heavily on media coverage and often appear to have more to do with show business than with politics.

MIDTERM ELECTIONS In the middle of each presidential term elections are held to elect
- some governors
- some senators
- the representatives

The congressional elections are of great importance since they might change the balance of power in Congress considerably. A president who could count on the support of Congress might find it difficult to govern effectively if he suddenly has to face a hostile Congress with the opposing party holding the majority in one or even in both houses, the Senate and the House of Representatives. After all apart from simply rejecting a president's bill, Congress can also refuse to provide the money required to finance a particular programme.

Since the mid-term elections in 2015 both houses have been dominated by a Republican majority. Except for executive action President Obama has almost none political power in his final two years.

PRESIDENTIAL ELECTIONS There are two different ways in which a person may be elected presidential candidate for his/her party. Some states have primary elections, where voters can select candidates to run in a general election. Other states have party conventions, which are meetings of party representatives to choose delegates for their party's National Convention. This is where the presidential candidate is nominated.

THE ELECTORAL COLLEGE This rather complicated, indirect system of electing the President was initiated by the authors of the Constitution. In the nation's early years, when both infrastructure and communications were poor, most people did not know much about the individual candidates. Therefore, local people with responsible positions were chosen as 'electors' to represent the presidential candidates in the area where they lived. The ordinary citizens would vote for one of the electors who would then give these votes to the candidate of their choice. Another reason for this system was that average citizens were not initially believed to be capable of making a good choice of President.

How the system works

- Each state has a number of presidential electors, the same number as the state's total of Senators and Representatives in Congress.
- Citizens vote for the presidential candidate of their choice, but candidates do not receive these votes directly.
- Instead, in almost all states the candidate with the most votes is given all of the electors' votes for that state (majority or 'winner-takes-all' system).
- To win, a presidential candidate needs a majority of 270 out of 538 electoral votes.

The controversy about the American electoral system

The American voting system has often been criticised as highly unfair since it does not necessarily reflect the popular vote. Five times in the history of the United States so far, the electoral college system has resulted in the election of a candidate who had received fewer popular votes nationwide than his principal opponent. The 2016 presidential election clearly showed the disadvantages of this system when Donald Trump (Rep) lost the popular vote to Hillary Clinton (Dem), but won the electoral vote, i.e. nationwide Trump received fewer votes than Clinton, but since he carried the majority in a larger number of states, Trump became the 45th president of the USA.

THE 2016 ELECTION IN FIGURES

	Hillary Clinton	Donald Trump
Votes	65,853,516	62,984,825
Percentage	48,18%	46,09%
States carried	20 + DC	30
Electoral votes	227	304

Reforming the electoral college system, for instance by introducing proportional representation, requires an amendment to the Constitution which might not be easily brought about. Therefore a group called National Popular Vote propagates another way of choosing the President by popular vote without amending the Constitution: Under the Constitution each state can choose its own electors. Thus this group called National Popular Vote suggests that several states form a compact under which they agree to give all their electoral votes to the candidate who receives the most votes in all 50 states and the District of Columbia — regardless of the election outcome in their own state. Advocates of this bill claim that under this compact every vote would be politically relevant and equal in presidential elections. Hawaii, Illinois, Maryland and New Jersey were the first to join the National Popular Vote (NPV) compact.

Political parties

REPUBLICANS AND DEMOCRATS The United States has always had a two-party system. The two major parties today are the Democrats and the Republicans.

OVERVIEW OF THE TWO MAIN PARTIES

	Republicans	Democrats
Nickname	GOP Grand Old Party	
Emblem	The elephant	The donkey
Colour	red	blue
Regions of support	rural Northeast areas, Midwest, Rocky Mountain states, suburbs	big cities, the South
Votes	middle class, the wealthy, rich farmers, WASPs (White Anglo-Saxon Protestants), big business, religious right, also target the votes of minorities	the poor, working-class people, immigrants, minorities, African-Americans, Jews, small farmers, labour unions, intellectuals, also target middle-class votes
Defence policy	• support strategic weapons and nuclear strength	• more supportive of conventional forces and reduction of nuclear weapons

Defence policy	• treaties to be made only if the USA is in a strong military position	• treaties through diplomacy and mutual understanding
Foreign policy	• support sending troops abroad • absolutely against communism	• usually more cautious about international political interference • not as hard-line about communism
Economy	• support big business, sometimes offering tax breaks which benefit the rich • minimal state interference in business	• traditionally support the poor and tax the rich heavily • in recent years have been more supportive of big business
Crime and social issues	• against gun control • generally support death penalty • anti-abortion • a traditional definition of marriage: no same-sex marriages	• stricter gun control • oppose death penalty • more liberal attitude to abortion • a more liberal stance on homosexuality: no federal ban of same-sex marriages

Crime and social issues	• cut-backs in some social welfare programmes (Medicare), and stress on the responsibility of the individual, more reliance on church and charity • favour prayer in schools • less public spending	• approve of more social welfare programmes • expansion of civil rights laws for minority groups • more liberal policies for fighting crime and drugs
Environment	• have cut back on spending for national parks and environmental protection • sometimes not very strict about pollution standards (connected with big business)	• increase spending for parks and environmental protection • tougher on big business with regard to the environment

Based on Abiturwissen Englisch Landeskunde, Klett Lerntraining, Stuttgart 2009, p. 33

Lobbies

Originally the term 'lobby' comes from the UK where it simply denoted the hallway between the Central Lobby and the House of Commons Chamber where members of the House and members of the public meet. The term is now also used for those people who frequently go there to see legislators in order to influence law-making by directly appealing to the members of the legislature.

In the USA lobbyists regularly meet representatives, senators and their staff to provide material, to monitor and to anticipate legislation. Thus lobbies are often highly organised interest groups, sometimes even trying to exert political pressure.

There are lobbies to ensure the preservation of the wilderness, but there is also an Israel Lobby and an Arab Lobby. The power and influence of some lobbies, such as the National Rifle Association (NRA) is indeed considerable. This is why lobbies have also been called the 'fourth branch of government'. But lobbies also constitute an important means of grassroots activism since lobbies bring issues to public attention that concern the people and often these interest groups are better informed about the interests they represent than some politicians.

CHEAT SHEET: US POLITICAL SYSTEM

Constitution	All areas of American government are based on this written document (1787). Establishes that the US should have a representative government, a separation of government power and a system of checks and balances so that no one branch of government can become too powerful.

US Political System

Bill of Rights	First 10 amendments to Constitution (1791). Specifies several basic civil rights for American citizens, e.g. freedom of speech, freedom of religion.
President (Executive Branch)	Head of State and Chief Executive of the government. Wide range of powers, e.g. proposing and vetoing laws, appointing judges and other state employees (with Senate approval), controlling military action.
Congress (Legislative Branch)	
Senate	100 senators, 2 from each state, serving 6-year-terms.
House of Representatives	435 members, serving 2-year terms. Both chambers have equal authority and functions including making laws, declaring war, controlling federal taxes and controlling trade.
Judicial Branch	Consists of a federal court system and a state court system.
Supreme Court	Highest court in the US, with 9 judges. Establishes precedents which all other federal courts must follow.

Judicial Review	Most important function of the Supreme Court: decides whether laws or government actions are unconstitutional.
Making laws	Laws are proposed, debated and passed in Congress. They also have to be signed by the President, who can veto them.
Electing a President	Indirect vote through the Electoral College. 'Winner takes all' system.
Main political parties	Republicans and Democrats.
Lobbies	(Often highly organized) interest groups trying to influence legislation.

2 Social Structure

Social Structure in Britain

QUICK-FINDER

General Facts
- Ageing society → p. 496
- Families → p. 497

Britain as a class society
- Some distinctions between the classes → p. 497
- The upper class → p. 499
- The middle class → p. 500
- The working class → p. 501
- The poor → p. 501

The role of women
- Women between family and profession → p. 502

Britain as multi-racial society
- Ethnic minorities – an overview → p. 503
- Predominantly of Asian origin → p. 505
- Immigration reasons → p. 505
- Patterns of immigration → p. 506
- Geographical distribution → p. 507
- Problems faced by ethnic minorities → p. 507
- Reducing racial disadvantage → p. 508
- Reactions of ethnic groups → p. 508

SPECIAL TOPIC: Racism in British Society → P. 511

General Facts

AGEING SOCIETY

- Britain has an increasingly ageing society: 1 in 3 people are over 50; 17.4% of the population are aged 65 and over. The number of people in this age group has risen by 17.3% since 2003.
- However, mainly driven by inward migration the birth rate has increased since 2002.
- Minority ethnic groups have a younger age structure than the white population, reflecting past immigration and fertility patterns.

POPULATION OF GREAT BRITAIN BY AGE AND GENDER, 2011

Source: www.ons.gov.uk

FAMILIES
- The nuclear family, consisting of a married couple (where the man goes out to work and the woman stays at home) and two children, is no longer an accurate reflection of life in Britain for many people.
- One quarter of all households are now one-person households.
- The divorce rate is one of the highest in Europe, a factor which has added to the number of single-parent families.
- There are many couples who have remarried and live with step-children as well as their own.
- The majority of couples, especially in their 20s and early 30s, now live together before marriage, if they marry at all.
- A paper published by the government in 1998 called 'Supporting Families' set out proposals for strengthening family life. It included a suggested programme to give families from poor areas better access to child-care, health care and early education opportunities.

Britain as a class society

SOME DISTINCTIONS BETWEEN THE CLASSES In the past, British society was characterised by a marked division of social classes. To what extent is this still true today? Although the boundaries of the middle classes in particular are much more fluid nowadays, an upper and lower class based on financial situation and position in society can certainly still be seen. Surveys suggest that the idea of a class system also still exists inside people's heads, the lower class having a sense of 'us' and 'them', for example with regards to their employers.

	UPPER/ MIDDLE CLASSES	**WORKING CLASSES**
Accent	'BBC' English: a neutral, south-eastern accent gives the impression of a good education.	Regional accents, especially those of large cities, seem uneducated.
Houses	Large, detached or semi-detached homes with large gardens	Terraced houses, council flats, rented accommodation
News-papers	'Quality' papers i.e. *The Daily Telegraph* *The Guardian* *The Times* *The Independent*	'Tabloid' papers i.e. *The Sun* *The Daily Mirror* *The Daily Mail*
Enter-tainment	Theatre, cinema, restaurants	Pubs

It should be noted, however, that these distinctions are generalised, and, in some cases, blurred (see below).

- As indicated above, accent is a marker of social status in Britain. Those in positions of power tend to speak in a more neutral, Southeast England accent associated with BBC news-readers. Many people associate a strong regional accent, especially one from a big city such as

London (Cockney) or Liverpool (Scouse) with a lack of education and social skills: people who talk like this are therefore unlikely to get high-powered jobs, especially not in public life. The exception is politicians, some of whom retain their regional accents.
- Conversely, there is a trend amongst certain groups of young people, particularly those in the entertainment business, to adopt a more working-class accent despite their wealthy, middle-class backgrounds. This is referred to as 'estuary English', or sometimes as 'Mockney' (mock Cockney). These people perhaps have the feeling of appealing more to the 'man in the street' by speaking in this way.

THE UPPER CLASS This can be divided into the 'traditional' upper class, whose members are part of the aristocracy and inherit their wealth and position through titles and property, and the so-called 'business elite', who are separated from the middle class by property, wealth, power and connections.

- This top 1% of the wealth holders in Britain own about 33% of the country's wealth.
- The wealth is passed on from generation to generation, so they remain in control of the country.
- They hold key positions in public life and areas of the national economy e.g. as directors of the top British companies and banks. They therefore play an influential role in society.
- Their children go to public schools and usually Oxford or Cambridge University. There they form the networks that will help them both in their jobs and in their social lives.

- The exclusivity of family background is more important than new wealth, i.e. working- or middle-class entrepreneurs who have become millionaires are not accepted as members of this class: money alone is not enough.

THE MIDDLE CLASS This covers the widest spectrum of people in Britain, and is the one within which there is the most mobility.

Four main groups can be distinguished within the middle-class spectrum:

(a) **The higher professionals**: doctors, judges, lawyers, architects, accountants and business executives. These professionals have university degrees, usually including post-graduate degrees or professional qualifications. The benefits of their jobs include large pensions, long holidays, an expense account and generous sick pay. Since they have a high regard for education and qualifications, it is not unusual for children to follow their parents into the same professional fields.

(b) **The salaried professionals**: university lecturers, school teachers, local government officials, civil servants and social workers. They have also attended university and often obtained post-graduate degrees. They are generally not in a position to negotiate their salaries to the extent that the first group are, and normally earn less.

(c) **The 'white collar workers'** make up the third and largest group. These are people with desk jobs, and include a large percentage of women, mostly doing routine, clerical work. The pay for this 'lower middle

class' is generally modest, but they are still able to afford consumer goods and holidays abroad.
(d) **The self-employed**: This group comprises people who run their own small businesses, shopkeepers and so on. Many of these people do not earn very much, but have to work long hours and pay for their own pension schemes. Many small businesses also went bankrupt during the recession in the early 90s.

Today much of Britain's heavy industry has disappeared, and has been replaced by an increase in jobs in the service industries (such as hotels or banks), which provide more middle-class jobs. This has resulted in people from working-class backgrounds taking on these 'middle-class' jobs, and thereby achieving middle-class status.

THE WORKING CLASS

- The traditional working-class stereotype was of a manual worker who voted Labour, was a member of his trade union and whose social life revolved around the local pub. His wife stayed at home and did the housework.
- Such generalisations are no longer appropriate today. This can be seen in the growing lack of interest in politics (trade union membership has dropped) and the embracing of the consumer society. For example, a large proportion of working-class people own, or aim to own, their own homes, many having bought the council houses which they had previously rented.
- More than 50% of the working-class workforce are now women or are from ethnic minorities.

THE POOR

There is a wide gap between those in work and the unemployed, although those living below the poverty line also often include old people, the disabled, single-parent families and those in very low-paid jobs (often members of ethnic minorities). While the rest of the population enjoys an increasingly higher standard of living, these people are forced to live off social security benefits and some of them even become homeless. Areas with high unemployment become breeding grounds for social problems such as violent crime and drug abuse, and the numbers of beggars on the streets and people sleeping rough are a daily reminder of those whom society has failed.

The role of women

WOMEN BETWEEN FAMILY AND PROFESSION

- As in most western societies today, fewer women are full-time housewives than in the past.
- Many women have obtained professional qualifications and want to have a career before starting a family, while others are forced to work for financial reasons.
- In the 1990s, 72% of British women had a full-time or part-time job.
- Those doing non-professional work generally had low-paid jobs, or were only able to get a part-time position.
- Even women with good careers usually find it impossible to get the top jobs in their chosen profession, e.g. there are large numbers of women doctors, but very few surgeons who are women. About 25% of MPs are now women, an improvement on the situation in the last few decades, but still not a percentage that reflects the proportion of women in the country.

- There are still many areas of work which are considered 'typically male' or 'typically female'. Female jobs tend to be in areas such as administration, health and education, whereas male jobs are in areas of technology and industry.
- On average, women earn about 80% of what men in equivalent jobs earn. This is partly due to the fact that wages for 'typically female' jobs are lower.
- There is little provision of child-care for women wishing to return to work after having children, and it is often difficult for women returning to work to pick up their careers exactly where they left off.
- Surveys show that men are still reluctant to do their fair share of household chores, which means that working women additionally have to spend their evenings and weekends doing housework.
- The ageing population will make it necessary in the coming years to look for new sources of workers: women who wish to go back to work after having children are a natural solution to this problem. However, working conditions will have to be made more amenable to women with children if more women are to be encouraged to work.

Britain as a multi-racial society

ETHNIC MINORITIES There are a lot of ethnic minorities in British society. The following table shows the resident population of Britain by ethnic group in the year 2011:

Social Structure

ETHNIC MINORITIES IN ENGLAND AND WALES – AN OVERVIEW		
	Minority ethnic population	
	%	%
White	86.0	
White British	80.5	
Irish	0.9	
Gypsy or Irish Traveller	0.1	
Other White (Polish ...)	4.4	
Mixed (White and Black / Asian ...)	2.2	17.2
Asian / Asian British	7.5	58.8
Indian	2.5	19.6
Pakistani	2.0	15.6
Bangladeshi	0.8	6.2
Chinese	0.7	5.4
Other Asian	1.5	11.7
Black / Black British	3.3	25.8
Black Caribbean	1.1	8.6
Black African	1.8	14.1
Other Black	0.5	3.9
Arab	0.4	3.1
Other	1.0	7.8
All minority ethnic population	*14.0*	*100*
All population	100	

www.statistics.gov.uk
(Census 2011, Office for National Statistics)

The size of the minority ethnic population was 7.8 million in 2011 or 14.0% of the total population of England and Wales.

PREDOMINANTLY OF ASIAN ORIGIN Indians were the largest minority group, followed by those of mixed ethnic backgrounds, Pakistanis, Black Africans, Black Caribbeans and Bangladeshis.

Half of the total minority ethnic population were Asians of Indian, Pakistani, Bangladeshi or other Asian origin. A quarter of minority ethnic people described themselves as Black, that is Black Caribbean, Black African or Other Black.

IMMIGRATION REASONS People from all over the world have emigrated to Britain for a variety of reasons:
- to escape political or religious persecution
- to have better economic opportunities
- because of traditional connections to Britain (e.g. members of Commonwealth countries such as Australia, New Zealand or Canada).

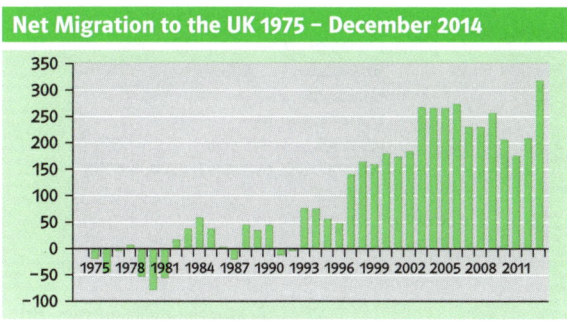

(Source: migrationwatchuk.org/latest-immigration-statistics)

PATTERNS OF IMMIGRATION

- In the 18th and 19th centuries there were already black immigrants in Britain from the days of slave trading.
- In the 19th century there was an influx of Irish immigrants.
- First half of the 20th century: Jewish and other Eastern European refugees.
- Large scale immigration began because of labour shortages in the 1950s, which saw the arrival of many West Indians (especially from Jamaica).
- 1960s and 1970s: immigrants from India, Pakistan and Bangladesh. These groups and the West Indians represent the largest percentage of immigrants living in the UK today.
- From the late 1980s: an influx of asylum seekers from troubled areas around the world, such as from former Yugoslavia and Somalia.

Office for National Statistics, 2011

GEOGRAPHICAL DISTRIBUTION The minority ethnic populations are concentrated in the large urban centres, in particular London.
- 78% of Black Africans and 61% of Black Caribbeans live in London. More than half of the Bangladeshi group (54%) also live in London. Other ethnic minority groups are more dispersed.
- Pakistanis tend to live in London, Lancashire, Greater Manchester and Yorkshire.
- 40% of Indians live in London. Major Indian communities can be found in Leicester, Wolverhampton and Slough.

PROBLEMS FACED BY ETHNIC MINORITIES From the beginning ethnic minorities have been confronted with hostility and discrimination by the white community. Statistics show disadvantages of being a member of particular ethnic groups:

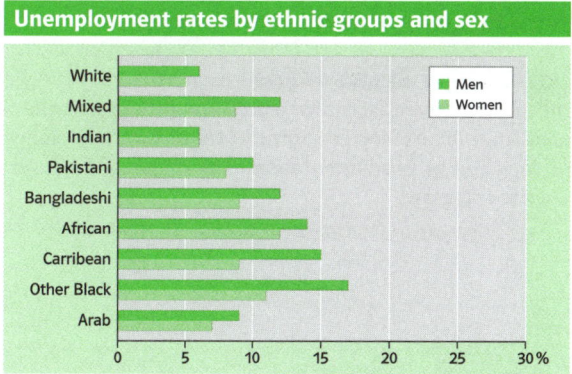

Office for National Statistics, 2011

Additionally, Pakistani and Bangladeshi people usually have to live on lower income than other groups in British society.

In the past, these minority groups have also rated their own health two to four times as bad as the general population.

REDUCING RACIAL DISADVANTAGE

- The **Race Relations Act** (1976) makes it illegal to discriminate on the grounds of colour, race, nationality or ethnic origin in the areas of provision of goods, facilities and services, and in employment, housing and education.
- The **Crime and Disorder Act** (1998) includes offences of racial harassment and racially motivated violence.
- In addition to this, equal opportunities are promoted through training programmes, including extra training for adults who need English as a second language. Specialist teachers are provided at some schools to help immigrant children with their English.

REACTIONS OF ETHNIC GROUPS In particular younger members of the discriminated ethnic groups are alienated from British society. Some of them turn to violence or to religious fundamentalism. The majority, however, tries to integrate.

CHEAT SHEET: SOCIAL STRUCTURE IN BRITAIN

Family life	The nuclear family is no longer the norm: divorce and cohabitation have become common.
Upper class	• Characterised by hereditary wealth, social position and property. • They hold many positions of power in public life and in business. • They form contacts at public school and Oxford/Cambridge. • They are exclusive: only those with the right background are acceptable.
Middle class	• Covers a wide range of professions from doctors and lawyers to clerical workers. • Those in the top professions are well-off, but do not have the same power as the upper class. • There is a lot of mobility within this class, e.g. the child of a clerical worker can qualify as a doctor. • They can afford to buy consumer goods.
Working class	• Manual workers prefer today to work towards owning their own home and buying consumer goods than be trade union members trying to bring about social change. • There is a wide gap between the employed and the unemployed, many of whom are destitute and without hope.

Women	Now form a large part of the workforce, but are generally still disadvantaged with regard to pay and conditions.
Ethnic minorities	• Multi-racial society: large numbers of immigrants from the West Indies, India and Pakistan. • They suffer discrimination in jobs and housing and, often, abuse and harassment. • Laws have been passed to prevent discrimination and racial attacks ➤ not always put into force. • Equal opportunities programmes and rise of some black stars (e.g. in football) ➤ steps towards integration and acceptance.

Racism in British society

Right from the beginning, members of ethnic minorities in Britain have been the victims of discrimination and hostility, both from their white neighbours and from the authorities.

- They were given the worst-paid jobs and poor housing.
- The white residents of their neighbourhoods mistrusted them which has made integration difficult.
- Today problems include the fact that young black men are far more likely to be stopped in the street by a police officer than white people and are much more likely to be arrested.
- White people are far more likely to obtain a job than their black counterparts.
- The unemployment rate of members of ethnic minorities is about two to four times higher than for white people.
- Afro-Caribbeans and Asians are often verbally abused or even physically attacked. There have been reported 130,000 racially motivated crimes in England and Wales in 2010/11.
- The risk of being a victim of household crime (i.e. burglary) is much higher for Indian, Bangladeshi and Pakistani people than for black or white people.
- Many members of ethnic communities live in run-down inner city areas, where their children seldom have the opportunity to attend a good school and therefore do not get the qualifications which would help them to improve their social and economic status.
- The ethnic minorities are underrepresented in the police and armed forces; many of those who have joined

these forces have complained of colleagues' racist attitudes.
- They are also underrepresented in the trade unions.

Reactions to racism
A lot of people from discriminated ethnic minority groups feel alienated from British society.
- First-generation immigrants have been inclined to adapt to the British lifestyle, appraising the material advantages of their new home-country.
- Second and third-generation men and women are more reluctant to give up their cultural identity. On the other hand, they do not want to accept a second-class citizenship. They are more willing to fight discrimination.
- As a consequence, they turn either to violence or to religious fundamentalism.

The London bomb attack 2005
An example for both instances was the London bomb attack. 4 suicide bombers killed 52 innocent people in the London underground and a bus. The terrorists were young Muslims with Asian background.
Similar to the attack on 9/11, the London incident let the tensions between whites and Muslim immigrants grow.

Acceptance and integration
Although the situation today is far from perfect, there have been improvements towards equality and integration:
- There are now some Black and Asian MPs.
- The ethnic minorities have wider representation in local government.

- Several Asian entrepreneurs have become millionaires, enabling them to move up into a more middle-class society.
- Success in sports (e.g. football, athletics) and in the music world has contributed to greater acceptance.
- People from ethnic minorities have a higher profile on television than in the past.
- The Indian restaurant and Pakistani news-agency or corner shop have become integral parts of British life.
- The annual Notting Hill Carnival, held in August, attracts two million visitors each year. It began as a local celebration of West Indian culture, and in the past it was the scene of fights between the black community, organised racists and the police. Nowadays, however, it is a peaceful event.

The Manchester Arena Bombing 2017

One of the latest examples for home-grown terror was the suicide attack at a concert in the Manchester Arena. 23 people were killed, 116 were injured. The attacker Salman Ramadan Abedi, a 22-year-old British Muslim, was born in the city. His Lybian family, who immigrated in the early 1990ies, is described as very traditional and "super religious".

Attacks like this regularly lead to growing tensions between whites and Muslim immigrants.

Social Structure

Social Structure in the USA

QUICK-FINDER

A country of immigrants
- Formed over the centuries → p. 516
- 'Melting pot' → p. 516
- Did it work? → p. 516
- 'Salad bowl' or 'mosaic' theory → p. 517
- Immigration policy → p. 519
- Number of immigrants in the 20th century → p. 520
- One in ten American is foreign-born → p. 521

SPECIAL TOPIC: Illegal immigration → p. 522

American Dream
- From rags to riches → p. 524
- Reality is somewhat different → p. 524

Population Structure
- Past and present → p. 524
- Population growth and future trends → p. 525

Native Americans
- Reasons for tension → p. 526
- Effects of European occupation → p. 527
- Native American resistance → p. 529
- Native Americans today → p. 85

Social Structure in the USA

QUICK-FINDER

African Americans
- Slavery and abolition → p. 529
- Liberated into misery → p. 530
- Separate but equal → p. 531
- Civil Rights Movement → p. 531
- Significant events → p. 532
- The situation today → p. 533

Hispanics
- The fastest growing ethnic minority → p. 534
- Mexican Americans → p. 535
- Puerto Ricans → p. 535
- Cubans → p. 536
- Problems → p. 536

Asians
- Numbers and ethnic background → p. 536
- A well-educated group → p. 537

Social class
- All men are created equal → p. 538
- Social divisions of American society → p. 538

Cheat Sheet: Social Structure in the USA → p. 539

A country of immigrants

FORMED OVER THE CENTURIES The social structure of the United States has been formed over the centuries by the many diverse groups of immigrants who chose to make America their home. Additionally, there are the people who were already there when the first immigrants arrived (i.e. the Native Americans) and those whose presence in the country was not voluntary (i.e. the Black Africans who were shipped in to work as slaves). In the 21st century America is still a popular destination for immigrants who dream of a better life, although they generally come from quite different countries than the immigrants of 100 years ago. It is only against this complex background that the social structure of the USA can be understood.

THE 'MELTING POT' This term has often been used to describe the assimilation of immigrants into American life. Its literal meaning is a chemical one: several different elements are melted together to form a new product. The idea was that immigrants would fuse together with the 'old' Americans, giving up their old lifestyles and cultures to form one American nation. The motto 'e pluribus unum' (from many to one), which still appears on American coins today, has been used since 1782, reflecting how even the early Americans saw their country.

DID IT WORK?
- The assimilation of mid-19th century immigrants was easier, as they tended to be white, northern European Protestants who shared the idea of the Puritan

Social Structure in the USA

work ethic and were similar in mentality to the 'old' Americans.
- A sense of unity is created by the fact that most Americans share a common language, feeling of national identity and a certain lifestyle that can be characterised as 'typically American'.
- Starting with the second wave of large-scale immigration, i.e. from southern and eastern Europe, assimilation became more difficult due to differences in mentality.
- There has been little intermarriage between the main racial groups.

'SALAD BOWL' OR 'MOSAIC' THEORY
- Today a relatively small number of people tend to regard themselves as pure American. They prefer to define themselves by their racial or linguistic origins or by their national heritage.
- This is defined as the 'salad bowl' or 'mosaic' theory, the idea being that many separate parts make up a whole, while still keeping their individuality.

COUNTRY OF ORIGIN AND REASONS FOR IMMIGRATION

	Nationality	Reasons for immigration
1607–1776	English Scots Irish Germans	• To escape religious persecution. • To escape bad economic conditions.

1820–1900	Germans Irish Italians British Austrians Scandinavians Russians Chinese (during gold rush)	• The Industrial Revolution in Europe led to wide-ranging social and economic changes. Many agricultural workers had lost their livelihoods and wanted to make a new start. • The Potato Famine in Ireland in the 1830s and 1840s, plus the fact that many owners of small farms there lost their land when it was incorporated into large estates, caused hundreds of thousands of Irish to leave. • Political instability in some parts of Europe. • To prospect for gold (First Gold Rush 1849 in California)
1900–1940	Southern and eastern Europeans	• To escape poor economic conditions. • To live the 'American Dream'.

1940–1960	All nationalities, although those from northern Europe were preferred	• Many came as refugees to escape political persecution. • 'War Brides': foreign wives of US soldiers
From 1960	Mostly Asians and Hispanics	• To have better economic conditions.

IMMIGRATION POLICY For most of the 19th century, when the United States was a relatively new and empty country, immigration was unlimited. People were encouraged (by cheap ship passages and the promise of a prosperous new life) to come and settle; this had the added bonus of consolidating the country's position as a nation in its own right after it gained independence from Britain. However, from the end of the 19th century immigration laws were revised, often in order to exclude certain racial groups.

OVERVIEW: IMMIGRATION ACTS

TIME LINE

1882	Chinese Exclusion Act: its main purpose was to ban Chinese labourers
1917	Literacy test introduced for all immigrants
1921	Quota system introduced to reduce immigration

1924	Immigration Act: designed to limit immigration even further, especially from southern and eastern Europe. Total immigration was to be only 2% of the 1890 census.
1948	Restrictions were relaxed to allow refugees and displaced persons (people forced to leave their country after a war) to enter.
1965	Quota system abolished after criticism that it was a form of racial discrimination. A limit of 170,000 visas a year was set for the eastern hemisphere, and 120,000 for the western hemisphere. They were allotted on a 'first come, first served' basis.
1996	The Illegal Immigration Reform and the Immigrant Responsibility Act has made it easier to deport illegal immigrants and has introduced an income test for anyone trying to bring their family to the USA.
2014	Obama's executive action allowed 45% of illegal immigrants to legally stay and work in the United States.

NUMBERS OF IMMIGRANTS IN THE 20TH CENTURY Due to the changing immigration policy, economic attraction of the USA and global developments, there have been significant differences in the number of immigrants.

Social Structure in the USA

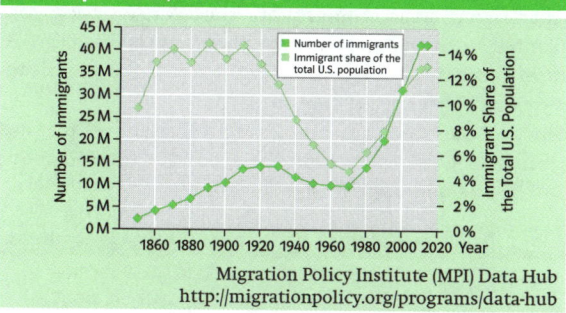

Number of Immigrants and Their Share of the Total U.S. Population, 1850–2013

Migration Policy Institute (MPI) Data Hub
http://migrationpolicy.org/programs/data-hub

MORE THAN ONE IN TEN AMERICAN IS FOREIGN BORN Due to immigration, in 2013 there were over 41.3 million foreign born in the United States, representing 13% of the total population. Among these,
- 29% have arrived between 2000 and 2009, ten percent since 2010.
- In 2013, Mexican-born immigrants accounted for 28% of all foreign born in the US. India was the second largest country of origin, followed by China and the Philippines.
- Since 1990, the number of Central American immigrants in the US has nearly tripled to about 8%. The top three countries of origin from this region in 2011 were El Salvador, Guatemala and Honduras.
- Over four out of five of these immigrants speak a language other than English at home.
- Between 2001 and 2010 there were 10,501,053 immigrants.
- Between 2011 and 2012 more than 2 million people emigrated to the USA.

SPECIAL TOPIC

Illegal immigration

Apart from legal immigration, the USA has been confronted with people entering the country illegally. In most cases these illegal immigrants cross the American-Mexican border to get into the USA.

Since 2000 the number of unauthorised people has risen 37%. Each year within the 2000–2012 period about 390,000 people immigrated illegally.

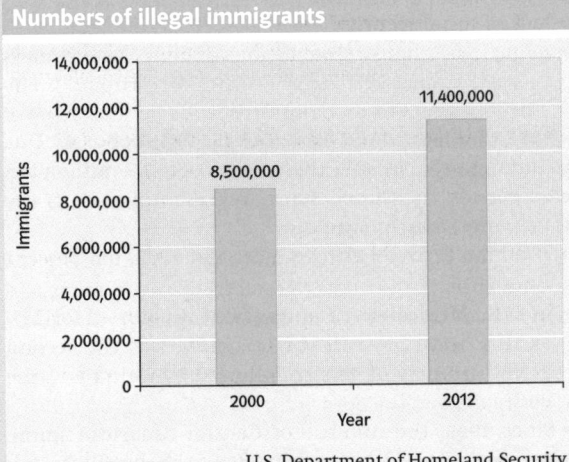

U.S. Department of Homeland Security

These are official numbers of the US administration. The real numbers, however, are very difficult to estimate. Projections range from 11 to 20 million people living and working illegally in the USA.

SPECIAL TOPIC

Origin and destination
Most illegal immigrants come from Mexico (56%), other major groups come from Guatemala, El Salvador, Honduras and China.
They prefer to stay in bordering states, in particular California, Texas and Florida.

Situation of illegal immigrants
Permanently at risk of being caught by the authorities, they face a lot of problems, i.e.
- lack of social security
- living in bad housing conditions or even homelessness
- they are employed for very low wages. Scrupulous employers use them for minimising the general level of wages for legal residents
- they are seen as a threat by conservatives

Inefficient border control
The border between Mexico and the USA is under close surveillance. Border patrols, electronic equipment and high fences try to stop the endless stream of illegal immigrants. However, only a few are caught on entering the United States. Those are sent back, but quite often they try to cross the border the following night again.

Political answers
Republicans and Democrats have different answers to the question of illegal immigration.
- the Democrats tend to be more liberal, offering a pathway to citizenship for those who have lived in the USA for a long time
- the Republicans want them to be sent back

The American Dream

FROM RAGS TO RICHES Why has the USA always been such a popular destination for immigrants? The 'Dream' plays an important role. This is the idea that in America:
- every person is free and equal in all matters of race, politics, religious belief and social status
- every person can improve economically and has a secure future
- every person can fulfil their personal potential and has the opportunity to escape poverty and attain wealth (become a self-made man or woman) if they work hard enough

REALITY IS SOMEWHAT DIFFERENT
- many minority groups were not given the opportunity to live free and equal lives
- society is not classless with regard to wealth: there is a huge gap between rich and poor
- for many, the concept of personal fulfilment has become more and more an obsession with material wealth, leading to the creation of a highly competitive consumer society for whom material success is the only goal.

Population structure

PAST AND PRESENT Up until the 1960s, the majority of the country's inhabitants were white, but the dramatic increase in Asian and Hispanic immigrants has changed the structure of the population.

Social Structure in the USA

- Whites still make up 62% of today's population. Though their proportion has decreased, the positions of power and influence in the USA are still predominantly held by white people, while other ethnic groups suffer from a higher proportion of social problems.
- Hispanics are the fastest growing ethnic group, comprising about 54.5 million people.

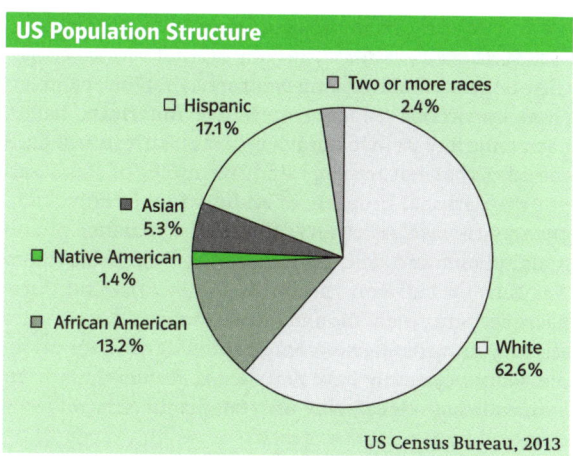

US Population Structure

- Two or more races 2.4%
- Hispanic 17.1%
- Asian 5.3%
- Native American 1.4%
- African American 13.2%
- White 62.6%

US Census Bureau, 2013

POPULATION GROWTH AND FUTURE TRENDS According to recent statistics (2010), the US population has hit the 320 million people mark.

Experts believe that in the year 2050 there will be about 400–500 million Americans. At the turn of the next century there could be more than a billion. The growth is very likely to have impacts on the structure of the population.

- Minorities, now roughly one third of the U.S. population, are expected to become the majority in 2042.
- The Hispanic population is projected to nearly double until 2050. Its share will rise to 29%. Nearly one in three Americans will be of Hispanic origin then.

Native Americans

REASONS FOR TENSION The country that was to become the USA was inhabited long before the first Europeans arrived by various 'Indian', or Native American, tribes. Each tribe had its own language and culture, but shared the idea that nature (e.g. land, resources of food) was not the personal property of an individual. Native Indians saw themselves as part of a natural balance of animals, plants and soil. From the very beginning there was tension between the Native Americans and European settlers, even though initially many tribes were friendly towards the newcomers: the Pilgrims, for example, would certainly have perished if they had not been befriended by a local tribe who taught them how to sow corn and hunt.

- The Europeans showed little respect for the Native American customs and religious beliefs.
- The settlers seemed to pay no attention to the spirit and rhythms of nature, but instead to regard nature as an obstacle. It was also something to be used to their own ends, e.g. to obtain raw materials, rather than to be respected.
- Some considered it their duty to convert the indigenous people to Christianity; others used them as cheap workers.

Social Structure in the USA

- While the Europeans built permanent houses, the Native tribes moved around to take advantage of the best seasonal hunting opportunities. This made it easy for the settlers to claim Native land as their own.
- The discovery of gold and the desire to push back the western frontier meant the occupation of yet more Native American land.

EFFECTS OF EUROPEAN OCCUPATION

- Many Native Americans were killed by European diseases, e.g. smallpox.
- The tribes were driven away from their natural territories to live on reservations, where the soil was generally poor and where there was little opportunity for hunting and fishing. They were not allowed to leave the reservations without permission.
- Many more were killed in wars with the white settlers (e.g. in 1890 in the massacre at **Wounded Knee**, which saw the end of Indian resistance).
- A feeling of depression about their new situation resulted in many suicides and a falling birth-rate.

GOVERNMENT POLICY TOWARDS NATIVE AMERICANS

TIME LINE

19th century	The federal government made several land ownership treaties with the Native Americans, but then broke them if, for example, they wished to build a railway through the land.
1824	Foundation of the Bureau of Indian Affairs (BIA). This was initially set up to help assimilate the Native Americans into white society, and was run by whites.

1887	The Dawes Act gave each head of a family an 'allotment' of 160 acres of their reservation, which they were to learn to farm, becoming 'civilised' in the process. The rest of the reservation was sold by the government to white settlers, although it belonged to the Indians. The long-term aim was to break up the reservations and completely assimilate the people living there into American society. More and more land was sold in the course of the years with the argument that since the Indians were not 'using' the land for farming, they did not need it. By 1933 the Native Americans had lost 60% of their land.
1924	Native Americans were granted full US citizenship.
1934	The 'New Deal' allowed self-government on the reservations and the preservation of Indian culture and traditions.
1950s / 1960s	The termination period put an end to federal trust protection of Native American tribes. The idea was to abolish tribal traditions and reservations, and treat the Native Americans in the same way as all other citizens. The main result was that many of them became so poor that they were forced to live off welfare. This policy was dropped in 1970.
Since the 1970s	The government has aided and encouraged self-determination for the tribes.

Social Structure in the USA

NATIVE AMERICAN RESISTANCE In the 1960s and 1970s some Native Americans fought to get back what belonged to them and to draw attention to their situation:

TIME LINE		
	1960s	As a result of several cases taken to the Supreme Court, the federal government was made to compensate tribes for lands taken from them in the 19th century.
	1969	Militant Native Americans occupied Alcatraz Island.
	1972	Occupation of the BIA in Washington, D. C.
	1973	A 71-day armed siege at Wounded Knee.

NATIVE AMERICANS TODAY
- There are almost 2 million Native Americans living in the USA, many of whom suffer from poor health and education, high unemployment and low income.
- The BIA now has agency offices on the reservations, employing about 14,500 people, mostly Native Americans, to implement programmes for education, technical assistance, economic development and trust protection.
- There has been an increase in pride in the Native American heritage and preservation of their culture.

African Americans

SLAVERY AND ABOLITION In contrast to the situation with the Native Americans, the African Americans fought for integration into American society. Their efforts met with widespread opposition.

SLAVERY AND ABOLITION

TIME LINE

1619–1808	Africans transported to the USA to be sold as slaves. Most lived in Virginia, Maryland and South Carolina and worked on large plantations (e.g. cotton).
1833	National Anti-Slavery Society ('Abolitionist' movement) founded. Its supporters were chiefly from the North.
1861–1865	American Civil War: The war was not fought on the question of slavery, but resulted from the secession of some southern states which formed the Confederate States of America. Lincoln's **Emancipation Proclamation** (1863) freed the slaves, but only after the Civil War slavery was finally abolished.
1868	Black Americans became citizens under the 14th Amendment to the Constitution.
1870	All male Americans were given the vote, regardless of race.

LIBERATED INTO MISERY During the period following the Civil War, many Blacks were elected to political office, both in the North and in the South, and education was improved. However, the southern white population did not accept this, and fought back.
- They used intimidation to prevent black people from voting.
- They did their best to make Blacks financially dependent on Whites.
- Racist groups such as the Ku Klux Klan attacked black people and their supporters. Hundreds of Blacks were

killed for attempting to vote, protesting against segregation, organising workers or even attending school.
- As a result, large numbers of African Americans left the South for the new territories in the West or for the North. However, although many northerners had wanted to abolish slavery, they did not go as far as to support the idea of equal status for black people, who therefore also had to suffer a great deal of discrimination in the North.

SEPARATE BUT EQUAL
- 1880s: The passing of 'Jim Crow laws' led to the segregation of black people from whites in every area of life, from public transport to schools.
- 1896: The Supreme Court ruled that this segregation was not illegal.

However, facilities were not equal at all. For example, schools for coloured people were badly equipped, there were more pupils in their classes than in white schools. In general, public facilities for the coloured were of very poor quality.

CIVIL RIGHTS MOVEMENT
Groups fighting for the end of discrimination towards black people:
- **The National Association for the Advancement of Colored People (NAACP)**, founded in 1909, fought segregation in the law courts. They won the historic case in the Supreme Court in 1954, 'Brown v. Board of Education', where it was ruled that segregation in schools is unconstitutional.
- The **Congress of Racial Equality (CORE)**, founded in 1942, staged peaceful sit-ins and demonstrations to challenge segregation.

- The Southern Christian Leadership Conference was founded in 1957 by black Protestant ministers under the leadership of **Martin Luther King, Jr.** They worked towards black integration by means of boycotts and peaceful demonstrations.
- The 'Black Muslims', or Nation of Islam wanted a separate black nation within the United States rather than integration. Their most famous member, **Malcolm X**, was assassinated in 1965.
- The **Black Panther Party** (founded 1966) was a militant group which promoted the use of 'violence against violence'.

SIGNIFICANT EVENTS

TIME LINE

1955	Rosa Parks was arrested when she refused to let a white person sit on her seat in a bus. Blacks **boycotted the buses** in Montgomery, Alabama, to protest about segregation.
1957	Nine black students entered the white school in Little Rock, Arkansas. President Eisenhower sent soldiers to stop the riots and to guard their daily way to school.
1961	Freedom Rides: bus trips through the South in an attempt to desegregate public transport.
1962	Mississippi Summer Project: volunteers helped Blacks register to vote.
1963	March on Washington, D.C.: more than 200,000 people from the whole country protested peacefully for civil rights. **Martin Luther King made his famous 'I Have a Dream' speech.**

Social Structure in the USA

1965	Voting Rights Act made voting registration easier.
1968	Assassination of Martin Luther King.
1970–1976	'Bussing' of white children to schools in black areas and vice versa to encourage desegregation.
1972	Equal Opportunity Act meant 'positive discrimination' with regard to employment of people from minority groups.
1984 & 1988	Jesse L. Jackson, a black minister, campaigned for the Democratic presidential nomination. With his encouragement, many more people from ethnic minorities registered to vote and took an active interest in politics.
2009	**Barack Obama** became President; the Republican Party nominated Michael Steele, an African American, as chairperson.

THE SITUATION TODAY

Positive aspects:

- The situation of African Americans has improved, with more of them completing high school, graduating from college and becoming well-paid professionals.
- African Americans hold positions of power in government and public life.
- There are many role-models for young black Americans in the form of film stars, sports people and musicians.

Negative aspects:

- There are still too many African American children who drop out of high school.
- Teenager pregnancy is much more common among African Americans than in the white community.
- The infant mortality for African Americans is more than double the average for Whites.
- Black children are more likely to live in a single-parent household than white children. More than 40% of all African American children live in poverty.
- Homicide is the leading cause of death for all African American males between the ages of 15 and 34. One in five of all black males in this age group has a criminal record. Nearly half of all US murder victims are black.
- Many black Americans still live in deprived inner city areas where they have to deal with the problems of unemployment.
- Discrimination still exists in many areas of life.

Hispanics

THE FASTEST GROWING ETHNIC MINORITY There are approximately 54 million Hispanics living in the United States. It is the fastest growing ethnic minority group in the USA. Hispanics comprise all Americans with a Spanish migration background.

Social Structure in the USA

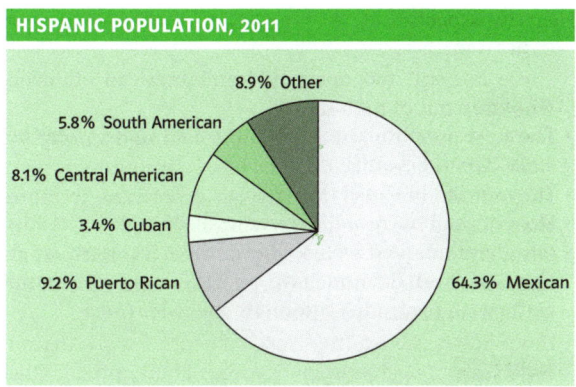

HISPANIC POPULATION, 2011
- 8.9% Other
- 5.8% South American
- 8.1% Central American
- 3.4% Cuban
- 9.2% Puerto Rican
- 64.3% Mexican

Source: US Census Bureau 2012

MEXICAN AMERICANS
- The largest group, most of whom live in the South-West.
- Some families have been in the country since 1848, when the Mexican government ceded land to the United States after the Mexican War. They have US citizenship.
- More recent immigrants left Mexico in the hope of improving their economic situation. They are often regarded as a source of cheap labour and have badly paid jobs. 35% of their children do not complete high school and lack qualifications.

PUERTO RICANS
- Puerto Rico constitutes a commonwealth associated with the USA, and so its nationals have US citizenship.
- Most of them live in New York or New Jersey.
- Although they have access to more benefits than other groups, many still live below the poverty line and suf-

fer discrimination with regard to employment and education.

CUBANS
- These were political refugees who fled Cuba after the 1959 Cuban Revolution.
- They settled in Florida.
- Most of them were well-educated, middle-class citizens who have adapted well to life in the USA. Most are financially well-off and have political influence, especially with regard to US foreign policy for Cuba.

PROBLEMS
- The main problem for Hispanics is lack of assimilation and, in the case of the children, lack of a good education.
- The fact that many of these immigrants speak only Spanish has led to the debate about bilingual teaching in schools (see 'Education', chapter 5).
- Hispanic households are among the poorest in the USA. 25% of them live below the poverty line.
- Illegal Hispanic immigrants are seen by some as a threat to national security.
- Hispanics have a lot of influence on American life: Spanish is the second most widely spoken language in the country, and the Hispanic influence on food and culture is growing.

Asians

NUMBERS AND ETHNIC BACKGROUND People from Asia make up a small but growing proportion of immigrants.

17.3 million US residents are said to be Asian, amounting to 5% of the total population.

At a close look the Asian population in the USA can be divided according to their ethnic origin:

NUMBERS (IN MILLION)	ETHNIC ORIGIN
4.01	Chinese
3.41	Filipinos
3.18	Asian Indians
1.73	Vietnamese
1.70	Koreans
1.34	Japanese

U.S. Census Bureau, 2010

California is the state with the largest Asian population, followed by New York and Texas. About one in three Asian American lives in the sunshine state on the west coast.

A WELL-EDUCATED GROUP

- It is noticeable that many young Asians do well academically. Compared to the average American, twice as many Asians have a bachelor's degree or some other higher level of education.
- In business, Asian Americans tend to be more successful than other ethnic groups.

Social class

ALL MEN ARE CREATED EQUAL The concept that all people are equal, and have equal opportunities, forms the backbone of American society. Certainly there is no hereditary aristocracy as in Britain; instead, the social divisions that exist are based on money, profession and race.

THE SOCIAL DIVISIONS OF AMERICAN SOCIETY

The upper class
- multi-millionaires, financiers and top politicians, with both financial and political power
- some 'old' families who have lived in the United States since colonial times, and enjoy a high social status
- millionaire stars of the entertainment world

The upper middle class
- professionals, e.g. doctors, lawyers
- business executives, top managers and technologists

The middle class
- teachers, social workers, small business people
- white-collar workers
- blue-collar workers

The working class
- semi-skilled workers, e.g. truck drivers, shop assistants, assembly-line factory workers

The lower class
- the unemployed, casual labourers
- those living below the poverty line

CHEAT SHEET: SOCIAL STRUCTURE IN THE USA

Immigration	US population ➤ various groups of immigrants from the last 4 centuries, Native Americans, and descendants of former slaves.
Main groups of immigrants	(a) British (colonists); other white Northern Europeans (b) southern and eastern Europeans (c) Hispanics (d) Asians.
Melting pot theory	All new immigrants were to 'melt' into American society, becoming one nation with shared identity and culture. However, immigrants like to maintain a sense of their own cultural identity. New theories to express this ➤ salad bowl or mosaic.
American Dream	America as the land of freedom and equality ➤ everyone has a chance to be successful. Lack of opportunities for those at the lower end of the social scale contradicts this.
Native Americans	Driven away from their lands by European settlers. Forced to live on reservations ➤ large parts were taken from them. Numbers fell due to European diseases, war and social deprivation. Won the right to govern their own reservations and maintain their culture after many years of treaties, court cases and open resistance.

African Americans	Descendants of slaves. Given freedom after the Civil War ➤ met with a lot of resistance (Southern states). Suffered many decades from segregation, discrimination and violence before equal rights became a reality. Civil Rights Movement (1960s) pressurised government into making changes. Today: many blacks enjoy a middle-class status; others still live below the poverty line.
Hispanics	Largest immigrant group. Often seen as cheap labour and live in deprived conditions (especially Mexicans). Many find assimilation difficult.
Asians	Reach high academic standards and get good jobs.

3 Social Welfare

Social Welfare in Britain

QUICK-FINDER

National Health Service (NHS)
- Historical background → p. 542
- Characteristics of the NHS → p. 542
- Medical care → p. 542
- Problems → p. 543
- Changes → p. 543

Social security
- Supporting for workless → p. 544
- Financial cutbacks → p. 544

Social services
- Provisions for those in need → p. 544
- Importance of volunteers and charity → p. 545

Cheat Sheet: Social Welfare in Britain → p. 545

National Health Service (NHS)

HISTORICAL BACKGROUND
- Until the early 20th century it was generally not considered the responsibility of the state to provide help for those in need: help was given by churches and other charitable organisations.
- 1906–1914: the Liberal Government introduced programmes to provide old-age pensions, national insurance, employment and medicine which later formed the basis of the welfare state.
- 1942: The **Beveridge Report**. Sir William Beveridge analysed existing schemes and recommended the introduction of social security and free health care, most of which was to be paid for by national insurance contributions made by workers.
- Legislation was introduced, e.g. Family Allowances Act (1945) and National Health Service Act (1946).
- 1948: The National Health Service (NHS) began operating. This service, which provided the whole of the population with free medical care, was the first of its kind in the world.

CHARACTERISTICS OF THE NHS
- Provides free health care for all residents of the UK.
- It is one of the largest employers in the world, with over one million employees.
- It is funded by taxes and by national insurance contributions paid by all employees and employers.

MEDICAL CARE
- Each person registers with the local general practitioner (GP, or 'family doctor') of their choice. They go

to this doctor for all kinds of consultations: the doctor will refer them to a specialist, usually at a local hospital, if necessary. This treatment is free, but most working adults have to pay for prescriptions.
- Private medical insurance schemes also exist, but only in addition to, not instead of, national insurance.

PROBLEMS
- The system is extremely expensive to run.
- Waiting lists for routine operations are very long.
- There are staff shortages as many former NHS employees go over to the private sector, attracted by better pay and working conditions.
- Lack of equipment in some hospitals.
- The ageing population will put more pressure on the system's resources in the years to come.

CHANGES Governments past and present have introduced changes to improve the NHS and make the system more cost-effective:
- 1990: National Health Service and Community Care Act put pressure on the NHS to save money and to become more efficient rather than providing unlimited services.
- GPs are now paid on the basis of health screening targets rather than by the number of patients on their list, as previously. They also perform minor operations to take some of the pressure off the hospitals.
- Some services (e.g. dental treatment and eye tests) now have to be paid for (children, old people and those on social security or with disabilities are exempt). The same goes for prescriptions.
- Patient's Charter: sets down the patients' rights and the standards of care they can expect from the NHS, in-

cluding waiting times for treatment and a complaints procedure.

Social security

SUPPORTING FOR WORKLESS Similar to Germany, Britain's social security system cares for those who are temporarily or permanent out of work. This system includes:
- unemployment benefit
- benefits for the sick and disabled
- pensions

FINANCIAL CUTBACKS The benefits are financed in the same way as the NHS. There has been a decrease in all benefits in recent years to save money and to try to target only the most needy.
- 16–18-year-old school leavers without a job are no longer eligible for unemployment benefit, but instead have to take part in a youth training scheme or programme of further education.
- With the ageing society pensions will have to be reduced in future. Private insurance will be necessary to avoid poverty at the age of retirement.

Social services

PROVISIONS FOR THOSE IN NEED These include the provision of care for the elderly and disabled (both in institutions and in their own homes), as well as for children and young people, the mentally ill, and families.

IMPORTANCE OF VOLUNTEERS AND CHARITY They are run both by professional and voluntary groups, and charities. The services provided range widely from 'meals on wheels' (bringing food to elderly people unable to leave their homes) to self-help groups.

The social services system would not be possible without the many volunteer groups, especially as government-funded services have often suffered from cutbacks. For example, in the 1980s the government introduced several 'care in the community' schemes in which mentally ill people were to be cared for in their own homes rather than in institutions. One result was that many of these people ended up living on the streets.

CHEAT SHEET: SOCIAL WELFARE IN BRITAIN

	Early 20th century ➤ first real welfare programmes.
NHS	• 1942: Beveridge Report ➤ foundation of the National Health Service (1948) and other social welfare programmes. • Free healthcare for all residents, financed by taxes and workers' contributions.
Problems	Expensive; long waiting lists; staff shortages; pressure due to ageing population.
Social security	Benefits for the unemployed, sick and disabled, child support, income support and pensions.
Social services	Care for the elderly and disabled; support for children and families.

Social Welfare in the USA

QUICK-FINDER

Health care
- Historical background → p. 547
- Extremely high costs → p. 547
- Private and federal health programmes → p. 548
- Changes to federal health care provision → p. 549

Social security
- Small social security benefits only → p. 549
- Welfare programmes → p. 550
- Welfare reform → p. 550

Cheat Sheet: Social Welfare in the USA → p. 551

SPECIAL TOPIC:
Affordable healthcare in the USA → p. 552

Social Welfare in the USA

Health care

HISTORICAL BACKGROUND Unlike in Britain, there is no free health insurance available to American citizens. The reasons for this lie in the American mentality, i.e. belief in the Protestant work ethic (see 'Religion', chapter 6), and the concept that everyone is responsible for him- or herself. Although some welfare programmes existed, even in the 19th century, many people were against the idea of cash relief for those who were physically able to work: instead, these people were to be instilled with a work ethic and learn to play a useful role in society.

However, during the Great Depression of the 1930s, unemployment became so widespread that poverty could no longer be seen simply as a result of laziness. As part of President **Roosevelt's 'New Deal', the Social Security Act** was passed in 1935 which included programmes for old-age insurance and unemployment benefits.

EXTREMELY HIGH COSTS

- Medical costs have increased enormously over the last three decades.
- The costs are partly due to high salaries for doctors, but there are other factors such as an increase in court cases where people have sued doctors or hospitals after treatment which went wrong.
- In 2014, an average American family had to pay 15,745 dollars for health care.

It is not obligatory to have health insurance in the USA, although people can get ruined if they get seriously ill.

US HEALTH EXPENDITURES 1970 – 2013			
(in billion $)	Hospitals	Physicians & Clinics	Prescriptions
1970	27.2	14.3	5.5
1975	51.2	25.3	8.1
1980	100.5	47.7	12.0
1985	164.6	90.9	21.8
1990	250.4	158.9	40.3
1995	339.3	222.3	59.8
2000	415.5	290.9	121.2
2005	609.4	417.2	205.3
2010	814.9	519.0	256.2
2015	936.9	586.7	271.1

Source: Peterson-Kaiser Health System Tracker 2015
(healthsystemtracker.org/interactive/health-spending-explorer)

PRIVATE AND FEDERAL HEALTH PROGRAMMES

- Most working people and their families have private health insurance policies, some of which are covered in part or in whole by their employers. The costs vary from state to state.
- Since 1965, there have been two federal health programmes: Medicare for the elderly and some disabled people, Medicaid for the poor.

Social Welfare in the USA

CHANGES TO FEDERAL HEALTH CARE PROVISION Because not everyone on a low income is eligible for these federal programmes, many millions of people in the US have no health insurance at all (about 48 million, 15.4% of the population, in 2012). The Patient Protection and Affordable Care Act (also known as the Affordable Care Act or "Obamacare") is a new law introduced by President Obama which will increase the healthcare and insurance costs, making affordable insurance available to a far larger number of people. It will also make a far larger number of people eligible for Medicaid.

Social security

SMALL SOCIAL SECURITY BENEFITS ONLY
- Despite Obama's health care reform, 9.3% of the American population (about 30 million people) had no health insurance coverage in 2015.
- Workers pay a compulsory tax to fund this system.
- Everyone is paid a small pension when they retire, whatever their financial situation.
- Those who can afford it pay into additional insurance policies or make other investments to support them in their old age.
- Six months unemployment benefits are also financed by workers' taxes. However, the amounts paid out are low (half the previous salary or less).
- Social security benefits are available for disabled people and victims of industrial accidents or illnesses caused by working conditions. If, however, the victim sues the company involved, a fairly common practice in the USA, they can receive damages high enough to make social security unnecessary.

WELFARE PROGRAMMES

- Today over $ 300 billion are spent each year on welfare programmes.
- These include: public housing and subsidised rents, health care and child-care programmes, food stamps (vouchers to buy food more cheaply) and free school meals.
- Some of these programmes are 'means-tested', i.e. they are targeted at people with very low incomes. However, if the recipients of this support become able to earn more money, their benefits can fall and their taxes rise, making them worse off financially than before. This might make them less eager to look for a job.

OBAMA'S HEALTH CARE REFORM (2014)

- After Clinton, the former Democratic President, had failed to bring about substantial social reform including a reasonable health care system, the health care reform was at the center of Obama's domestic policy.
- Despite harsh criticism by the Republicans, the Affordable Care Act (ACA) made millions of Americans eligible for Medicaid in states which opted for expanding this system. Alternatives are health insurance marketplaces at which people can purchase coverage on their own. Tax credits are available for wealthier people.

Social Welfare in the USA

CHEAT SHEET: SOCIAL WELFARE IN THE USA	
	First real welfare programmes ➜ during the Great Depression as part of the 'New Deal'.
Health care	• 1935: Social Security Act ➜ basis of many future welfare programmes. • 2014: Affordable Care Act
Social security	Medicare and Medicaid ➜ support for the elderly and very poor.
Welfare	• Many people on low incomes have no insurance. • Financed by workers' taxes. • Everyone receives a pension. • 6 months unemployment benefit, but often at a low rate. • Variety of support for the needy, e.g. for housing or food • Targeted at only the very poor: others with low income may not be eligible for help. • The idea of welfare support contradicts the concept of free enterprise and individual responsibility: some believe the poor should do more to help themselves, whereas others do not think welfare programmes do enough to tackle the roots of poverty itself.

Health care – still a problem in the USA

30 million Americans are still not insured
Despite Obama's health care reform there is a coverage gap, because not all states decided to expand Medicaid programs. Additionally, it has to be mentioned that not everyone is eligible. As a consequence, 30 million Americans still have no coverage in case of medical need. However, once they get seriously ill, there is danger of being ruined.

Looking closely at the uninsured population, it is obvious that
- those with little income are still more likely to have no health insurance than well-off people as it is nevertheless quite expensive
- ethnic minorities have continuously higher rates of being uninsured than Whites. 30% of the Hispanics have no coverage
- 15% of the uninsured population cannot get health insurance due to their immigration status
- workers in smaller companies (up to 50 employees) have a problem in gaining affordable premiums as these firms are not required to offer coverage under the Affordable Coverage Act (ACA)
- people with poor health, ongoing medical treatment and outstanding medical bills are more likely to lack coverage.

SPECIAL TOPIC

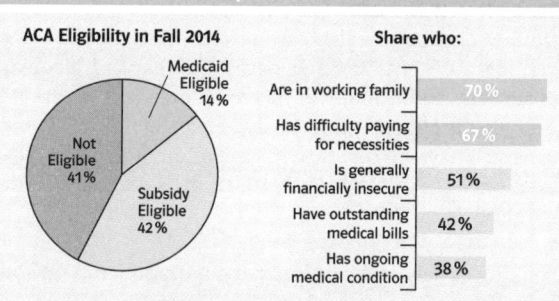

Source: kff.org/report-section/
adults-who-remained-uninsured-at-the-end-2014-issue-brief

Doctors and hospitals offer their help only after it is clear that someone will pay for the medical treatment. More than once people died on the doorstep of a hospital, because no one was willing to guarantee the coverage of the upcoming costs.

A hotly disputed issue

Republicans and Democrats have very different views on the government's funding of a health care system:

- Democrats have a long tradition of fighting for the needs of the poor and the middle class.
- Republicans fear not only the costs of such a system, but rather believe in the idea of self-reliance and individual care. Trump has repeatedly vowed to repeal Obamacare.

4 Economy

Economy in Britain

QUICK-FINDER

The Industrial Revolution
- Reasons for Britain's economic growth in the 19th century → p. 555
- Negative side effects → p. 555

Decline of the economic superpower
- Overtaken by the USA in the 20th century → p. 556
- International developments → p. 556
- Monetary reasons → p. 557
- Workforce → p. 557
- Cultural reasons → p. 557

Thatcherism
- The situation in the 1980s → p. 558
- Privatisation, cuts and changes → p. 558
- Results → p. 558

Post-Thatcher Britain
- An unprecedented boom → p. 559
- A prosperous South and a poor North → p. 560
- Vulnerable to the global financial crisis → p. 561
- Pound or Euro? → p. 562

Cheat Sheet: British Economy → p. 563

The Industrial Revolution

REASONS FOR BRITAIN'S ECONOMIC GROWTH IN THE 19TH CENTURY The following factors contributed to industrial expansion and increased production. By the mid-19th century, Britain had become the top industrial nation in the world.

- 19th century: Britain's colonial empire was growing, and with it an international network of trading partners through which the country could sell its manufactured goods.
- Cheap raw materials from the colonies could be used to produce goods for export.
- Britain itself had a plentiful supply of raw materials and energy sources (e.g. coal, iron, water); coal production made an important contribution to the economic boom.
- The Industrial Revolution meant the development of new, faster manufacturing techniques which increased productivity.
- The governments encouraged free trade and the increase of exports.
- Businessmen who had made money through foreign trade invested it in new industries and innovative technology.
- Large numbers of factories were built and the infrastructure for transporting goods (e.g. railways) was improved.

NEGATIVE SIDE EFFECTS Not only in Britain, but also in the colonies workers were exploited.

- A surplus of workers from the countryside was misused to keep wages low.

- bad housing conditions
- long working hours (12 and more hours a day)
- children's work
- Britain's wealth was based on buying cheap raw material in the colonies. However, workers in the colonies did not benefit from manufactures in Britain.
- Britain's textile industry profited from the triangular trade between Britain, Africa and the USA. In this way it took advantage of slavery in the American South.

People at that time were not aware of **environmental problems** caused by the Industrial Revolution, e.g.
- pollution of rivers
- diseases caused by pollution.

Decline of the economic superpower

OVERTAKEN BY THE USA IN THE 20TH CENTURY Britain was already losing its leading position among the world economies by the beginning of the 20th century, by which time it had been overtaken by both Germany and the USA. The decline has been most noticeable since 1945. The reasons for Britain's present economic position are many and complex.

INTERNATIONAL DEVELOPMENTS
- two world wars which drained both financial resources and manpower
- the loss of the Empire and therefore of some foreign markets
- international recessions, e.g. due to high oil prices in the 1970s

- global competition from countries which can produce goods more cheaply and efficiently (e.g. eastern Asia)

MONETARY REASONS
- high inflation in the 1970s ➔ people buy fewer goods if they are more expensive
- weak balance of payments ➔ Britain was not able to export as much as it had to import

WORKFORCE
- bad industrial relations with the trade unions, which led to several strikes in the 1960s and 1970s and proved very damaging to the economy
- a lack of engineers, too little technical training and a poorly qualified workforce ➔ too many 16–18-year-olds leave school without any qualifications.

CULTURAL REASONS Some cultural reasons for the decline can also be identified, connected to the class system:
- The upper classes show little interest in careers in industry, and in public schools the emphasis is more on careers in government, the civil service or finance.
- In the 19th century the top earners of the middle class were the big manufacturers; today they are more likely to be doctors, lawyers or bankers.
- The working class often still has a feeling of 'them and us' with regard to their employers, which can cause conflict in the workplace. It can be difficult for people without the right background to move up to managerial positions.

Generally speaking, there was a failure to modernise Britain's industries and make them more competitive in the world market.

Thatcherism

THE SITUATION IN THE 1980s A new era began in Britain in 1979 when the Conservatives came to power under the leadership of Margaret Thatcher. Her wide-ranging programme of social and economic reforms and policies became known as 'Thatcherism'; the effects of some of these can still be felt today. The intention was to encourage free enterprise and make Britain a more efficient and competitive place.

PRIVATISATION, CUTS AND CHANGES
- Tax reductions, especially for higher income groups, to encourage an increase in productivity.
- Severe restriction of trade union power.
- Privatisation of many previously state-controlled industries, such as British Telecom and British Airways.
- Reductions in public spending, especially on welfare.

RESULTS
- Less government intervention in the economy and more emphasis on the role of the individual.
- Growth of small businesses.
- A sharp rise in unemployment as many companies streamlined their workforce, or closed down altogether if they were unprofitable.

- Strikes by trade union members (1985: miners, and 1986: printers) which ended in victory for the government and greatly diminished trade union influence.
- British society had previously been characterised by a strong sense of community. During the Thatcher years, there was a change of emphasis as her policies encouraged competition and personal gain, i.e. the importance of the individual.
- There was economic growth and a reduction in unemployment and interest rates in the mid 1980s.
- Dramatic increase in house prices and inflation followed by a stock market crash in 1987 led to financial ruin for many people.
- Increased gap between the rich and the poor.

Mrs Thatcher resigned in 1990 after pressure from her own party, reflecting the dissatisfaction felt by the British public. However, it was not until 1997 that a new Labour government came to power in Britain under Tony Blair.

Post-Thatcher Britain

AN UNPRECEDENTED BOOM

- The economy grew throughout the 1990s until 2008 as people spent more on consumer goods and the government invested in industry. Manufacturing remained an important contributor to the GDP (gross domestic product), making up about 20% of the total.
- Until 1997, the Conservatives continued to privatise certain nationalised industries, such as the railways.

- Unemployment has fluctuated since the 1980s: After a peak in the early 1990s with nearly 3 million it steadily fell until the worldwide economic crisis in 2008, as a consequence of which it rose again to 2.56 million (8.3%) in 2012.
- The period of economic hardship was one of the reasons for the change in government in 2010. Under the leadership of the Conservative Prime Minister David Cameron the economy in the UK has been on the road to recovery, so that at the beginning of 2014 the jobless rate stood at 7.1%.
- Inflation was reduced to 2% in 2013, compared to 20.8% in 1980.

A PROSPEROUS SOUTH AND A POOR NORTH The gap between the North and the South in Britain is still wide: prosperity is more wide-spread in the South while unemployment continues to be a major problem in the North.

- Many traditional heavy industries such as coal mining, steel, ship-building and textiles have declined. Unemployment in the areas in which they were based (South Wales, the Midlands, Merseyside, Northeast England and Scotland) is high.
- New light and high-tech industries have replaced them. These include the manufacture of consumer goods (e.g. household appliances), computers, communications equipment, chemicals and pharmaceuticals. These new industries have brought jobs to a few of the deprived areas (e.g. in the so-called 'Silicon Glen' in Scotland, the site of several computer companies), but many of these jobs were created in the South East, increasing the North-South economic divide in Britain.
- Likewise, wealth is unevenly spread in Britain.

Economy in Britain 561

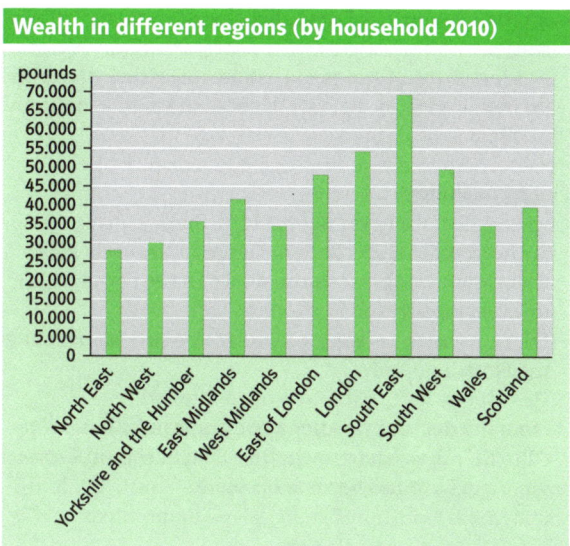

Source: Office for National Statistics

However, the South was affected by the recession caused by the financial crisis in 2008, too.

VULNERABLE TO GLOBAL FINANCIAL DEVELOPMENTS

- Over the past few decades there has been a large increase in service industries (e.g. catering, retailing, tourism, education, investment), which today employs more than three quarters of the workforce. Only 18% of the people work in industry, less than 1% get their income from agriculture. This has contributed greatly to the rise in white-collar workers and fall in manual workers.

- Britain is one the most globalised countries of the world.
- London is one of the world's most important places for financial services, heavily dependent on international markets.

POUND OR EURO ?

Currency Britain never adopted the Euro.
- In the years of the economic boom in the early 2000s there was a widespread resistance in the population towards joining the Euro-zone.
- The Conservatives were generally opposed to replacing the British pound.
- The Labour Party was more open-minded.
- With the decision to leave the European Union ("Brexit") the question whether Britain should introduce the Euro has become obsolete.

CHEAT SHEET: BRITISH ECONOMY	
Economic supremacy	Due to availability of cheap materials and natural resources, plus technological superiority during the Industrial Revolution.
Economic decline	Due to: • international recessions and global competition • high inflation • decline in heavy industry • fall in exports • strikes and discontent among the workers • a failure to modernise industries • lack of engineers and trained workers • low status of careers in industry.
Structural changes	• Decline of traditional industries and resulting regional unemployment. • Increase in light, high-tech and service industries. • Discovery of North Sea oil and gas resources.

Thatcherism and its consequences	• Promotion of free enterprise and individual competitiveness. • Reductions in tax to promote business. • Reductions in public spending: individuals to have more responsibility for themselves. • Privatisation of many nationalised industries. • Trade union restrictions and ultimate loss of power. • Rise in unemployment. • Financial ruin for some people due to an economic boom followed by a market crash. • Gaps between rich and poor, and north and south, widened.
1990s – today	• Economic boom until financial crisis 2008; recovery since 2012. • Industries privatised by Conservatives remain so. • Reduction in inflation. • Increased spending on training and investment in industry.

Economy in the USA

QUICK-FINDER

Emerging as the new world power
- Natural advantages → p. 567
- Ideology and mentality → p. 567
- Workers → p. 567
- Technology → p. 567
- Role of the government → p. 568
- Labour relations → p. 568

The American Dream turns into a nightmare
- Big business → p. 568
- The roaring twenties → p. 569
- The stock market crash 1929 → p. 570
- The Great Depression → p. 570
- The New Deal → p. 570

Post-war economy
- Structural changes in the economy → p. 571
- Computer industries → p. 572

Economy

Economy in the USA

QUICK-FINDER

**SPECIAL TOPIC: US economy today:
The financial crisis** → P. 573

- Unemployment → p. 576
- Industry → p. 576
- Depending on oil → p. 576
- Agriculture → p. 577
- Foreign trade → p. 577

Cheat Sheet: US Economy → p. 578

Emerging as the new world power

The USA rose to **economic power** at the end of the 19th century, and has maintained its position as the world's economic leader up to the present. There are various reasons why the USA has been able to become so powerful:

NATURAL ADVANTAGES

- an abundance of natural resources (e.g. coal, iron, oil, gas)
- the world's largest areas of productive farmland
- extensive rivers and coasts for shipping goods
- an enormous inner-American market

IDEOLOGY AND MENTALITY

- the concept of wealth through hard work had always been part of the American mentality (Protestant work ethic, American Dream)
- 'frontier spirit' ➤ the need for the settlers of the western frontier to be inventive and self-reliant became a characteristic that spread throughout the rest of the population

WORKERS

- immigrants: supply of cheap labour
- geographical, social and economic mobility: Americans are more willing to move to get a good job; a higher salary can result in a higher social position

TECHNOLOGY

- the age of invention: from the mid-19th century vast numbers of new products were developed to make life more convenient and their manufacturers wealthy

- transfer of technology from Europe helped to speed up industrialisation in the USA

THE ROLE OF THE GOVERNMENT It is generally believed in America that the government should play only a limited role in running the economy. Up to the end of the 19th century the country had a **laissez-faire economy**, i.e. businesses were allowed to do as they pleased and made all their decisions based on the needs of the market.

LABOUR RELATIONS Although trade unions exist in the USA, they have never been as militant and left-wing as in Britain, and industrial relations have not caused as many problems. The main focus tends to be financial: the workers should have a share in the company profits and receive benefits such as pensions and health insurance. This is referred to as 'bread and butter unionism'.

The American Dream turns into a nightmare

BIG BUSINESS In the 19th century most of the country's wealth was generated by industry in the northeast (the 'manufacturing belt') and agriculture in the south: cotton and tobacco plantations. Large quantities of gold were also found (e.g. in California).
The 19th century was the age of the business tycoon. Since business practices were not regulated, it was possible for individuals to build up huge enterprises, often by buying out or intimidating the competitors.
In particular the decades after 1880 were a period of unprecedented expansion and growth. Big businesses were set up.

The government introduced laws to break up these monopolies, as it saw that healthy competition was necessary to reduce prices and improve quality. However, the so-called trusts remained powerful.

THE ROARING TWENTIES While the Germans referred to the 1920s as 'golden', the Americans called the same decade 'the roaring twenties'. It was a time of dramatic social change, a period in which the standard of living continuously improved.

- The desire for mass consumer goods led to methods of mass production such as the **assembly line**. This was first applied by Henry Ford.
- Cars with standardised parts could be produced faster and cheaper, making them available for a mass of people.
- Cars made new forms of spending one's leisure time possible (e.g. trip to the beach).
- Cars caused a new mobility. Well-off people began to move out of the city centres, which in the end became quarters of the poor.
- The mass production of cars led to the building of roads and new houses. These houses had to be equipped with technical appliances like refrigerators, radios, etc.
- Americans usually bought on credit, expecting the development to go on forever. The American Dream seemed to be fulfilled.
- A lot of Americans became shareholders. They wanted to participate in the economic growth.

THE STOCK MARKET CRASH 1929 However, signs of a deep economic crisis were overlooked:
- Farmers were deeply in debts, because the surplus of corn had caused agricultural prices to fall.
- From 1926 not as many cars were sold as before.
- The boom had affected consumer goods only.
- Shares were overpriced and did not show the real value of businesses anymore. A dangerous speculation bubble emerged.
- On 'Black Thursday', 24 October 1929, this speculation bubble was punctured. At the Wall Street people tried to sell their shares before they got worthless.

THE GREAT DEPRESSION With tumbling share the whole economy collapsed.
- About a third of the American population (workers including their families) had no income.
- 'Bread-lines' became common, as people queued for a meal provided by charity and governmental organisations.
- The Republican President Hoover regarded the crisis as one of the periodical economic recessions. As a consequence, he did not do anything to support the people.
- People began to doubt the validity of the American Dream. There were civil unrests in major cities.

THE NEW DEAL After growing concern about the social and economic consequences of the depression, the Democrat **Franklin D. Roosevelt** became President. He had realised that a certain level of intervention was necessary. He put the economic theory of 'deficit spending', proposed by John Meynard Keynes, into practice. Accord-

ing to that theory, the government had to spend money in times of crises in order to overcome a recession. This meant giving people jobs and money, so that they afford to buy products.
- Famous infrastructure projects, i.e. the Tennessee Valley Authority (TVA) resulted from that idea.
- Welfare programmes were introduced.
- Laws were passed to control monopolies, to encourage competition and control prices.
- Public services such as police, schools and roads were provided.
- Laws protected workers and laid down standards of business practice.
- Roosevelt was accused of being a communist, as he intervened to an unknown extent into the economy.
- Psychologically, the New Deal was very successful, as it gave people new hope and showed that the government felt responsible for its people.
- In economic terms, only a slow growth could be seen. Not until WWII, the economy recovered from the collapse in the late 1920s.

Post-war economy

STRUCTURAL CHANGES IN THE ECONOMY
- There has been a decline in the traditional heavy industries. This has meant a reduction in manual workers, and therefore a drop in union membership and influence.
- After 1945 America experienced a boom both in population and wealth. People had money to spend on consumer goods (such as household appliances) and on

services (e.g. eating out). This led to increased production of these goods and the growth of the service industry. Today consumer spending in America remains the highest in the world.
- Geographical changes: there has been a move away from the 'manufacturing belt' of the northeast to the 'sunbelt' of the south and southwest, where lower taxes and costs have encouraged new industries to establish themselves in these areas (e.g. Silicon Valley for computer technology).

COMPUTER INDUSTRIES A large number of jobs have been created in the computer and communications industries, where the Americans are world leaders in the fields of production of personal computers and research into new technology. The developments in this field in the last 3 decades have revolutionised business throughout the world and made the computer an essential part of everyday life.

SPECIAL TOPIC

Overcoming the financial crisis of 2008

More than a periodical crisis
It is well known that economic crises occur on a regular basis as part of an economic cycle. In a global economy these downturns affect the whole world. Major setbacks in the past hundred years often had their origin in the USA, the most important national economy.
- Wall Street Crash 1929 followed by the world economy crisis. The Great Depression in the USA was overcome by Roosevelt's New Deal.
- Crisis of the mid-1970s due to oil shortage and inflation
- Stock market crash 1987
- The dot-com bubble bursts in the year 2002 after a massive overvaluation of information technology companies.

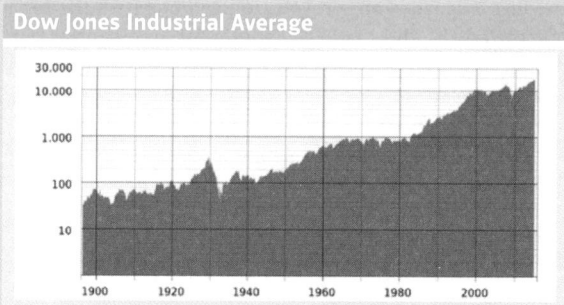

Source: www.macrotrend.net
https://de.wikipedia.org/wiki/Dow_Jones_Industrial_Average#/media/File:DJIA_historical_graph_(log).svg

However, the crisis was more serious as capitalist markets got out of control. In its world wide effects it is often compared with the 1930s.

SPECIAL TOPIC

Background
Due to a collapse of housing prices major investment companies in the US went bankrupt. As a consequence, globally working banks which had backed up this system with their money ran into trouble. Money lending to other banks or companies almost came to a standstill. This, in turn, had serious effects on producing industries. In particular, the car industry (i.e. General Motors) and their suppliers fought for survival.

Different approaches by the Republicans and the Democrats
Typical for a Republican government, the Bush administration, at that time shied away from getting involved in the economy. On the other hand, Democrats tend to intervene more than Republicans. Facing the worst economic crisis since the 1930s, the Obama administration was, of course, in a very special historical situation.

Obama – the new Roosevelt?
Due to the similar historical situation of their presidencies, his charisma and the hopes focussed on Barack Obama, he was titled 'the new Roosevelt'. Like the Democrat in the 1930s, Obama actively intervened in the economy:
- he spent billions of dollars to support national companies
- new dollars were printed to increase the amount of money
- he promised to create jobs in the environmental sector
- on international level he was one of the driving forces for spending more money to get the economy going

- together with other political leaders he fought for stricter control of financial services and markets.

Occupy Wall Street
One effect of the financial crisis is that a large number of people are no longer prepared to accept government policies that benefit or "save" the banks while people are being driven to the brink of poverty by austerity measures. Occupy Wall Street (OWS) is a protest movement formed in September 2011 to raise issues about economic and social equality in the USA. To draw attention to these issues, they set up an open-air camp in Zuccotti Park in Manhattan's financial district. Although the original encampment in New York City was cleared by the police after a couple of months, the movement continues to campaign for its beliefs through a variety of protests and actions.

- OWS protests against inequality, corporate greed, corruption and the influence that large businesses, especially financial ones, are allowed to have on government decisions
- Their slogan is "We are the 99%", referring to the economic inequality in the US between the richest 1% of its citizens and the rest
- Among other things, they demand that the government should spend money on helping people rather than banks: schools and cities are struggling for survival while the banks have regained their strength
- The movement also campaigns for a minimum wage and a guarantee of jobs, pensions and local community services

UNEMPLOYMENT The unemployment rate in April 2000 of 3.9% was the lowest in 30 years. In October 2009 it hit the 10% mark due to the global economic downturn. However, since then the rate has continuously dropped to 5.5% in 2015. The rate for black people and Hispanics remained higher than the rate for Whites: for Blacks it was twice as high.

INDUSTRY
- The industries today meet the needs of the world market: the emphasis is on production of chemicals, industrial machinery, electrical equipment, processed foods, computers and communications technology.
- Although attempts are still made today to break up monopolies (e.g. the recent bid to split up Microsoft), the large corporations have a huge influence on the economic well-being of the nation: a few hundred companies generate about 80% of the country's revenue.

DEPENDING ON OIL The US industry has always been dependent on cheap energy, i.e. mainly mineral oil.
- The oil crisis in the 1970s led the country into a recession, primarily caused by rising energy costs.
- Nowadays US industry needs so much energy that it has to be imported. That makes the country dependent on Russia or China.
- Due to its potential dangers, nuclear energy does not seem to be an alternative.
- Obama invested in alternative sources of energy, i.e. wind or solar energy. By this he does not only want to create jobs in the USA, but also tries to change the environmental policy of the Bush administration.

AGRICULTURE Today agriculture is still an important factor: the USA is a leading producer and exporter of wheat, corn, soya beans, vegetable oil and tobacco. New mechanical methods of farming increased production and efficiency. However, problems cannot be overlooked:

- Many small farms (homesteads) were replaced by huge monoculture farms, producing only one type of crop or foodstuff (e.g. wheat or dairy farms): this is referred to as 'agri-business'.
- Monoculture caused soil erosion ➛ crop rotation has been introduced in many areas to reduce this.
- There is concern about the use of chemical fertilisers ➛ damage to the environment.
- Over-production by the big farms keeps the prices of crops like corn low. Many small farms go out of business as they cannot compete.

FOREIGN TRADE Up to the 1960s the USA was a very self-sufficient country, with a low percentage of both imports and exports, and was always able to export more than it had to import. However, since the 1970s the trade deficit has grown, due to the high dollar exchange rate and cheap goods from Asian countries. In 1992 the USA signed the **NAFTA** (North American Free Trade Agreement) which allows unrestricted exchange of goods, services and investments between the USA, Canada and Mexico. All three countries have benefited from the agreement, Canada and Mexico more so than the USA as international trade makes up a larger part of their economies. However, Trump promised to renegotiate NAFTA in order to protect American interests.

CHEAT SHEET: US ECONOMY	
Rise to economic power due to	Natural resources; agriculture; useful inventions; automated manufacturing procedures (assembly line); work ethic; belief in free enterprise; cheap workforce.
Economy today	Based on agriculture; minerals; production of e.g. chemicals, processed foods, computers and communications technology.
Government intervention	Belief that businesses should be run with a minimum of government interference (free enterprise). Social deprivation led to establishment of welfare programmes and laws to protect workers and control monopolies.
Trade unions	Emphasis on financial benefits for members.
Big businesses	US economy based on a few hundred large corporations ➔ very influential.
Structural changes	Decline of traditional industries and increase in service industries. Impact of computer and communications technology industries.

Agriculture	Rise of 'agri-business': large, mechanically efficient farms produce large amounts of single products. Has led to soil erosion (therefore need for crop rotation); overproduction has put smaller farms out of business.
Foreign trade	Growth of trade deficit as US is forced to import more. NAFTA ➔ free trade and investment between USA, Canada and Mexico.

5 Education

Education in Britain

QUICK-FINDER

State education
- Primary schools → p. 582
- Secondary schools → p. 583
- Comprehensive schools → p. 583
- Grammar schools → p. 583
- Voluntary maintained schools → p. 583
- 'Specialist' schools → p. 584
- The National Curriculum → p. 584
- Examinations → p. 586
- The diploma → p. 587
- Other relevant points → p. 587

Private education
- Private schools in Britain → p. 588
- Preparatory schools → p. 588
- Public schools → p. 589
- Independent schools → p. 589

Education in Britain

QUICK-FINDER

Further education
- FE colleges → p. 589

Higher education
- Universities → p. 590
- Other institutes → p. 590
- The open university → p. 591
- Financial aspect → p. 591

Cheat Sheet: Education in Britain → p. 591

AGE	STATE SYSTEM	PRIVATE SYSTEM	EXAMINATIONS
5	Primary schools	Preparatory schools	
8			
11	Specialised Technical school		
13	Grammar schools		
16	Comprehensive schools	Public or independent schools	GCSE / Diploma
18			A-Levels
	University degree (BA or BSc) or further education courses leading to various professional and academic qualifications Master's degree (MA or (MSc) Doctorate (PhD)		

State education

PRIMARY SCHOOLS

ages 5–7 general topics; basics of reading, writing and maths

ages 7–11 individual subjects, e.g. maths, science, English

SECONDARY SCHOOLS The most common kind of secondary school is the comprehensive school, developed during the 1960s as a combination of the old grammar and secondary modern schools.

Under the previous system all pupils took the 11-plus examination in their last year at primary school. Those who did well were able to attend grammar school, where the chances of going on to university and having a good career were better. Pupils who did less well had to go to a secondary modern school, which were felt by many to be second-rate. The job prospects tended to be in the fields of manual, skilled and clerical work.

COMPREHENSIVE SCHOOLS

- Comprehensive schools are mixed ability, one idea being that the stronger pupils would help the weaker ones. However, since most comprehensive schools stream their pupils (divide them into different groups according to ability), the implication is that this does not really work in practice.
- The curriculum is not purely academic: there are also some vocational courses.

GRAMMAR SCHOOLS

- A small number still exist.
- Pupils have to pass an entrance exam.
- The emphasis is on academic rather than vocational subjects, and the pupils often go on to university.

VOLUNTARY MAINTAINED SCHOOLS

- These are Anglican, Catholic or Jewish-run primary and secondary schools.

- Money for buildings and equipment is provided by the state, and the running expenses are paid for by the churches.
- It has been a controversial issue in recent years that Hindu or Islamic schools do not receive the same financial support from the state.

'SPECIALIST' SCHOOLS

- These are state secondary schools which, in addition to teaching the National Curriculum, specialise in technology, science and maths, modern foreign languages, sports, or the arts.
- Private businesses support them financially.
- These schools are growing in number: by 2003 almost one in four of all secondary schools was a specialist school.

THE NATIONAL CURRICULUM

A national curriculum for all state-maintained schools was first introduced in 1989. Now a new secondary curriculum which was implemented in 2008 allows more freedom and flexibility in teaching: it defines the subjects, standards and forms of assessment, but within this framework, schools now have the opportunity to organise teaching and learning according to the individual needs of their pupils. There is less prescribed content and schools do not necessarily have to stick to a rigid timetable.

Some subjects are statutory, which means that all pupils have to do them. But the curriculum also includes non-statutory programmes, for instance religious education, personal well-being and economic well-being.

The core subjects vary: under the new curriculum there are four key stages with different statutory subjects.

The four stages:
Key stage 1 (ages 5–7)
Key stage 2 (ages 7–11)
Key stage 3 (ages 11–14)
Key stage 4 (ages 14–16)

KEY STAGE	SUBJECTS
1 (ages 5–7)	art and design, design and technology, English, geography, history, information and communications technology (ICT), maths, music, physical education, science
2 (ages 7–11)	art and design, design and technology, English, geography, history, information and communications technology (ICT), maths, music, physical education, science
3 (ages 11–14)	art and design, citizenship, design and technology, English, geography, history, information and communications technology (ICT), maths, modern foreign languages, music, physical education, science; schools must offer programmes for careers education, sex education and religious education
4 (ages 14–16)	citizenship, English, information and communications technology (ICT), maths, physical education, science; schools must offer programmes in the areas of the arts, design and technology, the humanities and modern foreign languages

Education

In Wales and Northern Ireland the curriculum differs slightly since English is not statutory in Key Stage 1 in Welsh-medium schools, while Welsh is obligatory in all stages. Information and communication technology (ICT) is not statutory at KS4 in Wales or Northern Ireland.
The National Curriculum emphasises skill development and personalised assessment to enable teachers to track the pupil's progress.

Assessments are carried out at three stages:
At the end of key stage 1 (age 7)
At the end of key stage 2 (age 11)
At the end of key stage 3 (age 14)

EXAMINATIONS

At 16	• GCSEs (General Certificate of Secondary Education) are separate examinations in different subjects. • Most pupils take between 6 and 9 subjects. • No subjects are compulsory, although most pupils take English, maths and a modern language. • Assessment is both through coursework done during the school year and the final examination. • GNVQs (General National Vocational Qualification) are a practical, vocational alternative to GCSEs. • Continuous assessment is an important feature. • Emphasis on practical work and problem-solving.

At 18	• GCE A-levels (General Certificate of Education, Advanced Level) are a higher level of GCSE. • Most pupils take three subjects, and thus study a much narrower range of subjects than in other countries. • Any combination of subjects is theoretically possible, but most students tend to take either arts or science subjects. • From September 2000 changes were introduced to encourage students to study a broader range of subjects, e.g. a new GNVQ at advanced level.

DIPLOMA In 2008 a new qualification was introduced alongside GCSEs and A-levels. At some selected schools and colleges the 14–19 year olds can get a diploma. Students studying for this new qualification attend a two-year course, which combines practical experience and class work. The students can choose from a wide range of subjects such as Business, Administration and Finance, Creative and the Media, Engineering, Tourism, Information Technology, Beauty Studies, Public Service, etc. in order to find out what they are interested in. There are three levels:
- Foundation Level
- Higher Diploma
- Advanced Diploma

The diploma is supposed to prepare the students for work or for further study.

OTHER RELEVANT POINTS
- School is compulsory for ages 5–16.
- The normal school day is from 9 a.m. to 3.30 or 4 p.m.

- A large number of schools still have a uniform.
- The school day often begins with assembly. In many cases prayers are said and a hymn is sung; this is followed by announcements by the Head Teacher.
- Extra-curricular activities are an important feature of school life. They may include drama, music or clubs, and take place during the lunch break or after school.
- Emphasis is also placed on developing social skills and a sense of community, reflected in the fact that many schools have community schemes, e.g. visiting old people.

Private education

PRIVATE SCHOOLS IN BRITAIN
- About 8% of British pupils attend fee-paying schools.
- These have a reputation for high academic standards. They can afford incentives to attract the best teachers and the classes are smaller than at state schools.
- Increasing numbers of middle-class families are sending their children to private school because they are concerned about falling standards, lack of resources and the aggressive atmosphere of some state schools.
- Since private schools are expensive, the system divides society into those who can afford the best education and those who are 'stuck with' whatever they can get in their local area.

PREPARATORY SCHOOLS Some children aged between 7 and 13 attend these 'prep' schools, where the programme of teaching prepares them for the Common Entrance Examination, taken by all pupils wishing to attend public schools.

PUBLIC SCHOOLS

- These are private schools for children between the ages of 13 and 18. They are often boarding schools.
- The most famous of these are very old, e.g. Winchester (founded in 1382), Eton (1440) or Harrow (1571).
- Pupils of these schools traditionally formed part of the British elite, something which has not really changed: many former public school boys go on to hold high office in government or other areas of public life.
- The elitist nature of these schools has attracted much criticism: the so-called 'Old Boys' Network' means that former pupils of a particular school are more likely to do favours (e.g. getting jobs) for fellow ex-pupils than for others.

INDEPENDENT SCHOOLS

- About 2,500 exist in Britain.
- They were previously grammar schools which chose to leave the state system rather than become comprehensive schools, and are now fee-paying.
- They are not obliged to follow the National Curriculum.
- Their existence is controversial. The Conservative Party upholds the right of parents to choose the best schooling for their children, whereas the Labour Party claims that this freedom of choice is only possible for those who can afford it. However, it is noticeable and ironic that the children of many Labour MPs attend private schools.

Further education

FE COLLEGES There are a number of colleges for pupils who leave school at 16, e.g. technical or art colleges, where they can study for A-levels or other qualifications.

Higher education

UNIVERSITIES
- About 14% of school leavers go on to attend one of Britain's approximately 200 universities.
- 3 A-level passes are normally required for university entrance. The universities select the candidates they want on the basis of expected A-level grades and (often) an interview.
- The oldest and most renowned are still Oxford and Cambridge.
- The popular 'Redbrick' universities, founded in the 19th century, are mostly situated in large cities such as Birmingham.
- The former polytechnics, institutions that focused more on vocational programmes, have now either taken on university status or merged with universities in their local area.
- Undergraduates (students studying for their first degree) study for 3 or 4 years and receive either a BA (Bachelor of Arts) or BSc (Bachelor of Science).
- Graduates (people with a degree) can go on to take a master's degree, and then do a doctorate (PhD).

OTHER INSTITUTES There is a variety of other colleges and institutes of higher education where adults can get certificates, diplomas and qualifications, both as full-time and part-time students.

THE OPEN UNIVERSITY An institute open to everyone; study is done by correspondence course backed up by the internet, by television and radio programmes. Students can get a BA (Open) and higher degrees.

FINANCIAL ASPECT In the past, university tuition in Britain was free. However, since 1998/99 most full-time students on first degree and similar courses are asked to pay up to £9,000 (depending on their financial situation) towards tuition. The rest, as before, is paid by their Local Education Authority. Living costs are covered by student loans (the amount again depending on income), but of at least £1,000.

CHEAT SHEET: EDUCATION IN BRITAIN

State Education **Primary schools** **Secondary Schools**	Teach the basics. • Comprehensives: Mixed ability. Follow the National Curriculum. Vocational subjects are also taught. • Grammar schools: Focus is on academic subjects. Many pupils go on to higher education. • Specialist schools: Focus on specific areas, e.g. science and technology or languages while still following the National Curriculum. Some financial support from the private sector. • Voluntary maintained schools: run and partially financed by churches.

National Curriculum	Programme of teaching laid down by the government for state school pupils aged 5–16. The range of subjects and expected standards are defined.
Exams at 16	• GCSEs: may be taken in any of the subjects studied at school. • GNVQs: Equivalent to GCSEs, but with emphasis on practical work.
Exams at 18	• A-levels: Normally 3 subjects ➔ entry requirement for university.
Private education Prep. schools Public schools Independent schools	Prepare children for public school. Reputation for high academic standards. Elitist. Not obliged to follow the National Curriculum.
Higher education Universities	Undergraduate degree (BA or BSc) in 3–4 years. Graduates can then go on to study for master's degrees or doctorates.
Other institutes	A range of colleges with degree and diploma programmes.

Education in the USA

QUICK-FINDER

The American school system
- The concept of equal opportunities → p. 596
- Public education → p. 596
- Elementary schools → p. 596
- High schools → p. 597
- Private education → p. 597
- Examinations → p. 598

Important issues
- Bussing → p. 598
- Sex education → p. 598
- Educational policy and the school boards → p. 598
- Religious issues → p. 599
- Bilingual teaching → p. 599

Education in the USA

QUICK-FINDER

Higher Education
- Different forms of higher education → p. 599
- Universities → p. 600
- Technical colleges → p. 600
- Junior / community colleges → p. 600
- Liberal arts college → p. 600
- Financial aspect → p. 600
- Admission → p. 601
- Useful terms → p. 601

SPECIAL TOPIC: America's troubled schools
→ p. 602

Cheat Sheet: Education in the USA → p. 604

Education in the USA

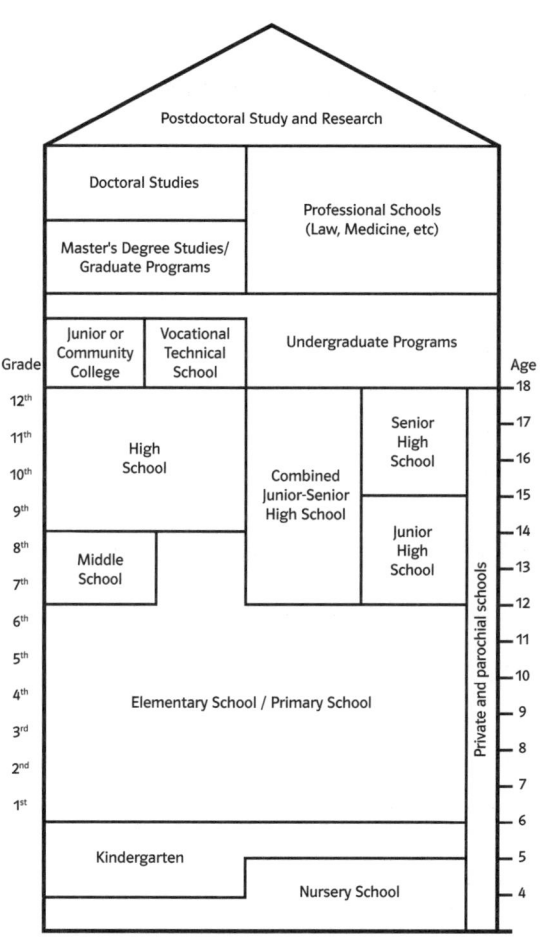

The American school system

THE CONCEPT OF EQUAL OPPORTUNITIES In accordance with the principles laid down in the Constitution the American school system is based on the concept that all people should have equal opportunities and that therefore free education should be available for all children.

PUBLIC EDUCATION
- 90% of American children are educated at free public schools.
- These schools are open to everyone.
- There is no central body which controls education: instead, the individual states are responsible for their own education policies.
- School is compulsory for children aged 5/6 – 16.

6–3–3 plan	Elementary school Junior high school Senior high school	Grades 1–6 Grades 7–9 Grades 10–12
8–4 plan	Elementary school High school	Grades 1–8 Grades 9–12
6–6 plan	Elementary school High school	Grades 1–6 Grades 7–12

ELEMENTARY SCHOOLS
- The subjects taught are reading, writing, spelling, mathematics, social studies, science, art, music, physical education and handicrafts.

Education in the USA

- It is considered important that immigrant children are integrated into American society through elementary school.

HIGH SCHOOLS

- High schools aim at providing a general education. Committed to the idea of equal opportunities, American high schools are comprehensive schools, providing the same educational facilities for all students. They are also 'comprehensive schools' in that children of all abilities and social backgrounds are admitted.
- There is the chance for every pupil to graduate from high school with a high school diploma. Three quarters of them do so.
- As well as academic subjects, there are commercial classes (e.g. typing, bookkeeping) and vocational courses (e.g. car mechanics, homemaking) which prepare the pupils for a broad range of careers.
- The high schools aim to:
  - provide a general education
  - teach the pupils how to be good citizens
  - teach practical skills necessary for working life
  - prepare children for college
  - encourage the pupils to play an active part in their community through various extra-curricular activities

PRIVATE EDUCATION

- The small percentage of private schools are mostly run by church groups, e.g. the Catholic Church.
- The organisation and curricula are generally the same as for public schools.
- Unlike public schools, private schools are often single-sex.

EXAMINATIONS

- There are no national school examinations. Instead, each local school district lays down the standards required and sets exams.
- Pupils who wish to go on to college take the Scholastic Aptitude Test (SAT), a nationally recognised standard for college entrance.

Important issues

BUSSING In the 60s and 70s, attempts were made to provide a more equal racial mix in schools by means of 'bussing'. This was the practice of bringing white children to schools in predominantly black areas and vice versa. Nowadays, however, this is no longer done, and racial segregation continues, as white families tend to live in the suburbs and African-American or Hispanic families in the inner cities.

SEX EDUCATION Sex education ('sex ed') is still a controversial issue in the United States since there are parents who do not want to leave sex education to the schools.

EDUCATIONAL POLICY AND THE SCHOOL BOARDS In American high schools the educational policy of a school district is determined by locally elected school boards, which means that the members of this board decide on the funding, teaching and the curriculum. Consequently, the curriculum varies from district to district, especially since there is no national curriculum. Thus, the members of the board have considerable influence on what is taught and in some conservative states such as Kansas members of these school boards who happen to be supporters of Intelligent Design use this influence, insisting that evolution be taught as a 'controversial theory'. Yet when in Pennsylvania the local school authorities wanted to introduce Intelligent Design, a judge ruled against it, declaring that Intelligent Design is creationism not science (for the differences see Special Topic Religion, chapter 6).

RELIGIOUS ISSUES Many parents, particularly in the southern states, have campaigned for several years for the introduction of Christian prayer in schools. However, according to the Constitution, the USA does not have a state religion, and this practice would therefore not reflect the diverse religions represented in the country.

BILINGUAL TEACHING
- Some areas with large numbers of South American immigrants (in the South and Southwest) have schools where the pupils are taught in both Spanish and English.
- For: It is hoped by some that this may reduce the number of Hispanic pupils who drop out of school.
- Against: This system does not encourage integration or improve the students' grades.

Higher education

DIFFERENT FORMS OF HIGHER EDUCATION At least 50% of high school graduates go on to higher education, of which there are different forms:

UNIVERSITIES
- These normally consist of a college for undergraduates (those working towards a bachelor's degree) and one or more graduate or professional schools (e.g. a law school or medical school). The students of these can get a master's or doctoral degree.
- Ivy League Universities (e.g. Harvard, Yale or Princeton) are some of the oldest in the country and have a reputation both of high academic standards and exclusivity. A high percentage of their graduates (normally white, Protestant males) go on to hold high positions in public life.
- Besides the public universities there are many small, private universities.

TECHNICAL COLLEGES
- These offer 2-year vocational programmes.

JUNIOR / COMMUNITY COLLEGES
- 2-year programmes.
- Some of these are technical or professional; others enable students to go on to university or liberal arts college.

LIBERAL ARTS COLLEGE
- For undergraduates, who follow a 4-year programme leading to a bachelor's degree.

FINANCIAL ASPECT
- A college education is very expensive in the USA, both for public and private institutions. Tuition fees range from about $ 4,000 – $ 20,000, although some private colleges charge as much as $ 30,000. In addition to

this, students have to pay for accommodation and other living costs.
- Students can get financial help in the form of scholarships and low-interest student loans, but the fact remains that a large proportion of students tend to be from well-off, middle-class families. This does not promote the concept of 'education for everyone'.

ADMISSION
- Admission can be very competitive, especially for the more prestigious colleges and those with good facilities and teachers.
- Admission is based on:
  - high school records
  - recommendations from teachers
  - SAT scores
  - a personal interview

USEFUL TERMS
- A **freshman** is a student in the first year of high school, college or university.
- A **sophomore** is student in the second year of study.
- A **junior** is a student in the third year of high school or college.
- A **senior** is in the fourth or final year of high school or university.

SPECIAL TOPIC

America's troubled schools

Contrary to the democratic ideal of equality, the education that each student receives is by no means equal. To some extent American schools are funded from local taxes. Thus more money can be spent on education in wealthy districts while in poorer areas such as inner-city districts the communities have less money available. Consequently, their schools tend to have fewer resources and in some elementary schools teachers even provide the necessary supplies from their own money since they feel that the funding is so inadequate. Naturally these schools do not necessarily attract the best teachers.
As a result of bad conditions, pupils of these schools generally have low results and seldom go on to college or university, which would be important in order to get a good job. Feeling that they have no prospects students from these schools also drop-out, they leave school without finishing their studies. This is often the beginning of a vicious circle: without a high school diploma it is very difficult to find a well-paid job. Surveys clearly indicate that the average salary for college or university graduates exceeds the national average of those without a high school diploma by more than $ 23,000 (cf. the 2005 study by the U.S. Census Bureau). But when having to live on a low income, it is next to impossible to move to a wealthier residential area, so their children will have to face the same problems.
In 2001 the No Child Left Behind Act (NCLB) was introduced to improve the performance of American schools and the federal funding of education increased considerably. Among other things, this act requires annual testing: there are state-wide tests, in which the schools have

to prove that their students have made progress, that they are doing better than in the previous year. Students from low-performing schools that have seemingly failed in enabling their students to reach a higher standard, are put on a list, which is then published in a local paper to give parents the chance to send their children to another school where they might receive a better education.

Education

CHEAT SHEET: EDUCATION IN THE USA	
Public education	Free education for 90% of American children, controlled by local education districts rather than a central authority.
Elementary school	First 6 to 8 years of schooling.
High school	Split into Junior and Senior High school in some areas. Both academic subjects and practical skills are taught.
Private schools	Normally run by churches. They generally follow the same patterns as public schools.
Examinations	No national exams. SATs ➤ nationally recognised tests necessary for college entrance.
Equal opportunities	Good schools are seldom found in deprived inner-city areas ➤ children from poor backgrounds have fewer opportunities to get a good education.
Religion	In some southern states: • lobby for introduction of school prayer • it is illegal to teach evolution as a scientific fact

Bilingual teaching	In some areas, teaching is both in English and Spanish.
Higher education Universities	Undergraduate colleges (bachelor's degrees) and graduate schools (e.g. law school) for master's or doctoral degrees. The most prestigious are the Ivy League Schools.
Technical colleges	2-year programmes.
Junior/Community colleges	2-year technical or professional programmes; the opportunity to continue studying at university.
Liberal arts colleges	2-year technical or professional programmes; the opportunity to continue studying at university.
Fees	Both private and public colleges charge high tuition fees making college attendance difficult for people from poorer backgrounds. However, scholarships and student loans are available.
Admission	Very competitive, based on SAT results, teachers' recommendations and an interview.

6 Religion

Religion in Britain

QUICK-FINDER

The established churches
- The Church of England → p. 608
- The Church of Scotland ('Kirk') → p. 609
- The Church in Wales → p. 610
- Protestants and Catholics in Northern Ireland → p. 610

Religion and the Troubles in Northern Ireland
- Fight for control → p. 611
- English and Scottish settlers in Northern Ireland → p. 611
- King Henry VIII in Ireland → p. 611
- The Ulster Plantation → p. 611
- The Battle of the Boyne → p. 611
- The Act of Union → p. 612
- The demand for Home Rule → p. 612
- The Easter Rising and the War of Independence → p. 612

Religion in Britain

QUICK-FINDER

- Growing tensions → p. 612
- The outbreak of violence → p. 613
- The path to peace → p. 613
- Overview: the escalation of violence and peace negotiations → p. 614

Other denominations in the UK

- Religious diversity → p. 615
- The Free Churches (Dissenters or Nonconformists) → p. 616
- The Roman Catholic Church → p. 616
- Other Religions → p. 617

Cheat Sheet: Religion in Britain → p. 617

The established churches

THE CHURCH OF ENGLAND This church, which is also called the Anglican Church, is England's official or Established Church. Its role is both spiritual and political.
- 1534: Act of Supremacy declared Henry VIII 'Supreme Head of the Church of England'. He had broken away from the Roman Catholic Church after the Pope refused to allow him to divorce his first wife.

The church and the state
The monarch, as Head of the Church, appoints the archbishops of Canterbury and York and 42 bishops on the Prime Minister's advice.
- Senior bishops sit in the House of Lords, and thus take an active part in political life.
- All Anglican clergy must swear allegiance to the Crown.
- Until recently, the Church of England was often referred to as 'the Tory party at prayer' because of its historical role as part of the Conservative Establishment. However, since the 1980s it has often taken a more critical position, especially with regard to government social policies.

Spiritual aspect
There are two main groups within the Church of England:
- High Church, or Anglo-Catholics ➤ close similarity to Catholic church services; church ritual and the authority of the clergy play a significant role
- Low Church, or Evangelicals ➤ more emphasis on the Bible and preaching; prefer simple services

There is often tension between these two groups, although many churchgoers feel most comfortable somewhere in the middle.

The General Synod
The Church's governing body, which debates spiritual, educational, social and administrative questions.

Women priests
After long years of heated discussion, the first women priests were ordained in 1994. There were about 1,900 of them by 1998, although they are still not permitted to become bishops. Some Anglican clergy left the Church of England as a result of this ruling.

Church attendance
As in the case of most other religions, attendance of services has dropped dramatically in recent years. However, there is still a large number of people who describe themselves as 'Anglicans', even if they do not normally attend church. For these people the Church is part of their cultural identity rather than something spiritual: an aspect of being English.

THE CHURCH OF SCOTLAND ('KIRK')
- Scotland's official national church since the 1707 Treaty of Union. Previously, during the Scottish Reformation, Scotland had taken on Protestantism as its state religion.
- It is a Presbyterian church, which means it is democratically governed by church courts or councils made up of ministers, elders (= presbyters) and deacons, but not bishops.

- It has an annual General Assembly, which elects a Moderator to be head of the 'Kirk' for one year.
- Lay people have the same status as ministers, and both men and women may be ordained.
- It is completely independent of the state.
- The main emphasis is on preaching, and the churches are simple buildings, with a table instead of an altar.

THE CHURCH IN WALES

Wales does not have its own established church.

- The largest of the Free Churches in Wales is the Presbyterian (or Calvinistic Methodist) Church of Wales, where some services are held in Welsh.
- Other nonconformist churches also have a large membership, e.g. the Union of Welsh Independents.

PROTESTANTS AND CATHOLICS IN NORTHERN IRELAND

There is great division between Catholics and Protestants in Northern Ireland, which is, however, political rather than spiritual.

- The Nationalists want Northern Ireland to be part of the Republic of Ireland, a Catholic country, whereas the Unionists wish to remain part of the Protestant United Kingdom.
- Church membership here is much higher than in other parts of the UK – over 80% of the population in the 1990s as compared to about 10% in England. It is important for the people to show solidarity to their community: church attendance is one clear way of doing so.

Religion and the Troubles in Northern Ireland

FIGHT FOR CONTROL Although the conflict in Northern Ireland was a conflict between the members of two different denominations, Protestants and Catholics, it was not a war on religion or religious issues.
At its root is the fight for control over Ireland, which goes back into the 12th century when Henry II invaded Ireland.

ENGLISH AND SCOTTISH SETTLERS IN NORTHERN IRELAND Having defeated the Irish in several battles, settlers from England and Scotland came to Ireland. These new settlers were Protestants. They constituted the ruling class, and as such they soon oppressed the native Irish people, who were Catholics. The native Irish Catholics began to fight back.

KING HENRY VIII IN IRELAND Tensions increased when King Henry VIII confiscated the property of the church since Catholics regarded this as an act of disrespect for their religion.

THE ULSTER PLANTATION In the 17th century even more Protestant English and Scottish settlers were given land in the northern parts of Ireland – land which had formerly belonged to Catholics – and in Ulster the Protestants eventually formed the majority.

THE BATTLE OF THE BOYNE In the conflict between the Catholic English King James II and the Protestant William of Orange the Irish naturally supported King James, who was defeated in the Battle of the Boyne. Even today the Protestant Orangemen commemorate this day as a symbol of Protestant power and supremacy, which is sometimes interpreted as an act of provocation.

THE ACT OF UNION In the Act of Union (1801) Ireland officially became part of the United Kingdom. But the Irish never ceased to fight for an independent Ireland – particularly since they felt that their interests were not properly represented in the 'English Parliament'.

THE DEMAND FOR HOME RULE Among those who demanded 'Home Rule', i.e. their own government in Ireland, were also Protestants, with Charles Stewart Parnell (1846–1891) as their most prominent leader.
It was only in the 20th century when religion really began to matter.

THE EASTER RISING AND THE WAR OF INDEPENDENCE In 1916 the Easter Rising, a rebellion to form an independent Ireland, had failed, but it was followed by the Anglo-Irish War of Independence (1919–1921), which ended with the partition of Ireland into the Irish Free State and the predominantly Protestant Northern Ireland, which was to stay within the United Kingdom.

GROWING TENSIONS Northern Ireland or Ulster itself was also deeply divided into a Protestant majority, who felt that Northern Ireland was still a part of the United Kingdom, and Catholics, who regarded themselves as Irish. And while the Catholics wished that one day Ireland would be united, the Protestant majority in Northern Ireland found the thought intolerable of having to live under the strict laws of a state which closely followed the principles of the Catholic Church and where therefore for example up to 1979 contraception was against the law. They had become accustomed to the liberal lifestyle and laws of Britain, where contraception, abortion and divorce were legal.

Although the Catholics constituted a substantial minority in Northern Ireland, they were denied fair representation in parliament and eventually the institutionalised discrimination of Catholics led to growing tensions.

THE OUTBREAK OF VIOLENCE At the end of the 1960s people began to demonstrate against the political and social oppression of the Catholics. This was received with suspicion by many Protestants. Hostility escalated and quickly resulted in the formation of paramilitary groups and the subsequent outbreak of violence.

THE PATH TO PEACE But in 1994 the IRA (the Irish Republican Army, a Catholic paramilitary group fighting for the union with Ireland) declared a ceasefire and by doing so opened the way for peace talks. The Good Friday Peace Agreement (1998) finally provided for the establishment of a devolved government in Northern Ireland. In the following years, a new outbreak of violence repeatedly led to the suspension of the Irish Parliament but in 2007 a devolved government returned to Ireland as Protestant and Catholic leaders agreed on sharing the power.

OVERVIEW:
THE ESCALATION OF VIOLENCE AND PEACE NEGOTIATIONS

TIME LINE

1968 Civil rights marches modelled on the Civil Rights Movement in the USA demand an end to discrimination as regards to housing, jobs and electoral rights. Some of them meet with open resistance from extremist Protestants and end in violence. British troops are sent to Ireland to keep the peace and maintain law and order.

1972 Bloody Sunday: British soldiers shoot 13 unarmed people during a march through (London-) Derry. Bloody Friday: 11 people are killed in bombings by the IRA in and around Belfast. Northern Ireland's parliament is subsequently dissolved and 'direct rule' from London is introduced in response.

1981 Ten IRA prisoners campaigning to be recognized as political prisoners die during a hunger strike.

1985 The Anglo-Irish Agreement declares that Northern Ireland would remain a part of the United Kingdom as long as that is the will of the majority in the north while simultaneously giving the Republic an advisory role in the running of the province.

1993 The Downing Street Declaration confirms the right of the people to self determination while also recognizing the fact that a peaceful solution to the conflict requires the participation of all the parties involved (The Republic of Northern Ireland, the UK, representatives of Sinn Fein and the Protestants in Northern Ireland).

1994 The IRA declares ceasefire.

1998	The Good Friday Peace Agreement provides for the establishment of a devolved government in Northern Ireland on a basis of power sharing: • the release of political prisoners. • weapons decommissioning. • reforms of criminal justice and policing. Subsequently, a devolved government is installed in Ireland. In the following years, a new outbreak of violence repeatedly leads to the suspension of the Irish Parliament in Stormont.
2001	The IRA begins weapons decommissioning.
2005	The IRA announces that all weapons have been destroyed.
2007	A devolved government returns to Ireland.

Other denominations in the UK

RELIGIOUS DIVERSITY A wide variety of religions are practised in Britain. This diversity owes a lot to the large number of immigrants in the country.

CHURCH MEMBERSHIP IN BRITAIN IN 2011

Religion	Number of people (as stated in the 2011 census)
Christian	33,343,175
Buddhist	247,743
Hindu	816,333
Jewish	263,346

Muslim	2,706,066
Sikh	423,158
Other religion	240,530
No religion	14,097,229
Religion not stated	4,038,032

Source: Office for National Statistics 2011

THE FREE CHURCHES (DISSENTERS OR NONCONFORMISTS)

- These are Protestant churches which did not conform with the English Reformation or disagreed with certain points of ritual and doctrine in the Church of England.
- The main groups are the Methodists, Baptists, Presbyterians, United Reformed Church, the Quakers and the Salvation Army.
- Although there are doctrinal and administrative differences between the Free Churches, their similarities include:
  - the Bible is their authority, rather than church leaders,
  - they do not have bishops, and are therefore not as hierarchical as the Anglican Church,
  - both men and women can be ministers,
  - their services and chapels are simple.

THE ROMAN CATHOLIC CHURCH

- 1850: the Catholic Church returned to Britain after its suppression during the Reformation years.
- There are now 7 Roman Catholic provinces in Britain, plus 30 dioceses with about 3,300 parish churches.
- The head of the Catholic Church in Britain is the Archbishop of Westminster.

- Despite immigrants from other Catholic countries, i.e. Ireland and lately Poland, numbers of membership in the Catholic Church have continuously fallen from about 33% (1900) to 10.3% (2015).
- It is estimated that, of over 5 million members, about 1,9 million are practising Catholics, which makes it the largest Christian Church in Britain from the point of view of active membership.

OTHER RELIGIONS

- Mainly due to immigration, there are now large communities in Britain representing non-Christian religions.
- The largest group are the Muslims. There are over 600 mosques and many community centres for Muslims throughout the UK.
- Other large groups include Jews, Sikhs and Hindus.
- Some religious groups from the USA, e.g. the Mormons, Jehovah's Witnesses and Christian Scientists can also be found in Britain.

CHEAT SHEET: RELIGION IN BRITAIN

State religion	Church of England. Monarch is Head of the Church.
Church and state	Senior bishops sit in House of Lords; clergy must swear allegiance to the Crown; Prime Minister appoints bishops.
Spiritual aspect: • **High Church**	2 main groups: similar to Catholic services; importance of ritual and authority of the clergy

• Low Church	'Evangelicals': simple services; importance of the Bible and preaching
Women priests	Permitted since 1994 ➞ controversial issue.
Church attendance	Although many Britons consider themselves officially members of the Anglican Church, few attend regularly.
Church of Scotland ('Kirk')	Presbyterian church: democratically governed by church councils. Independent of the state. Simple services, emphasis on preaching.
Wales	No established church. Nonconformist churches are popular, especially the Presbyterian Church of Wales.
Northern Ireland	Political division between Catholics and Protestants ➞ church membership as sign of solidarity.
Free Churches	Split from the Church of England after disagreements about ritual and doctrine. Include Methodists and Baptists. Rely on the authority of the Bible and simplicity of worship.
Catholic Church	Largest Christian church in Britain with regard to active membership. Many immigrant members (e.g. Irish).
Other religions	Muslims, Jews, Sikhs and Hindus ➞ largest groups represented.

Religion in the USA

QUICK-FINDER

Religions in the USA
- Historical background → p. 620
- Other relevant facts → p. 621
- Religious groups in the USA → p. 623

The Amish
- The religious roots → p. 623
- Mennonites and Amish → p. 624

Religious diversity in the USA
- Christian sects which originated in the USA → p. 625

The influence of different religions
- The Puritan heritage → p. 625
- Black churches → p. 626
- Fundamentalism or the religious right → p. 626
- The electronic church → p. 627

SPECIAL TOPIC: Creationism, Darwinism and Intelligent Design → p. 628

Cheat Sheet: Religion in the USA → p. 630

HISTORICAL BACKGROUND

TIME LINE

1620 — The Pilgrims established the Plymouth Colony. These were a group of supporters of John Calvin who had disagreed with the direction the Anglican Church was taking after the Reformation. Their demands for further reforms led to their persecution in England and ultimately to their sailing to the New World to set up a religious colony where they could practise religion in the way they wished.

1629 — The Puritans settled in Massachusetts and spread across northeast America. They did not, however, allow others the same religious freedom that they had left England to find. Only Puritan churches were permitted, which were funded by taxes, and only church members had political rights. People with other beliefs, or who disagreed with them, were punished.

1635 — Roger Williams, a Puritan clergyman who had disagreed with the colonial government, was one of those who broke away and founded a new colony, in his case Rhode Island. His principles included the separation of church and state, religious toleration for all and religious freedom. These ideas were taken up again when the Constitution was written.

Religion in the USA

17th century	Other colonies became home to different religious groups, e.g. Maryland for Catholics and Pennsylvania for Quakers. Both of these colonies also encouraged freedom of religious expression.
1740s	First Great Awakening, a revivalist movement that claimed everyone could be saved if they had faith, and that anyone could preach. Both slaves and free people were converted, and an atmosphere of social equality was created as people from all backgrounds were able to lead prayer groups.
1791	First Amendment to the Constitution which ensured the free practice of religion and the complete separation of church and state.
1800s	Second Great Awakening, characterised by large-scale meetings in tents with charismatic preachers and large audiences. The followers of this movement believed that America needed to be morally re-awakened by committed Christians. They advocated a series of reforms, e.g. women's rights, temperance and the abolition of slavery.

OTHER RELEVANT FACTS
- The churches in America are not subsidised by the government, but rely on donations from their members and other fund-raising activities.

- Since church and state are separate, there are no religious public holidays.
- Churches are often the meeting place and social centre in their local communities. Many people are members of organised church groups such as choirs, or take part in other events run by the church.
- As religion is not officially taught in schools, many children go to Sunday School for religious instruction.

RELIGIOUS AFFILIATION IN THE US (2014)

Affiliation	Percentage of US Population
Christian	70.6%
Protestant	46.5%
Evangelical Protestant	25.4%
Mainline Protestant	14.7%
Black Church	6.5%
Catholic	20.8%
Mormon	1.6%
Jehovah's Witness	0.9%
Eastern Orthodox	0.5%
Other Christian faiths	0.4%
Non-Christian faith	5.9%
Jewish	1.9%
Muslim	0.9%
Buddhist	0.7%
Hindu	0.7%
Other Non-Christian faiths	1.8%
Unaffiliated	22.8%

Source: Pew Research Center (2014)
bzw. http://www.pewforum.org/2015/05/12/americas-changing-religious-landscape

Mainline Protestant Churches include Baptists, Methodists, Congretionalists, Lutherans and Presbyterians.

RELIGIOUS GROUPS IN THE USA A large number of different religions are represented in the USA. Yet America is still largely a Protestant country although for example due to the influx of Hispanic immigrants the number of Catholics has grown considerably. And even if Protestants are no longer a numerical majority (see the table above), the various Protestant churches are still the most influential.

Apart from the mainline Protestant churches there are also a number of more fundamentalist groups such as the Amish, which developed out of the Protestant reformation movement.

The Amish

THE RELIGIOUS ROOTS Partly due to a number of movies and TV programmes the Amish and the Mennonites are among the more well-known religious groups of the USA.

They are both Anabaptists. This is a religious movement which emerged in Switzerland in the 16th century and which firmly believes that only those who have truly repented of their sins should be baptised – not infants. Menno Simons became one of the early leaders of the men and women, who tried to closely follow the Scripture and to dedicate their whole life to God – hence the name 'Mennonites'. Those who later began to follow Jakob Amman, who insisted on even stricter obedience and discipline, were called 'Amish'. Since both groups were severely persecuted and found it difficult to practise their religious beliefs and customs, they emigrated to the USA, where many of them settled in Pennsylvania and especially around Lancaster.

MENNONITES AND AMISH Mennonites and Amish have common beliefs. They hold that
- baptism can only be received by adults
- salvation comes through faith
- nonviolence and nonresistance are important principles

Yet their lifestyle might differ considerably, depending on the 'Ordnung', the code of conduct accepted by their community. The Mennonites tend to be more liberal. Some of them even drive cars while the old order Amish still live and work like their ancestors:
- They drive light carriages pulled by horses since the use of cars is not permitted.
- They do not allow electricity, nor phones.
- They wear plain clothes; typical are the devotional caps of the women and the broad-brimmed hats of the men.
- The men have full beards since they do not shave.
- Most of them are farmers.
- They have no church buildings.

The simple lifestyle of the Amish attracts many tourists, who are also fascinated by the strong sense of community, which is best expressed when the whole group come together to help one of them to raise a barn in one day (barn-raising).

Religious diversity in the USA

CHRISTIAN SECTS WHICH ORIGINATED IN THE USA

TIME LINE

1830	Foundation of The Church of Jesus Christ of Latter-Day Saints (the Mormons) by Joseph Smith. This is the biggest religious group which comes from the USA. They were exiled to Utah.
Mid 19th century	Foundation of Seven-Day Adventists
1872	Foundation of Jehovah's Witnesses
early 20th century	Spread of the Pentecostal Movement, a fundamentalist faith which grew out of the Methodist and Baptist Churches.

The influence of different religions

THE PURITAN HERITAGE

- The Puritan settlers saw themselves as a 'chosen people' who had come to live in the 'promised land'. Americans today still regard their country as being especially blessed by God.
- Thanks to the founders of the country, there is a close connection between religion and patriotism. The country's national motto is 'In God We Trust'.
- WASPs (White Anglo-Saxon Protestants) are still influential in American society and public opinion.
- The importance of having money in the USA comes from the Calvinist belief that affluence is a sign of God's blessing for the individual.

- The Protestant work ethic, i.e. working hard, not wasting money and being self-disciplined in order to become wealthy, is an important aspect of American life. It is a driving force behind business life in the USA.
- Charity work also plays a significant role, as Calvinists believed material wealth was to be used to help those in need.

BLACK CHURCHES
- The first of these, e.g. the African Methodist Episcopal Church, were formed in the 19th century when Blacks felt the racial prejudice prevalent in other churches.
- After the abolition of slavery in the 1860s, churches became the first institutions run by former slaves.
- 1960s: black churches were a vital part of the Civil Rights Movement, led by the Reverend Martin Luther King. They supported his demands for social reform and equality for all.

FUNDAMENTALISTS OR THE RELIGIOUS RIGHT
- This is a conservative Protestant movement based on a literal interpretation of the Bible, which has enjoyed a revival since the 1970s.
- It is a reaction to the more liberal trends in religion of the 1960s, which focussed, among other things, on social and racial equality and the separation of church and state (i.e. no religious instruction in schools).
- Fundamentalists:
  - advocate prayer in schools
  - are against teaching about evolution, wanting it to be re-placed by Creationism (the idea that the world was created in 6 days as stated in the Bible)

- want a return to traditional family life
- are against communism, abortion, sex outside marriage, homosexuality, same-sex marriages and feminism

• The Southern and Midwestern part of the USA, where the influence of Protestant fundamentalism seems to be particularly strong, is informally referred to as the Bible Belt.

• 1989: formation of the Christian Coalition, the voice of the religious right in politics. It encourages Christian conservatives to support only those political candidates and organisations that share their opinions.

• The religious right has found a partner in the right wing of the Republican Party, to which it also gives a good deal of financial support. Several of their principles could be seen in the policies of the former President George W. Bush.

THE ELECTRONIC CHURCH The 1970s and 1980s saw the development of 'televangelism': the use of television to spread the Christian faith (television evangelism). Since these programmes appeal to people, religious broadcasting has turned into a multi-million business and televangelists have become the subject of considerable controversy. Critics compare the style of televangelism to that of the entertainment industry and the preachers to show hosts who are mainly concerned with fund-raising. Numerous televangelists have been at the centre of well-publicised scandals.

SPECIAL TOPIC

Creationism, Darwinism and Intelligent Design

Creationism is the belief often held among fundamentalists that the account of the creation of the world in the Bible has to be taken literally and that the earth and the universe were created in six days exactly as described in the Book of Genesis.

Charles Robert Darwin (1809 – 1882) described the gradual evolution of all species through a process of natural selection. He developed the theory of the 'survival of the fittest' according to which in the struggle for existence these life forms which were best able to adapt to their environment would have a better chance of surviving and consequently propagating this new and modified form. Modern evolutionist theories are founded on his thesis.

Intelligent Design
According to this theory the creation is so complex that the various forms of life and the universe cannot possibly be the result of a random process but that there must be some form of higher power, i.e. a 'designing intelligence' behind it. God is not explicitly assumed as this designer, yet this doctrine is sometimes seen as an effort to combine science and technology and criticised as pseudoscientific.

What to teach?
Despite all the scientific evidence confirming Darwin's theory *On the Origin of Species* fundamentalists argue that there is no irrefutable evidence for his thesis. For instance as to date conservatives in Texas still insist that

the text of biology schoolbooks be changed to present a more sceptical version of evolution.

And when still in office, former President George W. Bush once told reporters that in his opinion intelligent design should be taught alongside evolution as competing theories, which – not only in the opinion of scientists – violates against the strict separation between state and religion as laid down in the US Constitution.

CHEAT SHEET: RELIGION IN THE USA

History
- USA's eastern colonies founded by dissenting Protestants from England who wished for religious freedom in the New World.
- Puritans → intolerant of other religious beliefs.
- New colonies were founded, based on separation of church and state and religious freedom → included in First Amendment to the Constitution (1791).

American churches
- Funded by donations rather than government subsidies.
- Central position in local community.
- A wide range of world religions are practised in the USA, but it still remains largely a Protestant country.
- Christian sects originating there include Mormons and Jehovah's Witnesses.

Puritan Heritage
- Puritans' belief that they had come to the 'promised land': Americans see their country as being blessed by God.
- WASPs are still influential.
- Protestant work ethic and belief that wealth was a sign of God's blessing are reflected in American attitudes towards work and money.
- Importance of charity.

Religion in the USA

Black churches	Significant role in Civil Rights Movement.
Fundamentalism	• Extremely conservative reaction to liberal religious trends of 1960s. • For: return to family life, school prayer, teaching of evolution as an 'unproven theory'. • Against: communism, abortion, sex outside marriage, homosexuality, same sex marriages, feminism. • Christian Coalition: political voice for the religious right. Affiliation with Republican Party. • Influential through TV evangelism.

7 International Relations

Britain and Europe

QUICK-FINDER

Factors shaping British foreign policy
- Geography is destiny → p. 634
- Torn between the Commonwealth, the USA and Europe → p. 634

Britain and the Commonwealth of Nations
- From Empire to Commonwealth → p. 635
- The Queen as Head of the Commonwealth → p. 637
- Common principles → p. 637

Britain and Europe
- Post-war Britain → p. 638
- Post-war Europe → p. 638
- Reasons for European unity → p. 638
- Britain and the European Community: important dates → p. 639
- British arguments for and against EC membership → p. 640
- Europe – a key issue in the 1980s and 1990s → p. 641

QUICK-FINDER

- Britain and the EU today
- Signs of integration
- Political attitudes

Britain and Germany
- Images of the other country — p. 643
- Role of the media — p. 643

Cheat Sheet: Britain and Europe — p. 644

Factors shaping British foreign policy

GEOGRAPHY IS DESTINY Britain's geographical position as an island has meant physical separation from the rest of Europe and has shaped history, culture and mentality.
- For natural reasons Britain developed to a sea power.
- Its naval capacity was the basis for building up an empire including very remote parts of the world.
- Since 1066 Britain has not been conquered by a foreign power.
- The Channel has been seen as natural barrier safeguarding British independence.
- When the rest of Europe gave in to the occupation by Hitler-Germany, Britain stood firm and helped to restore democracy and freedom.
- Geography, economic and cultural achievements as well as success in warfare led to the wide-spread idea of being something special or superior.
- Pride in British traditions (e.g. monarchy, currency) express that mentality.

TORN BETWEEN THE COMMONWEALTH, THE USA AND EUROPE Due to its colonial past, Great Britain has developed close relations with countries elsewhere in the world. The British Empire does not exist any more, but the cultural ties to Britain's former colonies are still very strong.

On the other hand, it also feels that it has a 'special relationship' with the USA, based on a common language and Anglo-Saxon culture. The cooperation between the two countries began with Churchill and Roosevelt during the Second World War, was continued in the 1980s by Thatcher and Reagan, and could still be seen in recent years in Tony Blair's willingness to back American foreign policy, even to the extent of direct military assistance. This relationship is important for maintaining Britain's position in the world.

Last but not least, Britain is part of Europe. However, it has an ambivalent attitude towards continental Europe. The Britons may even decide to leave the European Union in the near future.

Britain and the Commonwealth of Nations

FROM EMPIRE TO COMMONWEALTH At the heyday of British imperialism, the British ruled over an empire in which the sun never set down.

However, the colonies suffered from white supremacy and economic exploitation which was guaranteed by military force. This injustice could not last forever as the suppressed peoples began to fight for their independence. By the middle of the 20th century the process of decolonisation had reached its peak. Britain offered a voluntary alliance of free nations instead: the Commonwealth.

International Relations

Commonwealth Countries

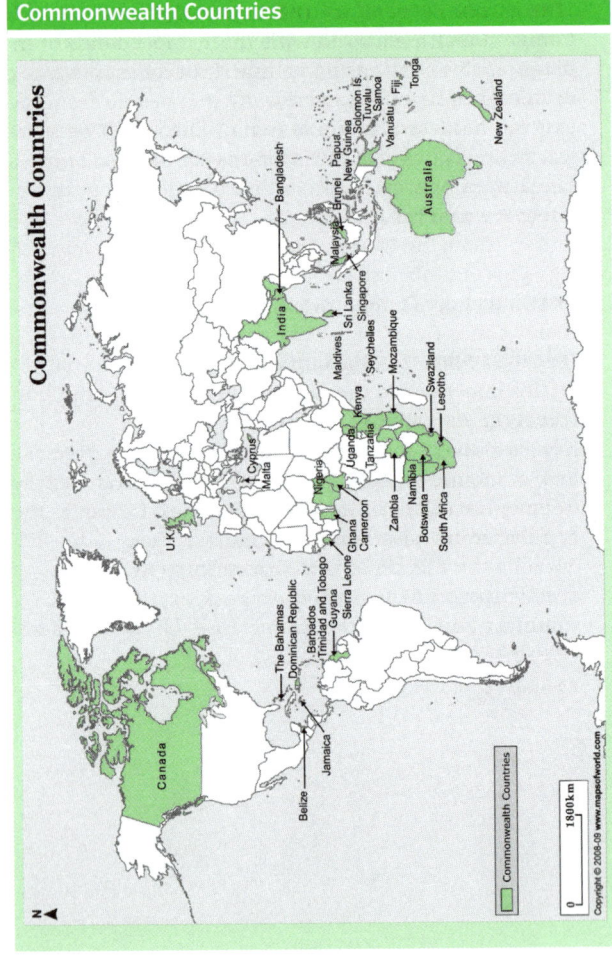

THE QUEEN AS HEAD OF THE COMMONWEALTH Today's Commonwealth emerged with the independence of India in 1947. Despite the fact that it became a republic with its own head of state, it wanted to benefit from the existing links to Britain. So India joined the Commonwealth, accepting the British monarch as head of it – a model case for other former colonies to follow.

In other countries like Canada, Australia and some Caribbean states the Queen is even head of state. However, this does not infringe the sovereignty of these countries. Most, but not all dependencies chose to join the Commonwealth. Today the Commonwealth comprises 53 countries with a total population of 1,5 billion people.

COMMON PRINCIPLES The Commonwealth does not have a formal constitutional structure. Apart from the British monarch, a Commonwealth Secretariat and the Commonwealth Games there are certain principles the member states have committed themselves to:
- promoting democracy and human rights
- supporting the equality of sexes
- fighting poverty and drug abuse
- peace
- supporting the UN.

Britain and Europe

POST-WAR BRITAIN World War II changed Britain's global position, resulting in a loss of economic, political and military power.
- The country was deeply in debt and had to rely on financial aid from the USA.
- There were severe shortages of everything from housing to food and basic commodities.
- Decolonisation brought the end of the British Empire.
- The USA and the USSR had become the new world powers.

POST-WAR EUROPE The war brought irreversible changes to Europe: the continent that had led the world politically, economically, scientifically and culturally had been destroyed and divided. The countries that had taken part in the war had to be rebuilt, both economically and ideologically. The accomplishment of this caused further division as the western countries were supported by the USA, while the USSR formed the communist eastern bloc behind the 'Iron Curtain'.

In the years after the end of the war, some western European countries began to consider closer cooperation.

REASONS FOR EUROPEAN UNITY
- Political: it was believed that a united Europe would make war between its countries less likely.
- Europe could regain the influence it had lost by speaking as one unit.
- Economic: larger markets would lead to more competition, which would increase productivity and create a higher standard of living.

- Economic strength could be used as a basis for future political integration.

At this stage, Britain's interests in Europe were economic rather than political: politically it felt more closely bound to the USA (e.g. it joined NATO in 1949).

BRITAIN AND THE EUROPEAN COMMUNITY: IMPORTANT DATES

TIME LINE

1957	Foundation of the **European Economic Community** (EEC) by France, Italy, West Germany and the Benelux countries. It established free trade between the member countries and was to form the basis of a political union at a later stage. Because Britain did not agree with the idea of political union, it did not join.
1960s	French President de Gaulle blocked Britain's attempts to join the EEC because he felt that with its close American connections Britain was not committed enough to Europe.
1973	Britain joined the **European Community** (EC), as it was now called, despite opposition from many people.
1975	Referendum held in Britain on membership: two-thirds of the population voted to remain in the EC.
1980s	Britain clashed with the rest of the EC about the Common Agricultural Policy and because they felt that they had to pay more into the EC than they got out of it.

1991	Signing of the Maastricht Treaty led to the single European market. John Major gave Britain the right to opt out of the single currency (which it later did) and refused to sign the Social Charter guaranteeing minimum employment conditions throughout the EC.
1993	The **European Union** (EU) was launched.
2002	Britain was one of 3 EU states not to change its currency to the euro.
2003	Tension arose between Britain and other EU members, especially Germany and France, due to the UK's support of and involvement in the USA's war in Iraq.
2013	Britain stood apart from all other EU countries in refusing a closer fiscal union.
2015	Prime Minister Cameron announced a referendum for 2017 on the question whether Britain should leave the European Union.
2016	"In-out"-referendum In a close decision the British people voted for "Brexit".

BRITISH ARGUMENTS FOR AND AGAINST EC MEMBERSHIP

Initially Britain's motivation for joining the EC was to promote its own economic interests, particularly after the loss of foreign trade brought about by the decline of the empire. There was not much collaboration with other EC states over political issues, and the concepts of a federal Europe or a single currency were rejected. Within the country itself, EC membership caused controversy, splitting the nation into two groups who argued as follows:

Pro-marketeers
- Britain's economic future lies within the EC: isolation will only be damaging in the long run.
- The significance of the Commonwealth is decreasing.
- The increased competition of the single market will boost British industry.
- Britain can benefit from EC grants and subsidies.
- Membership will allow Britain to play an active role in decision-making in Brussels.
- No possibility of war among member states.

Anti-marketeers
- Britain's financial contributions to the EC are too high.
- Britain should not have to support the inefficient agricultural policy, which created large food surpluses.
- Brussels imposes ridiculous laws on the member states, e.g. the standardisation of traditional British products such as sausages or crisps to bring them in line with the rest of the EC. (This 'interference' with British traditions causes resentment.)
- There is a **loss of sovereignty** and national heritage.

EUROPE – A KEY ISSUE IN THE 1980s AND 1990s It was this fear of loss of sovereignty that split the Conservative government in the late 1980s over the question of Europe and played a large part in Mrs Thatcher's resignation. While many of her ministers believed in working towards European unity, Mrs Thatcher uncompromisingly resisted it. She rejected the idea of a stronger political union that included reunified Germany, causing British isolation within the EC.

Brexit

Political miscalculations
In 2015 Conservative Prime Minister David Cameron announced a referendum on the British membership in the EU. His aim was to get better conditions from his European partners once they see the British Euro-sceptic attitude. Cameron campaigned for remaining in the EU.

"In-out" referendum (2016)
In a very close decision (51.9% to 48.1%) the British people unexpectedly decided for leaving the Union.
- While young people opted for remaining, in particular older people voted against Europe. Lower class people were generally more in favour of leaving the EU than people with higher social status.
- Scotland and Northern Ireland voted for remaining in the EU.

At the core, the referendum was decided by the people's fear with respect to the growing influx of immigrants.

Consequences
- David Cameron immediately stepped down after he had failed to convince the people to remain in the EU.
- The value of the British pound fell drastically.
- Scotland prepares for a second referendum on Scottish independence in order to remain a member of the EU.
- Brexit might thus have large-scale consequences such as the dissolution of the United Kingdom.

After having lost the 2017 General Elections, new Prime Minister Theresa May will face serious difficulties in realizing her aim of a "hard" Brexit, e.g. cutting off all ties in a very short time.

Britain and Germany

IMAGES OF THE OTHER COUNTRY Unfortunately, a lot of British people still associate modern Germany with Hitler.
- In particular older people tend to preserve their prejudices, while younger people seem to be open-minded.
- However, asked for famous Germans, 68% of British school children mentioned Hitler – by far the most often remembered person (Goethe Institute 1996). Other leading national socialists were among the top ten.
- Quite a few among those teenagers who do not learn German and have not been to Germany describe Germans as militaristic.

Germans are – in general – more positive about Britain. Partly this can be attributed to the fact that they are more exposed to Anglo-American culture than vice versa.
- British people are usually described as friendly, polite and patriotic.
- Britons are said to have a good sense of humour.

Prejudices about disgusting food or bad weather do not do any harm. Neither does the so-called war on sun-chairs on Mallorca.

ROLE OF THE MEDIA The British media play a decisive role in keeping stereotypes alive.
- Quite often in films Germans are portrayed as national socialists.
- Tabloids like *The Sun* frequently play with anti-German resentments of their readers.
- Quality papers, on the other hand, try to be fairer. In general, they are more pro-European than tabloids.

CHEAT SHEET: BRITAIN AND EUROPE	
Post-war Britain	• Loss of economic, military and political power. • Debts and shortages. • End of British empire: loss of overseas trade.
Britain and the EU	• 1957: foundation of EEC; Britain not a member. • 1973: Britain joined EEC. • 1980s: doubts about membership: conflicts within Europe over e.g. agricultural policy. • 1991: Maastricht Treaty: Britain reserved the right to opt out of single currency. • 2002: Britain not one of the 12 countries to use the single currency.
Pro-marketeers	• Economic future lies within EU, not Commonwealth. • Benefits through single market, grants and subsidies. • Reduced danger of war.
Anti-marketeers	• Financial contributions too high. • Britain forced to support inefficient policies. • Loss of sovereignty and national heritage.

Situation today	• Greater involvement and integration by government: economically, politically and legally. • Loss of sovereignty still a fear. • Labour Party: pro-Europe, but not unconditionally; referendum on the Euro promised. • Conservatives: favour a referendum on Britain's membership in the European Union. • Tension due to Britain's support of the USA during the Iraq war.

International Relations

America and the World

QUICK-FINDER

Between isolationism and interventionism
- Isolationism → p. 648
- Monroe Doctrine → p. 648
- American imperialism → p. 649
- World War I → p. 651
- World War II → p. 651
- Post-war global role as world police → p. 652

The Cold War
- From the anti-Hitler coalition to enemies → p. 652
- Truman Doctrine 1947 → p. 653
- Marshall Plan 1947 → p. 653
- Containment policy → p. 653
- Turning points of the Cold War – an overview → p. 655
- The arms race and disarmament → p. 656
- USA and Russia today → p. 656
- The only superpower → p. 657

America and the World

QUICK-FINDER

The Vietnam War
- The domino theory → p. 657
- A guerrilla war → p. 658
- A national trauma → p. 658

The War on Terror
- 9/11 → p. 658
- Wars on Afghanistan (2002) and Iraq (2003) → p. 659
- Iraq – Bush's Vietnam → p. 659

USA and Europe
- US post-war image → p. 659
- Critical Europeans → p. 659

USA and Britain
- Britain – the American pet? → p. 661

SPECIAL TOPIC:
US foreign policy after 9/11 → p. 662

Cheat Sheet: America and the world → p. 664

Between isolationism and interventionism

ISOLATIONISM From its independence to the beginning of the 20th century, America generally maintained a policy of political isolation from the rest of the world. The main reasons were:
- the need to concentrate on developing the new nation and expanding its western territories before becoming involved in any European affairs
- the fear that involvement in foreign affairs might jeopardise the values of freedom and equality on which the United States had been founded
- economically, the country was more or less self-sufficient in this period

MONROE DOCTRINE In the early 19th century it seemed likely that France and Spain would make new attempts to reclaim former colonies, now independent states, in Latin America. In 1823 President Monroe announced to Congress that:
- the USA would not interfere in any European affairs or conflicts
- there was to be no further colonisation of the American continents by Europeans
- any attempts to colonise the western hemisphere would be regarded as hostility towards the United States
- America therefore pledged to remain neutral, to protect the new South American states, and to uphold democracy over imperialism.

America and the World

AMERICAN IMPERIALISM From the end of the 19th century the Americans began to make their influence felt throughout the rest of the world. This manifested itself in:

- Economic imperialism: the USA invested a huge amount of capital abroad, first in the Caribbean and South America. The USA was thereby able to influence these countries both economically and politically. This so-called **'dollar diplomacy'** has often been practised by the USA since then, e.g. the Marshall Plan (see below).
- Intervention policy: the **Roosevelt Corollary** (1904), an extension to the Monroe Doctrine, stated that the USA had the right to intervene in Latin American conflicts to prevent cases of 'chronic wrongdoing' → an early example of the USA's self-appointed role as the 'world's police'.
- Overseas expansion: in the 1860s, when the USA had consolidated its position within its own geographical boundaries, the desire for overseas territories, or at least foreign spheres of influence, grew.

CHRONOLOGY OF THE AMERICAN EXTENSION OF THEIR HEMISPHERE

TIME LINE

1898	Annexation of Hawaii; Puerto Rico ceded by Spain; Philippines bought
1899	'Open door policy' with China to safeguard US trading interests
1901	Cuba effectively became an US protectorate

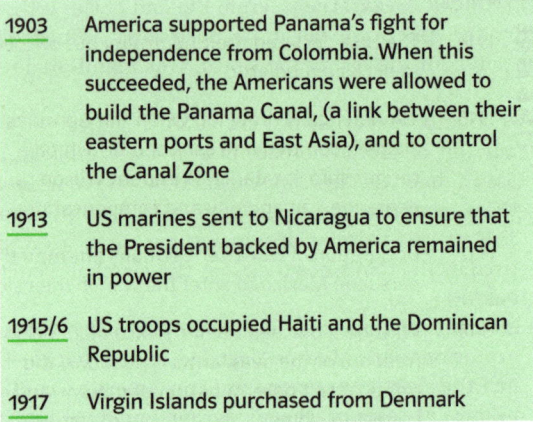

1903	America supported Panama's fight for independence from Colombia. When this succeeded, the Americans were allowed to build the Panama Canal, (a link between their eastern ports and East Asia), and to control the Canal Zone
1913	US marines sent to Nicaragua to ensure that the President backed by America remained in power
1915/6	US troops occupied Haiti and the Dominican Republic
1917	Virgin Islands purchased from Denmark

These and many other treaties and conquests contributed to the USA becoming a world power, but their presence in world affairs was not always welcome. Many Latin American countries resented their interference, and there was an uprising in China against the imposition of western values on their culture, to name two examples.

Some Americans agreed, believing that they should not rule over other countries when they considered themselves the 'land of the free'. Others, however, saw it as part of America's **'manifest destiny'** to expand throughout the world, i.e. it was their God-given right to spread American civilisation.

WORLD WAR I

TIME LINE

1914	The USA declared their neutrality but offered to act as a mediator.
1915	114 Americans drowned when the Germans illegally bombed and sank the British passenger ship 'Lusitania'. President Wilson demanded an apology and compensation.
1917	Declaration of war after Germany attempted to persuade Mexico to enter the war on their side.
1918	Wilson's 'Fourteen Points' peace plan included freedom of the seas, arms reductions, the rights of self-determination of nations and the establishment of a 'League of Nations' to arbitrate in conflicts between nations and guarantee peace.
1919	Some of Wilson's ideas were incorporated into the Treaty of Versailles, although he was forced to accept many compromises. A League of Nations was established, but the US Senate voted against membership, feeling that the country should return to the policy of isolationism. President Wilson therefore was never able to realise his aims of spreading peace and democracy throughout the world.

WORLD WAR II

The Second World War changed the USA's attitude towards isolationism. It came to realise that its political and economic security depended on having allies.

TIME LINE

1941		Japanese attack on **Pearl Harbor**: As a consequence the USA entered the war.
1942–1945		The USA fought on the side of the Allies, ultimately bringing about the surrender of Germany and Japan.
1945		The first atomic bombs were dropped on Japan, beginning a new era not only of warfare but also of world politics. The USA's position as a military world power was firmly established.

POST-WAR GLOBAL ROLE AS WORLD POLICE

- The war had ended the Great Depression and brought about an economic upswing which consolidated America's leading position in the west.
- Due to the Cold War constellation (see below) America once and for all turned away from isolationism.
- As the strongest nation in the west it took over the role of a world policeman.

The Cold War

FROM THE ANTI-HITLER COALITION TO ENEMIES

- In World War II the USA and USSR had stood side by side to make Hitler and Nazi-Germany accept their request of unconditional surrender.
- However, apart from their aim to overcome Germany, they had very little in common. Their antagonistic ideologies (capitalism and communism) excluded each other.

America and the World

- Soon after the war their alliance broke up. The two major powers became rivals in the world.
- The USA felt threatened by the spread of communism throughout the world and aimed to destroy it.
- A four-decade battle for supremacy started between the USA and the Soviets. There was no direct military confrontation between the two superpowers, as a consequence of which the term 'Cold War' was coined.
- The Americans supported countries in the western hemisphere politically, economically and militarily. This is outlined by the following doctrines and plans.

TRUMAN DOCTRINE (1947) A programme of aid set up to help anti-communists in Greece and Turkey; it was later expanded to enable the USA to support any countries that they considered to be threatened by communism during the Cold War.

MARSHALL PLAN (1947) Another name for the European Recovery Program. This was a programme of financial aid to help rebuild Europe after the war. It was motivated both by the desire to keep Europe as a market for American goods, and to prevent western Europe from rebuilding itself using communist methods. The USSR rejected the conditions laid down and established their own sphere of influence in eastern Europe. As a result, the **Iron Curtain** divided the continent economically and ideologically until the 1990s.

CONTAINMENT POLICY America's post-war foreign policy was referred to as containment, meaning that its main aim was to prevent the spread of communism. To this end, some important post-war treaties were signed:

TIME LINE

1949 — NATO, a defence alliance. Members are under obligation to help each other when under threat of military attack.

1952 — ANZUS, a treaty between the USA, Australia and New Zealand for mutual defence and support in the Pacific.

1954 — SEATO (South East Asian Treaty Organization), an alliance of defence and economic cooperation between nations in southeast Asia and the South Pacific. It was disbanded in 1977 after the US withdrawal from Vietnam and communist victories throughout Indochina.

TURNING POINTS OF THE COLD WAR – AN OVERVIEW Within the Cold War periods of distrust and danger followed years of eased tensions.

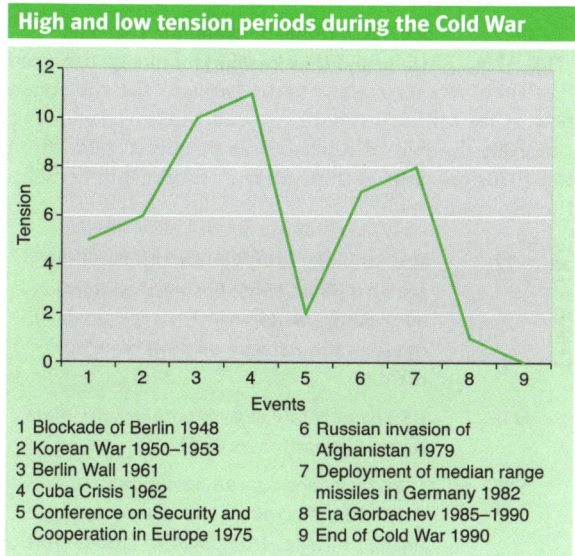

High and low tension periods during the Cold War

1 Blockade of Berlin 1948
2 Korean War 1950–1953
3 Berlin Wall 1961
4 Cuba Crisis 1962
5 Conference on Security and Cooperation in Europe 1975
6 Russian invasion of Afghanistan 1979
7 Deployment of median range missiles in Germany 1982
8 Era Gorbachev 1985–1990
9 End of Cold War 1990

- Until 1962 tensions were growing steadily.
- Berlin was at the focus of attention, until the Berlin Wall was built in 1961.
- The **Cuba Crisis** (1962) is considered to be the major turning point of the Cold War. The danger of a nuclear war forced the American and Soviet leaders to rethink their strategies. As a consequence, they accepted the other one's hemisphere.
- Until the late 1970s a period of eased tension followed.

- A short-term ice age between the superpowers was ended by Gorbachev's reign.
- The breaking apart of the communist block brought the Cold War to its end.

THE ARMS RACE AND DISARMAMENT During the Cold War there was a constant battle between the two superpowers for military superiority and nuclear armament. However, the fear of nuclear war prompted talks from the 1970s onwards to improve the relationship between the two countries:

TIME LINE

1972	The Strategic Arms Limitation Talks (SALT) brought about some positive results such as limiting the deployment of anti-ballistic missiles and a freeze on arms developments.
1987	US-Soviet treaty to eliminate intermediate range nuclear forces (INF).
1989	Gorbachev announced Soviet military cuts and the removal of 500 short-range nuclear missiles from Eastern Europe. This contributed greatly to the fall of the Iron Curtain.
1993	Disarmament talks continued with START (Strategic Arms Reduction Treaty), and the withdrawal of troops from Europe on both sides was agreed.

USA AND RUSSIA TODAY Although the Cold War is over, there is an atmosphere of distrust between the USA and Russia. This is due to the following facts:

- expansion of NATO which incorporated former communist satellite states, i.e. Poland.
- plans for an installation of a missile defence system in these new member states. The system is intended to operate in case of a Russian attack.
- The Americans fear being dependent on Russian energy sources.
- pseudo-democratic structures in Russia
- Russian attempts to restore its world power status. The Russian occupation of the Crimean peninsula and the following split of Ukraine (2014) stirred up old fears.

THE ONLY SUPERPOWER After the collapse of the Russian empire the USA are the one and only existing superpower.
- The EU is too weak to counterbalance the importance of the U.S.
- It will take another 20 – 30 years before China will be able to challenge the position of the U.S.
- However, the Ukraine crisis and other global challenges (i.e. ISIS) clearly show the limitations of American power.

The Vietnam War

THE DOMINO THEORY The struggle for Asia was part of the Cold War confrontation. The Americans believed that it was essential to prevent Vietnam falling to communism. If this happened – so the American opinion –, neighbouring states would fall away from the free world. Like in a domino game one stone would tear down another one. When the French left Indochina after their defeat at Dien Pien Phu (1954), the Americans decided to back up South Vietnam against the communist North.

A GUERRILLA WAR The USA's attempt to use all its military superiority was answered by a guerrilla tactic of the Vietcong. As they hid among the villagers, it was very hard for the Americans to distinguish between Vietcong soldiers and civilians. On the other hand, the North Vietnamese used the cover of the jungle, as a consequence of which the Americans used 'Agent Orange', a chemical weapon causing physical handicaps for people. However, all the American high-tech equipment could not prevent the North Vietnamese from invading the South (1973).

A NATIONAL TRAUMA
- For the first time ever, the USA had to suffer a humiliating military defeat.
- Apart from the loss of thousands of soldiers, the government had to deal with civil unrest at home in the form of anti-war protests. The war split the nation.

The war on terror

9/11 On 11 September 2001 two hijacked planes crashed into the twin towers of the World Trade Center. Another plane hit the Pentagon. The Al-Quaeda terrorist network claimed responsibility for the attack.
The terrorist attacks shook the Americans to the core, forcing them to face the fact that they were not invulnerable to terrorism.

WARS ON AFGHANISTAN (2002) AND IRAQ (2003)
- Afghanistan was the first American target in the war on terror as it was supposed to be the hiding-place of Osama Bin Laden.
- In order to minimise threats to their national security, the Bush administration adopted a pre-emptive strategy, i.e. they wanted to stop potentially dangerous countries before the situation gets out of control.
- Iraq was 'freed' from its dictator Saddam Hussein, who was alleged to be an ally of Bin Laden.

IRAQ – BUSH'S 'VIETNAM'
- Under George W. Bush the US were not able to withdraw from Iraq due to unstable conditions in the country and in the Middle East in general. As a consequence, more American soldiers died in the aftermath of the war than in the fighting itself.
- A lot of Americans were reminded of the Vietnam disaster.

USA and Europe

US POST-WAR IMAGE In the post-war period, America was a symbol of freedom and equality for the Europeans. It had helped them rebuild their economies, re-establish democracy, and had given them a sense of security (e.g. through the military support of NATO).

CRITICAL EUROPEANS From the 1960s the Europeans have been more critical, for example with regard to:
- racial discrimination (support for the Civil Rights Movement)

- involvement in various international conflicts, e.g. Vietnam, the wars in Afghanistan and Iraq
- deployment of US missiles in Europe
- the Americanisation of their culture
- the effects of globalisation
- environmental issues
- The end of the Cold War removed the threat of military attack from the USSR, and therefore removed the necessity of US troops being stationed in Europe.
- The establishment of the European Union has meant that Europe has become more self-sufficient in economic, political and military matters.
- The rift between the USA and Europe over the Iraq war. Germany and France were not willing to follow President Bush's war strategy without UN mandate.

The Americans, in their turn, felt that Western Europeans were not concerned enough about the defence of western civilisation and were too neutral in world affairs. With Donald Trump's presidency, the European-American relations are in an unprecedented crisis.
- At the NATO summit (2017) Trump did not renew America' promise of defending all other member states in case of emergency.
- After the meeting Angela Merkel stated in a widely recognized speech that the Europeans have to rely on themselves in the future.
- Repetitively, Merkel has been harshly criticized by Trump for her refugee policy.

USA and Britain

BRITAIN – THE AMERICAN PET? Among the European countries, Britain has always played a special role in the context of European-American relations. Britain has always been the closest ally of the USA.

In recent years Britain has been criticised for showing no distance to American positions in international affairs. In particular, its readiness to go to war with the USA has attributed to the image of the British government as being America's pet only. This is, of course, exaggerated. However, it is true they have got a lot in common.

Points in common
- language
- Anglo-Saxon culture
- colonial history
- parliamentary democracy
- The British still consider themselves being a world power which they definitely used to be in the 19th century. On this ground they feel equal to the modern superpower USA.

Military affairs
- American support for Britain during two world wars and other conflicts such as Falklands War
- British support for the USA in the wars in Korea and Vietnam
- Military cooperation in the 1991 Gulf War and the wars in Afghanistan and Iraq
- The fight against international terrorism has helped to strengthen the ties between the two nations.

US foreign policy after 9/11

Bush's foreign policy
Answering the threat of the Al-Quaeda terrorist network, the USA not only felt a need for an increased national security at home, but also changed their foreign policy strategy.
- Bending international laws, the Americans kept suspects in prison without trial in Guantánamo on Cuba.
- In the war against international terrorism Afghanistan became the first American target as it was supposed to hide Osama Bin Laden.
- The USA developed a strategy of pre-emptive warfare, i.e. a justification to attack a country before it gets too dangerous.
- The Bush administration made a list of countries forming an **'axis of evil'** including countries such as North Korea, Iraq, Iran and Syria.
- These countries either showed general strong anti-American feeling or threatened American security by ambitious nuclear projects.

The Iraq War (2003)
After UN inspections of Iraqi industrial sites looking for weapons of mass destruction had been hindered for years, the USA invaded Iraq without a UN mandate.

Suspected hidden reasons
In front of the UN public the USA showed manipulated pieces of evidence for the existence of weapons of mass destruction (although there were not any). Generally it is believed that there were other secret reasons for the US engagement:

- oil
- Iraq could be used as a gateway to the Middle East, i.e. as a base of attacking Iran.
- There is a short time window only in which the Americans can form that region without resistance of other world powers, i.e. China.
- Personal reasons: George W. Bush wanted to finish off his father's uncompleted mission (first Gulf war).

Obama's new strategy
- After the failure of the Republican strategy of force, Obama focussed on diplomatic means.
- He withdrew the American soldiers from Iraq.
- In 2015, the USA and Iran agreed on the international surveillance of the Iranian nuclear programme.
- In a historical breakthrough Obama normalized the relations between Cuba and the USA.

- **Donald Trump's credo: "America first"**
- Trump aims at strengthening America's global role. He promised to spend more on defence again.
- For the time being, America's trouble spots are Syria, ISIS and the North Korean nuclear programme.
- Trump's relation to Russia is ambiguous.

CHEAT SHEET: AMERICA AND THE WORLD

Isolationism	Until early 20th century, America distanced itself from conflicts abroad.
Monroe Doctrine	Pledge not to interfere in European affairs; forbade further colonisation of American continents.
Imperialism	• Capital investment abroad spread American influence ➤ 'dollar diplomacy'. • Roosevelt Corollary: US gave itself the right to intervene in Latin American conflicts: first instances of US as 'world police'. • Overseas expansion: US took control of many foreign territories ➤ became a world power.
World War I	Position of neutrality; only directly entered the war in 1917 Fourteen Points': Wilson's programme for world peace and democracy. Formation of League of Nations ➤ US did not join.
World War II	US entry after bombing of Pearl Harbor. Dropping of atomic bombs on Japan ended war and started a new era.

| Post-war period | - US and USSR ➤ rival world powers.
- US measures to stop spread of communism (e.g. Truman Doctrine).
- Marshall Plan: financial help to rebuild Western Europe under democratic, capitalist system ➤ Iron Curtain in Europe.
- Founding of defence alliances: NATO, ANZUS, SEATO. |
|---|---|
| Vietnam War | First military defeat for US ➤ civil unrest and calling into question of legitimacy of foreign military action. |
| Disarmament | From 1970s US and USSR negotiated reduction of nuclear weapons and military presence ➤ end of Cold War. |
| New Cold War | Since 2014 due to occupation of the Crimean pensinsula and the Ukraine crisis. |
| US and Europe | Became more critical of each other; EU ➤ economic and military independence from US; resistance to 'Americanisation'. |
| US and Britain | Relationship still close, especially since September 11th attacks. |

Notizen

Notizen

ENGLISCH ÜBEN

ISBN: 978-3-12-562571-6

ISBN: 978-3-12-562574-7

> Für die Bereiche Aufsatz, Textanalyse, Zusammenfassung und Präsentation.

> Sicher formulieren mit vorgefertigten Satzbausteinen.

> Präsentieren üben mit den MP3-Dateien zum kostenlosen Download.

> EXTRA: Infofenster mit praktischen Tipps.

> Grammatikbuch und Übungsbuch in einem.

> Zum intensiven Trainieren aller wichtigen Grammatikthemen.

> Über 300 Übungen zu jedem Grammatikthema mit ausführlichen Lösungen.

www.pons.de

FÜRS ABITUR!

ISBN: 978-3-12-562540-2

> Alle Verbformen und Konjugationsmuster auf einer Seite.
> Mit deutsch-englischer Verbliste hinten im Buch.
> Alle Verben alphabetisch sortiert.
> Zahlreiche Beispiele und Wendungen zu jedem Verb.

AUFSCHLAGEN-DRAUFHABEN

- Klar strukturierte Inhalte für den schnellen Durchblick.
- Die wichtigsten Fakten kompakt und übersichtlich dargestellt.
- Mit Wissens-Checks zum schnellen Überprüfen des Lernstands.
- Alle abiturrelevanten Themen.

ISBN: 978-3-12-562551-8

ISBN: 978-3-12-562550-1

ISBN: 978-3-12-562552-5

DER GROSSE ABI-CHECK

ISBN: 978-3-12-562554-9

ISBN: 978-3-12-562553-2

ISBN: 978-3-12-562555-6

ISBN: 978-3-12-562540-2